五霸迭興說春秋

朱良＊著

策劃編輯　梁偉基

責任編輯　江其信

書籍設計　a_kun

書　　名	五霸迭興說春秋	
著　　者	朱良	
出　　版	三聯書店（香港）有限公司	

香港北角英皇道 499 號北角工業大廈 20 樓

Joint Publishing (H.K.) Co., Ltd.

20/F., North Point Industrial Building,

499 King's Road, North Point, Hong Kong

香港發行	香港聯合書刊物流有限公司

香港新界荃灣德士古道 220–248 號 16 樓

印　　刷	美雅印刷製本有限公司

香港九龍觀塘榮業街 6 號 4 樓 A 室

版　　次	2021 年 8 月香港第一版第一次印刷
規　　格	16 開（170 × 240 mm）496 面
國際書號	ISBN 978–962–04–4832–4

© 2021 Joint Publishing (H.K.) Co., Ltd.

Published & Printed in Hong Kong

本中文繁體字版由銀杏樹下（北京）圖書有限責任公司授權於香港、澳門地區獨家出版發行。

序章　周天子分封列國　001

第一章　亂世的開端　004

滅國血案　005
"二王並立"　007
烽火戲諸侯　008

第二章　跑馬圈地大賽　011

平王東遷　012
早期的秦國　012
早期的晉國　014
早期的鄭國　015
秦國：天道酬勤的典範　017
晉國：喜好內鬥的大國　018
鄭國：跑馬圈地第一人　019

第三章　鄭莊公小霸　022

鄭國的兄弟之爭　023
"多行不義必自斃"　024
掘地見母　025
《詩經》裡的叔段　026
衝擊包圍圈　026
衛國：打不死的千年小國　027
大義滅親　028
宋國：小國也可以有大夢想　031
好心辦壞事的制度　032
第一輪宋鄭衝突　033
假命伐宋　034
"天子"的隕落　035

目
錄

第二輪宋鄭衝突　　　　　　　　　　037

第四章　弒君狂潮　　　　　　　　　040

改變歷史的弒君案　　　　　　　　　041
魯國：周朝文化的傳承者　　　　　　042
魯國的弒君案　　　　　　　　　　　043
曲沃小宗的由來　　　　　　　　　　046
三代人的篡位戰爭　　　　　　　　　048

第五章　周天子的隕落　　　　　　　052

射王中肩　　　　　　　　　　　　　053
齊大非偶　　　　　　　　　　　　　055
早期的齊國　　　　　　　　　　　　056
春秋三小霸　　　　　　　　　　　　058
早期的楚國　　　　　　　　　　　　059
周與楚的百年恩怨　　　　　　　　　062
"我是蠻夷"　　　　　　　　　　　064

第六章　最壞的時代　　　　　　　　068

宋國報仇　　　　　　　　　　　　　069
千古難題的答案　　　　　　　　　　070
鄭國的可悲地位　　　　　　　　　　072
齊國的美女家族　　　　　　　　　　074
衛國王室的淫亂史　　　　　　　　　075
齊國的亂倫醜聞　　　　　　　　　　077
齊襄公的另一面　　　　　　　　　　079
瓜代有期　　　　　　　　　　　　　080
人民的期待　　　　　　　　　　　　082

第七章　明君賢臣　　　　　　　　084

天降斯人　　　　　　　　　　　085
管鮑之交　　　　　　　　　　　086
曹劌論戰　　　　　　　　　　　088
齊桓公早期的戰爭　　　　　　　090
北杏會盟　　　　　　　　　　　092
曹沫劫盟　　　　　　　　　　　094

第八章　春秋第一霸　　　　　　　097

稱霸的開始　　　　　　　　　　098
楚王與桃花夫人　　　　　　　　099
左右為難的鄭國　　　　　　　　101
王子頹之亂　　　　　　　　　　103
霸主的責任　　　　　　　　　　105
慶父不死，魯難未已　　　　　　106
齊桓公伐戎　　　　　　　　　　109
好鶴亡國　　　　　　　　　　　111
齊桓公的失誤　　　　　　　　　114
唇亡齒寒　　　　　　　　　　　116
召陵之盟　　　　　　　　　　　119
九合諸侯，一匡天下　　　　　　121
齊國霸權衰落　　　　　　　　　124
齊桓公的昏庸晚年　　　　　　　126

第九章　公子流亡記　　　　　　　128

驪姬亂政　　　　　　　　　　　129
流亡公子　　　　　　　　　　　133
求賢若渴的秦穆公　　　　　　　136
百里奚，五羊皮　　　　　　　　138
把一手好牌打爛的晉惠公　　　　142

韓原之戰 144

第二次流亡 147

第三次流亡 149

亂世溫情 152

重耳復國 154

介子推不言祿 155

第十章　宋襄公偽霸 161

六公子爭位 162

宋襄公的霸主夢 165

"以德服人"的霸主 169

泓水之戰 172

第十一章　晉楚相爭 175

王子帶之亂 176

齊桓公之後的中原大亂鬥 179

四大國對決 181

晉國的詭計 183

傳奇家族若敖氏（一） 185

退避三舍 188

第十二章　秦晉決戰 191

踐土之盟 192

晉文公斷案 193

燭之武退秦師 197

"退秦師"的是與非 200

晉文公立鄭君 201

哭秦師 203

秦晉大決戰 207

第十三章　秦晉楚三國演義　　　　　209

誤釋三帥　　　　　　　　　210
了不起的晉襄公　　　　　211
楚穆王殺父　　　　　　　214
晉襄公接力稱霸　　　　　216
祭崤山　　　　　　　　　219
稱霸西戎　　　　　　　　221
楚國滅江　　　　　　　　224
讓秦人心碎的結局　　　　227

第十四章　君權的衰落　　　　　230

六卿崛起　　　　　　　　231
六卿家族的故事　　　　　233
趙家的發跡史　　　　　　239
夷之蒐　　　　　　　　　242
趙盾背秦　　　　　　　　244
"夏日之日"　　　　　　　248
計賺士會　　　　　　　　251
捲土重來的楚國　　　　　254
會收買人心的君王　　　　258
齊國的亂局　　　　　　　260
身敗名裂的癡情男人　　　262
魯國的亂局　　　　　　　265
晉靈公不君　　　　　　　266

第十五章　一飛衝天楚莊王　　　　271

內憂外患中的楚國　　　　272
"一鳴驚人"隱含的真相　　274
楚莊王早期的戰爭　　　　276
傳奇家族若敖氏（二）　　280

若敖氏的覆滅 281

邲之戰前的晉國公卿 284

決戰鄭國 287

戰前的三方較量 290

邲之戰 292

何為霸主？ 297

第十六章　晉國的至暗時代 301

妖姬亂國 302

范武子治國 304

虎落平陽的霸主 306

登臺笑客 310

第十七章　第二輪晉楚爭霸 312

《桑中》之喜 313

驅逐東門氏 315

鞌之戰 316

新一代的晉國政壇 320

下宮之難 325

趙氏孤兒 328

楚國的麻煩 331

吳國：流落蠻荒的帝王世冑 333

第十八章　對和平的嚮往 337

華元弭兵 338

《絕秦書》 341

短命的弭兵 344

"君子之戰" 347

滅"三郤" 352

第十九章　天縱奇才晉悼公　　　358

意外來臨的機會　　　359
天縱奇才　　　360
最後一輪中原爭奪戰　　　363
英雄的傳說　　　366
晉國的頂峰　　　369

第二十章　平凡時代　　　373

亂世紛擾　　　374
平陰之戰　　　375
變態君王齊靈公　　　377
欒范兩家的矛盾　　　380
欒氏的覆滅　　　381
天網恢恢，連環仇殺案　　　386
兄弟讓位　　　391
第二次弭兵　　　394

第二十一章　狂風驟起　　　397

楚王好細腰　　　398
暴君的結局　　　402
荒淫的楚平王　　　406
伍子胥的逃亡路　　　409
士為知己者死　　　411

第二十二章　不可思議的吳國　　　416

孫武演兵　　　417
"疲楚"之戰　　　419
越國：古老的大禹後人　　　421

吳國的戰爭準備 422

滅楚！滅楚！ 426

仇恨的力量 430

楚國人覺醒 432

王子朝之亂 435

第二十三章　聖人傳說 439

出關化胡 440

聖人降世 442

魯國執政官 445

隳三都 448

周遊列國 450

萬世師表 454

第二十四章　中原爭霸最終章 459

吳越恩仇記 460

越王的奴隸生涯 462

驅逐范氏、中行氏 463

臥薪嘗膽 466

王圖霸業夢一場 468

三家分晉，戰國來臨 473

附錄　大事年表 477

周天子分封列國

公元前 1048 年，經過幾代人的精心準備，周武王率領八百諸侯討伐商紂，在孟津會盟，昭告天下，然後在牧野之戰中一舉擊潰紂王的軍隊，消滅了立國六百年的殷商。

天下初定以後，武王犒賞聯軍，把王室成員、功臣、殷商貴族等各方勢力分封為諸侯。天子賜給諸侯一塊地盤，交給他們去管理。

諸侯在自己的土地上擁有一切軍政大權，稱為國君。同時他們要尊奉周天子，定期納貢、朝覲，鎮守邊疆，當周王室遇到戰亂的時候，諸侯需要發兵勤王。

在諸侯國內部，國君也會把城池、采邑分封給手下的卿大夫，卿大夫再把土地賜給士，層層分封下去。

於是，周天子坐鎮王畿，為天下共主；諸侯國四方拱衛，並相互牽制，編織成一道細密的權力網，共同守衛着遼闊的華夏大地。

據說，武王、周公、成王三代統治者共分封了七十一個諸侯國。其中大部分是姬姓的王室成員，也包括了很多的功臣。

在後來的歷史上，重要的諸侯國有以下幾個：

魯國：姬姓，周公旦之後。"至聖先師"孔子的祖國，掌管周禮，地位尊崇。

晉國：姬姓，武王的小兒子唐叔虞之後。春秋時期最強大的國家，長期佔據霸主寶座。

秦國：嬴姓，顓頊後裔。西部邊陲的小國，後來繼承了西周王朝的關中地區，崛起為超級大國。

齊國：姜姓，姜太公呂尚之後。對整個春秋歷史有重大影響的傳統強國。

楚國：羋姓，顓頊後裔。被認為是南方蠻族，軍事實力強大，長期威脅中原各國。

鄭國：姬姓，周厲王的小兒子鄭伯友之後。處在中原核心的位置，是各大國爭奪的主要對象。

衛國：姬姓，武王之弟康叔之後。中原北方小國，立國九百多年，是壽命最長的諸侯國。

宋國：子姓，商紂王的兄長微子啟的後裔。中原小國，繼承商朝宗祀，也是各大國交鋒之地。

陳國：媯姓，帝舜的後裔。中原小國，亡國之後，其後裔竊取了齊國的君位，建立了田氏齊國。

蔡國：姬姓，武王之弟叔度之後。中原最南端的小國，曾發起"管蔡之亂"挑戰周公，後來長期做楚國的附庸。

虢國：姬姓，文王之弟的後裔。西周時總共封了四個虢國，其中西虢國跟周王室關係密切。

吳國：姬姓，周太王長子太伯之後。東南方大國，春秋後期崛起，主導了春秋末期的政局。

越國：姒姓，大禹後裔。春秋末年崛起的東南強國，一直跟吳國爭鬥，最終滅吳。

申國：姜姓，周宣王的舅舅的封國。聯合犬戎攻入鎬京，滅亡西周。

分封制非常適合當時周朝的情況，在幾十個諸侯國的拱衛下，周王室成功地彈壓了國內外的各種反叛力量，在幾百年的時間內，維持了國家的正常運轉。

直到公元前 771 年，周幽王末期。

第一章

亂世的開端

滅國血案

西周末年，立國兩百多年的周朝遇到了麻煩。

史書記載，周幽王是一個 "無道" 的昏君，他跟之前的桀紂等昏君一樣，沉溺於酒色，寵倖奸臣，失去了諸侯和老百姓的支持，國家在他的治理下逐漸走向混亂。

由於史料的缺乏，我們很難瞭解當時的具體情況，也不知道周幽王具體是如何 "昏庸" 的。從現有的記載來看，他似乎也沒幹什麼禍國殃民的事情，最大的可能是：他是一個沒有才能的君王，不會協調各方勢力。

作為一個統治者來說，很重要的一件事就是在各種政治勢力中間掌握平衡，維持國家機器的平穩運行。

幽王顯然沒有做到這一點 —— 他得罪了不該得罪的人。

禍亂從申國開始。

申國在周王室的南方，跟周王室是近親，雙方世代通婚，長期保持着友好關係。

周幽王的王后就是申國國君的女兒，具體名字不詳，史書上稱為申后。申后替幽王生下了一個兒子，名叫宜臼，被立為太子。但後來幽王寵信年輕貌美的褒姒，申后受到了冷落。

幽王想改立褒姒生的兒子伯服為太子，一場後宮奪嫡大戰就此展開。褒姒成了最後的贏家 —— 公元前 775 年（周幽王八年），幽王下詔，廢申后與宜臼，立褒姒為后，伯服為太子。

這是一記嚴重的昏招：廢嫡立庶，取亂之道，尤其是當太子已經成年，並且擁有自己的支持者的時候。更嚴重的問題在於，幽王廢掉太子的同時也廢掉了王后，沒有給他們留任何希望。

這說明幽王是個辦事不考慮後果的人。真正懂權謀之術的人，整人都是一步步地來，先從你的支持者下手，等剝光了周邊勢力，再來給你致命一擊。

幽王顯然沒有這樣的政治智商，他一步到位，直接攤牌。

對於申后一黨來說，幽王的這紙詔書，一下就斷了他們所有的退路，不啻於滅頂之災。既然你先把事情做絕了，我何必再留情面？索性魚死網破吧。

申后並不好欺負，她有申國娘家作為後臺。申后母子二人想辦法逃到申國，向娘家人說起自己的經歷。

申國國君一下就跳起來了："我女兒跟你十多年，沒犯過一點錯，怎麼就這樣被趕回來了？而且把太子也給廢掉，接下來是要滅亡我們家族嗎？"這個國丈被憤怒和恐懼衝昏了頭腦，一心要報仇。

申國國小力弱，沒有足夠的底氣挑戰天子，怎麼辦？申侯想來想去，只好用出了個狠招——向犬戎借兵。

當時的華夏大地上，周王朝只控制着中原與周邊的一些地帶。王朝四周是各種未開化的民族，他們的社會很落後，但戰鬥力卻相當強悍，在數百年的時間裡，常常給周王朝帶來巨大的威脅。

其中最可怕的就是犬戎，他們是西北地區最早的遊牧民族之一，從黃帝時代開始就是華夏民族的勁敵。

犬戎的活動範圍離周王朝的核心地帶很近，彪悍的騎兵隊伍來去如風，如同荒野上的狼群，令周王朝防不勝防。

在前期，周王朝強大的時候也曾多次主動征討犬戎，取得過不少勝利；但現在，國力已經明顯衰落的周王朝對抗他們就很吃力了。

而且周王朝還有一個很不利的因素：他們的首都在關中平原，是國家的最西端，而諸侯國大多在東部，西部只有幾個弱小的諸侯國。

這樣，當面對犬戎入侵的時候，周王朝實際上沒有諸侯國可以作屏障，首都地區直接暴露在敵人的兵鋒之下。

申侯很清楚周朝的這個軟肋。

公元前 771 年，申國聯合繪國和犬戎的軍隊突襲周王朝，獲得大勝，在很短的時間內就攻入鎬京，諸侯來不及救援。申國犬戎聯軍在驪山上殺死幽王、伯服父子，擄走褒姒，擄掠豐鎬二京，搬光了周朝的府庫，大肆屠殺百姓。西周被滅國，天下震恐。

同時被殺的還有周幽王的叔叔——鄭國國君鄭桓公。

"二王並立"

　　根據現有的史料，我們無法瞭解太子宜臼在這場國變中起到了怎樣的作用，只能說，他可能是無辜的吧，畢竟當時他還沒有任何政治經驗，可能一切都是他的外公申侯在主導——借戎兵，滅周國。然後，這個小夥子就被推到歷史的前臺來了。

　　戎兵大肆擄掠一番以後滿載而歸。另一邊，在申國，由申侯主持，魯、許等幾個諸侯共同擁立宜臼繼位，史稱周平王。

　　平王坐上這個寶座其實是相當尷尬的，天下人都知道他母親的家族引來侵略者殺死了他父王，滅亡了他的國家。雖然不能直接說他"弒父篡位"，但他的嫌疑是洗不掉的。

　　可以想像，諸侯們對於這個新登基的天子背地裡肯定不太服氣。

　　這時候，出現了一位傳統史書上沒有記載的神秘人物——周攜王。

　　據說，西虢國的君主虢公翰不肯承認宜臼的地位，於是帶領其餘一些諸侯，在鎬京附近擁立幽王的弟弟"余臣"為王，稱為"周攜王"。這一派基本代表了支持幽王的傳統勢力。

　　於是周朝出現了"二王並立"的局面。一個國家，卻同時有兩位天子，兩派諸侯各自尊奉自己的天子。

　　一直到二十年以後的公元前750年，支持平王的晉文侯起兵殺掉攜王，才結束了這段獨特的歷史。

　　但對於這段歷史，正史上隻字不提，很顯然被人刻意抹掉了。是誰幹的呢？令人浮想聯翩。

　　後人根據《竹書紀年》的記載才知道了攜王的事蹟。可惜正本《竹書紀年》已經失傳，現有的殘本只留下隻言片語，我們甚至連"攜王"這個稱號是怎麼來的都不知道，也不能確定他是否真的是幽王的弟弟。

　　甚至連《竹書紀年》的記載都不一定完全可靠，因為考古發掘出的"清華簡"記載的內容就不一樣。

　　"清華簡"上說，幽王被弒以後，諸侯最初擁立的是攜王，根本就沒有出現過"二王並立"的情況。但攜王可能很不得人心，在登基九年以後諸侯們就不再朝覲他了。他登基二十一年後，晉文侯弒殺了攜王，扶立平王登基，然後遷都到洛邑，這才真正是東周的開始。

中間的這二十一年是一段消失的隱秘歷史，其中的真相無法再考證。

不管怎麼樣，最後都是弒君的申國和平王一方獲得了勝利。有力者勝，弒君者成為天子，並且最終得到了所有諸侯的承認。

既然天子弒父都可以得到大家原諒，諸侯殺幾個人、奪一點權又算什麼呢？所以後人開始爭相模仿。

這就開了一個很惡劣的頭，幾百年的尊卑關係被打破，"禮崩樂壞" 從此開始。

後宮爭寵、兄弟爭權、引狼入室、弒君篡位 …… 這樣的劇情在隨後的華夏大地上一遍又一遍地上演，貫穿着整個春秋戰國五百年的歷史。

五百年的亂世就這樣拉開了帷幕 ……

烽火戲諸侯

平王雖然來路不太正，但他得到幾個重要諸侯的支持，最終順利幹掉攜王這個對手，成為周王室的正統繼承人。

然而怎樣證明他的合法性？這是個棘手的問題。

周朝的官方宣傳機構只好拼命向大家說明，幽王是個多麼昏庸的君主，申后母子又是怎樣被逼無奈才借兵反抗。

這是借鑒了當初周武王（可能）抹黑紂王的手法。

但幽王畢竟是平王的父親，很多話還是不能說得太過分，而伯服又是個小孩，也不好抹黑，所以最後只好把絕大多數污水都潑到褒姒頭上去 —— 反正讓女人背鍋本來就是傳統。

於是在官方記錄的史料裡，褒姒成了跟妹喜、妲己並列的亡國妖女，是著名的 "紅顏禍水" 之一，西周之亡，主要賴她。

另外，昏君身邊必定有個心狠手辣的奸臣，幽王身邊的奸臣叫虢石父，他無惡不作，專門挑撥君王，陷害忠良。（請注意：攜王正是被虢石父的兒子虢公翰擁立的。）

昏君、妖女、奸臣都齊了，好戲上演，最後正史上就記錄了這樣一個離奇的故事：

據說夏朝末年的時候，有一天，天上掉下兩條龍，落到夏桀的宮廷裡，口吐人言，說：「我們是褒國的兩位先王。」

當時龍涎流得滿地都是。夏桀讓巫師占卜，得到的結果是，需要把這些龍涎收集起來才吉利。所以他就讓人把龍涎裝到盒子裡面，這樣龍才飛走了。

後來這個盒子一直留傳下來，直到西周時期都放在宮廷裡面。

一直到周厲王末年，有宮人打開了這個盒子，裡面的龍涎流出來，變成一隻巨黿，被一個年輕的宮女踩到。過了幾年，這個宮女成年後就懷孕了，生下一個女孩。

宮女知道這個女孩是妖孽，就讓人把她送到宮外丟掉。這時正好有一對賣弓箭的夫婦路過，撿走了這個小孩，在褒國的鄉下把這個孩子養大。

又過了很多年，到周幽王的時候，褒國得罪了幽王。為了贖罪，褒國派人去民間遍訪美女。使者在一個偏遠的村莊裡見到一位姿容絕代的女子，便花重金把這個女子買回來，獻給幽王。

這女子就是褒姒，也就是當年的棄嬰，算起來這時候應該有六十多歲了──好吧，我們先忽略年齡問題，假裝她還是個十幾歲的妙齡女郎。

褒國的計謀很管用，幽王一見到褒姒就被她的美色迷得神魂顛倒，當即赦免了褒國的罪過。後來，如同大家預料的那樣，當年紂王與妲己的故事再度上演──幽王從此荒廢朝政，周朝國勢日下。

褒姒有個毛病：從來不笑。自從入宮幽王就沒見她笑過，直到生了伯服以後依舊如此。

幽王想盡辦法引褒姒笑，都沒用，最後只好發佈懸賞令：誰能逗娘娘笑，重金賞賜。

著名的奸臣虢石父登場了，他給幽王出了一個主意：大王在驪山不是有烽火臺嗎？只要您點燃烽火，諸侯以為有戎人入侵，就會趕過來救援。諸侯來了卻發現沒有敵人，那場面肯定很滑稽，一定能把娘娘逗笑的。

幽王竟然聽了他這個餿主意，選了個良辰吉日，跟褒姒兩個盛裝打扮，坐到驪山上，一面賞風景，一面讓人點起烽火。

諸侯們看到烽火，果然趕緊調集大軍來勤王──我們先忽略諸侯國到

都城的距離 —— 諸侯們到了山下一看，什麼敵人都沒有，只有幽王一干人在山頂上觥籌交錯地玩樂，這才明白自己被戲弄了。

褒姒看到這一幕，終於忍不住笑了起來，笑起來以後更加美豔絕倫。幽王覺得為了她這一笑，花再大的價錢都是划算的，當然也沒忘記賞賜虢石父一大筆錢。

後來幽王又多次玩這一招逗褒姒開心 —— 我們再忽略文武百官的存在吧 —— 諸侯被玩得多了，就再也不相信幽王的烽火了。

直到有一天，犬戎真的打了過來，幽王再點烽火，可是已經沒有諸侯來救了，最終被犬戎攻破都城，身死國滅……

從這個故事我們看到，褒姒是一個純粹的妖孽，根本不是人類，她生的小孩當然也沒資格繼承王位；另一方面，褒姒降臨人間就是來滅亡西周的，西周之亡，純屬"天數"，除了怪幽王自己"無道"以外，賴不到別人頭上。

所有的鍋都讓死者背了，活着的人們就可以放下包袱輕裝前進 —— 反正我們誰都沒錯，不必內疚，未來的生活才是最重要的。

忘掉曾經的那個舊時代吧，周天子君臨天下的時代已經永遠過去了，現在是一個全新的時代，各路諸侯即將陸續登場，屬於他們的大戲即將開演！

第二章

跑馬圈地大賽

平王東遷

幽王末年的這場國難使關中地區遭受到毀滅性的破壞，重建這些地區需要巨額的資金與很長的時間。再說，這次災難也完全暴露出豐鎬二京在地理位置上的嚴重缺陷——我們前面提過，這裡離戎人太近，缺少諸侯國作屏障。

周王室確實被戎人嚇怕了，所以平王繼位以後第一件事就是遷都——盡量躲開戎人。

當初周公執政，為了更好地管理東方的領土，在東部洛水的位置新建了一座都城——洛邑，也就是後來的洛陽。所以西周其實一直都有兩座都城：一名宗周，即鎬京；一名成周，就是洛邑。

西周王室一直住在鎬京，現在平王決定——也可能是眾位諸侯要求的——把整個周王室都搬到洛邑去。

公元前770年，幽王被弒後一年，周王朝開始遷都。由於洛邑在東方，此後的周王朝就被稱為東周。

這次遷都對於諸侯們來說，是一次傳統勢力的大洗牌，也是一次重大的機會——誰保護王室遷都，誰就能成為王室的再造者之一，從而獲得巨大的政治利益。

但當時意識到這一點的人似乎不多，只有幾個國君敏銳地抓住了這次機會，他們是：

秦襄公、晉文侯、鄭武公、衛武公。

早期的秦國

秦國最早的歷史能追溯到五帝時期。當時有個叫大費的人，因參與大禹治水有功，被舜帝賜姓為嬴，他便是嬴姓部落的祖先。

後來嬴姓部落加入商湯的陣營，討伐夏桀，成為商朝的開國功臣之一。在整個商朝，嬴姓都是貴族，是重要的一方諸侯，為商王守衛邊疆立下了汗馬功勞。

商朝末年，嬴姓出了父子二人，名叫蜚廉和惡來，都是朝廷裡的武將，武藝高強。武王伐紂時，蜚廉、惡來父子作為紂王一方的大將參戰──具體的戰況已經湮沒，我們只知道，他們最後投降了周朝。

周朝開國以後不久，管叔、蔡叔帶着商朝遺民造反，史稱"三監之亂"。周公派兵鎮壓，把這些造反的遺民，其中包括嬴姓部落，全部貶為奴隸，發配到遙遠的邊疆，蜚廉、惡來父子也在這次鎮壓中被殺。史書上記載："周公誅蜚廉、惡來，天下大悅。"

這背後可能是一部已經湮沒的民族的血淚史。

從現有的史料推測，蜚廉、惡來在當時應該是殷商一方的名將，是三監之亂的主力之一，他們一直在尋找機會恢復故國，猶如三國時的姜維，是真正的忠臣義士。

因此周朝官方宣傳機構拼命詆毀他們，把他們醜化成紂王手下兩個小丑似的奸臣，後世的《封神演義》裡面還有姜子牙斬蜚廉、惡來，以其魂魄封神的情節。

此後的一百多年裡，嬴姓部落都在邊遠地區的荒原裡為周王朝戍守邊疆。其中有一個族群駐紮在犬丘──這裡是周朝的西部邊陲，靠近西戎──因此他們一直是抗擊西戎的主力。公元前890年前後，周孝王時期，這個家族裡面出了一個叫非子的年輕人，他有一項獨特的才能──養馬。

周朝政府為了抵禦四方的蠻族，需要許多馬匹，養馬是後勤保障的一個重要部分，所以政府特別看重這方面的人才。

有人告訴孝王，犬丘的非子很善於養馬，在當地名氣不小，可以召來試試。孝王就找到非子，在汧水和渭水之間給了他一片馬場讓他去管理。非子不負眾望，過了幾年，果然把那裡的馬匹養得又肥又壯，繁育出很多馬匹。

其實他們的祖先大費當年就曾經為舜帝訓練野獸，也幹得很出色。所以這大概算是一項祖傳技能吧，也間接說明這個家族的人辦事嚴謹、認真、勤懇──後來的歷史也證明了這一點，在主要的諸侯國裡面，只有秦國沒有出過任何昏君、暴君。這一點十分可怕。

周孝王很高興，而且後來非子又做出了更多貢獻，名聲更加響亮，孝王就說："當年你們祖先為舜帝馴獸，因此得到封地；現在你又為我養馬，我也給你一塊封地，就讓你來繼承嬴氏的宗祀吧。"就在王國西部給了他一塊小小的封地，稱為秦。非子從此以後被稱為秦非子，也叫秦嬴。

秦國自此立國，非子就是第一代秦君。

但這時候秦國只是一座小小的城邑，地位低下，還不算是諸侯國。秦國要升級為諸侯，還得等一百年後的那一次重大機遇。

後來西戎反叛，進攻周王朝。犬丘那邊的嬴氏家族全體為國捐軀，嬴氏家族只有秦非子這一支倖存了下來，繼續為國戍守邊疆。

這之後的整個西周時期，秦國都在跟西戎作戰，為保衛國家做出了很大犧牲 —— 從這一點來看，秦國對周朝的貢獻超過絕大多數諸侯國 —— 也因此得到不少封賞，在諸侯中的地位逐步提高。

公元前 778 年，秦襄公即位。七年以後，驪山之變發生，幽王被弒，秦人一直等待的機會來了！

早期的晉國

上古時期，中原有一個重要的部落 —— 陶唐氏，他們是帝堯的後裔，在太原建立了唐國。這是中華大地上最早的國家之一，這個古唐國的歷史現在已經無人知曉。

後來，商朝末年，陶唐氏的後人在古唐國的位置上重新建立了唐國，唐國之後成為周朝的封國之一。

公元前 1035 年，周成王八年，唐國發生叛亂。朝廷派軍隊鎮壓唐人，把他們都遷到杜國，又從周朝的屬地遷移民眾去佔領了唐地。

所以這以後的唐國已經不是原來的唐國了 —— 人民已經被替換掉了。

兩年以後，成王把自己的弟弟叔虞封為唐侯，讓他去管理唐國，並且給出了"啟以夏政，疆以戎索"的治國方略。

唐國所處的位置是夏朝故地，又是華夏與蠻族交界的位置，各種民族雜居，所以其治國方式跟周朝不同。

後來叔虞的兒子燮父把國家遷到晉水之畔，因此改國名為晉國。

因為祖上是周王的弟弟，所以晉國跟周王室關係非常親密，地位不同於一般諸侯國。

晉國在周王朝的北部，挨着戎狄等蠻族，是抗擊蠻族的前沿陣地。歷史上晉國多次派出軍隊參與周王朝對戎狄的戰爭，立下不少軍功，也使得晉國一直保持着強大的武力，成為中原諸侯裡面軍力最強盛的一支。這一點跟秦國類似。甚至到數百年後，晉國的繼承者趙國，軍事實力也非常強大，一度威震天下。

西周末年，晉國當政者是晉文侯，這是個狠角色。

文侯本名仇，父親是晉穆侯。穆侯去世以後，本來應該讓嫡長子公子仇繼承王位，穆侯的弟弟殤叔卻搶先一步，自立為王。公子仇趁亂逃出晉國。四年以後，公子仇帶着自己的軍隊打回晉國，殺掉殤叔，奪回了政權。

從這時候起，兄弟爭位、宮廷政變就成了晉國的一項"保留劇目"，在幾百年中一直困擾着晉國。晉國也就一直是個很容易發生內亂的國家，直到最終亡於內亂。

晉國史就是一部對外爭霸和對內奪權的殺戮史。

再回到晉文侯這邊來，他跟秦襄公一樣，抓住了平王東遷的機會，是這項超大型工程的主持者之一。我們稍後再繼續說他的事。

早期的鄭國

鄭國這個國家在諸侯國裡面地位特殊，簡單來說就是：它是最後一個被分封的諸侯國，其君主也是跟後來的周天子血緣關係最近的諸侯。

在西周末年，鄭國跟周王室實際算一家人。

西周的最後三個君主分別是：周厲王、周宣王、周幽王。

周厲王有兩個兒子：王子靜和王子友。

公元前 828 年，王子靜繼位成為周宣王。

公元前 806 年，宣王把自己的弟弟友封到了"鄭"這個地方（在關中平原附近，靠近周王室），鄭國由此建立。友的爵位是伯爵，因此便稱為鄭伯，又叫鄭桓公。

按照周朝的傳統，被分封的諸侯同時也要兼任朝廷裡的官員。所以鄭桓公不僅是鄭國的君王，也是周朝的高官，大部分時間要在朝廷裡面處理國政。

鄭桓公並不完全是靠自己的血統走上高位的，他本身的才能也非常突出。早在被封為諸侯之前，他就曾帶兵抗擊獫狁入侵，取得大勝；被封為諸侯以後，他又把鄭國治理得井井有條 —— 真是帝王之才。

後來宣王的兒子宮湦繼位，史稱周幽王。鄭桓公繼續盡心竭力地輔佐這個姪兒。

當時天下局勢已經風雨飄搖，看到幽王昏聵無能，鄭桓公為了保全自己的國家和人民，做了一個很大膽的決定 —— 遷國。

前面說過，西周的都城鎬京一直受到犬戎的威脅。而鄭國的土地就在鎬京以東，離犬戎也不遠，屬於比較危險的地區。

桓公是政治嗅覺非常敏銳的人，他分析當時的局勢，感到關中不是久留之地，就着手把鄭國的人口和財富向東遷移。

遷到哪裡去呢？桓公看中了洛邑附近的土地。洛邑在很遠的東部，各個諸侯國中間，遠離各種蠻族；洛邑本身又是都城之一，經濟發達，其附近是建立新國家的好地方。

後來平王也把國都遷到洛邑，所以桓公這次遷國可以算是平王東遷的預演。

桓公找到洛邑附近的東虢國和鄶國，送給這兩個國家大量錢財，跟他們說，要向他們借一塊地來安置鄭國的人民。

他是君王的叔叔，兩個小國當然沒法拒絕，只好獻出了十座城池給鄭國，史稱"桓公寄帑"。

公元前 772 年，鄭國東遷到新取得的土地上，首府在虢鄶之間的"京"城，這是鄭國在東部最初的基地。

第二年，犬戎入侵，關中大亂，幽王在驪山被弒。

鄭國民眾剛好躲過這場劫難。多麼驚險！

但不幸的是，桓公在這場變亂中與幽王一同被殺，成了無辜的犧牲品。

桓公的兒子掘突聽說父親被殺，披麻戴孝地帶領鄭國軍隊來到鎬京，當着眾位諸侯的面繼位，是為鄭武公。

鄭國自此走上了一條富有戲劇性的稱霸之路。

秦國：天道酬勤的典範

再說平王遷都的事。

公元前 770 年，車馬喧闐，旌旗蔽日，從鎬京向東的道路被堵得水洩不通。在秦、晉、鄭、衞四國諸侯的護衞下，周朝政府的全體成員開始了遷都的旅程。

洛邑本身就是王國的都城之一，營建得很完備，道路規整，宮室宏偉，再加上周圍沃野千里都是富庶的地區，比起廢墟中的豐鎬二京，這裡就是一個全新的浮華世界，霎時使人忘記了不久前那一場慘烈的變亂。

豐鎬二京的府庫已經被洗劫一空，沒有什麼需要攜帶的物資，一路上反倒輕鬆。周朝政府來到洛邑之後對原來的宮室略加修繕就安頓下來了，整個過程沒有遇到太大的波折。

平王這時可能還是個十幾歲的少年，沒什麼政治經驗。他看到四國諸侯對自己鞍前馬後地悉心照料，心裡很感激，再想到一路上四位"叔叔"風餐露宿吃了那麼多苦，卻什麼抱怨都沒有，心裡一熱，就對身旁的秦襄公說："愛卿如此為國盡忠，實在讓本王感激不已。本王知道你們家族世代守衞西部邊疆，為國家出了很多力，卻只有'大夫'之位，實在虧待你們了。現在本王特封你為諸侯，與齊晉等列。"

秦襄公趕緊跪謝。至此，秦國立國一百多年之後，終於升為諸侯國。

平王又說："岐豐之地，已經被西戎佔據。只要你能趕走西戎，收復國土，本王就把這些土地賜給你，你們秦國以後就替本王守護這份祖宗基業怎麼樣？"

秦襄公大喜過望，連聲稱謝。

這是秦國得到的一份絕大家產。

當年周王室的祖先住在岐山附近，從那裡發跡，向東擴張，逐漸掌握了天下，所以岐豐的土地是周王朝的祖宗基業所在。現在那裡被戎狄侵佔，平王不想着怎麼去收回故土，卻做個順水人情把這個燙手的山芋扔給秦國 —— 反正我也拿不回來，就送給你好了。你有本事把那邊搶回來那就是你的，搶不回來也別怪我，反正人情已經給你了。

從這裡就可以看出平王是個很平庸的國君，目光短淺，胸無大志。他隨便一個決定就使周王室永久丟失了祖先的土地，丟失了西周時期的王國中心地帶。

他以為洛邑處在天下中心，物阜民豐，以這裡作立國之本也不錯；西部那些土地都被人踏爛了，丟就丟了吧。

他卻沒想到，洛邑位於諸侯中央，既是優勢，也是一種很大的劣勢。這使得周王室被諸侯國包圍起來，沒有了發展空間：周圍諸侯都在跑馬圈地，日漸擠壓周王室的空間；再加上常常需要賞賜土地給有功勞的諸侯，更讓土地一直縮水。後來周王室的土地竟縮成了一個小小的城郭，擁有天下九州的周王朝就這樣逐漸走向消亡了。

再有，洛邑周圍都是一馬平川，沒有山川阻隔，完全沒有防衛能力，只能靠諸侯來保護，根本就不是可以立百年基業的地方。事實上，從這以後都是各路諸侯在縱橫天下，基本就沒有周王室什麼事了。

而秦襄公得到這樣一份大禮，絲毫沒有浪費，回去以後就開始厲兵秣馬，展開對戎狄的戰爭。

秦人發揚他們祖先做事刻苦認真的優點，穩紮穩打，經過幾代人的苦心經營，終於把戎狄徹底趕跑，把原來西周的土地盡數收入囊中。到後來，他們甚至把戎狄原本的土地都給佔了，號稱"闢地千里"。秦國就這樣擁有了大片險峻的國土，更擁有了相對於山東（崤山以東）各國的體量優勢和戰略縱深，從此成長為一流大國。

回顧秦國的擴張史，可發現其屬於典型的苦孩子熬出頭。他們所處的位置本來是各諸侯國裡最差的，直接面對蠻族的威脅，數百年的秦國史，就是不斷抗擊蠻族侵略的歷史。哪知道這樣一種惡劣的生存環境，反而鍛煉了秦人的意志，使他們始終保持憂患意識。當後來他們跟山東各國競爭的時候，這種剛毅的品質就變成為一種咄咄逼人的國家性格，壓得山東各國喘不過氣來。"生於憂患，死於安樂"，也許說的正是秦人的這種情況吧。

晉國：喜好內鬥的大國

公元前 781 年，晉文侯殺死他的叔叔，奪回王位。

到平王遷都的時候，文侯三十五歲，正處在政治生涯的巔峰。

在輔佐平王遷都之後，晉國雖然沒有像秦國那樣取得大片土地，但也獲得了巨大的政治利益。史書上說："及平王之末 …… 秦景、襄於是乎取周土，晉文侯於是乎定天子 ……" 就是說，儘管秦國趁機取得了西周的土地，晉文侯的功績卻是"定天子"── 可見在當時的人們心目中，平王的朝廷裡居首位的功臣可能是晉文侯。

晉文侯最大的功績是在公元前 750 年派兵打敗並且殺死攜王，結束了"二王並立"的尷尬局面，使平王真正坐穩了江山。

平王為了表彰文侯的功績，賜給他一套弓箭、酒器等祭祀用品，在諸侯中間大肆宣揚他的功績，就差直接吹捧他了。

不過，平王對於文侯的感情除了感激，更多的恐怕還是畏懼。從文侯果斷殺叔、殺攜王來看，他應該是一個特別強勢的人物，很不好惹 ── 只不過史書上沒有點明這一點而已。我們可以肯定的是，平王能夠坐穩江山，很大程度上依賴於文侯的支持。文侯才是真正的實權人物 ── 要是他支持攜王的話，獲勝的恐怕就是攜王一方了。

從晉文侯起，晉國基本確立了一等強國的地位。

但這時的文侯絕對料想不到，他的後人即將面臨一場血腥的政治屠殺，有人的手段比他更狠 ……

鄭國：跑馬圈地第一人

平王的稱號挺有意思，他的人就跟這稱號一樣，能力平庸，只知道苟且偏安，毫無出色之處。

堂堂周天子淪落到要靠諸侯扶助才能坐穩王位的地步，這已經夠丟臉了；祖宗基業也送人了，困守在洛邑這樣一個人生地不熟的地方，在諸侯國的包圍中間勉強維生；何況，諸侯們還在背地裡傳說他如何如何殺父弒君的小道消息 ── 這樣的周王當然得不到大家的尊重。

但天子畢竟是天子，大家背地裡不敬重，表面上還是要尊崇他的：隔三岔五去朝廷裡朝覲述職是免不了的，定期進貢一些珍寶玩器土特產之類的也是必須的。

但如果某個諸侯本身就是周王室家族的人，還是天子的長輩，又是朝廷裡的實權人物，恐怕就不太會把天子放在眼裡了。

鄭武公就是這樣一個人。

前面提到過，幽王的叔叔被封在鄭地，是為鄭桓公。桓公在驪山殉國以後，他的兒子繼位，就是鄭武公。所以武公是幽王的堂弟、平王的叔叔。

武公登基以後，馬上參與平王遷都的大工程，鞍前馬後，出過不少力。周朝遷都以後，鄭國的地位上升了很多。

而且鄭國就在洛邑旁邊，挨着周天子。

這時候，洛邑成了天下的中心，整個國家的政治、經濟資源都面臨大洗牌，湧現出許多千載難逢的機會。

另外，周王室既然已經不受人敬重，也就無法制約諸侯，各諸侯國因此展開了一輪轟轟烈烈的跑馬圈地運動。

武公看準了這次機會，毫不猶豫，果斷“搶跑”。他搶先滅掉東虢國、鄶國，以及周圍的一堆小國，徹底佔了這些國家的土地，並把侵佔的土地跟之前桓公借來的土地合到一起，重新建立了鄭國，將首都建在新鄭。（東虢國以外還有一個西虢國，就是擁立攜王的國家。）

東虢國、鄶國都對鄭國有大恩，但鄭國卻毫不手軟，因為這是春秋——一個血腥殺戮的時代，不講恩義，只講利益。

諸侯國之間相互兼併的大幕由此拉開。

平王不敢發話。他自己就是靠這幾個諸侯扶上位的，現在位置還沒坐穩，自己又是個毛頭小夥子，面對一群老謀深算的政治家，他敢說什麼呢？再說鄭國也確實需要土地，不讓他吞併小國，難道讓他來找自己要土地？

武公正是算準了平王的這種心理，所以不遺餘力地擴張自己的地盤。幾年之內，鄭國就擴張成了中原最大的國家之一，而且佔的都是王畿附近的黃金地帶。從此鄭國物阜民豐，經濟領先於各國。

這一系列擴張行動中，最有名的是《韓非子》裡記載的攻佔胡國的故事。

胡國跟鄭國挨得很近，正因為這個原因，胡國對鄭國也就防得特別嚴，在邊境駐紮了大量軍隊。鄭武公確實在打胡國的主意，但他不能讓胡國看出自己的想法，就處處向胡國示好，表達自己嚮往和平的願望。

他先是把自己的女兒嫁給胡國國君，又覺得這樣還不夠，便召開大會，故意在朝堂上問手下的大臣們："寡人想對外征伐，大家覺得打哪個國家比較合適？"

一個叫關其思的大臣站出來說："胡國離我們最近，微臣覺得可以先討伐胡國。"

武公勃然大怒："大膽！胡國是我們的兄弟之國，怎麼可以討伐他？"於是叫人把關其思拖出去當場斬首。

消息很快傳到胡國，胡國國君以為鄭武公真的對自己這麼有情有義，就放鬆了警惕。不久以後，鄭國出兵突襲，一舉兼併了胡國。

其實朝堂上那一幕，表演的痕跡很明顯。這君臣二人很可能是串通好的，以讓關其思犧牲性命的方式拿下一個國家。但不管怎麼說，武公做事之果決狠辣，在當時各國的君主裡面是排在前列的。

有這樣霸道的一個君王，再趕上春秋初年各諸侯國剛剛崛起的大好時機，鄭國成功地佔得了先機，成為春秋初期擴張最迅速最成功的國家之一。（另外還有晉國和秦國，都抓住了這次機會大肆擴張。）

但這只是鄭國崛起的序幕。接下來，一個比鄭武公更加狠辣老練的人物登場了，把鄭國真正帶上了霸主之路。

鄭莊公小霸

鄭國的兄弟之爭

鄭莊公名寤生，是鄭武公的兒子，公元前 743 年即位。

當初武公娶南申國國君的女兒姜氏為妻，史書上稱為武姜。武姜生了兩個兒子，即寤生和段（又叫叔段）。

據說武姜生寤生的時候難產，受了很多苦，所以她一直不喜歡自己這個大兒子，只喜歡小兒子叔段。

武姜是極端認死理的女人，自從對兩個兒子的好惡在她心裡紮下根以後，她就陷入了一種無可救藥的偏執狀態：把大兒子當成仇人看待，不管什麼事都要維護小兒子。

武公還在世的時候，她就一直碎碎念，讓武公把王位傳給叔段。但嫡長子繼承制是不能隨便廢除的，武公最終還是把王位傳給了寤生。

儘管武姜在換繼承人的問題上失敗了，但她還是盡最大努力給叔段謀求利益。於是她向寤生，也就是鄭莊公，提出很多過分的要求。例如在莊公剛剛登基的時候，她就向莊公提出，把虎牢關附近的"制"這個地方封給叔段。

這裡是鄭國北部的重要軍事關隘，怎麼能分封出去呢？莊公當然不答應。

武姜又提出，那就把京邑封給叔段。京邑是鄭國在東方最早的根據地，可以說是鄭國的發家之地，也是當時鄭國最大的城邑，規模甚至超過首都新鄭。把這個地方封出去，這怎麼可能？可是莊公居然答應了。

叔段就這樣意外得到一座超大型根據地，高高興興地上任去了。從表面上看，莊公對叔段簡直寵愛有加。

但有一個很微妙的細節：叔段離開首都以後，就跟母親武姜分開了，此後兩人之間的聯絡只能通過書信，而書信從宮裡傳到京邑需要過許多道關卡。

而且叔段也離開了鄭國的政治中心，從此與朝臣隔絕開來！

但一般人並沒有想到這些，都覺得莊公簡直糊塗透頂。朝廷裡的大臣們都炸開了鍋，紛紛找到莊公，說這麼重要的大城市怎麼能封出去呢？莊公只是兩手一攤，無可奈何地說："太后親自要求的，我有什麼辦法？"大家只好搖頭離開。

可是武姜的偏執遠遠不止於此，她還是念念不忘讓叔段繼承王位。於是她跟叔段謀劃，讓他在京邑積極發展自己的勢力，自己則在朝廷裡做內應。

母子倆暗中勾結，準備一旦時機成熟就起兵篡奪王位 —— 太后要篡自己兒子的位。

但他們沒想到，母子倆背地裡的這些謀劃，莊公全都瞭若指掌，甚至一些大臣也知道。至於莊公是通過什麼途徑掌握的這些情報，那就是國家機密了。

可是表面上，莊公沒有任何動作，完全放縱叔段胡作非為。

叔段在京邑厲兵秣馬，不停地擴張自己的勢力，甚至又吞併了其他的一些城邑，儼然成了鄭國的另一個君王 —— 這樣下去，鄭國是要分裂了嗎？

新鄭的氣氛漸漸緊張起來。滿朝文武都知道了武姜母子要謀反的事，可是當他們去找莊公的時候，莊公還是一副無可奈何的樣子。大臣們只能乾着急，都覺得莊公實在過分寵愛自己的弟弟了。

最後，鄭國最重要的大臣祭足私下找到莊公，說了自己的擔憂。莊公淡淡地說出了一句話：“多行不義必自斃。”

這就是莊公真正的心態，之所以有意放縱叔段，就是要引得他謀反 —— 不謀反，哪有理由除掉他？

“多行不義必自斃”

公元前 722 年，經過充分準備的叔段在京邑起兵，準備攻打新鄭。新鄭這邊，武姜也準備好打開城門放叔段的兵馬進城。

可是這一切早已在莊公的掌握之中。莊公搶先一步，發兵攻打京邑，京邑的百姓立即倒戈，叔段大敗，只好逃到鄢城。莊公的兵馬又追到鄢城，再次打敗叔段，叔段只好逃到共城躲避。莊公又派兵追殺到共城，叔段走投無路，只好自殺身亡 —— 因此後來他又被稱為共叔段。

叔段兵敗之前，讓他的兒子公孫滑逃到衛國去借兵，公孫滑因此躲過了莊公的追殺。但這也造成了後來的一系列國際糾紛……

這時大家才看出，叔段自以為準備充分，可莊公準備得比他充分得多。莊公對於局勢的掌控能力，是叔段根本比不上的。他表面上一直放縱叔段，背地裡卻做好了全部準備，而且成功瞞過了叔段母子。

趕跑了叔段以後，莊公把武姜母子密謀篡位的事情公佈於天下。事實俱在、證據確鑿（可能是截獲了叔段母子通信的內容），武姜聲名掃地，無法繼續在新鄭待下去。莊公派人把她送到城穎去居住，並且撂下狠話："不及黃泉，無相見也。"意思就是我們這輩子都別再見面了。

掘地見母

送走武姜以後，鄭國內亂平息，莊公徹底掌握了大權。

但武姜畢竟是莊公的母親，不久以後莊公就後悔了。一方面可能是他放不下母子的骨肉之情，另一方面恐怕也是顧及自己的名聲，怕擔上"不孝"的罪名。

不過話已經說出來了，現在要反悔終究放不下面子，得找一個臺階。

大臣們都猜到了莊公的心思，紛紛配合表演。

在穎谷有一個小官員，叫穎考叔，他聽說了莊公攆走母親的事，就以進獻貢品為由來見莊公。

莊公收下他的貢品，當面賜給他一些食物。

穎考叔把裡面最好的一些肉挑出來，剩下的才自己吃。

莊公很奇怪，問他為什麼這樣。

穎考叔說："我家裡有老母親，一直以來只吃過我做的飯菜，從來沒有吃過大王賞賜的食物，所以我要帶回去給她老人家品嘗。"

莊公歎了一口氣，傷心地說："你還有母親可以奉養，我卻沒有。"

穎考叔故意問是怎麼回事，莊公就把自己跟母親和弟弟的那些事說了。穎考叔一聽，馬上說，這好辦。"不到黃泉不相見"是吧？大王您可以挖一條地道，一直挖到出泉水為止，到那裡去跟您母親相見，這樣"黃泉下相見"，就不違背誓言了。

莊公一想，這個法子不錯。於是他就派人到郊外挖了一條很深的隧道，一直挖到泉眼，然後在隧道裡面搭建起一個木棚，先把武姜接到木棚裡等著，莊公親自下到隧道裡拜見武姜。母子相見，盡棄前嫌，昭告天下。莊公重新奉迎武姜為國母，但武姜從此再也無法作亂了。

　　一場紛繁蕪雜的家族鬥爭就這樣結束了，大家都得到了能接受的結果。莊公寬厚仁德的美名也從此傳遍天下，他既除掉了爭權的弟弟，又贏得"孝子"的口碑，最後大權在握，家庭和睦，世人交口稱讚。不得不說莊公的情商是非常驚人的。

《詩經》裡的叔段

　　叔段在當時就已經名滿天下。

　　《詩經·鄭風》裡面有《叔于田》和《大叔于田》兩首詩，傳說就是讚美叔段的，裡面描寫的"叔"是一位仁義又勇武的美男子，風華絕代，天下無人能比，是鄭國的超級偶像。

　　《鄭風·叔于田》這樣寫道：

> 叔於田，巷無居人。豈無居人？不如叔也，洵美且仁。
>
> 叔於狩，巷無飲酒。豈無飲酒？不如叔也，洵美且好。
>
> 叔適野，巷無服馬。豈無服馬？不如叔也，洵美且武。

　　"叔"據說就是叔段，"田"是打獵的意思，"叔於田"就是描述叔段出外打獵的事。"叔"只要飲酒，其他人那樣也配叫飲酒？"叔"只要騎馬出門，其他人那樣也算騎馬？"叔"一亮相，普天之下的人都被比下去了。多麼鶴立雞群的叔段！

　　那為什麼史書上記載的叔段和武姜母子又是那樣卑瑣的形象呢？歷史上的有些事，真的是很難說得清的。

　　再說叔段的兒子公孫滑，他逃過了莊公的追殺，逃到與鄭國相鄰的衛國。衛國拿到這張牌，就開始蠢蠢欲動了⋯⋯

衝擊包圍圈

　　鄭國的位置其實很尷尬。

第三章　鄭莊公小霸

當初"桓公寄孥"的時候，因為桓公是天子的叔叔，權勢壓人，找的都是最好的土地。這些土地就在洛邑南邊，是王國東部的中心地帶。這裡交通便利，經濟發達，使新建立的鄭國迅速成長為一個繁榮的國家。

但地處中心位置有一個極其嚴重的缺陷——鄭國被其他諸侯國圍在中間，沒有擴張空間，反而受到周圍國家的擠壓，跟鄰國的衝突不可避免。

鄭國東邊是宋國，西邊是王畿和晉國，南邊後來與楚國接壤，北邊是衛國，周圍還夾雜着一堆小國家，被重重包圍。

當時晉國正在內亂，暫時沒精力對外擴張；楚國這隻大鱷的觸角還沒有伸到鄭國邊上。真正會帶來麻煩的就是宋、衛兩個國家。這兩個國家體量跟鄭國差不多，國力接近，也是被一堆諸侯國圍在中間，急需發展空間，他們的擴張必定要跟鄭國直接衝突！

衛國：打不死的千年小國

衛國是周武王的弟弟的封國，封在殷商故土上，國民很多都是商朝遺民，治國方略是"啟以商政，疆以周索"，即根據周朝的特點改進商朝的制度。

因為跟周王室是近親，所以衛國積極輔佐周王。幽王犬戎之亂的時候，衛武公派兵救助，後來又扶助平王遷都，因此獲得了公爵的封號，國家地位是很高的。

衛武公是一個強勢人物，跟前面提到的晉文侯類似，他也是弒君上位的，殺的是自己的親哥哥衛共伯。這樣的人，要麼是極其兇殘的暴君，要麼就是開宗立派的一代明主。衛武公是後者。他才能卓著，能文能武，當政五十五年，把衛國帶上了前所未有的高度。衛國國力強盛，眼看一代霸主呼之欲出。

但衛國的上升過程到這裡便戛然而止。此後衛國就一路下行，逐漸淪為一個無足輕重的小國，最後成了春秋時代最早被滅國的諸侯國，但很快又復國了。

最神奇的是，經過滅國大難之後，這個處在四戰之地的蕞爾小國從此好像被大國們忘了，竟然頑強地通過了春秋戰國的血腥考驗，在風暴中堅強生活着，一直挺到秦朝末年才最終滅亡。算起來，衛國的生存時間比周朝還長，無意中創造了諸侯國生存時間最長的紀錄。

先說衛國跟鄭國掐架的事。

叔段被剿滅、公孫滑逃到衛國的時候，衛國的國君是衛武公的孫子衛桓公。他聽公孫滑說起鄭國內亂的事，喜出望外 —— 終於有藉口可以公開打擊鄭國了。於是他以替公孫滑討公道的名義派兵攻打鄭國。

公孫滑帶路，衛國軍隊很快打下了鄭國的廩延。鄭莊公反擊，糾集西虢國等多國軍隊連續兩年攻打衛國，大獲全勝，最後還與邾國和魯國會盟於翼。

這裡有一個細節，鄭莊公糾集的多國部隊中，有一支是周王室的軍隊 —— 周天子無力阻止諸侯之間的衝突，反而派兵加入戰團，把自己降到跟諸侯一個檔次，實在是很掉價的行為。

最後可能是在武姜的請求下，鄭莊公才放過公孫滑。公孫滑最終老死在衛國。

衛桓公這一輪吃了虧，當然不會甘休。不料正當他一心想着再找鄭國報仇的時候，自己的後院卻起火了。

大義滅親

衛桓公有一個同父異母的弟弟州吁。州吁從小很受父親衛莊公寵愛，後來被封為將軍，手下有不少軍隊。他性格很招搖。大夫石碏就對莊公說："州吁這樣的人是不會安分守己的，最好防着一點，不要給他軍權。"莊公不聽，繼續寵着他。

桓公登基以後可就不寵着這個弟弟了。他找個藉口，說州吁"驕奢"，奪了州吁的軍權，接下來準備進一步處理他。但桓公保密工作做得不好，被州吁跑掉了，逃到了國外。

接下來的劇情跟當年晉文侯經歷的類似。州吁潛伏在國外，到處拉關係，培植自己的勢力，準備反攻。據說他跟叔段是同病相憐的好友。十四年之後，州吁帶着自己手下的軍隊，借著外國敵對勢力的幫助，偷偷潛伏回衛國，突襲殺死衛桓公，自己當上了衛國國君。

這是春秋初期特別有名的一起弒君案，帶頭作用很明顯。從此以後，各種弒君篡位事件源源不絕地出現。

這起弒君案也成為一個很有代表性的樣本：兄弟爭位，失敗的一方逃亡國外，再借助國內外敵對勢力的支持回國篡位。這樣的案例在春秋歷史上實在太多了。

要追究責任的話，首先是作為父親的莊公沒有把太子的勢力培養起來，結果兄弟黨的勢力太大，強枝弱幹，太子鎮不住。其次是，桓公的能力跟他這個弟弟相比，顯然要差一些。州吁很能沉得住氣，在國外長期潛伏，最後一擊必殺 —— 這樣的人當然是很不容易對付的。

州吁篡位成功，當上了國君，儼然一個翻版的晉文侯。但晉文侯本來就是君位繼承人，他是被人篡位以後再奪回君位的，名義上站得住。州吁就不同了，他是極其惡劣的弒君篡位者，名不正言不順。

而且他的才能和眼光也比晉文侯差得遠，所以還沒坐穩君位就出事了。

州吁跟叔段惺惺相惜，也可以說是臭味相投。他登基以後第一件事就是去攻打鄭國替叔段報仇。

州吁篡位成功的當年（公元前 719 年）夏天，他糾集起宋、陳、蔡三國一起攻打鄭國。這次草率的軍事行動並沒有取得實質上的勝利，僅僅包圍鄭國都城的東門五天以後就撤退了。失敗的原因可能是四國不齊心，尤其是陳、蔡兩個小國，只是打打醬油罷了。

四國聯軍不甘心失敗，當年秋天帶上魯國軍隊再一次攻打鄭國。這次的戰果稍微好看一點，史書上記載是"取其禾而還"—— 搶了鄭國的一些莊稼回去。

這時候距離州吁篡位不過半年而已。

州吁在剛剛篡位成功、位子沒坐穩的時候就連續對外用兵，這是一個巨大的錯誤。這種大規模的軍事行動一定要在國內局勢穩定的時候才能進行，否則就會給政敵以空子鑽。

結果，老百姓都怪州吁窮兵黷武，衛國國內開始人心不穩。

他看到這情形也有些心虛，就想着怎麼去彌補。

石碏有一個兒子，叫石厚，是州吁的心腹大臣。有一天石厚問自己父親："我們的君王怎麼才能得到百姓擁護呢？"

石碏回答："國君要受百姓擁護，先要得到天子的支持。你們可以去朝覲周天子，爭取名分。"

但州吁是弒兄上位的，是個非法君主，怎麼能去朝覲天子呢？

石碏就給他出主意說：陳桓公當下不是天子跟前的紅人嗎？我們國家現在跟他關係很好，可以託他幫忙去打通跟天子的關係。

在石碏的反覆攛掇下，州吁帶着石厚去了陳國，商量朝覲周天子的事。

這本身是沒問題的，但他們想不到的是，老謀深算的石碏暗地裡託人帶信給陳國，說："這兩個人是弒君的惡棍。衛國是個小國，我又是個老頭子了，實在沒有能力除掉他們，還請陳君幫我們除害。"

衛桓公的母親是從陳國嫁過去的（可能是陳桓公的親屬），而州吁跟衛桓公是同父異母的兄弟，州吁弒衛桓公，陳桓公內心肯定是反對的。

陳桓公收到石碏的信以後就暗做準備，派武士埋伏在州吁一行人下車的地方。州吁等人剛下車就被當場活捉，分別關押起來。陳桓公隨後派人向衛國報告情況。

衛國國內，石碏收到衛桓公的回信，於是向滿朝文武公佈了州吁落網的消息。州吁實在不得人心，而且他已經被拿住了，所以沒人再支持他。石碏一黨很快控制了局勢，馬上派出大臣去陳國殺掉了州吁，一場篡位鬧劇至此終結。

但怎麼處理石厚是個麻煩事。

石厚畢竟是石碏的兒子，石碏現在是衛國的實際掌權者，所以有人揣摩着他的心意，替他兒子求情：弒君的主犯是州吁，現在州吁已經伏法了，別人可以免罪。

但石碏絲毫不為所動。實際上，石厚的罪行可能確實沒那麼嚴重，但如果就這樣放過他，別人都會說石碏徇私舞弊，那麼殺州吁這件事就難以服眾。所以石碏必須立一面旗幟，以儆效尤。

最終，石碏排除一切干擾，派人到陳國殺掉石厚。從此石碏留下"大義滅親"的美名，給後世樹立了一個正面的榜樣。

然後，衛國的大臣們把衛桓公的侄兒公子晉迎回國內，立為君主，是為衛宣公。

州吁說來也倒楣，費盡心機潛伏十四年終於上位，最後才當了不到一年的國君就被殺了，連自己的名號都沒有，只在衛國王室的譜系上留下一個稱號 —— 衛前廢公。一個"廢"字，多麼可悲！

可惜州吁的失敗並沒有讓後來者們吸取教訓。隨着周天子權威的衰落，各國的野心家們都磨刀霍霍，躍躍欲試，開始掀起一波又一波的弒君浪潮。

下一個出事的國家，是宋國。

宋國：小國也可以有大夢想

宋國是紂王的哥哥微子的封國。

當年周武王打敗殷商以後，紂王自焚而死。微子"持其祭器造於軍門，肉袒面縛，左牽羊，右把茅，膝行而前以告" —— 讓左邊的人牽着一隻羊，右邊的人持着茅草，自己綁着雙手，裸跪在地上，用膝蓋跪行到武王面前，獻上祖宗的祭器，乞求武王原諒。

武王對這個"帶路黨"的熱烈表演非常滿意，不僅在官方輿論裡面大肆宣揚"殷有三仁"（這話雖然是孔子說的，但源頭應該是周朝的官宣）——微子就是三仁之一，是商朝為數不多的好人 —— 而且給了微子特別豐厚的賞賜。

最重要的賞賜就是把微子封到殷商故地，給他封了一個諸侯，而且是最高級別的"公爵"，跟周公、召公並列，比其他諸侯的爵位都高。這叫作"興滅國，繼絕世"，也就是不讓前朝貴族斷絕香火。（武王另外還把夏朝後裔封到杞國。）

周朝政府給了宋國很多優待條件，比如可以單獨奉祀殷商的祖先，可以繼承商朝的禮法等，並且讓他們以客禮事周。所以名義上他們家是周朝的客人，不是周朝的臣子。

商朝的禮法是幾百年前的東西，跟當前的周禮差別很大，保留着很多上古時期質樸的民風民俗。在周人看來，這些禮法顯得迂腐而不合時宜，也只有那群前朝遺老還抱着這些東西不放。

而且更尷尬的是，商人的禮法其實也並沒有完整地保留下來。他們實際上已經被迫接受了周人的各種思想觀念，剩下的只有嘴硬了。

所以宋國在諸侯國裡面是一個異類，是前朝遺留下來的活化石。大家都以看笑話的心態看着他們，像"守株待兔"、"揠苗助長"這些笑話，都是編派宋人的。

關鍵是宋人還沒有自知之明，總以"貴族"自居，覺得自己高人一等，不屑於跟你們這些"俗人"為伍。反映到國家性格上就是：無視自己的實際國力，總以大國自居，明明是一個夾在諸侯國中間的受氣包，偏偏總幹一些天下霸主的事情 —— 氣得你總想扁他一頓。但這個國家又特別硬，城池堅固，很不好打，不是一等強國還收拾不了他。

總結起來就是 —— 又臭又硬。

這樣一個國家，對於身邊迅猛擴張的鄭國當然很看不慣。鄭國在他們眼裡就是一個暴發戶富二代，沒文化，沒內涵，仗着是周王的親戚到處招搖。所以宋國總是忍不住要出來敲打一下他。

於是，宋國成了鄭國擴張之路上最大的對手。

好心辦壞事的制度

殷人有"兄終弟及"的傳統，君王死後會把位置傳給自己的弟弟，弟弟以後再傳位給哥哥的兒子。有商一朝，好幾次王位繼承都是這樣的方式。

公元前 729 年，宋宣公臨終前把他的弟弟叫到身邊說："父死子繼，兄終弟及。按照我們的傳統，我應該把王位傳給你。"於是不顧大臣們的反對，把王位傳給了弟弟公子和。公子和繼位，是為宋穆公。

宣公的太子是與夷，穆公的太子是馮。

後來穆公病重，召集以孔父嘉為首的大臣們說："我哥哥那麼仁義，把位子傳給我，我不能辜負他。所以現在我把王位還給哥哥的兒子與夷，不給我兒子。"

孔父嘉卻表示反對，說太子很受人擁戴，為什麼要廢他。但是穆公堅持自己的主張，還更進一步，為了防止自己的兒子將來爭奪王位，他特地把馮

驅逐到了鄭國 —— 這給宋鄭關係埋下了一顆炸彈 —— 然後把王位傳給了與夷。與夷繼位，是為宋殤公。

那是公元前 720 年。

但這種"兄終弟及"的模式只是看起來和諧，實際上已經完全不符合時代的要求了。後來的無數例子證明，只要出現"兄終弟及"的傳位方式，隨後必然引起嚴重的君位爭奪戰。這種模式坑了無數個國家，宋國就是第一個犧牲品。

穆公把自己的兒子先發配走，確實是一個明智的招數，理論上能防止爭位的情況發生。但計劃趕不上變化，後來的事態發展完全超出了穆公的預料 —— 這是後話，先說殤公的事。

第一輪宋鄭衝突

宋殤公是個特別好戰的國君。他上任伊始，馬上開始用戰爭來樹立自己的威信。

打誰合適呢？

對於殤公來說，上一代人的兄弟情義並不是他要考慮的事，反倒是公子馮的存在讓他如有芒刺在背 —— 目前國內還有很多人支持公子馮，這是他真正的威脅，必須把這個威脅除掉。

公子馮被驅逐到了鄭國。本來鄭國就是宋國的死對頭，現在鄭國又好酒好飯地養着公子馮，明顯居心不良。這下宋國不打鄭國都說不過去了。恰好這時候，衛國的州吁成功奪位，他想轉移國內對他弒君的指責，也準備對外發動戰爭。兩個新上任的國君一拍即合，馬上聯合到一起。

公元前 719 年，宋殤公糾集了陳、蔡兩個小弟，加上州吁的衛國，四國聯軍兩次進攻鄭國（第二次魯國也參戰了，五國聯軍打鄭國）。但他們沒能把鄭國打倒，前面已經說過，最大的戰績是包圍了鄭國東門五天，又順便割了鄭國郊外的稻穀。

這只是個開始，中原戰火從此被點燃，宋鄭兩大集團之間的一系列戰爭拉開了帷幕。

幾個月後，衛國的石碏殺掉州吁，迎立宣公，但州吁點燃的這把戰火卻熄滅不了了。

第二年四月，鄭國侵入衛國，衛國聯合南燕國軍隊反擊。鄭國派出祭足等大將，帶領主力與南燕軍隊正面對決，同時派制地的軍隊偷襲南燕軍後方。最後鄭國在虎牢關打敗了衛燕聯軍。

同時，郕國那邊又來插一腳，從另一面攻入衛國。衛國又掉頭去打郕國。局勢一時間亂成一鍋粥。

同年九月，宋國侵佔邾國的農田，邾國向鄭國求援。鄭莊公趁機報仇，糾集周王的軍隊攻打宋國。宋國大敗。鄭國攻入宋國外城，耀武揚威。

宋國向魯國求援。當魯君問起戰況，宋國使者卻不說實話，魯君心裡很不愉快，於是拒絕援助。宋魯關係開始破裂。

勢單力孤的宋國被鄭國軍隊狂虐。最後鄭國擄掠了大量戰利品順利班師，報了去年的仇。

鄭國隨後向陳國發出通牒，要求陳國歸附。陳桓公（曾經幫助衛國殺州吁）說：“有宋衛兩國罩着我們，鄭國敢把我們怎麼樣？”於是陳國沒有答應。

來年五月，鄭莊公出手教訓陳國。陳國根本不是鄭國的對手，被打得滿地找牙，被迫跟鄭國簽訂城下之盟。鄭國再次掠奪了大量戰利品班師回國。

至此，衛、宋、陳三兄弟被輪流打了一次。這顯示出鄭莊公霸道的性格 —— 得罪過我的，我都要打回去。

幾個月之後，宋國緩過氣來，又去攻打鄭國。這次宋國憋足了一口氣，經過大半年時間終於打下了鄭國的長葛。

中原地區連續的戰爭終於讓國際社會看不下去了。這時候東方大國齊國出來調停，要求雙方停戰。

假命伐宋

齊國在遙遠的山東半島，遠離小國紮堆的中原地區，因此齊國可以安安穩穩地發展自己的經濟，一直以來都是很有實力的大國。

鄭國和齊國早就是友好國家，多次在一起會盟。最近一次會盟是幾年前，鄭莊公和齊僖公在石門會盟。從地理位置上看，鄭齊兩國正好把宋國夾在中間，所以這也可算是最早的"遠交近攻"。

所以宋鄭衝突愈演愈烈的時候，只能由齊國站出來調停。

宋、鄭、衛打了幾年，都已經精疲力竭了。這時候有大國出來調解，他們正好有臺階可以下，誰都沒法反對。

公元前715年秋天，在齊國的要求下，齊、宋、衛三國在瓦屋會盟，約定盡棄前嫌，停止戰爭。

但齊國的調停只起到短暫的效果。鄭國心裡是不服的，而且他們又是實力佔優的一方，停戰對他們好處不大——不趁這個時候把宋國打趴下，以後還有機會嗎？所以在停戰的第二年，鄭國就又一次主動挑起戰爭。

不過，去年明明說好大家不打了，這時候又要去打宋國，怎麼好改口呢？於是鄭莊公耍了一個心眼。

當時周天子名義上還是大家的頂頭上司，各國都要定期向周天子進貢。這只是一個象徵性的禮節，不一定真的要交出來多少金銀財寶，所以各諸侯一般是不會忘了這個事的。

但公元前714年，鄭國卻突然指責宋國不按時進貢，聲稱要替天子討伐宋國。這個來得有點猝不及防，有可能是鄭國在宋國向周天子進貢的時間、禮品、禮節等環節挑了一點錯出來，以此為藉口而已。

由於鄭莊公是周朝上卿，理論上他可以代周天子討伐不服從的諸侯。但這次討伐可能並沒有得到周天子的授權，而是鄭莊公假借周天子的名義去打擊自己的競爭對手，所以人們都說他是"假命伐宋"。

為什麼這樣猜測呢？這就要說到鄭莊公跟周天子的尷尬關係了。

"天子"的隕落

眾所周知，春秋初年，鄭國跟周王室的關係是很親密的，幾十年裡鄭國國君一直擔任朝廷的卿士——類似於後來的宰相，一人之下萬人之上，可以說是周天子的左膀右臂。

但到了鄭莊公這一輩就有點不一樣了。莊公是一個很務實的君主，周朝卿士這個職位，在他看來主要是為了方便做一些別的諸侯做不了的事，而不是為了替周天子打工。所以他就不太肯真正出力，只掛個空名，沒事去朝廷裡轉轉而已。這樣必然讓周天子心裡不舒服。

在平王當政的後期，鄭國跟周王室就發生過許多齟齬。當初為了對付叔段，莊公連續很多年都在經營國內的事務，沒去管朝廷裡的事。平王很不開心，於是決定把莊公的權力交給西虢國的君主虢公忌父。

莊公一聽說這個事，馬上跑到朝廷裡去質問平王："聽說大王要撤了我的職位？什麼原因？我哪裡做得不好？"

平王看到莊公氣勢洶洶的樣子，馬上慫了，連連搖頭說："哪有這事？鄭伯不要聽那些謠傳。"

莊公不肯甘休，為了防止自己真的被奪權，竟要求平王跟自己互派人質：平王把王子狐送到鄭國去當人質；鄭國把公子忽送給周朝當人質。平王只好同意。當然，奪權的事也就不了了之了。

周天子跟鄭莊公明明是君臣關係，竟然像敵對國家一樣互派人質，這是嚴重僭越的行為：你一個大臣有什麼資格要王子去你的手下當人質？但面對這樣一個"不平等條約"，平王竟然答應了 —— 可見他確實是一個很慫的君王，沒有一點剛性。

這次事件被稱為"周鄭交質"，是春秋初期的一個標誌性事件，說明周王室從此失去了諸侯的敬畏，無法再靠自己的權威駕馭諸侯們了。

不久以後，平王駕崩，周桓王繼位。桓王年輕氣盛，繼位以後馬上又提出要虢公忌父接替莊公的卿士職位。

這次莊公沒去找他鬧，而是直接派兵去周朝的土地上收割麥子和稻穀。這是明目張膽的搶劫，分明是在侵略周朝。但是桓王一點辦法都沒有，只有白受這個氣。（不過第二年宋、衛、陳、蔡、魯五國聯軍攻鄭的時候又割了鄭國的稻穀，替桓王報了仇。）

到這一步，鄭莊公已經徹底跟周天子撕破臉了。而周天子沒有任何辦法反擊，可以說聲譽掃地。

從那以後，鄭莊公跟周天子就一直處於"冷戰"狀態，互相都不給對方好臉色看。其間又發生了"祊易許田"（莊公自作主張拿周王祭祀用的土地去跟別人交換）這樣一件不愉快的事，總之就是莊公想怎麼玩就怎麼玩，眼裡完全沒有天子。

鄭國作為周天子的自家人，卻帶頭打天子的臉，別人當然紛紛效仿。可以說，周天子威信隕落，鄭國有很大一部分責任。

不過，從另一個角度看，這也是鄭莊公最終沒能稱霸的原因之一。後來的"春秋五霸"都少不了在表面上尊奉周天子。鄭莊公卻反過來，明明有最好的"挾天子以令諸侯"的條件，卻自毀長城，一面打親戚的臉，一面丟了手上最好的一張牌。這種境界，比起"春秋五霸"差了很遠很遠。

再說"假命伐宋"這件事。這時候鄭莊公跟周王已經相互冷落很久了，卻忽然冒出個替周天子討伐諸侯的怪事，大家一看都知道他又在拋開天子自行其是了。但沒辦法，畢竟是他們自家人的內部矛盾，天子自己不發話，大家也就不好拆穿呀。

公元前714年，鄭國領頭，多國聯軍"奉王命"浩浩蕩蕩地殺奔宋國。

消停了不到一年，第二輪宋鄭衝突再起波瀾。

第二輪宋鄭衝突

這一次，鄭國做足了準備。你不是公爵嗎？我一個伯爵打不得你，但現在我有天子的命令在手，能不能打你？

而且這兩年鄭國一直在施展外交手段拉攏齊魯兩國，鄭、齊、魯已經隱隱約約形成了一個聯盟，國際形勢跟兩年前大不相同，鄭國已經明顯佔優了。

之前衛國、陳國已經被打服了，宋國這回沒有小弟幫忙。在多國聯軍攻擊下，宋國很快抵擋不住，只得服輸。

上一次宋國向魯國求援，卻因為使者不肯說實話，得罪了魯國。這次宋國索性不求援了 —— 標誌着宋魯關係已經公開破裂。不久之後，鄭魯會盟，魯國徹底倒向鄭國一方。

本來宋、衛、陳、蔡結成了對鄭國的包圍圈，但鄭國現在跟遠方的齊、魯結盟，形成對宋、衛的反包圍，戰略形勢完全逆轉。

另一邊，北方的戎人又來侵略鄭國。鄭國百忙之中還騰出手來跟戎人打了一仗，又是大獲全勝。

第二年，也就是公元前713年，鄭國再次牽頭，鄭、齊、魯三國聯軍再次進攻宋國。其中魯隱公跟宋殤公還是表兄弟，但各國哪管那麼多，該翻臉還是得翻臉。

這次戰爭獲勝之後，鄭國把打下的宋國城池都送給了魯國，魯國成為最大的贏家，當然這也是鄭國挑撥離間的手段之一。因為這件事，魯國在史書上把鄭莊公大大地誇獎了一番。

宋殤公有孔父嘉輔佐，還是有些策略的。趁着多國部隊在宋國大肆劫掠，宋殤公派出宋衛聯軍從小道偷襲鄭國，直逼鄭國首都。

鄭國趕緊班師救援。但鄭國軍隊還沒回到城內，宋衛聯軍就撤退了，借道戴國往回返了。

小小的戴國看到一大片軍隊開過來，嚇得夠嗆，緊閉城門不讓他們通過。宋衛聯軍大怒，掉頭攻打戴國城池。兩國還順道通知蔡國一起來，於是三國圍毆一個小國。

但是蔡國怪罪他們之前沒有帶自己一起偷襲鄭國，不太高興，出工不出力。

這時鄭國大軍追上來了，藉口說要保護戴國從而得以進城。鄭國進城以後馬上翻臉，拿下戴國城池，吞併了戴國，還把三國聯軍也給趕跑了，繳獲大量財物。

宋衛兩家打了半天，結果都在替鄭國打工。而且戴國也是商朝後裔，跟宋國同宗同源，還讓宋殤公背了個手足相殘的名聲。這下把宋殤公氣得直跳。

事情沒完。鄭國乘勝追擊，又一次打入宋國，又一次在宋國燒殺劫掠。這一次，宋國確實無力反抗了。

就這樣鄭莊公還覺得太閒。去年"奉王命"伐宋的時候郕國不是沒來嗎？一個小國敢不給我們鄭國面子？所以鄭國跟齊國聯手又打入郕國，懲罰他們站錯隊的錯誤。郕國迅速投降。

下一個是許國。許國也是一個不肯"奉王命"伐宋的釘子戶。鄭、齊、魯聯手，瞬間把許國打翻在地。許莊公只好逃到衛國去。

一個叫息國的小國家還嫌不夠亂，跳出來刷存在感。它竟然單獨去進攻鄭國，結果大敗，被鄭國給狠狠地教訓了一頓。

鄭、齊、魯三國討論怎麼處置許國。魯隱公說："人家都認罪了，就算了吧。"鄭莊公拉不下面子，只好把許國一分為二，一半由鄭國的將軍公孫獲管理，一半交給許莊公的弟弟去統治，號稱恢復許國了。魯國的史書因此又吹噓"鄭莊公於是乎有禮"，就是說鄭莊公是一個知"禮"的賢君。

經過這一連串的"組合拳"，鄭莊公的威名驚動天下，鄭國來到了最輝煌的時代！

這幾年，中原的國家們都沒閒着，都在結成幫派互相打來打去。他們如同一群被拘束了太久的熊孩子，有一天突然發現老師管不了他們了，那個歡騰呀，頓時炸開了鍋，扭打成一團。而他們的"老師"周天子，這時只能遠遠地趴在桌子下面發抖，祈禱自己不要被誤傷。

而各國國君像一群熊孩子一樣，以打架為樂事，根本停不下來。持續不斷的軍事衝突的背後，不僅僅是國家利益在誘導，也有男人好鬥的本能在推動，其中的很多場戰爭其實對國家沒什麼好處，根本沒必要打的。

這些君王們打得歡天喜地，底下暗藏的卻是老百姓家破人亡的血淚史。不過沒人會去關注這些，甚至連史官都懶得記錄。因為這些根本不是什麼新鮮事，不僅過去發生過很多次，以後還會不斷發生——這是人類繞不開的宿命。

回到剛才的話題。儘管已經把宋國虐成這樣了，鄭莊公還是覺得不過癮。公元前712年冬天，鄭國聯合虢國再次討伐宋國，又一次把宋國打倒在地，然後踩着宋國跟齊、魯等國會盟。

到這時為止，鄭國已經取得了壓倒性的優勢。宋國的軍事力量接近崩潰，在多國部隊一輪又一輪的拳打腳踢下搖搖欲墜。

一直死扛到底的宋國這時終於撐不住了。宋殤公登基才八年，已經打了十一場戰爭，而且基本都輸了，宋國國土被人踩躪了一遍又一遍。國內民怨沸騰，終於引發了民意的大崩潰。

弒君！弒君！

新的一場弒君慘案來襲！而這一次，會直接影響以後兩千多年的中國歷史！

第四章

弒君狂潮

改變歷史的弒君案

當時的宋國有兩大公族：一支以孔父嘉為首，孔父嘉的職位是司馬，掌管軍權；一支以華督為首，華督被任命為太宰，掌管行政。兩支公族共同執掌朝政，輔佐君王。

孔父嘉就是前面提到過的顧命大臣，他和華督都是宋國王室的旁支，所以歸根結底算是一家人。

孔父嘉掌管宋國的軍事，宋殤公這些年的對外戰爭都是他在主持。宋國八年內打了十一場戰爭，民眾苦不堪言。殤公和孔父嘉這對君臣難免給人留下 "戰爭狂" 的印象。

這時宋國民眾對於連年戰亂的忍耐已經達到極限，包括華督在內的朝中大臣也對戰爭非常不滿，但他們又不能直接反對君主，想來想去，只有拿孔父嘉開刀。

史書上記載，孔父嘉的妻子非常美貌。她有一次乘車外出，不小心被華督看見了。華督頓時被她的美色迷倒，就起了歹念，想要害死孔父嘉，把她弄到手。於是他就在國內傳言："大王發動戰爭都是聽信了孔父嘉的讒言，現在老百姓被害得這麼苦，都怪孔父嘉。只有殺了孔父嘉才能拯救百姓！" 宋國的民眾本來就已經怨聲載道，這下百姓的情緒徹底被煽動起來了。華督在眾人的擁護之下殺死孔父嘉，搶走了他的妻子。

但這段記載的可信度並不高，華督殺孔父嘉的主要目的應該是為了阻止宋君再度發動戰爭，而不是為了什麼美女。而且後來華督在宋莊公手下依然是首席大臣，說明當時的人們還是很認可他的，他不太可能幹過強奪人妻這種讓人詬病的事。

不過華督殺孔父嘉這件事倒是真的。孔父嘉被殺以後，殤公震怒，要拿華督問罪。華督索性一不做二不休，把殤公也幹掉了 —— 做成又一起弒君案。

但出人意料的是，這起弒君案並沒有像州吁弒君那樣招來太大的反對聲 —— 究其原因，可能是殤公確實太不得人心了。殤公被弒，鄭國、齊國他們不用說，就差要給華督頒錦旗了，連宋國國內也是人人拍手稱快，自然沒人去追究華督弒君的責任。

公子馮這時還在鄭國，華督派人把他接回去，立為君王，是為宋莊公。華督又送給鄭、齊、魯、陳幾個國家大量的賄賂。這幾個國家更加高興，都誇他會做人，更不提他弒君的事。宋莊公也就順水推船，任華督為國相。

對於政客來說，會做人比會做事更加重要。

至此，中原各國延續十年的戰爭，以鄭齊聯盟完勝而告終。

我們別忘了被殺的孔父嘉。孔父嘉被殺，對他的家族是一個重大打擊，他們從此失去了在宋國的政治地位。

孔父嘉有一個兒子叫木金父，木金父以父親的字為氏，稱為孔氏。後來他們一直被華督的派系打壓，為了避免政治迫害，只好全家逃奔到魯國，繼續在魯國做官。

從孔父嘉算起，六代之後，這個家族出了一位彪炳千古的大人物，那就是被後世稱為"至聖先師"的孔子。

宋國到這時基本平靜下來，但弒君的浪潮還在蔓延，下一個受害者是魯國。

魯國：周朝文化的傳承者

魯國是周武王的弟弟周公的封國，是一個跟鄭國、宋國差不多的中等國家。

周公是周朝的聖人，具有極高的地位，周朝的禮樂制度就是周公當年制定的，魯國也就順理成章地成為周禮的保管者和執行者。可以說，周朝的文化就在魯國。

在春秋初年，如果我們要去尋找一個最有周朝特色的地方的話，不應該去周王所在的洛邑，而應該去魯國，那裡才是真正的"周"。

"周禮"具體是什麼呢？就是一套全社會共同遵守的生活規範。

西周初年，周公為了鞏固周朝政府的統治地位，在前代（最早可以追溯到五帝時期）禮樂制度的基礎上，按照周人的生活習慣，制定了適合周朝社會的禮樂制度。這套制度規定了社會每個階層人們的生活方式。從飲食起居到喪葬祭祀，每個人都應該按照這套規範來生活，否則就是越禮。周人自從有了禮樂，就跟周圍的蠻族區分開了。這是中國社會的重大進步。

禮樂制度最大的作用是維護社會穩定，每一個人都要在制度規定的框架內做人做事，不能逾越，否則就是僭越，甚至算作以下犯上，會受到嚴厲打壓。當整個社會都按照這套規範來行事以後，就相當於用繩子把社會的每個部分都捆得嚴嚴實實，這樣的社會是高度穩定的。

周朝奪天下的過程來得太快，僅僅兩代人的時間，就從一個邊緣部落迅速膨脹成當時世界最大的國家之一。由於統治了許多不同的民族，維護穩定就成了頭等大事，所以周禮對於周朝具有特別重要的價值。

在整個西周時期，周禮都得到了比較好的執行。但到東周以後，因為王室權威的衰落，社會各階層也就開始散漫起來，特別是大權在握的諸侯們，基本上想幹啥就幹啥，不把天子放在眼裡，於是開始了"禮崩樂壞"的時代。

舉個例子，在春秋初年，作為周禮的執行者的魯國，其國君就帶頭違反周禮，在陵墓的落成典禮上讓人表演了"六佾"的舞蹈——而諸侯本來只能用"四佾"，這就越禮了。

這人就是後來被弑的魯隱公。

魯國的弑君案

除了要延續子嗣，古代的帝王們為了自身的享受還會娶很多老婆。在當時的環境下，這也可以理解，畢竟人類的本性都是自私的，在沒有監督的情況下，大多數人都不可能管住自己。

既然是為了享樂，看重的主要就是女方的姿色，管她是公主還是女奴，都無所謂。所以有很多帝王"臨幸"了地位很低的女人，自然沒法避免讓這些女人生下王子。

那麼問題就來了，地位很低的女人生下的可能是長子，正妻的兒子反而排在後面，以後王位讓誰繼承呢？總不能讓一個宮女甚至女奴的兒子當君王吧？

為了解決這個問題，當時的人們就發明了嫡庶制度。制度規定：嫡子優先，嫡長子是第一繼承人，然後按他們的年齡排，沒有嫡子才立庶子。所謂

"有嫡立嫡，無嫡立長"。

這在大多數情況下都可以解決問題，但還有一種情況：萬一兩個女人的地位差不多，她們的兒子該怎麼排？那就很容易出亂子了。

春秋初年的魯國就出了這種情況。

當時魯惠公的正妻沒有生兒子。惠公另有兩個夫人：聲子和仲子。聲子生了公子息，仲子生了公子允。公子息年紀更大，但公子允的母親的地位更高，卻又沒有高太多，所以公子息和公子允都不能算嫡長子。

惠公生前並沒有把繼承人的問題安排好，特別是沒有及時地把仲子立為正妻，這就給後來的魯國埋下了隱患。

公元前723年，魯惠公薨，公子息繼位，這就是魯隱公。但這次繼位很特殊，魯國官方的說法是公子允是嫡子，應該由他繼位，但他年紀太小，所以由公子息代他執政，或者說"攝政"，而公子允仍然當太子。

隱公一當權就是十一年。這十一年間，他完全擁有國君的身份，魯國的各種決策全部出自他。所以他跟歷史上其他的攝政王不一樣，他名義上是攝政，實際上卻是君主。

到魯隱公十一年，也就是公元前712年的時候，公子允已經是個二十來歲的成年人了，也有了自己的勢力，但隱公仍然沒有公開表現出要還政於他的意思。這時滿朝文武都在背地裡猜測隱公的真實想法 —— 他到底準不準備把王位還給太子呢？一直這樣拖着是什麼意思？一些有心機的人開始蠢蠢欲動。

這時惠公的另一個兒子公子翬登場了。

公子翬是一個很強勢的人物，在戰場上是一員猛將，立過許多軍功，而且一向囂張跋扈。

當年宋、衛、陳、蔡圍攻鄭國的時候，就是公子翬無視隱公的反對，自己帶兵加入了他們的隊伍。後來魯國幫着鄭國打宋國，又是公子翬自作主張自己帶兵去的。這樣嚴重違反軍令，他竟然沒有受到任何懲罰，可想而知，隱公對他有多麼縱容。所以隱公在他心裡也就那麼回事，沒什麼好怕的。

公子翬想着自己立了那麼多軍功，應該受表彰，就想要隱公封他為太宰。正好聽到朝臣們都在私下議論歸政的事，膽大包天的他竟然想出一條異想天開的上位之路。

他跑去跟隱公說："當初大臣們都認為您最有才能,所以才擁戴您當了國君。您當政這麼多年了,一直受大家擁護,還有什麼理由再把位子還給太子呢?依我說,乾脆斬草除根,殺了太子,立您自己的兒子為太子。"

這個設想對隱公來說其實相當明智,甚至可以說是忠言。

不料隱公卻瞪大眼睛說:"這是什麼話?我當初不是說好的,因為子允年紀太小,才暫時代他執政。現在他已經長成大人了,我正在菟裘那邊營建養老的地方,以後去那裡住,把君位還給子允。"

至於封太宰的事,隱公說:"等子允登基了,去讓他封你。"

這下把公子翬嚇壞了,本來想投機取巧謀一個開國大佬的地位,結果把自己套進去了。現在話已經說出口,沒法收回,以後這老頭把君位給他弟弟,他弟弟一上臺,第一個要清算的不就是我?這下惹來大禍了。

但他畢竟是戰場上出生入死活下來的人,做事果斷狠辣,念頭一轉,馬上去找公子允,說:"聽說那老頭想賴着不退位,還要把您殺了,以絕後患。不如我們先下手,我替您去幹掉他!事後封我一個太宰的位子怎麼樣?"

公子允跟他的哥哥不一樣,立即同意了他的陰謀。

公子翬是掌握軍權的人,很快就佈置好殺人計劃。不久以後,隱公在寪氏家裡祭祀神靈的時候,被公子翬派的刺客暗殺身亡。

公子翬隨後扶助公子允登基,是為魯桓公,然後把隱公被弒的責任推到寪氏頭上,滅了寪氏一族。

這件弒君案,說到底,主要責任其實在隱公自己。

不僅公子翬,連後來的歷史學家們都猜不透隱公的真實想法:他到底是臉厚心黑想一直佔着君位不還呢,還是真的是個善良的人?

要是真的因為公子允年紀小,不放心讓他掌權,完全可以效法周公,讓公子允先登基,自己當個輔政大臣 —— 這方面,周公是一個非常典型的正面例子。

其中的關鍵在於名分,首先得讓公子允有君王的名分,隱公自己明確是大臣的身份,這樣才能消除猜疑。但隱公卻半推半就地當起了君王,把公子允打成太子。

如果隱公真的想當君王,那就該果斷除掉公子允,而不是讓公子允有機會長齊羽翼來奪權。在十一年的時間裡，隱公應該有很多機會可以殺掉公子允，但他沒有。即使公子翬主動來獻計，這麼好的機會，他都沒抓住，反而把公子翬逼到了公子允那邊去。

而且，他竟然想不到公子翬已經被逼上絕路了，沒有做任何防備。一個手握軍權的人說出要殺太子的話來，對這樣的情況能不悚然於心嗎？

最大的可能是，隱公本身是個散漫無大志的人，做事糊塗，他既沒有奪權的志向，又有點捨不得君位。身為君王，卻畏首畏尾拿不定主意，最終害死了自己。

不過，魯國這種宮廷政變算起來只是小孩子過家家，不值一提。在同一時期，中原大地上的超級大國晉國內部，正在上演一場史詩級的弒君大戲，前後延續六十七年，弒殺五任君王，驚動國際社會，周天子親自參戰⋯⋯

那就是春秋時代最大規模的奪權鬥爭 ——"曲沃代翼"。

曲沃小宗的由來

故事還要從西周末年說起。

周宣王時期，晉國當政者是晉穆侯。穆侯的正妻生了兩個兒子，長子叫仇，次子叫成師。

關於兩位世子的名字有這樣的傳說：據說當年穆侯跟着周王去討伐戎人，結果慘敗，回來以後正好妻子生了個兒子，穆侯就給這個兒子起名叫仇，以記住這次敗仗。後來又一年，穆侯去討伐戎人，大獲全勝，回來以後又生下一個兒子，於是把這個兒子起名叫成師，就是戰爭獲勝的意思。當時就有人說這兩個公子的名字起反了，長子仇名字不吉利，次子的名字卻大好，以後讓長子當國君只怕鎮不住次子。不過這都是傳說而已。

後來穆侯的弟弟殤叔篡位，公子仇逃到國外。幾年以後公子仇回來殺死殤叔，奪回了君位。

他就是前面講過的晉文侯。

文侯是強勢君王，當政四十年，把晉國打造成了威震天下的一流強國。

但文侯卻犯了一個錯誤：沒有管束好他的弟弟成師。明明有殤叔篡位的前車之鑒，不知道文侯為什麼還會犯這樣的錯。

按照分封制的規定，文侯這一支是大宗，是家族權力的繼承者；成師那一派是小宗，需要另立門戶。按理說小宗的勢力應該明確受限，但實際卻沒有。

所以到文侯過世的時候，成師的權勢已經非常大了。

公元前 745 年，文侯的兒子即位，是為晉昭侯。

昭侯這個年輕小夥感覺自己根本約束不了那個強悍的叔叔，就做了一個嚴重錯誤的決定 —— 把叔叔成師封到遠離國都的曲沃，於是成師又被稱為曲沃桓叔。

可能昭侯是一個性格軟弱的人，認為既然制約不了這個叔叔，索性一腳踢開，把他派到遙遠的封地去，眼不見為淨，認為遠離了政治中心，諒他也翻不起什麼波浪。卻不料這一下就成了放虎歸山。

晉國的首都在翼，但曲沃才是晉國的第一大城市，比翼更大 —— 從這一點可以猜測，也許把成師封到曲沃並不是昭侯自己的想法，而是成師主動爭來的 —— 總之，這相當於送了一個牢固的後方基地給成師。

當時也有人明確反對，但昭侯仍然堅持自己的決定。

成師，現在叫曲沃桓叔，已經是一個接近六十歲的老人了。豐富的政治經驗把他打造成了一隻極難對付的老狐狸，大概跟當初他的哥哥類似，甚至還有過之而無不及。他從離開都城起，就制訂了一系列嚴密的奪權計劃。

而他確實也有過人的才能，尤其是善於籠絡人心。史書記載，曲沃桓叔非常受老百姓擁護，從晉國各地去投奔他的人絡繹不絕。

在桓叔的努力經營下，曲沃的人力和財力都迅速增長，成為一支可以和晉國中央政府抗衡的政治勢力。

僅僅過了七年，桓叔就做好了奪權的準備。

《詩經·唐風》裡面有一首《揚之水》，據說就是描寫當時曲沃的軍隊準備開往翼城的情景：

揚之水，白石鑿鑿。素衣朱襮，從子於沃。既見君子，云何不樂？
揚之水，白石皓皓。素衣朱繡，從子於鵠。既見君子，云何其憂？
揚之水，白石粼粼。我聞有命，不敢以告人。

"素衣朱襮，從子於沃"，是說穿着白衣紅領的軍服，在曲沃集結，聽候桓叔的命令，整裝待發。

"既見君子，云何不樂"，這是追隨桓叔的人們對他的讚美。

"我聞有命，不敢以告人"，是說接到了開往翼城的命令，這是重大的軍事機密，不能洩漏。

公元前 739 年，就在曲沃準備發動叛亂的時候，翼城驟然發生變亂，大臣潘父弒殺晉昭侯，請求桓叔進城執政。這次弒君極有可能是桓叔遙控的結果，但沒有證據。

桓叔的軍隊還沒來得及開入翼城，翼城內部擁護昭侯的勢力就發起反擊，出兵打敗了桓叔，桓叔只好退回曲沃。政府軍追殺到曲沃，但這時的曲沃已經固若金湯，政府軍打不進去，只好收兵。

翼城那邊的人們殺死潘父，立昭侯的兒子為君，是為晉孝侯。

這是"曲沃代翼"的第一次弒君。

為什麼在晉國弒君如此容易？因為晉國是大國，而且地勢易守難攻，號稱"表裡山河"，其他國家很難干涉其內政。也正因為這個原因，春秋時期晉國發生的內亂遠遠多於其他國家。

從這時起，晉國事實上就已經分裂了，曲沃和翼兩個政治中心從此開始長期的對決。

三代人的篡位戰爭

七年的苦心經營仍然沒能成功。

這時候桓叔的年紀已經很大了，雖然有足夠的雄心壯志，但已經無力繼續爭奪權力。他被自己的哥哥壓制了大半輩子，到了終於可以翻身的時候，卻差一步未能成功。

八年之後，桓叔在壯志未酬的遺憾中鬱鬱而終。他的兒子公子鱔登基，稱為曲沃莊伯。

開弓沒有回頭箭，曲沃小宗奪權的野心既然已經暴露，那就無法再跟翼城的中央政府和平共處了，雙方必定要拼到你死我活為止。

莊伯依舊按照父親制定的策略走，一面繼續經營曲沃，一面準備對翼城的戰爭。

又過了七年，莊伯找準機會，率軍又一次攻入翼城，殺了晉孝侯。眼看即將成功的時候，晉國政府又一次反擊，聯合荀國的軍隊打敗了莊伯，把莊伯趕回曲沃，然後扶立晉鄂侯。

這是第二次弒君。

曲沃小宗仍然差了一步沒能奪權成功。但政府軍兩次打敗曲沃軍隊，卻都只能把他們趕回曲沃，無法消滅他們，也無法解除他們的武裝，說明曲沃的勢力已經根深蒂固，無法剪除。

休整了幾年之後，莊伯又一次發動進攻。這一次莊伯準備更加充分，他首先賄賂周王室，讓周天子支持自己 —— 周天子派出大夫尹氏和武氏幫助莊伯 —— 然後又聯合了鄭國、邢國，共同攻打翼城。

這是最大規模的一次軍事打擊，中原各國、周朝政府都參戰了。晉國中央軍支持不住，徹底被擊潰，鄂侯被趕出翼城，逃到隨邑，不久以後死在了那裡。

周天子自己帶頭破壞分封制，鼓勵叛軍以下犯上，所謂"周禮"已經完全被拋棄了。（這件事不合情理，史書的記載可能有錯，或者漏寫了某些事件。）

莊伯聽到鄂侯薨的消息，馬上再次發兵攻打晉國中央政府，但不知什麼原因，周天子卻突然翻臉，反過來幫助晉國政府，派虢公帶兵攻打曲沃。（這也不合情理，可能史書有誤。）莊伯只好放棄翼城，帶兵去救援曲沃。

這是第三戰，沒有直接弒君，但逼死了鄂侯。這一次奪權又是功敗垂成，但晉國中央政府基本被打殘，已經無力抵抗曲沃軍隊的攻擊了。

翼城那邊隨後扶立晉哀侯。

莊伯窮其一生繼續桓叔的事業，可惜仍然沒能成功，又把接力棒傳給他兒子 —— 曲沃武公。

公元前716年，曲沃武公繼位，繼續追求前面兩代人沒能完成的夢想。

晉哀侯八年，晉國政府侵佔陘廷的土地。陘廷向曲沃求援，雙方聯合起來反擊晉國中央政府。政府軍又一次潰敗，哀侯被俘虜，第二年被武公殺死。

這是第三次弒君。

這時候晉國中央政府已經很悲慘了，武公像殺敵國俘虜一樣殺他們的國君，這個政府被消滅已經只是時間問題。

翼城那邊隨後扶立晉小子侯。

小子侯的命運同樣悲慘，史書上記載他被武公"誘殺"，具體細節不明，可能是在雙方談判過程中被殺的。這時候小子侯繼位才三年。他們祖孫三代人當政的時間加起來還不到二十年，所以哀侯和小子侯被殺的時候應該都還年輕，尤其是小子侯，頂多只是個少年。

這是第四次弒君。

這時周天子又一次出兵干涉，派虢公討伐曲沃武公，武公抵擋不住，只好退出翼城，又一次退回曲沃。但他並不是敗給晉國政府，這時的晉國政府已經是砧板上的肉，所以他不需要擔心，只要繼續等待機會而已。

這次由周天子主持，立晉哀侯的弟弟為君，是為晉侯緡 —— 這是公元前704年。

大概周王室和國際社會給了曲沃很大的壓力，這之後，曲沃勢力消停了很久，沒有再繼續發動戰爭。當然，這只是給周天子面子，而不是說他沒那個能力。

但武公當然不會放棄祖上經營了這麼久的事業，這時曲沃的力量已經完全壓倒晉國政府，隨時可以將其推翻。終於在公元前679年，曲沃武公再度發起戰爭，又一次把翼城的中央政府擊潰，殺了晉侯緡。

這是第五次弒君。

這次沒人來救晉國政府了。

武公吸取了前幾次的教訓，用從翼城搶來的財寶賄賂周天子 —— 這時的天子是周釐王。釐王見錢眼開，不僅不幫助晉國政府，反而乾脆把武公封為晉國國君。

有了周天子的官方認證，曲沃勢力成功洗白。

從此，曲沃武公就變成了晉武公，曲沃小宗成為新一任的晉國政府，一個全新的晉國站上了歷史舞臺！

經過三代人，六十七年對抗，六次大規模戰爭，幹掉五任君王，逼死一任君王以後，曲沃小宗取得了這場爭位大戰的最終勝利。

後來的歷史證明：這個在長期內戰中歷練出來的新一任晉國政府確實是很有才能的。他們強悍而高效，善於把控局勢，心理素質過硬，韌性十足。在他們的帶領下，新生的晉國，或者說，被調包的晉國，迅速開疆拓土，國力大增，成長為無可爭議的天下第一強國！

　　周天子退居幕後，春秋時代真正的主角正式登場！

第五章

周天子的隕落

射王中肩

再說周天子那邊的情況。

在"曲沃代翼"的過程中，周天子的政府表現得很沒品，讓人瞧不起。其實這時候他們早已經沒臉了，但打他們臉的，不是曲沃勢力，而是我們大家已經很熟悉的那個鄭莊公。

我們把時間退回鄭宋大戰的時候。鄭國用了十年時間，前後十幾場戰役，終於拖死了宋殤公，成功扶立宋莊公上位。至此，鄭齊聯盟取得完勝。

鄭莊公是個特別能搞事的人，閒不住，三天兩頭找人掐架。搞定宋國以後，轉頭又跟周天子掐起來了。另一邊，周桓王初生牛犢不怕虎，也不怎麼買這個叔叔的賬，所以這些年來，雙方一直齟齬不斷。

公元前 707 年，宋殤公被弒三年之後，桓王終於忍不住了。他覺得這個遠房叔叔鄭莊公簡直欺人太甚，這麼多年不管朝廷裡的事，把自己這個堂堂的天子撂在一邊．現在我連吃飯都困難了，還不能求別人。一找到別人，這個叔叔就殺上門來問罪："微臣哪裡又做得不對，讓大王不滿意了？一定要撤我的職嗎？"

這一回，桓王終於下定決心，不管這個叔叔怎麼鬧，都要給他點顏色看看。他傳下御旨，撤掉鄭莊公的卿士職位，把朝政交給別人去處理。

鄭莊公得到消息的時候已經被撤職，所以沒去鬧，只是從此再也不去朝見天子。

桓王以為鄭莊公怕了，決定一次性把他的氣焰打下去。前幾年宋殤公不是帶着陳、蔡、衛這幫小弟圍攻過鄭國嗎？現在宋國這個大哥倒了，小弟們不敢惹鄭國。但沒關係，桓王把他們召集起來，自己當他們的新老大。

於是在這一年秋天，桓王帶上陳、蔡、衛三個小弟，由周公黑肩（朝廷重臣，被封在周國）、虢公林父（他曾多次幫助桓王攻打曲沃，經驗豐富）兩位老臣領軍，浩浩蕩蕩地殺奔新鄭，準備再一次群毆鄭國。

這是東周以來第一次由周天子帶兵出征，可以說聲勢十分浩大。

但桓王沒有考慮到，陳、蔡、衛這幾個小國都是被鄭莊公打怕了的，根本沒有鬥志，中看不中用；也沒想到鄭莊公這些年一直在四面出擊，打仗是家常便飯。他這個頭一回上戰場的黃口小兒，拿什麼跟人打？所以這支隊伍雖然來勢洶洶，但在鄭人眼裡看來就是個笑話。

鄭莊公一聲冷笑：老夫教你怎麼打仗。於是立即帶兵接戰。雙方在繻葛紮下陣營。諸侯迎戰天子，這還是頭一回。

桓王沒有料到鄭莊公真敢來迎戰，只好硬着頭皮上。

桓王親自坐鎮中軍，周公黑肩和虢公林父分別統領左右兩軍，跟鄭國軍隊對峙，陳國軍隊被分在左軍，蔡衛兩國軍隊被分配到右軍。

鄭國這邊，鄭莊公坐鎮中央，公子忽和祭足率領左右兩軍，分別攻打敵人的兩翼。其中，公子忽是莊公的長子，祭足是莊公手下的首席大臣。

鄭國部隊擺出"魚麗之陣"，"先偏後伍，伍承彌縫"。這是一種用步兵環繞戰車的新型陣法，在戰爭技術上已經領先於王師。

公子元在戰前曾經向鄭莊公獻計說，陳國國內正在動亂，人心不穩，這次出兵只是勉強應付，所以我們重點攻打陳國那一支。他們一旦失敗，蔡衛兩國也會心慌，然後周王的軍隊就跟着潰敗了。鄭莊公同意，所以鄭國軍隊就按照這個策略執行。

後來的戰況確實跟公子元的說法相符合。公子忽帶領軍隊首先衝擊對面的陳國軍隊，陳國軍隊一觸即潰；祭足衝擊蔡衛軍隊，兩軍也迅速潰敗。只剩下周王的中軍。中軍看到左右兩翼都敗退了，人心浮動，也跟着敗走，形成崩盤的態勢。周公黑肩和虢公林父制止不住，多國聯軍就此崩潰。

只有桓王年輕氣盛，親自率領部下斷後，掩護其他人撤退。這時鄭國軍隊裡面有個叫祝聸的將領追殺過來。桓王的戰車跟其他人的不一樣，在亂軍中很容易辨認，祝聸一箭射過來，正中桓王的肩膀。

這下情況就很嚴重了，雖然有鎧甲擋着，桓王傷得不重，但離弒殺天子已經只差一步。

鄭國軍隊見好就收，及時收兵，沒有再追趕王師。

如果當時祝聸射得稍微偏一點，可能就會在幽王之後再次出現諸侯弒殺天子的情況，鄭莊公將無法收場，後面的歷史也將被改寫。

莊公也感到自己做得有些過分，當天晚上趕緊派人帶着禮物去桓王的軍營裡慰問，表示願意跟他們結束戰鬥。桓王也無可奈何，只好默默地班師回朝。

天子被傷的事情也只能不了了之。

這場戰爭其實雙方都成了輸家。這是一場根本沒必要打的戰爭，從一開始就屬於意氣用事，雙方都拼命出大牌，等着對方先讓步，等到在戰場上對決之時，才發現彼此都已經騎虎難下了。最後天子被諸侯射傷，威信掃地；莊公也背上了以下犯上的惡名，再也不能服天下人心。

從此以後，周天子再也沒有威信可言，沒人再畏懼他，即使後來齊桓公帶頭尊奉天子，也只是把他當成一張牌來打而已。周天子為天下共主的時代已經永遠結束了。

齊大非偶

繻葛之戰，莊公的長子公子忽立下大功。

公子忽是莊公的兒子裡面特別有才能的一個，當年"周鄭交質"的時候他曾替鄭國去周朝做過人質，後來返回國內，參與過許多次戰爭，立下了赫赫戰功，是真正的大將之才。

當時鄭國的國力如日中天，公子忽作為鄭國的世子，當然也是國際矚目的明星。所以齊國國君齊僖公跟鄭國提親，想把女兒文姜許配給公子忽。

這本來是一樁門當戶對的婚姻，但出人意料的是公子忽竟然不同意。他的理由是：婚姻要找般配的人，現在齊國是大國，我們配不上。再說了，各人要靠自己努力，靠着大國幫扶，那算什麼？我是那種人嗎？—— 所以後人常用"齊大非偶"來婉拒別人的提親。

這理由很奇怪。齊國是當時最大的國家之一，可鄭國也不小，而且大國和小國之間的聯姻比比皆是，哪有以"你是大國"作為拒婚的理由的？而且真要講究門當戶對也應該按照爵位來評，周王室的土地就很小，難道他們也不配跟齊國聯姻？

可能公子忽是一個性子特別直的人，滿腦袋愣頭青的想法。他一心想的是：我要當一個自立自強的人，大丈夫何患無妻，不能被人說吃軟飯。所以他不肯跟比自己強大的國家聯姻。

齊國也是一個靠近邊疆的國家，北邊面臨戎人的威脅。公元前706年，北戎侵略齊國，齊國向鄭國求援，鄭國派出公子忽帶兵援助齊國。兩個大國合力抗擊北戎，大獲全勝，俘虜了他們的兩名主將。這是齊國多年以來對戎人獲得的最大一場勝仗，隨後多國部隊在齊國匯合，慶祝勝利。

齊僖公看到公子忽如此勇武，更加喜歡，再一次提出嫁女的請求——這次是另一個女兒，而且是當面向公子忽提的。沒想到公子忽又一次拒絕了。

這時公子忽還只是太子，位子並不穩固，兄弟爭位自相殘殺本來就是那個年代的家常便飯。如果有齊國這樣一個強大的外援，他的地位就會徹底穩定下來，沒人能撼動。但他卻幾次拒絕了如此珍貴的婚約，並且當面掃齊僖公的面子，破壞了鄭齊聯盟。

這說明他完全沒有政治頭腦，這樣的人作為王位繼承人，為以後鄭國的動亂埋下了隱患。而莊公沒有及時察覺這一點，也是嚴重失誤。

這次多國部隊集會還引發了魯國跟鄭國的矛盾，鄭、齊、魯聯盟自此破裂，這對鄭國的外交也是一次打擊。

要說這齊僖公的女兒，也真是夠冤枉。好端端的大國公主，金枝玉葉，天下名門公子爭相追求的對象，就這樣當着各國將領的面求婚被拒，鬧得國際社會都知道了，這臉往哪擱？

齊僖公有兩個很有名的女兒，分別是宣姜、文姜，都是姿容絕世的美女，其中的文姜就是第一次提親被拒絕的那個。這兩姐妹之所以出名不是因為她們是齊國公主，也不是因為公子忽拒婚，而是因為她們後來引發了兩樁著名的桃色新聞。

早期的齊國

周朝初年，武王手下有三大功臣：周公、召公、太公望（姜太公）。武王把三人分別封到了東方三國：魯、燕、齊。齊國就是姜太公呂尚的封國。

文王最初在渭水河畔見到姜太公的時候，激動得涕淚交加，說："吾太公望子久矣。"——我們祖祖輩輩盼望您這樣的賢者很多年了，所以稱他為"太公望"。姜太公果然不負眾望，輔佐文王治理西岐，歸附者如過江之鯽，為奪天下做好了準備。

後來姜太公輔佐武王伐紂，立下了頭功，被武王尊為"尚父"。對武王來說，姜太公既是老師，又是長輩，亦師亦父，是需要特別尊敬的人物。

成王的時候，爆發了"三監之亂"，姜太公幫助平亂。成王感激不已，給這位前輩老爺爺兼自己的外公（姜太公的女兒是武王的王后、成王的母親）頒發了一項特權："東至海，西至河，南至穆陵，北至無棣，五侯九伯，實得征之。"就是說，您來替孤王監察天下九州，誰不聽話您就去討伐誰。相當於給了他尚方寶劍，代天子行權，上斬昏君，下斬讒臣。

所以才有了《封神演義》裡的打神鞭，專打八部正神，十分霸氣。

相比起鄭國那種野路子來說，齊國的監察者身份是由周天子親自認證，名正言順。

因此，齊國雖然是外姓之國，但地位不比姬姓的諸侯低，甚至可能更高，而且擁有對諸侯的殺伐大權，是真正位高權重的千乘之國。

由於這種尊貴的身份，齊國一直是個比較穩重的國家，不輕易出手，不輕易發話。不同於西邊那一群上躥下跳的"戲精"國家，或者秦楚那些"蠻夷"，又或者吳越那一窩"泥腿漢子"，齊國更像一個正襟危坐的老大哥，在國際事務中常起到定海神針的作用。

但這一切都是往事了，現在是春秋，靠實力說話的時代，地位需要實力來保證。

齊國在諸侯裡面一直擁有比較強的實力，這得感謝姜太公從一開始就制定了一套很科學的治國方略。

當初把姜太公他們三個功臣封到東方三國，是因為那裡是離周王室最遠的地方，屬於東部邊陲地區，北有北戎，南有九夷，多民族雜居，形勢極其險惡，需要極親密又極厲害的人物去鎮守。

姜太公到齊地以後，果然遇到當地萊人的抵抗，經過一番激烈的較量才成功平叛。隨後他又鎮壓了許多反叛力量，使當地迅速安定下來。

鑒於多民族雜居的實際情況，姜太公沒有強行要求當地人接受周禮，而是因勢利導，"因其俗，簡其禮"，在當地習俗的基礎上，逐步推行符合齊國國情的禮法制度，漸漸地糅合了各個民族的習俗。

據說姜太公去治理齊國，僅僅過了五個月就返回鎬京向周公述職。周公奇怪地問："這麼快就治理好了？"姜太公回答："我按照當地的習俗，簡化了禮法，所以他們很快就接受了。"同一時期，周公的兒子伯禽被派去治理魯國，三年以後才回鎬京述職。周公問："怎麼要這麼久？"伯禽回答："我在當地移風易俗，使他們接受周禮，所以耽誤了很久。"周公當即就說，以後魯國只怕要一直被齊國壓制了。

果然後來魯國一直受齊國的打壓。

萊人也實在運氣不好，他們遇到的是中國歷史上首屈一指的大戰略家兼大軍事家，陰謀詭計玩不贏，打也打不過，實在是無力反抗，只能被逐漸同化。

姜太公又根據齊國的情況，大力發展製鹽、捕魚、冶煉、絲麻紡織等行業。當地人喜歡做生意，他又大力扶植商業貿易。所以齊國崛起成為諸侯裡的經濟強國。

以後的數百年，齊國作為東方的"壓艙石"，震懾諸夷，抵擋了許多的叛亂，保衛了中原地區的繁榮穩定。

西周後期，齊胡公不得人心，被他的弟弟公子山帶兵殺死，引發了持續四十多年的齊國內亂，一直到齊文公的時候才穩定下來。

西周末年，齊莊公繼位，他當政時間達到六十四年，使齊國長期處於穩定狀態，工商業平穩發展，國力漸漸恢復。齊國自此進入穩步上升的階段。

公元前 731 年，齊僖公繼位，他積極參與國際事務，逐漸開始了齊國的稱霸之路。

春秋三小霸

前面說過，齊國這個國家像一個穩重的老大哥。這個國家的國運也跟他們的性格一樣，不疾不徐，四平八穩，不會像一些國家那樣爆發式增長，巔峰的位置不是特別高，衰落的時候也差不到哪去。

齊國的霸權是逐漸積攢起來的，從齊莊公開始，齊國就進入了一段長達一百多年的上升通道，國力一直在緩慢而平穩地爬升。

齊僖公是這場接力賽中的第二個君王。

齊國國土處在邊遠地區是一個巨大的優勢，可以避開戰火紛飛的是非之地，避免了鄭國那種四面樹敵的情況。而且齊國跟戎人接壤，有豐富的戰鬥經驗，所以在跟中原各國作戰的時候基本不吃虧。

當時中原地區正亂成一團，鄭國跟宋國兩個軍事集團天天打來打去——齊國也捲了進去，大多數時候站在鄭國一邊。

公元前 720 年左右，齊國先後跟鄭、魯結盟，齊國的加盟使得兩大集團的力量對比迅速倒向鄭國一邊，最終三國聯盟把中原那堆小國都收拾了一遍。

但隨後聯盟破裂。

公元前 706 年，鄭國公子忽幫助齊國打敗戎人，齊僖公向子忽提親被拒絕，齊國的態度開始轉變。

公元前 702 年開始，齊國聯合宋、衛、鄭等國家，幾次攻打魯國，然後又聯合宋、衛、陳、蔡攻打鄭國。鄭國慘敗，宋國復興。

在所有這些戰爭中，齊國基本都屬於獲勝的一方。中原國家一通亂戰，所有人都被輪流揍了一遍，最後回頭一看，發現便宜都讓齊國佔去了。

所以說齊國是玩戰略平衡的高手，在春秋亂局中翻雲覆雨、左右逢源，把中原那些小國玩弄於股掌之間。

沒辦法，人家地理優勢擺在那，天然就立於不敗之地了，你能拿他怎麼樣呢？

但也得承認，齊僖公本身的政治謀略也是相當高的，看得準，站得對。他接力齊莊公，繼續推高齊國的國際地位，因此被後人評為"春秋三小霸"之一，跟鄭莊公齊名。

"三小霸"的另外一個來自南方大鱷——荊蠻。

早期的楚國

在西周時期和春秋早期，中原諸侯國跟楚國的關係基本上是這樣的——

中原諸侯：你不朝周天子！

楚國：我是蠻夷。

中原諸侯：你不講周禮！

楚國：我是蠻夷。

中原諸侯：為什麼打我？

楚國：我是蠻夷。

楚國就這樣高舉着 "我是蠻夷" 的牌子橫衝直撞，中原各國對他們是既恨又怕，還有深深的鄙視 ……

其實要說楚國是蠻夷，還真有點冤枉他們了，他們可是黃帝之後，正統的華夏子孫，而且祖上非常有文化。

那他們是怎麼一步步淪落到被人鄙視的地步的呢？

楚人的祖先出自五帝之一的顓頊，是祝融氏的後人，祝融氏是帝嚳手下管理火種的官員，可謂根正苗紅。

他們本來是中原最早的居民之一，定居在新鄭附近，也就是後來鄭國的位置。在夏朝末年，可能是被商朝的祖先驅趕，他們被迫離開中原，搬遷到南方的江漢地區，跟當地的土著雜居。

儘管被趕到了南方的 "化外之地"，楚人也一直沒有忘記自己的祖先來自中原，因此對於中原有着深深的嚮往。他們一心要回中原爭霸，這成為他們後來努力向北擴張的動力之一。

商朝末年，文王籌劃奪取天下，四處尋訪賢才。楚人部落的首領鬻熊聽說以後，也去投靠文王。文王見到他，有點遺憾地說："唉，可惜先生年紀太大了，不能輔佐孤王啊。" 當時鬻熊已經九十來歲了，他回答說："要是讓微臣去打仗捕獵，的確年紀大了。可要是談論經世濟民之術，微臣還年輕得很哪！"

文王非常高興，就讓鬻熊談論治國之道。鬻熊說出了許多道理，例如：

"治國之道，上忠於主，而中敬其士，而下愛其民。"

"興國之道，君思善則行之，君聞善則行之，君知善則行之。位敬而常之，行信而長之，則興國之道也。"

"故諸侯發政施令，政平於人者，謂之文政矣。諸侯接士而使吏，禮恭於人者，謂之文禮矣。諸侯聽獄斷刑，治人於人者，謂之文誅矣。"

在商朝末年說出這些話，可以說石破天驚 —— 要知道那時候全國都找不出幾個識字的人啊。

根據楚人的傳言，文王從此拜鬻熊為老師，虛心聽他的教誨。

鬻熊的理論後來被收錄為《鬻子》二十二篇，裡面除了治國方略，還包括很多哲學思想，以及關於社會、人性各方面的探討。如果現存的《鬻子》是真本的話（現在流傳下來的只有《鬻子》一篇，並且不能保證其真實性），裡面的內容可以說非常驚人，因為它們出現在公元前一千多年，比春秋戰國的諸子百家早六百多年，而裡面的思想已經非常成熟了。

《鬻子》的內容跟老子的《道德經》有些類似，可能影響到了後來老子的思想，因此鬻熊也可以算道家創始人之一。另外，裡面經世濟民的內容又跟儒家類似，可能也啟發了後來孔子的儒家思想。總之，《鬻子》可以說是開山立派的驚世之作，而鬻熊則是後來的諸子百家的祖師爺。

所以，說楚人是"蠻夷"真的沒有根據。

但這些記載都是楚人的一面之詞，不一定可信。因為文王和武王都沒有把鬻熊的家族封為諸侯，而僅僅讓鬻熊當了"火師"——祭祀的時候負責扛火把。這說明，即使鬻熊真的發佈了那些驚人的理論，也沒有得到文王和武王的賞識。

真實的情況是，楚人從一開始就受到周人輕視。

武王伐紂以後分封天下諸侯，直接漏掉了楚人。

一直到武王的兒子成王的時候，不知道怎麼突然想起當年鬻熊也是文王的功臣之一，於是把他的重孫熊繹（按照現在的考古發現，楚國國君的姓氏是"酓"，但古書上都寫成"熊"，為什麼這樣？這是一個謎案。）找來，封給他一個子爵——特別低的爵位。封地在南方荊蠻的位置，窮鄉僻壤，只有方圓五十里地，相當於一個縣城的大小，等於是把沒人要的垃圾地段甩給他們去看守。

儘管如此被人輕視，熊繹還是歡歡喜喜地領賞回去了。

熊繹就是楚國的開國君王，楚國從此立國。（楚國的名稱應該是這時候才有的，前面一直稱之為"楚人"，是為了敘述方便。）

但隨後的事件結結實實地傷到了楚人的自尊，開啟了楚國與中原幾百年相愛相殺的歷史……

周與楚的百年恩怨

楚國開國之初，非常艱苦。

那時候江漢平原還是人跡罕至的荒涼地帶，只有少量野蠻的原始部族在那裡生存，楚人的先祖們在那裡艱難地改造自然。史書上說是"篳路藍縷，以啟山林"——穿着破衣爛衫，開山劈石、修路架橋。同時他們還要面對各種原始部落的進攻，要立穩腳跟非常不容易。

當時楚國艱苦到什麼程度呢？據說熊繹受封以後，來到首都丹陽，建了一座大殿來慶祝國家建立。在落成典禮上，由於找不到祭祀用的牲畜，手下只好去附近的鄀國偷了一頭小牛過來湊數，又怕被牛的主人發現，就半夜偷偷把牛殺了來祭祀。所以後來楚人的習俗，祭祀都要在夜裡進行。多麼心酸的傳統！

即使這樣，封地也不是白給的。楚國要定時去鎬京向周天子朝貢，各種貢品一樣不能少；打仗的時候得派兵去助陣；天子來巡狩，還得傾盡財力去接待。

就是在這樣艱難的情況下，熊繹的部族還是在蠻荒之地紮下了根，逐漸成長起來。

但他們的努力根本得不到周人的認可。

那時候的人非常講究出身和血統，如果你血統不夠高貴，即使很努力地把事情做好，在別人眼裡也還是賤民，不會受人尊敬。

成王分封諸侯以後不久，召集天下諸侯在岐陽會盟，相當於開大會。

熊繹也受到邀請，想到自己也是諸侯之一了，要跟其他諸侯一起朝見天子，非常開心。於是他精心準備了楚國的貢品，帶着人馬跋山涉水去岐陽參加這次會議。

到了以後果然大開眼界，楚人見識到了真正的榮華富貴、歌舞昇平。

不久大會正式召開，諸侯們都陸續進去了，熊繹卻發現沒人來接待自己。這時一個周朝的官員過來對熊繹說："客人要來了，你跟東夷國君一起，去把那邊的蓍草放好，還有桌上的牌子擺好，每個人的名字不要搞錯了。做完後去那邊守着火堆，別弄熄了。"

熊繹炸毛了，說："有沒有搞錯？我也是諸侯！"

那個官員說：“沒搞錯，你就是楚子嘛。今天伯爵以上才能入席，你只能負責接待客人。”

熊繹肺都要氣炸了，但又不能發作，只能乖乖地照他說的做。

後來還發生了一件事，齊、晉、魯、衛、楚五國共同輔佐康王，康王卻完全忽略了楚國，只賞賜了其餘四國，就因為那四國出身高貴。

受了多次打擊以後，楚人終於明白了：周天子眼裡只有他們“姬”家的人和那些前朝貴族，我們這些出生卑賤的人，不管如何努力都擺脫不了被人歧視的地位。

楚人開始奮發圖強，在窮山惡水之間努力建設自己的國家。

楚國被封到偏遠地區本來是不受周天子重視的結果，但從長遠來看反而是好事。當時的南方是大片人煙稀少的遼闊平原，有廣闊的發展空間，很容易就能取得大片土地。這一點跟秦、晉、齊類似，所以後來這四國都發展成了疆域遼闊的大國。

楚國利用中原帶來的先進技術和治國理念，在幾百年的時間裡逐步降服了當地土著，國土面積極大地擴張，又取得了豐富的銅礦資源（那時候鐵器還未出現，銅是最重要的戰略資源），因此楚國經濟也得到發展，逐漸崛起為一個強大的國家。

而且他們不受中原禮法約束，敢於創新，在管理國家方面依據自己的情況創造了許多新的制度，例如無視周朝的分封制，發明了“縣”這種行政單位，使得國君對國家有更強的掌控能力。

他們也不講究出身，任人唯賢，靈活機動，讓許多有才能的人幫助國家發展。

這樣，到了西周中期的時候，楚國已經發展得很強大了，開始跟周天子叫板，不服從周朝的管理，朝覲天子什麼的都逐漸放鬆了下來。

反正你也瞧不起我，我何必尊重你。

到了周昭王的時候，周朝終於忍不了楚國對自己的漠視，而且又要跟楚國爭奪銅礦資源，所以發動中原諸侯聯軍去討伐楚國。

昭王三次攻楚，第一次獲勝，後面兩次都大敗。

最後一次是在公元前 977 年，昭王率領西六師（常駐鎬京的衛隊）親自出征，又被楚國打得丟盔卸甲。敗軍逃到漢水邊，找船渡河，正好岸邊靠着幾艘大船，於是他們就全部跳上去。不料船開到江心，甲板忽然就破了，大水湧入，昭王和他的部下們就這樣淹死在了漢水裡面。

原來這是楚人的計謀，他們預先準備了幾艘船在那邊，船底的木板是用膠水粘上的，一遇到水就化了。楚人用這種方式害死了昭王。（這件事有爭議，楚國的史書不承認。）

這是周天子第一次被諸侯弒殺。從此以後周朝就怕了楚人，再也不敢隨便去討伐他們了。

但楚國從此跟周朝結下大仇，被中原諸侯鄙視為冥頑不靈的南方蠻族。而楚人對中原索性就更加蠻不講理，反正跟你也沒道理可講，我該幹啥就幹啥！

過了一百多年，熊渠當政的時候，也不知周天子怎麼得罪了他，他一賭氣，直接把自己的三個兒子都給封王了，分別叫句亶王、鄂王、越章王。本來只有周天子才能稱王，他的意思就是：你們家主子不是叫什麼"王"嘛，我就是王他爹！

這簡直無法無天！

不久以後周厲王上臺——從諡號就可以知道這人很殘暴。熊渠也知道周厲王不好惹，怕被重點打擊，只好又取消了三個兒子的封號。

這次封王基本上是一次賭氣式的鬧劇，卻給了後世的楚國子孫很大的鼓勵。熊渠的那句"我蠻夷也，不與中國之號諡"，從此成為楚人的精神標杆。

"我是蠻夷"

在隨後的一百多年裡，楚人完全展現出戰鬥民族的天性，殘暴而好鬥，尋找一切機會對外擴張。

他們一方面鎮壓和同化南方的土著民族，另一方面對周王朝在南方的封國進行持續吞併。江淮地區本來有大量小型諸侯國，後來這些國家都紛紛被楚國消滅。楚國的勢力範圍也就一步步北擴，漸漸逼近中原，最後連鄭國都感到驚恐了，跟老對手蔡國會盟，商量共同抵抗楚國侵略。

江淮地區僅剩的那些小國們開始團結起來，結成聯盟共同對付楚國。

這裡有兩個小國值得一提。

一個是權國。楚國消滅權國以後，發明了"縣"級行政單位，把權國改成權縣。這是郡縣制的起源，也是楚國對後人做的最大貢獻。這件事當時不引人注目，但後來卻深刻地改變了中國社會。後來秦國學習楚國的郡縣制並且發揚光大，徹底取代了周朝的分封制，這種制度貫穿了之後中國兩千多年的封建社會。

另一個是隨國。這是楚國和中原之間最大的國家，是楚國北擴路上最主要的對手，也是周圍一圈小國們的老大哥。楚國一直在考慮怎麼降服他。

公元前 707 年，周天子被鄭國將軍射中肩膀，率領敗軍退回洛邑，鄭國卻沒受懲罰。

這件事一傳出來，天下譁然，一直在南方等待機會的楚國也被驚動了。

這時的楚國國君是熊通，當年他的哥哥楚厲王過世以後，他發動政變殺了自己的侄兒，搶到王位 —— 楚國的權力之爭在各國裡面最野蠻、最血腥，弒君爭位的事件數不勝數，殺自己的侄兒根本不算什麼。

熊通這些年一直在考慮怎麼吃掉東北邊那一群小國，一聽說周天子被鄭國打臉，他馬上想到：周天子這次顏面掃地，短期恢復不過來，中原各國也就無法團結起來，現在攻打那些小國，就不會受到中原聯盟的干涉，這是最佳時機！

他跟手下的大臣伯比商量。伯比說："我們向東北邊擴張遇到的主要問題就是那些國家太團結了。這群國家裡面最大的是隨國，我們先發兵打隨國，逼他們跟我們簽訂盟約。隨國一投降，其他國家就只能服從。"

於是楚國派出大軍攻打隨國。

隨國趕緊請求和談，派出大臣少師去楚營。少師是著名的主戰派，但沒什麼頭腦。

伯比又向熊通獻計說："我們故意將老弱殘兵給少師看，讓隨國以為我們很好對付，以為自己可以擋住我們，這樣他們就會拋棄那些小國，聯盟就不攻自破了。"熊通照他說的做。

少師看到楚國軍營內全是老弱殘兵，果然以為楚國軍力不行，回去以後就建議隨侯主動襲擊楚國。隨侯聽了主和派的話，沒有上楚國的當。楚國和他們僵持了一段時間也就退兵了。

但這次楚兵不戰而退卻讓隨侯以為少師是對的，認為楚國不過如此，於是開始狂妄自大起來。

過了兩年，熊通召集江淮間的諸侯國會盟，只有隨、黃兩國沒去。楚國又找到了開戰的藉口，大會一開完，馬上再次發兵去打隨國。

有了上次的經驗，隨侯這次決定不聽主和派的，帶領軍隊去跟楚軍硬碰硬。一交戰，才知道上當了，隨軍被打得七零八落、丟盔卸甲。隨國只好向楚國投降。

熊通說："要請降也可以，但你們得答應我們一件事。"什麼事呢？熊通說："你們去找周天子，就說我們楚國的爵位太低了，給我們封一個高的爵位。"

原來這才是熊通的真實目的。他想趁着周天子剛被人欺負過，沒脾氣，去討個封號。有了周天子的封爵，以後再去收拾南方那些小國，還有誰敢不服？也許他也受到鄭莊公的啟發，"奉王命伐罪"這張牌不要太好打。

但是他自己地位太低，去見周天子只怕門都進不了，找隨侯去幫忙說情比較好開口。

隨侯不敢不聽，竟然真的去找周桓王說這事。

桓王一聽，氣不打一處來：寤生那個老流氓欺負我也就罷了，你個窮山惡水的荊蠻也敢來趁火打劫。他想都不想，一口回絕了這個請求。

熊通聽到隨侯的回報，登時怒了：原來我們在你們眼裡還是蠻夷！當年文王都把我們祖上稱為老師，我們祖祖輩輩在南方替你們鎮守邊疆，立了多少功勞？你們給過我們什麼鼓勵？這麼多年了，我們都成南方霸主了，還是個這麼低的爵位！我呸！誰稀罕你的封號？

當年熊渠不是自己封過王嗎？熊通就效仿這位祖爺爺的做法，乾脆不要那什麼爵位了，自己封自己為"武王"——你家開國祖宗叫"武王"，現在我也叫"武王"，跟你家祖宗一樣大！

從這以後，楚國國君都稱為"王"，熊通就是楚武王。

天下從此有了兩個王——一個周王、一個楚王。

周桓王因為自己的小氣摳門吃了這個悶虧，但後悔已經晚了。中原諸侯都怕楚國，何況他一個"小小的"周王呢？難道還敢不服？

至於那個隨國，後來又被楚國打過幾次，被徹底降服，終於變成了楚國最忠實的小弟，"世服於楚，不通中國"——世世代代臣服於楚國，不再跟周朝來往。這之後，江淮地區的國家再也不能團結起來，只能被楚國挨個征服了。

天下局勢也從此徹底糜爛，進入了一個最黑暗的時代。

第六章

最壞的時代

宋國報仇

公元前 701 年，鄭莊公病重，召喚大臣祭足，把公子忽託付給他，讓他來輔佐。莊公病逝以後，公子忽登基，是為鄭昭公。

祭足有擁立之功，地位很高，但公子忽的地位並不穩固。

莊公有四個兒子：公子忽、公子突、公子亹、公子嬰。這四兄弟威望差不多，地位也相差不大。祭足是公子忽這一派的。

莊公在世的時候並沒有協調好他們的關係，特別是沒有把公子忽的地位抬起來，所以莊公一離世，四兄弟都爭着當國君。

其中又以公子突的威脅最大。他的母親是宋國嫁過來的雍姞，雍氏在宋國是世家大族，世代輔佐宋君。雍姞想給自己的兒子爭王位，於是到宋國去求援，讓他們想辦法除掉鄭昭公。

這時宋國國君是宋莊公，也就是當年逃到鄭國後來被華督迎回去的公子馮。可惜宋莊公並沒有念着鄭國對他的再造之恩，而是想方設法要挑起鄭國的內部矛盾，雍氏家族的請求正好合了他的心意，於是便一口答應下來。

但公子忽作為嫡長子繼位，名正言順。宋國不好下手，只能玩陰的。

要廢掉公子忽，祭足是關鍵。宋國想辦法把祭足誘騙了過去，也有可能是趁着祭足出使宋國的機會把他扣押了。刀架在祭足脖子上，逼他簽訂協議，讓他答應擁立公子突為鄭君。

祭足也是個牆頭草，給誰打工不是打工？他馬上投降，簽了協議。

這時候公子突也在宋國，有可能在公子忽繼位以後他就逃到宋國了。他也跟宋國簽訂了協議 —— 以後當上鄭國國君要給宋國豐厚的回報。

祭足帶着跟宋國的密約回到鄭國，逼鄭昭公退位。昭公一聽說祭足竟然站到公子突那一邊，馬上被嚇壞了，一點都不敢抵抗就逃出新鄭，到衛國避難去了 —— 只當了四個月的國君。

由此可見昭公多麼孤立，他實在沒有籠絡人心的才能。

公子突從宋國回去登基，是為鄭厲公。

鄭厲公剛即位，宋國那邊就派人過來索要賄賂。要說這個賄賂是當初他自己答應的，人家擁立他當國君，收點報酬也是應該的。但厲公卻不這麼想，他已經反悔了，想賴賬。

宋莊公聽說鄭厲公要賴賬，氣得暴跳如雷，剛剛緩和的宋鄭關係瞬間墜入冰窟，中原各國因此也分成兩派 —— 鄭國派和宋國派，或者說公子突派和公子忽派。

當年鄭昭公（公子忽）曾經帶兵幫助齊國打敗北戎，雖然他拒了齊國的婚約，但在齊僖公眼裡，他還是個不錯的小夥子。現在他被明目張膽地趕下臺，齊僖公當然不高興，所以齊國跟宋國結盟想打鄭國。

衛國一直就是宋國的小弟，又收留了鄭昭公，當然也站宋國一邊。

當初鄭昭公在齊國跟各國軍隊會盟的時候，因為排列次序問題跟魯國結了仇，所以魯國是支持鄭厲公的。

紀國跟齊國是世仇，堅決跟齊國作對，所以果斷站到鄭厲公一邊。

鄭厲公繼位的第二年，鄭、魯、紀聯軍和宋、齊、燕、衛聯軍就打了起來。最後鄭國這一邊獲勝，鄭厲公勉強保住王位。

春秋就是這樣，任何小事都可能引發世界大戰，看不順眼就打 —— 沒有什麼問題是打一架解決不了的。

宋國是個特別難纏的國家，一旦粘上就甩不掉。第二年宋國又組織起國際聯軍去報仇。這次是宋、衛、陳、蔡四個傳統盟友，加上齊國。這次宋國是勝利的一方，五國聯軍把鄭國一頓暴揍，直接殺到新鄭，火燒新鄭城門。

鄭國軍隊堅守不出。聯軍在新鄭郊外橫衝直撞，最後把鄭國太廟的椽子拆下來，拿回去給宋國老百姓修房子。這是赤裸裸地羞辱鄭國，鄭人卻只能咽下這口氣。

這時候離鄭莊公過世不過三年而已，鄭國已經淪落到這種地步，不僅沒了實力，更丟了勇氣，莊公幾十年建立起來的霸業就這樣灰飛煙滅了。

當初鄭莊公收留公子馮，是想找機會干涉宋國內政，借"擁立之功"逐步掌控宋國。哪知道不僅沒成功，他自己的兒子當政時反而被宋國干涉，真是蒼天饒過誰。

千古難題的答案

鄭厲公勉強保住了君位，但他也是個沒頭腦的君王，不想着趕緊壯大國力對付外敵，反而自己在內部鬧騰起來。

在鄭國國內，祭足有擁立之功，所以權勢比以前更大，已經沒人能制衡他了。

所謂功高不賞，在任何朝代都一樣。祭足本來是昭公一黨的，被脅迫以後才支持厲公，所以厲公對他一直防着幾分。現在看他耀武揚威的樣子，厲公心裡不禁發怵，擔心他將來再把昭公接回來代替自己。

這個擔心本來是對的，可是現在鄭國內憂外患，厲公的位置還沒坐穩，這時候算計功臣絕對不合適。

可厲公沒想到這些，他等不及了，現在就要設個計謀除掉祭足。這下卻牽出人類歷史上一個千古難題。

祭足有個女婿叫雍糾，可能也是宋國的雍氏家族的人，也就是厲公外公家那邊的。雍糾現在是鄭國的大臣，厲公就跟他商量殺祭足的辦法。

兩人商量好，雍糾邀請祭足去郊外聚餐，埋伏軍隊殺掉他。

計議停當，雍糾回到家裡安排刺殺的事。祭足的女兒雍姬看到丈夫忙裡忙外的，很奇怪，就上去盤問 —— 那時候嫁出去的女兒真的就不屬於娘家了，所以夫家也不必太防着她。雍糾禁不起她一直追問，只好照實說了："如此這般 …… 這是國家大事，千萬別洩漏消息，否則我就死定了！"

雍姬想了一夜，第二天偷偷回娘家去，找到她媽，私底下問："老公跟老爸哪個更親？"她媽見她問得奇怪，知道有大事，就回答說："當然是老爸更親一些。人一輩子只有一個爹，老公卻是人人都可以當的。"

雍姬於是下定決心，她要站在父母這一邊，就把雍糾的陰謀和盤托出。她媽聽到這話，當場驚呆，趕緊去找祭足轉告了這件事。

祭足便先下手為強，趁雍糾還沒準備好，帶兵殺死了雍糾。這個結果是可以預料的，雍姬雖然傷心，但應該並不後悔吧。

這個故事給後人提供了一個千古難題的標準答案 —— 父母永遠比愛人更重要！

厲公見到雍糾被殺，知道計謀洩漏，祭足肯定容不下自己了，只好逃到了鄭國邊境一個叫櫟城的小城鎮。但他畢竟沒有幹過危害國家的事，祭足也就不管他，讓他自己在那邊待着。

祭足隨後把昭公從衛國迎接回來。昭公重新登上王位，鄭國又回到了昭公的時代。

但鄭國的動亂還遠遠沒有結束。

鄭國的可悲地位

厲公被趕下臺，震動國際社會，諸侯們又不幹了。這次是魯國那一派鬧起來，幾個國家組建起國際聯軍，衝過來又把鄭國揍了一頓。其中跳得最歡的居然是宋國，他們生怕厲公撐不住，直接派一支軍隊去櫟城護住他，讓昭公沒法去打他。

這就讓人看不懂了，他宋莊公到底是站在哪一邊呢？還是說誰弱就幫誰，反正就是不讓鄭國安寧？

這邊昭公自己也不爭氣。鄭家幾兄弟都有相同的毛病：心急、沉不住氣，而且不會籠絡人心。昭公復位以後沒多久，又跟另一個大臣鬧矛盾了。

這時候鄭國又是內憂外患嚴重，跟前幾年厲公剛登基的時候類似。

但昭公也跟厲公一樣，不管這些，該耍脾氣就是要耍。

跟昭公有仇的大臣叫高渠彌。昭公還是太子的時候，曾經阻止父親提拔高渠彌，兩人因此結下了仇。

昭公即位以後，對高渠彌既不安撫又不防備，而是繼續讓他在原來的位置上做官，就這麼糊裡糊塗地過，由此種下了禍根。

高渠彌一直擔心昭公會陷害他，索性就自己先下手。他趁昭公跟他一起在郊外打獵的時候，射殺了昭公。

然後高渠彌跟祭足自作主張，從國外迎接昭公的弟弟公子亹回國即位 —— 這是鄭莊公第三個當國君的兒子。

一起弒君案就這樣風平浪靜地過去了，可見昭公真的是孤家寡人一個，不知道他有沒有後悔過當年拒掉齊國的婚約呢？

公子亹同樣沒有才能，他這個國君當得比兩個哥哥更憋屈。

登基的第二年，齊國召開諸侯盟會，地點在衛國，公子亹也受到邀請去參加。

這時的齊國國君是齊襄公，他是個暴君。公子亹年輕的時候跟齊襄公發生過爭鬥，結下了仇——他們家幾兄弟好像都有個厲害的仇家。祭足知道齊襄公是一種什麼樣的人，勸公子亹不要去。公子亹不聽，堅持要去，說："去了又不一定有危險。不去的話，齊國來打我們怎麼辦？"

祭足這隻老狐狸索性就裝病不去。於是公子亹自己帶着高渠彌，懵懵懂懂地就上路了。

可見公子亹就是他哥哥的翻版，對仇人既不和解又不防備，而且更加誇張，還帶個弒君的大臣在身邊——這心也太大了吧？

到了衛國，齊襄公果然發狠，要公子亹為以前的事情道歉。公子亹在人家的地盤上還不肯低頭，堅決不道歉，把齊襄公惹火了。齊襄公指揮軍士當場殺死公子亹，還不解氣，又把高渠彌五馬分屍。五馬分屍也叫車裂，高渠彌很倒楣地成了歷史上有記載的第一個被車裂的人。

鄭國人聽說了這件事，什麼話都不敢說，只是默默地去陳國把公子嬰接回來，讓公子嬰即位——這是鄭莊公第四個當國君的兒子。

公子亹被殺的事就這麼過去了。他當了半年國君，甚至連諡號都沒有，所以到死都是公子某，而不是鄭某公。只能說這人是蠢死的，還順便把高渠彌拉去陪葬，替他的哥哥報了仇。

公子嬰當政的時間比較長，有十二年之久，鄭國的局勢終於穩定下來。

十二年後，萬年不倒翁祭足病逝，鄭國又開始不穩定了。

鄭厲公之前不是逃到櫟城了嗎？這些年他一直在那裡等待復位的機會。可能因為有宋國的保護，公子嬰也一直沒敢去打他。

祭足病逝的消息傳來，厲公馬上決定大展拳腳，他想辦法把鄭國的大臣傅瑕騙來，威逼利誘，讓他幫自己回國登基。

傅瑕回到新鄭以後，果然殺了公子嬰一家人，把厲公接回來。厲公重新登上王位。

至此，鄭家四兄弟有三個被殺，只有厲公活到最後，成了最終的贏家。

從莊公死後到現在，前後二十一年，換了六任國君，鄭國的局勢才徹底穩定下來。但經過這一番折騰，鄭國再也回不到以前的地位了。

鄭國處在諸侯國的包圍當中，形勢本來就極端兇險，只有莊公憑藉高超的政治手腕，短暫地把鄭國帶上了巔峰。一旦後續的國君沒有他那樣的才能，鄭國地理位置上的劣勢馬上就會顯現出來。

但莊公只滿足於四面出擊的快感，沒有戰略眼光。鄭國沒有趁莊公在位那幾十年啃掉周圍國家，打開向外擴張的通道，後來就再也沒有機會了。

不久以後，南方的楚國擴張到了鄭國家門口，北方大國晉國也從曲沃的動亂中恢復過來，東方的齊國、西方的秦國也時不時來打打醬油，鄭國的日子就更難過了。夾在幾個大國中間，臣服於哪個大國都會被別的大國當敵人，今天被這個打，明天被那個打，鄭國成了著名的受氣包。

而幾個大國也發現，打鄭國殺雞給猴看，比直接跟別的大國硬碰硬更加划算，所以漸漸地樂此不疲，"吃飯喝酒打鄭國"成為各大諸侯國主要的娛樂活動。當然同樣衰的還有旁邊的宋國。這一對歡喜冤家兼難兄難弟，為後來的國際社會提供了源源不絕的娛樂素材……

讓我們先回到眼前。其實鄭國動亂的這幾年，國際社會的焦點並不在鄭國，而是在東邊的齊國，還記得殺害公子亹的那個齊襄公嗎？他捲入了幾椿著名的性醜聞。

齊國的美女家族

齊國王室是一個美女如雲的家族，族中的女人不僅容貌美麗，而且才華過人，在國際社會都非常有名氣。例如著名的莊姜，《詩經》這樣描寫她：

> 手如柔荑，膚如凝脂，領如蝤蠐，齒如瓠犀，螓首蛾眉，巧笑倩兮，美目盼兮。

這是中國文學史上描寫美女的開山之作，是後世無數文人模仿的對象，在文學史上地位極高。

除了以美貌聞名以外，莊姜更是一位偉大的女詩人，《詩經》裡有幾首詩就是她的作品。

然而在春秋初年，這個家族卻爆出幾起震驚世人的性醜聞，其尺度之大，簡直刷新人類道德的下限，給這個家族塗上了永遠抹不去的污點。

性醜聞的主角是齊僖公的兩個女兒：宣姜和文姜。她們都是當時天下有名的大美女。

衛國王室的淫亂史

宣姜是齊僖公的長女，衛宣公給自己的兒子公子伋求親，把宣姜娶到了衛國。但為什麼人們卻把她稱為"宣姜"呢？因為她後來嫁給了衛宣公。

前面講到過石碏大義滅親的事。石碏殺了州吁以後，從國外迎回公子晉。公子晉即位，是為衛宣公。

宣公是個荒淫的君王，很早以前他就跟父親的小妾夷姜私通，生下了公子伋、公子黔牟、公子頑，還把公子伋立為太子。

太子伋長大後，宣公派人去齊國給他提親，齊國決定把宣姜嫁給太子伋。使者回報說宣姜有絕世姿容，宣公就動了歪念頭，叫人在淇河之上搭了一座高臺，叫"新臺"。宣姜一到衛國，就被送到新臺，被宣公霸佔為己有。然後宣公另外找了一個女人嫁給太子伋。

所以宣公既娶了他父親的女人，又娶了他兒子的女人。

後來宣姜生下公子壽和公子朔。宣公寵愛宣姜，就拋棄了夷姜，夷姜自殺身亡。

宣公搶了自己兒子的老婆，心虛，對太子伋就越來越看不順眼，漸漸地想廢掉他。另一邊，宣姜和公子朔這對母子也在積極活動，詆毀太子。

這一天，宣公終於出手。他找個藉口派太子伋去出使齊國，讓他們把白旄（一種軍旗）插在船上出行。船到齊衛邊界附近要上岸，改走陸路。宣公指使衛國的強盜，在衛國靠近齊國邊界的地方等着，看到插白旄的船隊就殺。

但宣姜生的公子壽卻是個有情有義的人，他知道了父母的陰謀，私自去告訴太子伋，讓他趕緊逃走。

太子伋同樣有情義，他說："世界上有不順從父親的國家嗎？既然是父親要殺我，我怎麼能躲開？"堅持要按宣公的要求出行。

公子壽只能說："那好吧，你要走就走，我為你送行。"

公子壽舉辦宴席為太子伋送行，在宴席上把太子伋灌醉，偷走他的白旄，自己帶人扮成太子伋的隊伍，開着他的船出發了。

邊境上的強盜埋伏在河邊，看到插白旄的船靠岸，一擁而上，把船上的人全殺了，公子壽也不幸殞命。

太子伋醒後急忙乘舟追上去，卻看到了遍地的屍體，於是撫着公子壽的屍首大哭說："應該死的是我，我才是太子伋，你們把我也殺了吧！"強盜們又把太子伋也殺了，以他的人頭回去覆命。

出了這種意外，宣公也無可奈何，只好立公子朔為太子。宣姜和公子朔終於成功奪得了太子之位。

太子伋和公子壽是春秋時期典型的"義士"，代表了當時的人們最推崇的一種忠勇的精神，哪怕這種忠勇看起來很傻。他們死後，衛國人很難過，就寫了《二子乘舟》來表達對他們的思念：

> 二子乘舟，泛泛其景。願言思子，中心養養！
>
> 二子乘舟，泛泛其逝。願言思子，不瑕有害！

在遙遠的天際，兄弟二人乘着小舟，漸行漸遠，帶走了衛人無盡的思念……

可能是這次事件讓宣公受了刺激，第二年他就病死了。公子朔繼位，是為衛惠公。

惠公憑藉這種方式上位，大家都不服，特別是公子伋和公子壽手下的原班人馬。不久以後，他們發動政變，趕走了惠公，立夷姜的另一個兒子黔牟為君。

但惠公有齊國這個強大的後臺，他的舅舅齊襄公本來就是殘暴的人，哪能吃這個虧？黔牟登基八年之後，齊襄公號稱"奉王命"，帶領多國部隊殺到衛國，把之前推翻惠公的那些人全殺了，幫助惠公奪回王位。黔牟只好逃到周王那裡躲避追殺（有記載聲稱他是周王的女婿）。

惠公重新即位以後，齊襄公為了平息衛人的憤怒，用他的混賬腦袋想出一個餿主意：讓宣姜——現在的衛國太后——嫁給公子伋和黔牟的弟弟公子頑，也就是衛昭伯。

他的理由是這樣的：當初本來是讓宣姜嫁給公子伋的，結果被宣公那個老色鬼擄了去，現在公子伋已經不在了，讓宣姜嫁給公子伋的弟弟也算是補償當年的錯誤，這樣可以安撫衛國的民心。

衛國人真是哭笑不得，宣姜跟衛昭伯更是堅決反對。但齊襄公不聽這些，強迫他們成婚，最終促成了這樁離譜的婚姻。

所以宣公的女人又被自己的兒子給奪去了。

後來宣姜替衛昭伯生了許多兒女，包括以後的衛國國君。

所以衛國王室的恥辱從此再也抹不掉了。而宣姜自己，也永久落下了"亂倫"、"淫蕩"的惡名。

其實真要算起來，說宣姜"淫亂"有點冤枉她了，畢竟她一直是被迫的，她自己也是這些亂倫事件的受害者。

但她的妹妹文姜就完全不一樣，這個女人遠遠不止"淫亂"那麼簡單，簡直是"亂"出天際 —— 她跟自己的親哥哥亂倫，還謀殺親夫，最後姦夫淫婦雙宿雙飛，讓世人側目……

齊國的亂倫醜聞

齊僖公的長子叫諸兒，也就是我們前面說到的齊襄公。齊僖公另外還有兩個女兒：宣姜和文姜。

當初公子忽兩次拒婚，第一次拒的就是文姜。（第二次拒的可能是一個史書上沒有記載的齊國公主。）

文姜跟她的姐姐一樣，才貌雙全，很早就名滿天下。但比她的才貌更出名的，是她的特殊癖好。

也不知是天性淫蕩，還是被公子忽拒婚以後受了打擊，文姜竟然跟自己的親哥哥諸兒產生了感情，而且據說兩人的感情還特別深，深到海誓山盟的程度。

但當時外界並不知道這件事，所以文姜最後成功嫁出去了，嫁給了魯桓公。

這個魯桓公前面曾經登過場 —— 他指使公子翬謀殺了自己的哥哥魯隱公，奪了王位。

那時魯國為了跟齊國搞好關係，世世代代都跟齊國聯姻，所以魯國君王娶齊國公主是自然而然的事。

文姜當然不願嫁給別人，但又沒有能力拒絕，只能很不情願地去了魯國。

這椿強配的婚姻表面上還是和諧的。幾年以後，文姜生下了後來的魯莊公。

魯莊公後來又娶了齊國公主，又演出一段淫亂大戲——這個後面再說，先說文姜夫婦的事。

兩人結婚沒幾年，魯桓公陪着文姜回娘家省親。不料到了齊國以後，文姜跟諸兒一見面，頓時乾柴烈火，難捨難分，當着魯桓公的面就眉來眼去，都不避嫌了，最後甚至睡到了一起。

這時的諸兒已經成了齊襄公。魯桓公雖然怕齊國，但也沒法忍了，對文姜大發雷霆，吵着要回魯國。

文姜向齊襄公哭訴這件事。襄公是個殘忍好殺的人，又欺負魯國弱小，就動了殺機。他找來公子彭生，跟他密謀殺害魯桓公的計劃。

有一天，齊襄公邀請魯桓公參加宴席，在席上把他灌醉，然後讓彭生把桓公抱上車，送他回家。彭生的動作很粗野。車到了魯國的館舍，魯國的隨從們上去扶桓公的時候，發現他已經死了，據說是被折斷了肋骨。

這下轟動了，齊襄公跟文姜的醜事也被曝光出來。雖然齊國堅持說是意外事故，但魯國不幹。魯國人非常憤怒，又拿齊襄公沒辦法，只能強烈要求殺了彭生給桓公報仇。

最後，齊襄公殺了彭生頂罪，魯國人擁立桓公的兒子繼位，就是魯莊公，這件國際糾紛就這樣被遮蓋過去。這是公元前694年的事。

齊國這邊，文姜當然不敢回到魯國，而且又為了方便跟齊襄公私通，她在齊魯兩國中間，據說是"不魯不齊"的禚地長期住下來，一方面遙控魯國國內政局，一方面又繼續跟齊襄公通姦。

魯莊公出於"孝道"的考慮，只能在禚地建造宮殿給文姜居住。齊襄公也在禚地附近建造行宮，隨時去跟文姜私通。姦夫淫婦就這樣幸福地生活着。

魯國人心裡特別憤恨，但無可奈何，還不能明說太後跟人通姦，只能在史書上反覆講述文姜跟齊襄公感情如何如何"好"，像"某年某月某日，夫人跟齊侯又見面了"這樣的話，或者說"夫人又去齊國了"、"夫人又去莒國了"，暗示文姜一直在滿世界撩漢。真是家門不幸。

而魯莊公也是一個悲劇君王，頂着這樣巨大的恥辱，還要裝出笑臉侍奉殺父仇人齊襄公，甚至陪他打獵，鞍前馬後地伺候。這就是弱國的悲哀。

齊襄公的另一面

世上沒有絕對的好人或者惡人。

齊襄公留給後人最大的談資就是兄妹亂倫的醜事。但拋開這件事來說，他其實是個比較有作為的君王，在他的治理之下，齊國進一步走向強大。

齊襄公最重要的成就是報了齊國的"九世之仇"。

這還得從西周中期說起。周夷王時期，紀國國君在夷王面前說齊哀公的壞話，也有可能是揭發了哀公的什麼罪行。夷王大怒，把哀公扔到鼎裡活活煮了。

這件事對於齊人的傷害特別大，他們一直記着要報仇，齊紀兩國從此成為世仇。另外，紀國是齊國的東邊鄰國，而且國土不小，從地緣上來說，紀國本身也是齊國的對手。

從那以後，每一任齊君都把紀國作為主要敵人予以打擊，在西周時期他們還有所顧忌，到東周以後就完全放開了，滅亡紀國的計劃直接擺上了檯面。

但紀國也是塊硬骨頭，他們本來就是山東半島的傳統大國，又一直跟魯國勾搭在一起，結成心照不宣的聯盟，一起頂住齊國的壓力。所以齊國始終沒能吞下紀國。

在齊僖公末年，紀、魯、鄭三國聯軍還曾經打敗過齊、宋、衛、燕四國聯軍。紀國風頭一時無兩。

齊襄公採取了各個擊破的策略：一方面跟宋國一起圍堵鄭國，鄭國在內憂外患之下發生了持續的內亂；另一方面，對魯國又拉又打 —— 雖說齊魯兩國世代聯姻，但魯國只要敢替紀國說話，齊國的軍隊立馬就會開到齊魯邊境上。

公元前 694 年，一年之內，齊襄公接連殺掉鄭、魯兩國的國君，兩國的政局都處於風雨飄搖之中，紀國從此只能獨自面對齊國。

所以齊襄公殺公子亹和魯桓公，表面上看是出於個人恩怨，實際上也有可能是有很深的戰略考慮在內。

兩國國君被殺之後，齊襄公迅速出手，佔領了紀國的三座城邑。隨後紀國分裂，紀侯的弟弟紀季投降齊國。

這時候魯莊公聯絡鄭國國君公子嬰，想要最後保全紀國。但鄭國已經被打怕了，不敢得罪齊國，救援紀國的計劃流產。齊國很快攻破紀國首都，紀侯逃走。紀季統領紀國剩下的國土，變成了齊國的附庸國。

這是一套很高明的滅國方案，脈絡清晰，穩紮穩打。齊國的"九世之仇"由此得報，地緣環境也得到了很大的改善，從此在東部再無對手。

齊襄公的另一個成就是強勢干預中原各國內政，包括對鄭、衛兩國內亂的干涉。他延續了齊僖公玩弄戰略平衡的手段，在中原各國之間拉攏一派打擊另一派，最終成功削弱了鄭國，收服了魯、衛。

中原各國紛爭中，齊國總是牽頭者和最後的贏家，這種操作方式已經隱隱有霸主的影子。

當然，齊襄公離真正的霸主還差得遠，他的這些成就根本改變不了他荒淫殘暴的形象。他的殘暴不僅表現在國際關係中，對內他也是一個不仁不義的暴君。他的暴虐最終引來了殺身之禍……

瓜代有期

齊襄公手下有兩個將領：連稱和管至父。襄公派他們去東南邊的葵丘駐軍，防禦魯國，也可能順便防禦周王的軍隊。

葵丘是個環境艱苦的偏遠地區，戍守的軍隊過一段時間就會換一批。兩人出發的時候，襄公曾隨口跟他們約定："及瓜而代。"就是說等明年瓜熟的時候就派人替換他們。

一年以後，襄公卻沒有任何動靜。他們讓人請示襄公，問：是否要派人來替換我們了？齊襄公一口否認：沒有的事！你們繼續在那守着。做君王的如此翻臉不認賬，連稱和管至父都大動肝火，暗地裡謀劃造反。

當年齊僖公有個姪兒叫公孫無知。公孫無知的父親死得很早，所以僖公拿這個姪兒當親兒子養，寵愛有加，日常用度、出行的排場都跟公子們差不多。

這當然會惹到襄公，他本來就是個自私狹隘的人，哪裡看得慣這個堂弟風風光光的樣子，所以兩人一直有矛盾。襄公上臺以後，馬上降低了這個堂弟的俸祿標準，廢除了他的特權，兩人的結怨就更深了。

所以連稱和管至父就暗中聯絡公孫無知，攛掇他去發動叛亂。

連稱有個堂妹在襄公的後宮當妃子，但是不得寵。於是他們又找到這個堂妹，要她幫忙刺探襄公身邊的情況。公孫無知甚至跟她說：造反成功以後，我立你當王后。

一切都準備停當，就等合適的時機了。

公元前 686 年的一天，襄公到郊外打獵，不小心從車上掉下來，摔傷了腳，回到宮裡養傷。公孫無知他們的機會來了！

關於這次襄公受傷，史書上繪聲繪色地描寫了一個靈異故事 ——

據說襄公一群人在樹林裡遇到一頭野豬，這頭野豬長得有點詭異，襄公的隨從們看到牠都齊聲驚叫起來：“彭生！牠是公子彭生！”當年襄公指使公子彭生殺了魯桓公，然後又殺了彭生當替罪羊，大家都知道那是一起冤案，都說彭生成了冤鬼。

襄公一聽到大家這樣叫，心裡就發毛了，一箭向野豬射過去。那野豬中箭以後竟然兩腳站立起來，發出類似於人的哭聲。所有人都被嚇得魂飛魄散，奪路而逃。襄公慌亂中從車上跌下來，鞋子都掉了，腳也摔傷了。

這個故事說明大家都認為襄公真的做了太多虧心事，惡有惡報，報應總會來的。

回到宮裡以後，襄公派一個叫費的下人回去找鞋子，結果怎麼都找不到。於是他大發雷霆，把這個下人打了三百鞭子，打得皮開肉綻 —— 如此殘暴，不死沒天理了。這個下人一瘸一拐地走出宮去 —— 可能是又去找鞋子吧，正巧在門口遇到了帶兵趕來的公孫無知和連稱、管至父一干人。

公孫無知他們把這個下人抓住，問他宮裡的情況。下人大叫說：“我也恨那個昏君！”又把背上的傷給他們看，講了自己無端被打的事，然後騙他們說：“宮裡現在戒備森嚴，你們不要隨便進去，驚動他們就麻煩了。我先進去替你們打探情況。”公孫無知他們都相信了他的話，放他回去了。

下人進去以後馬上通知軍士準備戰鬥，又讓人假扮襄公躺在床上，自己背着襄公躲起來。

外邊的叛軍們等了一會，發覺情況不對，隨即發起進攻，衝入王宮，跟宮裡的侍衛打起來。最後叛軍這方獲勝，保護襄公的人被殺得一個不剩。

叛軍衝進襄公寢宮，一刀砍死了床上的"襄公"，一群人大呼小叫地慶祝勝利。

但公孫無知比別人多了個心眼，他看到床上的"襄公"樣子不太像，就叫大家再找找。正好一轉頭看到門下露出一隻腳，伸手從門後揪出一人，正是襄公——這才真正殺掉襄公。

齊國終於也弒君了！

公孫無知登基，自立為君。

但他不是真正的公子，名不正言不順，無法服眾，所以幾個月後就被一個叫雍廩的大臣刺殺了。

齊襄公為自己的言而無信付出了生命的代價，順便創造了"及瓜而代"、"瓜代有期"這樣的典故，告訴後人隨口許諾而不兌現會有多嚴重的後果。

至此，春秋歷史開始不到一百年，所有中等以上的諸侯國都出了弒君案件（齊襄公被弒前幾年，秦國的秦出子也被弒）。天下紛擾，動亂不止。這個時代到底是哪裡出了問題呢？

人民的期待

"春秋之中，弒君三十六，亡國五十二，諸侯奔走，不得保其社稷者，不可勝數。"

這是一個最糟糕的時代。上至周天子，下至平民百姓，每個人都活在朝不保夕的恐懼中。誰也不知道未來會怎樣，意外隨時可能出現。今天和平安寧的生活，明天就可能變成刀光劍影。

國君頻繁被殺害，從齊、楚、秦、晉這樣的大國，到鄭、衛、魯、宋這樣中等的國家，都不能倖免。每次國君被殺，都是一場動亂的開始，隨之而來的是一場又一場的大屠殺，權貴階層被滅門的不計其數。而那些有名或者無名的小國，甚至沒人去記錄他們的弒君案，因為那根本不算什麼大事。

各諸侯國之間戰爭不止，幾十年從不間斷。老百姓被驅使着上戰場去做無謂的砍殺，伏屍百萬，流血漂櫓。而戰爭的原因，可能僅僅是一些可笑的小事。

更別提戰亂帶來的饑荒、瘟疫等災害，其中埋藏了多少民眾的血淚。

所有人都已經受夠了，都希望終結這樣的局面。社會制度無法改變就認了，但能不能至少有一個人出來維持秩序，讓社會恢復正常的運轉？

這個人應該是一個正直、強大、仁慈、聰慧、有責任心、有恒心、有毅力、能被天下人廣泛接受的賢者。他應該公正嚴明、一絲不苟，能以大無畏的勇氣站出來主持公道、賞善罰惡，最大限度地減少人民的痛苦。

幸運的是，這樣一個人很及時地到來了！

第七章

明君賢臣

天降斯人

　　齊襄公有兩個弟弟：公子糾和公子小白。襄公殘忍好殺，王公貴族們害怕被迫害，紛紛逃亡，公子糾和公子小白很早以前就逃出了齊國。公子糾去了他的姥姥家 —— 魯國；公子小白則逃到了莒國。兩人都密切關注着齊國的國內局勢，準備隨時回去爭位。

　　公子小白出逃之前跟高傒關係很好。現在高、國兩大家族掌握着齊國的國政，公孫無知被弒的事情一出來，高、國兩大家族馬上暗地裡通知公子小白，要他火速回國爭位。

　　另一邊，身在魯國的公子糾也聽說了齊國發生變亂，也是立即動身奔向國內。

　　十萬火急！

　　兩撥人馬在兩條道路上狂奔。這是一場生死攸關的比賽，誰先回到齊國，誰就有很大可能登上君位！

　　公子糾這邊眼看趕不上了，就讓手下的大臣管仲輕裝上陣，抄小路去攔截公子小白。

　　管仲連夜飛馳，趕到公子小白的那條道路上，等到公子小白的車隊過來，看準方位，迎面一箭射過去，正中公子小白腹部。公子小白大叫一聲倒在車上。管仲以為他死了，不敢久留，趕緊逃回去覆命。

　　但這一箭其實射到了公子小白的衣服帶鉤上面。公子小白反應極快，馬上假裝受傷倒下，成功騙過管仲。

　　公子糾一行人聽說公子小白中箭，就放下心了，不緊不慢地走回齊國去。等到達齊國的時候，他們才發覺太遲了。公子小白幾天前已經入城，跟高、國兩大家族集結起軍隊，正在城牆上等着他們。公子糾知道獲勝無望，只好黯然退回魯國。

　　公元前 685 年，公子小白登基，是為齊桓公。齊國歷史的頂峰正式到來！

管鮑之交

公子小白手下最重要的輔政大臣是鮑叔牙，公子糾手下的是管仲和召忽。這幾人都是齊國頂尖的賢才。

齊桓公即位以後馬上發兵攻打魯國。兩國在乾時這個地方交戰，魯軍大敗，被齊軍包圍，撤退的道路都被阻斷了。魯莊公換了一輛車，用原來的車子迷惑齊軍，這才勉強逃脫。

齊桓公寫信給魯莊公說："公子糾是我親哥哥，我不忍心殺他，請你幫我殺掉他。召忽、管仲是我的仇人，我恨極了他們，特別是那個管仲，請把他們送過來，我要親自把他們碎屍萬段！如果不答應，我們就踏平魯國！"

魯莊公只好把公子糾殺了，又準備把召忽、管仲送回齊國去。

但這其實是鮑叔牙的計謀。

鮑叔牙跟管仲年輕的時候就是好友，彼此都很佩服對方的才幹。

他們一起做生意，由於鮑叔牙家裡比較富，而管仲家比較窮，所以管仲就讓鮑叔牙多出一些本金。但是到了分利潤的時候，管仲又多分一些給自己。有人就跟鮑叔牙說："管仲這樣佔你便宜，不是太過分了嗎？"鮑叔牙回答："我知道他家裡困難，要養家，讓他多拿一些也是應該的。"

後來兩人一起參軍，管仲每次打仗都躲在最後面，撤退的時候卻跑在最前面。大家都嘲笑他怯懦，只有鮑叔牙說："我知道他家裡有老母親要養，他是為了盡孝才這樣的。"

管仲去做官，當了幾次官都被免職了。大家都說他是個無能之輩，只有鮑叔牙說："我相信管仲的才能，他只是沒有遇到合適的主人和時機而已。"

（這些都是管仲的自述，難免有誇張的成分。）

後來兩人分別侍奉兩個公子，站到了對立面，但他們的情誼並沒有絲毫改變。（兩人可能有私下約定，各自輔佐一個公子，哪方獲勝了，就引薦另一方過去，這樣可以避免兩人同時站錯隊，被一網打盡。）

桓公即位以後，問鮑叔牙，什麼樣的賢才可以輔佐自己。

鮑叔牙說："如果要振興齊國，依靠我和高傒就夠了；如果要稱霸天下，非有管仲不可。"

桓公驚訝地問："先生您的才能都不及管仲？"

鮑叔牙說：“我遠遠比不上他。管仲到哪國，哪國就可以稱霸天下。”

桓公恨恨地說：“那個匹夫差點殺死我！”

鮑叔牙說：“各為其主而已，管仲並沒有錯。如果大王能任用他，他一定會盡心竭力地輔佐大王。”

鮑叔牙又向桓公分析當前形勢：“魯國也有人知道管仲的才幹，他們一定會逼管仲輔佐魯國。如果管仲答應了，魯國以後就會強大起來威脅到齊國；如果管仲不答應，他們肯定馬上把管仲殺了，以免他輔佐齊國。根據我對管仲的瞭解，他一定不會答應，他始終忠於齊國，所以大王您要趕緊去要人，遲了就來不及了。而且為了避免魯國懷疑，您要裝得很生氣的樣子，說您要親自殺了管仲以洩心頭之恨，否則魯人必定不會把他交回來。”

於是桓公就給魯莊公寫了那封信。

管仲聽說齊國要引渡他們回去，知道是鮑叔牙向桓公引薦了他們，他在監獄裡跟召忽商量這件事。召忽卻很平靜地說：殺了我的主人又任用我，這樣的屈辱我不接受。我放棄宰相之位追隨公子糾而死，算是公子的“死臣”；你幫助齊國稱霸天下，算是公子的“生臣”。“死者成行，生者成名”—— 我成就氣節，你成就功名。公子糾有我們兩個大臣，也該瞑目於九泉之下了吧？

檻車裝着管仲和召忽回到齊國，鮑叔牙在前方帶着人馬迎接。召忽一到齊國境內就自刎而死，只剩管仲跟鮑叔牙見面。

齊國的軍士立即打開檻車放出管仲。管仲脫去囚服，換上冠帶，入閶闔，穿青瑣，踏丹墀，拜伏在瑤臺之下。

桓公降階以迎，親手扶起管仲，君臣一笑泯恩仇。

管仲獻上一套詳盡的治國方略，從扶植工商，到富國強軍，應有盡有，為桓公指出了稱霸之路。桓公大喜，當即拜管仲為相，仿照武王對姜太公的禮遇，稱管仲為“仲父”。

從此以後，鮑叔牙一直心甘情願地位居管仲之下，讓管仲大力施展才幹，而不在乎他的光芒掩蓋了自己。他對管仲的愛才之心和知人之明為後人所津津樂道，管仲也感激地說：“生我者父母，知我者鮑叔也。”

“管鮑之交”遂成千古佳話，代表了一種互尊、互讓、為國家利益捨棄個人私利的偉大友誼。這樣的情誼一直讓後世文人念念不忘，杜甫就曾經寫詩感歎："君不見管鮑貧時交，此道今人棄如土。"

曹劌論戰

齊魯兩國的恩怨還沒了結。

乾時之戰，齊國打敗魯國，逼魯國殺了公子糾以後才撤兵。

但事情還沒完，齊國仍然盯着魯國，隨時準備再去打劫。

這時的齊國仍然延續齊襄公時代對外強硬出擊的政策。第二年齊桓公不顧管仲的反對，又一次發兵去攻打魯國。如果說乾時之戰還有國內爭位這個理由的話，這次的戰爭就是純粹的侵略。也許桓公是想通過這一戰來給自己立威，而魯國是最近又最好欺負的對象。

齊襄公和齊桓公都是魯莊公的舅舅，但兩人對魯國的態度卻有明顯差別。魯莊公拼命地奉承齊襄公，又有文姜在中間斡旋，所以齊襄公後期基本把魯國當成自己的小弟了。而齊桓公則不太吃這一套，該侵略就侵略，不留情。

魯莊公去年在乾時被殺得狼狽逃竄，回來以後痛定思痛，仔細研究對付齊國的方法。對於齊國這次的入侵，他是做了充分準備的。

這本來是一次普通的侵略和反侵略戰爭，然而因為一個人的加入，卻意外地成了中國歷史上的一次著名戰役……

魯國有個叫曹劌的隱士，是周文王的後人。他聽說齊國入侵的消息，就主動去求見魯莊公。

他問莊公："大王準備怎麼抵抗齊國的軍隊？"

莊公回答："衣服飲食，我不敢單獨享受，都會跟周圍的人分享。"

曹劌回道："小恩小惠只能遍及周圍的人，老百姓仍然不會盡力幫您。"

莊公又說："寺廟裡的祭品，我不敢有任何短缺，對神明一直保持誠心。"

曹劌回道："這點誠心根本不夠，神明不會因此就保佑您。"

莊公又說："國家的大小事務，不管能不能辦好，至少我全部盡力去辦了。"

曹劌這才說：“這才真正是國君該辦的事。既然您有這樣的態度，應該可以和齊國交手了。打齊國的時候請叫上我一起。”

於是莊公帶着曹劌向前線進發。

公元前 684 年正月，齊魯兩國軍隊在長勺對決。

春秋早期的戰爭，大家都很講究“禮儀”，戰場上的規矩是“擊鼓進軍，鳴金收兵”。先找一大片空地，兩軍面對面列好陣勢。然後雙方擊鼓，前、中、後三軍，中軍、側翼分別前進，碰頭後集體打一架，哪邊先扛不住後退了，哪邊就輸了。

莊公看到陣勢已經列好，就想下令擊鼓。曹劌卻說：“等一等！”

齊國那邊已經擊鼓了，齊軍如同潮水一樣湧過來，魯國這邊卻只是拿盾牌硬頂着。箭如飛蝗，齊軍衝了一會衝不過來只好停下。

莊公看到有機可乘，又想擊鼓。曹劌卻還是不讓。

齊國第二次擊鼓前進，再次衝擊魯國的防線，還是沒能衝破。

齊國只好第三次擊鼓，再度衝過來。曹劌說：“可以出擊了！”於是莊公下令魯軍擊鼓前進。

魯國軍隊撤掉盾牌，發一聲喊，一起湧出去。齊軍沒想到他們會突然殺過來，頓時抵擋不住，陣勢開始散亂，有零星的士兵已經開始後撤。

莊公想發令追趕，曹劌又說：“再等等。”他親自下車去看了看，又上車登高望了片刻，才說：“現在可以出擊了。”

於是魯軍大肆衝擊。齊軍被殺得七零八落，大敗而逃。

魯國意外地打贏了這場戰役。

這是歷史上一場著名的以弱勝強的戰役。

事後曹劌向莊公分析這場戰役，說出了中國軍事史上那段著名的理論：“一鼓作氣，再而衰，三而竭。”

這是後來戰場上一種最基本也最常用的戰術 —— 積極防禦，避其鋒芒，等敵人耗盡了士氣再出擊。這種思想也可以用在一切戰鬥包括格鬥、商戰甚至職場競爭中。

至於為什麼不馬上追擊敵人，曹劌的解釋是：為了避免中埋伏，要先看清楚情況。看到敵人車轍亂了、軍旗也倒了，這才確定敵人的確是敗退了，才可以去追擊。

這又涉及另一種常用戰術——詐敗誘敵和識破敵人的詐敗。這種戰術及其變種，在戰爭中有無窮無盡的應用。

他的這些理論在當時是很重大的發明。從此以後，各諸侯國在戰爭中就越來越重視軍事理論的研究，各種各樣先進的戰法被研究出來，戰爭也就越來越變成了智力水平的較量。

不過我們也不該過於誇大戰爭技術的作用，在絕對的力量面前，任何技巧都是花架子。長勺之戰魯國能獲勝的一個主要原因，恐怕是因為齊桓公剛剛結束了長期流亡生活回到國內。這時離他回國才大半年，手下的軍隊基本上是臨時拼湊起來的，君臣之間、軍官和士兵之間的配合都還很生疏，像鮑叔牙這些人恐怕都是第一次指揮軍隊，交學費也在情理之中。

另外，長勺是在魯國境內，魯國有地利優勢，且魯國又為這次戰爭做了充分準備，這也是他們獲勝的原因。

長勺之戰給剛剛上位的齊桓公當頭潑了一瓢冷水。他的外甥告訴他，做一個大國國君不是想像的那麼簡單。接下來他需要更加的謹小慎微，步步為營，才能做好齊國這艘大船的掌舵人。

齊桓公早期的戰爭

齊桓公不甘心被自己的外甥打敗，要找回這個場子，他聽取鮑叔牙的建議，找到宋國幫忙。這時的宋國也剛剛被魯國打敗，齊桓公跟宋閔公執手相看淚眼，決定聯合起來找魯國報仇。

長勺之戰剛剛過去半年，齊宋兩國組成聯軍進攻魯國，到乘丘跟魯軍相遇。

魯國的公子偃對魯莊公說：「宋國軍容不整，我們可以先攻擊宋國。宋國一敗退，齊國的軍心也就散了。」

這是對付多國聯軍的最有效方法：先打弱的一方，弱的一方敗了就會拖累自己的盟友，特別是聯軍的各方強弱差距明顯的時候更是如此。之前周桓王帶領幾個小國攻打鄭國的時候也是這樣的情況。所以強弱聯合的效果往往還不如強國單獨出擊。

魯莊公不知道怎麼想的，竟然不同意這樣明智的提議。所以公子偃就自作主張，帶領自己的軍隊偷偷溜出去，在魯國大軍還沒開動的時候就出發了。他們在戰馬身上蒙上虎皮——當時的人們為了打贏戰爭也真是絞盡腦汁——直接衝向宋軍陣營，宋軍的戰馬被嚇得驚叫起來。

魯莊公這邊聽說公子偃已經出擊了，也就帶領大部隊衝上去，宋軍頓時兵敗如山倒。齊軍那邊一看這陣勢也就跟着撤退，一對難兄難弟又一次被魯國打敗。

魯國在這場戰爭中最大的勝利是活捉了宋國的著名將領南宮長萬，後來在宋國的請求下又把他放回去了。

關於這場戰役，史書上還記載了兩位勇士被冤殺的故事。

春秋時的戰車通常載三個人：中間的一個人是車夫，負責趕馬；左邊的人手執弓箭負責遠程攻擊；右邊的人手拿長矛負責近戰，有時也拿戈去鉤旁邊的車。

乘丘之戰的時候，魯莊公和縣賁父、卜國乘一輛戰車，縣賁父在中間駕車，卜國在右邊護駕。在戰況激烈的時候，莊公這輛車的馬突然驚厥，掀翻了戰車。莊公掉到地上被人救起來，驚出一身冷汗，就怪罪縣賁父和卜國，說："你們的力氣不夠啊，馬都拉不住。"

兩人都很慚愧地說："以前我們駕車都沒問題，今天怎麼會這樣，這是我們的責任。"由於沒有照顧好君王屬於嚴重失職，兩人便自殺身亡。

後來戰爭結束，馬伕給這輛車的馬沖澡，發現馬的大腿內側插着一支箭，才知道馬是因為受傷才驚厥，不能怪駕車的人。

莊公知道錯怪了他們，很後悔，就作了誄文紀念兩位勇士。

從這個故事能看出當時魯國的軍法的確是很嚴明的，魯莊公算一個比較靠譜的君王，這也是魯國能打敗齊國的原因之一。

另外一邊，齊桓公兩次都沒能打敗魯國，無可奈何，只能罷戰。

這一年齊桓公派人去向周王彙報國政，相當於走一個流程，聲明自己即位了，同時向王室求婚。王室同意了他的求婚，把王姬下嫁給齊國，並且讓魯國當證婚人。桓公正好找這個臺階下，就跟魯國言歸於好了。

初登政壇的齊桓公，在遭遇了幾次挫折之後，終於漸漸地成熟起來，正式拉開了稱霸天下的序幕。

北杏會盟

管仲當政以後，齊國經濟和軍事實力迅速發展，領先於各國。齊桓公就有了當諸侯首領的想法。

要當諸侯的首領，就得把諸侯們都召集起來，開個會，推個盟主——能不能召集到諸侯，能不能讓他們推舉自己為盟主，這是是否稱霸的主要標誌。

以前國家之間會盟，往往名義上都是平等的關係，相當於大家結成一個軍事集團，共同去對抗敵人，例如當年齊、魯、鄭結盟去打宋國就是這樣。

現在齊桓公的目的不一樣，他是要當首領，要讓大家推舉他為盟主。這種情況在以前從來沒有發生過，以什麼藉口召開這樣一次盟會就是個問題。

這時候恰好宋國國內發生變亂，齊國的藉口來了。

南宮長萬是宋閔公手下的勇士，傳說他力大無比，有萬夫不當之勇。前一年在乘丘之戰中，他被魯國的神射手射中，被活捉，然後又被放了回來。

這件事成了他最大的恥辱。

有一次南宮長萬跟着宋閔公去郊外打獵，兩人因為獵物歸屬問題爭執起來。閔公火冒三丈，罵他："你不過是魯國的戰俘嘛，牛什麼牛？"這句話嚴重刺傷了南宮長萬的自尊心，暗中便有了弒君的念頭。

這次爭吵以後閔公不當一回事，沒有防備，大概他覺得自己只是隨口說說，別人怎麼會當真。沒想到南宮長萬卻在暗地裡仔細謀劃，第二年就在蒙澤設計殺害了閔公。

朝中大臣聽說國君被弒，一片譁然。仇牧和太宰華督帶領軍隊攻打南宮長萬，在城內激烈戰鬥。最後南宮長萬一方獲勝，仇牧和華督都被殺了。

南宮長萬把公子游扶為傀儡君王，其他公子聞風而逃，都跑到城外去避難。宋國出現了劇烈動盪。

但是南宮長萬這樣暴力奪權實在太缺乏正當理由了，不能服眾，宋國的各路政治勢力紛紛起來反抗。

幾位公子分別逃到了蕭邑和亳邑。其中，公子御說是宋閔公的弟弟，最有威望，他逃到了亳邑。南宮長萬隨後就派兵去圍攻亳邑，但兩個月都沒打下來。

這時朝中大臣跟宋國的公族勢力聯合，又向曹國借兵，跟公子們的軍隊合力來救援亳邑。他們打敗了南宮長萬的軍隊，一直打回都城，殺了公子游，立公子御說為君。是為宋桓公。

公子御說成了這次政變的最大贏家。他是個比較有作為的君王，他兒子更是赫赫有名，後面我們會提到。

南宮長萬逃到陳國，宋國向陳國發出通緝令，要求引渡南宮長萬。但南宮長萬太英勇了，陳國不敢直接抓他，就送給他幾名美女，讓美女在宴席上把他灌醉，然後用犀牛皮把他裹得嚴嚴實實的，裝在車上送回宋國。

南宮長萬在半路上醒過來了，拼命掙扎。他個子又高，手長腿長，很快手腳都從繩索裡面掙脫了出來。車夫嚇得趕緊趕路，眼看他要逃出來的時候終於到達目的地。宋人抓住他，把他剁成肉醬。宋國的動亂終於平息了。

管他宋國怎麼鬧，反正有了故事可以講，機會難得，齊桓公就說："我們大家來開會談談宋國的事吧。"於是召集諸侯到齊國的北杏歃血為盟。

這是齊桓公第一次會盟諸侯。他召集的國家很有意思，分別是：宋、陳、蔡、邾。宋國是當事國，是大家要"救助"的國家，其他三個都是中原地區的小國。

其他大國沒有參加，這好理解，來了就不好推舉盟主了；鄭、衛、魯、燕四個中等的國家也沒來，而且來的小國數量也少。這說明齊國這時的影響力還不夠。總體看起來，這次盟會是比較寒酸的。

但是好歹盟會開起來了，這是齊國朝稱霸邁出的重要一步。

這次會盟還有一個重要特點——所有與會國都沒有帶軍隊去，只帶文官，就是所謂的"衣裳之會"。這是一種和平的會議，表達出桓公希望以和平方式稱霸的願望。後來桓公召集的盟會大多數都是這樣的形式，後人稱讚他"九合諸侯，不以兵車"。在兵荒馬亂的春秋亂世，這是一種非常難得的高姿態。

公元前681年春天，旌幟林立，鐘鼓齊鳴，經過一套繁瑣的儀式以後，五國國君登上了匆忙搭好的高臺。由齊桓公帶領，獻上三牲，焚香禱告，告慰天地神明、周朝先帝，然後依次歃血，對天盟誓。其餘四國共同推舉齊國為盟主，齊桓公推辭幾番以後終於登上了盟主之位。臺下百官朝賀，聲震寰宇，氣勢之盛，在春秋以來還是第一次。

齊桓公達到了自己的第一個目標 —— 會盟諸侯。

然而隨後就發生了一件很尷尬的事：宋國"背盟"了。

宋國怎麼"背盟"的，史書上沒說。但我們知道，宋國一直是個高不成低不就的國家，明明是個普通的諸侯國，卻總以為自己是天下的中心 —— "我祖上比你闊"，這是宋人面對其他國家的常見心態。

所以這次會盟，宋國被迫當馬仔去捧齊國，心裡肯定是不樂意的。況且齊桓公口口聲聲要替宋國平定內亂，可是人家的內亂去年就已經平定了，你今年來會盟算什麼？

所以宋國難免面和心不合的，不太情願捧場。

齊桓公當然不答應。人人都這樣不配合，他這個盟主還怎麼當？所以不配合的國家肯定要被修理一番。不過眼前還輪不到宋國，宋國的事先擱過一邊。桓公目前最着急做的是 —— 死磕魯國。

曹沫劫盟

北杏會盟這一年，齊國跟魯國又掐起來了。具體是什麼情況，史書上欲說還休。由於流傳下來的史書都是魯國人寫的，難免隱藏一些不好意思告訴後人的事。但我們根據之前之後的情況基本可以斷定：這一年魯國被齊國打了，而且被迫割地。

魯國旁邊有一個叫遂國的小國家，是魯國的小弟。

按理說這個國家不會惹到齊國。可是北杏會盟過後，齊國馬上說遂國不參與盟會，屁大點國家還又臭又硬。於是齊國就發兵把他們消滅了。

這麼小的國家參不參與盟會有什麼關係？至於發動戰爭嗎？可史書上隨後又很突兀地記了一件事：齊國跟魯國在柯地會盟。好端端的會什麼盟？春秋時期的會盟一般有兩種情況：要打仗了，或者仗打完了。

這中間應該省略了一段魯國被修理的經歷，推測起來可能是這樣：

齊國召集諸侯會盟其實很希望魯國能參加。因為齊魯是親戚又是鄰居，魯國又是個比較大的國家，如果魯國能捧場，北杏會盟的場面看起來就會熱鬧很多。但魯國偏偏不捧場。齊國又不好直說，就找個藉口打他的小弟遂國，魯國一定會發兵去救，於是就演變成了齊魯之間的戰爭。

這時候齊國已經經歷了管仲的軍事改革，軍力比之前提升了很多，魯國當然打不贏。所以魯國吃了大虧，只好割地賠款。遂國也被齊國吞併了。齊國報了這之前兩次被魯國打敗的仇，賺夠面子也就收手了，於是雙方在柯地簽訂停戰協定。

這次簽約出了一個意外狀況，把齊桓公嚇出一身冷汗。

魯國有個叫曹沫的將軍，以勇武聞名，但他的戰績並不好，甚至可以說很丟人——據說他三次參與對齊國的戰爭，三次都輸了。（古代"三"往往表示很多次，不是確數。而且這裡說的有可能是一場戰爭裡的三次戰役。）最近一次就是救援遂國的戰爭，他又輸給了齊國，直接導致魯國被迫割地賠款。

但魯莊公並沒有怪罪他，仍然任用他為將。

曹沫感到很慚愧，他必須拼死一搏來挽回自己的過失。所以他跟魯莊公定了一個極端冒險的計劃——在盟會上劫持齊桓公！

這有非常高的風險，弄得不好就會變成當面火拼，只怕魯莊公都自身難保。所以魯莊公敢這樣做，說明他真是一個很有勇氣的國君。

這樣的事情以前還沒發生過，而且齊國以為魯國已經被打怕了，雙方又是親戚，也沒想到他們真敢孤注一擲，所以齊國防備得不嚴密，讓曹沫有機會把兵器帶上了盟壇。

在盟壇上，當魯莊公和齊桓公準備簽署協定的時候，曹沫一手摟住桓公，從身上掏出一把匕首抵在了桓公脖子上。

臺下轟然而動，兩國軍士紛紛拔刀相向。局面頓時劍拔弩張，連管仲他們都禁止不住了。

臺上齊國的僚屬齊聲大喝，卻沒人敢隨便動手。齊桓公問："你要怎樣？"

曹沫冷冷地說："齊國這些年欺壓我們魯國還不夠嗎？現在魯國都城的城牆倒塌都會壓到齊國的土地，這樣還要割我們的地，大王要把我們趕到哪裡去？希望大王歸還我們的領土！"

齊桓公只得點頭："先把刀放下，我答應你。"

所謂君無戲言，曹沫聽後鬆開匕首，咣噹一下扔到地上，略一施禮，然後頭也不回地大步走下了盟壇。周圍闃然無聲，人人目瞪口呆，都不知該說什麼。

魯莊公趕緊上來賠罪。齊桓公臉上紅一陣白一陣，緩了好一會才回過神來，一擺手轉身走了。盟會不歡而散。

齊桓公這次吃了大虧，又羞又惱，回去以後馬上要翻悔，恨恨地說，要殺了曹沫那個匹夫以洩心頭之恨。管仲卻勸諫：「大王不可翻悔！大王在天下人面前親口承諾的事，隨後就翻悔，這樣言而無信，怎麼取信於諸侯呢？要稱霸，必須先取信於諸侯。」桓公只好勉強答應他，下令按照之前的承諾歸還魯國的土地。

諸侯們都以為齊魯會有一場大戰，卻聽到了齊國歸還魯國土地的消息，一時都沒反應過來。後來齊魯一直相安無事，曹沫也活得好好的，大家才相信了眼前的事實。

再結合這幾年的事，諸侯們漸漸認識到，齊桓公可能跟以前的君王都不同。

他不像以前那些大國君王一樣，總是以蠻力壓人。他是一個可以聽你講道理的人，不管你講的道理他信不信，至少你有機會跟他講，而不必擔心人身安全——這一點太難得了。

他也不怎麼記仇，之前對管仲的處理方式就說明了這一點，這次對曹沫也是。如果遇上的是齊襄公，曹沫死十次都不夠，但齊桓公輕易地就放過了他。這樣的人，跟他相處的時候別人心裡是踏實的。

他召集大家赴會，卻帶頭把兵車都開得遠遠的，以至於鬧出被劫盟的事。但正是這樣的做法才讓大家繃緊的神經都緩和了下來，恍惚中，好像已經走出了春秋亂世。

按照所有這些標準來看，他不就是大家一直盼望的「仁君」嗎？難道我們已經靜悄悄地進入了一個新的時代？所有人都盼望的那個領袖人物已經來了？

在率獸食人的時代，突然出現一隻不吃人的老虎，大家仿佛瞬間都找到了安全感。

這個時代，安全感太稀缺了。

諸侯們的態度漸漸地改變，開始試探性地接近齊國，尋求跟齊國結盟以獲得保護——齊國在人們心中的地位逐漸不一樣了。

第八章

春秋第一霸

稱霸的開始

齊桓公當上了諸侯盟主，不服管的肯定要打。北杏會盟的第二年，齊國帶領陳、曹兩國軍隊去討伐宋國，追究去年宋國背叛盟約的責任。

這次出兵，齊國做了充分準備。齊桓公首先派人帶着厚禮去見周天子，向周天子述說宋國不肯合作的事——

"去年我們不是按照王上您的命令開了一個會議嗎？大家都很愉快。只有御說那個小子，不知天高地厚，跟大家對着幹，這分明是在打大王您的臉！我們這就去替您教訓他！"

周天子當然沒法反對，只能頒下御旨，"命令"齊桓公替自己去討伐宋國。有了這張大旗，發動戰爭就名正言順了。

三國聯軍到宋國附近駐紮，沒多久周天子就派了手下的單伯來助陣，順便當調停人。周天子對宋桓公隔空喊話，要他服從齊桓公的命令。

宋桓公剛剛登基不久，國內不穩定，又看到對方這樣聲勢浩大的樣子，把天子的權杖都請下來了，不服不行，而且大家都清楚齊桓公不過是要爭個面子而已。所以宋桓公很快就服軟了，向周王的軍隊投降，開門把三國國君都接進來，大家講和，重新訂立盟約。

齊桓公基本沒費什麼力氣就迫使宋國服軟，爭回了面子，不得不說他的分寸把握得相當好。這也成為後來齊桓公對諸侯用兵的標準模式，不用血腥廝殺，而是以武力威懾的方式讓對手屈服，算是"不戰而屈人之兵"吧。

而且齊桓公要爭的也不是什麼土地人口之類，這些齊國都不缺，他要的不過是個面子而已：只要你承認我的盟主地位，給我面子，我們就相安無事。

各國之間你死我活的爭鬥不見了，春秋歷史進入了一段相對文明的時期。

當然這期間齊國也吞併了一些小國家，但都是小規模的戰爭，影響不大。

這一年的冬天，齊桓公又拉上單伯，跟宋、衛、鄭三國在鄄地會盟。這次把上次缺席的衛、鄭兩個中等國家也拉過來了，又讓宋國補了一個盟約，宋國徹底屈服，而且還有周王的人在旁邊當見證人。這次的盟會可以說大獲成功，齊桓公的影響力進一步擴大了。

緊接着，第二年，公元前 679 年的春天，齊國拉上宋、陳、衛、鄭四國再一次在鄄地會盟，進一步鞏固了自己的盟主地位。按照史書上的說法，這算是齊桓公真正稱霸的開始，是一次標誌性的會盟。

但有個問題——蔡國去哪了？為什麼這幾次都沒來？

因為蔡國正被楚國按在地上狠揍！

南方大鱷來挑戰齊桓公了！

楚王與桃花夫人

楚國這一輪北侵，起因是為了一位絕色美女。

息媯，又稱為息夫人，本是陳國公主，後來嫁給了息國國君。她還有個姐姐，嫁的是蔡國的蔡哀侯。

據說息夫人風華絕代，是世間罕有的美人，她出生時漫山桃花盛開，她的容顏如同桃李般嬌豔，世人因此又稱她為 "桃花夫人"。

蔡國在陳國和息國中間，息夫人出嫁的時候要路過蔡國。

蔡哀侯早就聽說了息夫人的美貌，有意要見見，就說："我的小姨子來了。"派人去路上把息夫人接來，假模假樣地招待她。

這老色鬼一見到息夫人就起了淫心，開始瘋瘋癲癲的，說一些不三不四的話。

息夫人內心很憤怒，但還是很禮貌地告辭了，離開了蔡國。

這件事傳到息侯的耳朵裡，他大動肝火，但息國國小力弱，根本沒辦法去招惹蔡國。息侯又實在憋不住這口氣，想來想去，竟想出一個離奇的方案——

他派人去聯絡楚國，說："求你們來打我們國家吧。我們是受蔡國保護的，我們被打了，蔡國肯定會來救援，你們就可以順勢打下蔡國了。"

還記得那個 "稱王" 的楚武王嗎？現在是他的兒子楚文王當政。楚文王也是特別有作為的君王，他繼續祖上的事業，逐漸蠶食周邊的小國，把國土一步步地向中原推進，現在已經推到了息國邊上，再過去就是中原最南邊的蔡國了。蔡國可以說是楚國染指中原爭奪霸權的第一站，意義重大。

所以楚文王聽到有人求他去打自己，順便還打包送個蔡國這種大好事，毫不猶豫地就派出了軍隊。

公元前 684 年秋天，楚國攻打息國。

蔡國馬上聽到了這個消息 —— 息國是他們面向楚國的緩衝帶，不能不救 —— 就趕忙派兵去救援，這下就中圈套了。

楚國假裝很憤怒地說："你個臭小子還敢跟我打？不知天高地厚！"於是放過息國，直接跟蔡國當面對打。蔡國抵擋不住，很快投降，連蔡哀侯都被楚國活捉了去，淪為階下囚。息國也成了楚國的附庸。

到這時候蔡哀侯才明白自己上當了，心裡恨極了息侯，想要挑撥楚王去對付息侯。他知道楚國歷代君王都好色，就對楚王大肆渲染息夫人的美貌："大王您這樣的英雄，只有息夫人那樣的美女才配得上。"

這是個很惡毒的伎倆，楚文王聽到以後果然心動，男人征伐四方不就是為了財富和美女嘛，他也打起了息夫人的主意。

他假意說去息國視察，帶着大隊人馬來到息國。息侯剛剛報仇成功，正為自己如此"聰明"的計謀而洋洋自得，聽說楚王到達，連忙盛情款待。

楚文王要求看看息夫人。息侯沒辦法，只好讓息夫人出來。楚王一看，息夫人媚眼如絲，果然有國色。他也跟蔡哀侯一樣，瞬間就被迷得神魂顛倒。

他可不是蔡哀侯那種夯貨，他要的人是肯定要弄到手的。

楚文王請息侯赴宴，暗中埋伏軍士，在宴席上直接活捉了息侯，然後把他捆了叫人送回楚國去，給他一套士兵的服裝，發配他去守衛城門。

息國就這樣被滅了。古人所謂的美人能傾國在息夫人身上成為了現實。息夫人被擄到楚國。楚文王軟語相求，要立她為正妻。

息夫人起初想自殺，但有個下人勸她：夫人如果自盡了，文王肯定拿息侯出氣，息侯會很慘，息國的百姓也會遭殃。息夫人想到這些，只好犧牲自己，答應了文王的請求，從此成為楚國夫人。

楚文王可能也是真心喜歡息夫人，一直給她特別高的待遇。息夫人接連給文王生了兩個兒子，有一個後來還繼承了王位。

但她始終不開心，寡言少語，幾年都不跟文王說話。文王再三問她原因，她才說：「我一個女人嫁給兩個丈夫，又不能自盡以守節，還有什麼話好說呢？」

文王只能歎息而已。

對此，後人吟誦道：

> 莫以今時寵，難忘舊日恩。
> 看花滿眼淚，不共楚王言。

又有：

> 息亡身入楚王家，回看春風一面花。
> 感舊不言常掩淚，只應翻恨有容華。

仗勢欺人、強奪人妻，這樣的事情在人類歷史上數不勝數，息夫人只是其中一個。她無法反抗命運，只能以沉默的方式表達不滿。

後世的人們很同情息夫人和那些跟她有同樣遭遇的女子，無數文人在詩句裡反覆吟詠息夫人的傳說，民間也紛紛傳誦息夫人的故事。「桃花夫人」成了中國的一個文化符號，留下不少著名景點，至今湖北還有「桃花夫人廟」供後人憑弔。

從這一點來說，息夫人還算是幸運的吧。

左右為難的鄭國

楚文王見息夫人不開心，想到這一切都是蔡哀侯挑撥離間的結果，就說「夫人，我替你報仇！」——當然也為了北侵中原。於是楚國又一次發兵攻打蔡國，又一次把蔡哀侯抓過來。蔡哀侯被關在楚國，一直到死為止。這一回蔡國徹底臣服，成了楚國的屬國。中原南大門已經向楚國敞開了。

幾乎相同的時候，齊桓公召開鄄地會盟，正式確認了霸主地位。齊、楚兩個霸主即將碰頭！

楚國北上的腳步還在繼續，鄭國是下一個受害者。

公元前687年，楚國突然向鄭國宣戰，理由是說兩年前鄭厲公從櫟城殺回新鄭，奪回了王位，但沒向楚國稟告這件事。這純屬無理取鬧，鄭國的頂頭上司是周天子，要彙報也是向天子彙報，跟你這個八竿子打不着的南蠻有什麼相干？

但楚國不管這麼多 —— 我現在已經稱王了，跟周王並列，你不能眼裡只有周王沒有我。

於是這一年秋天，楚國發兵教訓鄭國。荊蠻終於闖入了中原的核心地帶！

這時候的鄭國有點慘。

去年鄭國不是參與了齊桓公的鄄地會盟嘛，盟會結束以後，齊桓公帶着一幫小弟去打郛國。剛剛重新登基的鄭厲公初生牛犢不怕虎，趁着這個機會又去侵略宋國。這是公開跟國際聯盟作對，國際秩序不容挑戰，所以國際聯盟回過頭來就把鄭國收拾了一頓。聯軍前腳剛走，楚國後腳就到了："你小子登基敢不跟我說？" 又把鄭國教訓了一頓。

正手一耳光反手一耳光，真是爹不疼娘不愛。

楚國打了鄭國以後可能很快就撤退了，這是一次小規模的戰役，是楚國對於中原聯盟的一次試探。

鄭國只好去找國際聯盟哭訴，國際聯盟象徵性地安慰了他們一番。隨後又在幽地舉行了一次會盟，有齊、魯、宋、陳、衛、鄭、許、滑、滕九國參加，這是聲勢最大、與會國最多的一次會盟，也是中原國家集體閱兵以向楚國 "亮肌肉"。

但這樣的安慰當然是不夠的，對於鄭國來說，楚國已經是一個家門口的威脅，他們必須在齊、楚兩大強國之間保持平衡，不能得罪任何一方 —— 但這樣做實際上又同時得罪了雙方，真是左右為難。

結果就是齊桓公、楚文王都在破口大罵 "臭小子不聽我的"。齊桓公還扣押了鄭國的大臣以示警告。

鄭國成了國際社會的孤兒。

好在鄭厲公畢竟是經歷過大風浪的人，在挫折中鍛煉出了敏銳的判斷力，隨後他就找到一次絕佳的機會，成功讓鄭國翻盤，重新贏得了國際社會的尊重。

王子頹之亂

公元前 675 年，很久沒有新聞的周王室突然大亂，驚動天下。

當時的周天子是周惠王，他還有個叔叔，名叫頹，史稱王子頹。

王子頹從小就很受父親周莊王寵愛，給他找了蔿國國君當老師。他跟其他被寵壞的王子一樣，對於自己沒能繼承王位耿耿於懷。

他的哥哥當王的時候他還不敢怎麼樣，等他的侄兒惠王繼位以後，他仗着自己是天子的叔叔，就開始蠢蠢欲動起來。

當時以蔿國國君、邊伯為首的五個大夫都跟王子頹關係不錯，這自然引起了惠王的猜忌。惠王上臺後不久就開始給這幫人"穿小鞋"，他奪了幾個大夫的田產，又佔着蔿國的菜園用來養牲畜，還把邊伯的房子圈到自己的宮苑裡去。

周惠王的這一系列小動作惹惱了五大夫，他們跟另一個大家族蘇氏的勢力聯合起來，一起擁立王子頹，發起宮廷政變。雙方在都城內展開激戰，叛軍被打敗了，逃出了王畿，但周王的軍隊也傷亡慘重，沒能追上去消滅他們。

蘇氏的人保護着王子頹逃到衛國。

這時候有個人趁亂來捅了周王室一刀。這個人就是當初陰謀害死兩個親哥哥的衛惠公。

當年衛惠公在齊國的支持下殺回國內，趕走了衛君黔牟，黔牟逃到周莊王那裡躲避，衛惠公因此一直都記着這筆仇。這時候他終於找到機會，雖然已經是周莊王的孫子在位了，他也要找周王室報仇 —— 總之就是，你越亂我越開心。

所以衛國跟南燕國勾結起來，共同支持王子頹。這個南燕國是慣犯了，一直以來就在想盡辦法給周王室搗亂，當年王子克作亂也是受他們的支持。

兩國聯軍保護着王子頹轉身打回周王畿，把王子頹扶上王位，惠王反而被趕出去了。

這樣的事情如果早五十年發生那將是驚天動地的。但現在周王早已沒有了當年的地位，所以國際社會的反應不是太激烈，幾個大國都沒有站出來勤王。

齊桓公作為中原盟主，又一直受周王支持，這時候竟然沒什麼反應，周王也沒去向他求助。這明顯不合常理，也許史書上漏記了一些事，或者齊桓公跟周王之間有矛盾。（衛惠公是齊桓公的侄兒，可能也是齊桓公不幫周惠王的原因之一。）總之，為這件事情，後人都責怪齊桓公，認為他沒有盡到盟主的職責，很不地道。

這時卻是被國際社會孤立得很慘的鄭國勇敢站出來，向周惠王伸出了援手。

鄭厲公首先嘗試讓雙方講和，結果衛、燕兩國不聽。鄭厲公就直接把南燕國國君抓起來，然後把周惠王接到櫟城——當年鄭厲公被祭足趕走以後住過的那個地方——去居住。也許鄭厲公在周惠王身上看到了自己當年的影子，同病相憐，對惠王非常同情。

不管鄭厲公是出於什麼考慮，這樣雪中送炭的俠義之舉都是值得稱讚的。鄭莊公的四個兒子的確只有他最出色。

有鄭國的保護，王子穨一党沒法繼續追殺周惠王了。同年秋天，鄭厲公護着惠王回到洛邑，搬走王室的各種生活用品，準備讓惠王在櫟城長住下去。這時雙方可能講和了，所以王子穨也沒阻止。

王子穨一党佔據王畿，自以為天下已經平定了，於是開始縱情聲色。他們在洛邑召開慶功大會，犒賞五大夫。會上歌舞昇平，場面糜爛至極，簡直讓人看不下去。

鄭厲公就找到西虢公說："王子穨這種貨色像成大事的人嗎？我們不如共同扶助惠王回去即位。"西虢公也覺得他說得有道理，於是兩國開始合作。

想當年，鄭伯和虢公分別是周王朝的左右卿士，共同輔佐周天子。現在他們的後代終於再次聯合起來，幫助天子平叛。

公元前 673 年，鄭虢兩國聯軍打進洛邑，打擊王子穨亂党。聯軍獲勝，斬殺王子穨和五位大夫，重新把惠王扶上了王位。周王朝再次平定。

鄭虢兩國在洛邑舉行儀式慶祝周王復位，慶典嚴格按照周朝的禮儀舉行，山呼萬歲，四夷賓服。一時之間，仿佛又回到了天下諸侯共朝天子的那個遙遠的時代。

鄭國經歷了二十多年的四王子爭位之後，終於通過這種方式重生，再次閃耀光芒！可惜這已經是他們最後的輝煌了。

同時，這也是西虢國滅亡前最後的餘暉。這個一直以來最忠於周王朝的老牌諸侯國，即將走到生命的盡頭。

惠王重回王位以後大肆封賞鄭、虢兩國，把僅剩的一點領土都贈送給了他們。這種自殺式的封賞背後或許有這樣一種想法：反正這些領土我也守不住了，與其被人搶走，不如送給你們兩個最可愛的小夥伴吧。

曾作為天下共主的周王朝退縮到了一片小小的城邑之內，生活條件還不如諸侯。

一個時代謝幕了。

而鄭厲公，在完成了這樣一次驚人的壯舉以後不久就過世了。這個不算賢明的君王，歷盡波折，在人生的最後階段猛然爆發，在史書上留下了精彩的一筆。

另一邊，作為這次叛亂幕後黑手的衛國，馬上會有人來收拾……

霸主的責任

衛惠公幫助叛軍推翻周王，這是公然以下犯上，引起了諸侯們的不滿。但他的後臺老闆是齊國，齊國不發話，大家就不好說什麼。

幾年以後，衛惠公病故，他兒子衛懿公繼位。齊桓公隨後就發兵攻打衛國，數落幾年前他們推翻周王的罪行。

為什麼齊桓公一定要等到衛惠公死了以後才去打衛國？對比我們只能猜測：也許是宣姜在中間勸和，齊桓公要給這個親姐姐留面子。

總之，衛懿公繼位以後齊桓公馬上就不客氣了。齊軍直接攻入衛國，大肆敲詐一筆，滿載而歸，並撂下一句話："周王，我替你報仇了。"從而拿到一個拱衛王室的美名。

衛惠公犯罪關他兒子什麼事？你不捉拿正犯，只找他兒子出氣。在這件事情上齊桓公展現了明顯的小人心態，投機取巧，吃相很難看。

但衛國真正的麻煩才剛剛開始，這個後面再說。

先說霸主的事。

齊桓公作為中原盟主，其中一個主要責任就是維持各諸侯國內部的穩定，防範出現弑君篡位這樣的事。應該說，拋開他夾帶私貨的那部分，齊桓公整體上做得還是不錯的，他當霸主這些年，陰謀家們都不太敢活動了，各諸侯國的內亂明顯少了很多。

但他卻沒防住離他最近的魯國。魯國在平靜了兩代之後，內亂再度爆發。這一次內亂的元兇想都想不到，是齊桓公家族的又一個"妖豔賤貨"——哀姜。

慶父不死，魯難未已

魯國國君世代娶齊國公主，這是他們無可奈何的一項國策。即使在文姜那樣駭人聽聞的性醜聞爆發以後，魯國人也只能暗暗地哀歎"家門不幸"，但跟齊國的聯姻還是不能斷絕。

所以魯莊公娶的又是齊國公主。這個公主是齊襄公的女兒、齊桓公的侄女哀姜，她也是魯莊公的表姐妹。

公元前 672 年，那個以淫亂聞名天下的文姜終於病死了。在她生命的最後那幾年她一直沒閒着，在各個國家之間跑來跑去，具體幹什麼不用說也知道。她是太后，誰也攔不住。魯國人只能恨恨地在史書上一次又一次地奮筆疾書"夫人又跑某某地方去了"——簡直欲哭無淚啊。

文姜死後，魯國人終於松了一口氣，想着那段丟人現眼的歷史終於結束了。哪知道第二年就傳來消息：魯莊公跟齊國公主哀姜訂婚，即將迎娶回國。

這時魯人的內心肯定是崩潰的。

其實在這之前，莊公早已有了自己的女人。這時候他人屆中年，娶哀姜不過是政治聯姻而已。

莊公喜歡的那個女人叫孟任。

莊公年輕的時候，有一次築了一座高臺，這座高臺挨着党氏的莊園，莊公在臺上無意中看到了黨氏家的女兒孟任。豆蔻年華的少女，笑靨如花，莊公一下子就愛上她了，把她娶回了宮中。他們曾有過一段十分恩愛的時光：孟任與莊公割破手臂盟誓，為莊公生了公子般；莊公親口許諾以後會立她為夫人。

但熱戀中的情人說過的誓言都是靠不住的。莊公是一國之君，必須考慮國家利益，他與齊國的政治聯姻不可避免。

孟任不願放棄幻想，她一直癡心地等着，終於有一天，等來了莊公娶哀姜的消息。齊國公主被立為魯國夫人，曾經的海誓山盟最終煙消雲散，孟任也在失望中鬱鬱而終。

也許男人永遠忘不了自己年輕時為之心動的第一個女人。莊公臨終前想起孟任，覺得自己這一生最對不起的就是她，很希望做出一點補償，於是就想讓公子般繼承君位。

哀姜嫁給莊公以後一直沒生孩子，只好領養了自己的陪嫁侍女的兒子公子啟。公子般算庶子，所以立公子般為君是不合規定的，但公子啟也不算真正的嫡子——這個就挺為難。按照傳統，這種情況下也可以讓君王的兄弟繼位。

莊公家有四兄弟，按年齡排分別是：慶父、莊公、叔牙、季友。莊公是嫡長子，慶父是庶長子。所以公子般、公子啟和慶父都成了潛在的君位候選人。

宮廷鬥爭是殘酷的，哀姜也身不由己。她知道公子般不會原諒自己，一旦公子般繼位，她的下場就會很慘。所以她必須尋求支持，於是找到了慶父。

哀姜拉攏了慶父和叔牙。坊間傳說她跟慶父有姦情，是一對姦夫淫婦。歷史上很多女政客都會找一個強勢的男人當情夫，這並不一定代表她喜歡那個男人，只是為了找一個靠山和盟友而已。所以即使哀姜真的跟慶父有姦情，也是出於政治利益考慮而做的犧牲。

另一邊，季友卻支持公子般。

莊公在彌留之際分別召見幾個弟弟，問他們對繼承人的意見。叔牙說："我覺得哥哥慶父挺好，可以把王位傳給他。"莊公沒說什麼。

後來莊公問季友。季友說："我以死保薦公子般。"莊公有意無意地說："可是叔牙說慶父更好呀。"季友出來以後立即假傳君命，讓叔牙到針巫氏那裡待命，然後讓針巫氏毒死了叔牙。慶父失去了一個重要的支持者，力量天平開始向季友那邊傾斜。

不久以後，莊公病逝，季友扶持公子般登上君位。公子般為了躲避慶父的威脅，暫時住在他母親娘家党氏那裡。

慶父很不服氣，覺得自己被季友給陰了。所以兩個月後他就串通公子般的馬伕，在党氏家裡刺殺了公子般。季友聽到消息以後趕忙逃到陳國避難。

但慶父在魯國不受歡迎，他直接即位的話還是挺心虛的，加上哀姜在中間活動，所以就暫時立公子啟為君。是為魯閔公。

魯國的動亂引起了國際社會的關注。齊桓公讓仲孫湫去魯國弔唁公子般，順便調查魯國的情況。仲孫湫回來以後向桓公彙報說：“不去慶父，魯難未已。”——只要慶父還在，魯國的麻煩就還沒結束。

齊桓公考慮直接出兵滅了慶父一黨，但仲孫湫勸他說：“師出無名，這樣不合適。只要再等等，魯國會自己亂的。”

其實按理說讓慶父當國君也不是不可以，為什麼魯國人這麼抵觸呢？背後可能有這樣一種原因：文姜和齊襄公這對狗男女帶給魯人的傷害太深了。這兩人弒殺魯桓公，卻沒有受到任何懲罰，文姜甚至以國母身份善終。魯人心裡的怨念無法消除，現在看到哀姜就想起文姜；哀姜跟慶父又演出姦夫淫婦合謀弒君的劇情，看起來就是文姜和齊襄公的翻版。魯人難免“恨烏及屋”，把當年留下的仇恨都轉移到他們身上。所以慶父這個鍋背得稍微有點冤。

慶父等了兩年，發現始終沒人支持他，最後只好出下下策——暴力弒君。他還是利用魯閔公跟下人的矛盾，買通下人刺殺了閔公。

至於哀姜，可能她認為慶父上臺以後也會扶立她，閔公又不是她親生的，本來就是道具而已，所以放任慶父弒君。

慶父三年兩次弒君，魯人徹底不能忍了。我們治不了齊襄公還治不了你嗎？於是人們發起暴動反對慶父。慶父在魯國被嚴重孤立，只好逃到莒國去了。

這時候在國外的季友帶着莊公的另一個兒子公子申回到了魯國，並扶立他登基。是為魯僖公。

僖公登基為什麼如此順利呢？這背後可能有齊桓公在暗中支持，但史書上並沒寫這一點。如果真的是齊桓公選擇了僖公，這可能是他的一個錯誤。因為僖公是一個極其精明的君王，幾乎算無遺策，他以超高的政治天賦，在後來的國際衝突中左右逢源，為魯國贏得了許多利益。

僖公即位後的第一件事就是賄賂莒國，讓莒國把慶父送回來。慶父自知罪孽深重，在回魯國的路上自殺了。持續三年的魯國內亂終於平息了。

慶父雖然身敗名裂，但他的後人卻相當傑出，甚至出了一位彪炳千古的聖賢級人物孟子。另外，慶父、叔牙、季友他們三兄弟的後人最終成為三個大家族，史稱"三桓"。三大家族後來竊取了魯國國政，成為魯國事實上的統治者。

再說哀姜，慶父逃亡以後她也無法在魯國立足了，只好逃到邾國去。她沒有去找慶父，說明他們的政治聯盟其實很不穩固。

這時的哀姜已經窮途末路，變成了一個無兒無女流浪在外的老寡婦，但齊桓公卻不肯放過他。齊桓公跟齊襄公那個老淫棍不一樣，他是天下霸主、諸侯領袖，是要臉面的，對於家族裡面出的這種喪德敗行的人物他是絕對不能容忍的。

所以齊桓公向邾國發函，要求他們引渡哀姜回齊國，然後讓人在半路上就把她殺了，將屍首打包送給魯國。

對於齊桓公的這種做法，魯國人是不太認可的，他們覺得哀姜挺可憐，所以用國母的禮儀安葬了她。

哀姜的父親齊襄公跟齊桓公是政敵，齊襄公死得早，然後是齊桓公掌權，所以哀姜當公主的時候可能就沒受過多少關愛。她嫁給魯莊公以後，莊公心心念念的都是他的初戀情人。哀姜無兒無女，沒人可以依靠，只能拼命地攀上慶父這艘大船，不料大船這麼快就沉沒了，也順道淹沒了哀姜，只留下"淫婦"的名聲被記在史書上。

她是一個可恨又可悲的女人。以一個"哀"字作為她的諡號，說明了人們對她的同情。

齊桓公伐戎

魯國國內鬧得沸沸揚揚，但諸侯們的目光其實不在這裡。這幾年真正驚動各諸侯國的大事件是 —— 北方蠻族大規模入侵中原，真正的大戰來臨！

　　春秋時期，周人並沒有完全佔據華夏大地，各諸侯國實際上是由一座座城邑組成的，城邑之外的荒地上是各種野人，周朝的天下之外更有各種蠻族虎視眈眈。所以周人的土地其實處在蠻夷的包圍當中，好似一大片蠻荒土地上的一個個閃光點，即所謂：

　　南夷與北狄交，中國不絕若線。

　　而周人的發展方式就是不斷地向外拓荒、殖民，佔領新的根據地，不停地消滅或者歸化蠻夷。

　　這是我們祖先艱難的開拓史，過程中必定會跟蠻夷發生衝突。

　　如果是雜在諸侯國之間的原始部落還好，周朝疆域以外的蠻夷就難對付了。他們往往已經有了比較完整的組織，有一定的冶煉技術，武器也比較先進，戰鬥力在周人之上，而且他們擅長騎兵作戰，來去如風，叫人防不勝防。

　　所以在春秋時期，這些蠻族給周人帶來了很大的苦難。《詩經》裡面有一首《采薇》就寫了人民遭受獫狁侵略，士兵連年征戰的痛苦：

　　　　采薇采薇，薇亦作止。曰歸曰歸，歲亦莫止。

　　　　靡室靡家，獫狁之故。不遑啟居，獫狁之故。

　　　　采薇采薇，薇亦柔止。曰歸曰歸，心亦憂止。

　　　　憂心烈烈，載飢載渴。我戍未定，靡使歸聘。

　　　　采薇采薇，薇亦剛止。曰歸曰歸，歲亦陽止。

　　　　王事靡盬，不遑啟處。憂心孔疚，我行不來。

　　　　彼爾維何？維常之華。彼路斯何？君子之車。

　　　　戎車既駕，四牡業業。豈敢定居？一月三捷。

　　　　駕彼四牡，四牡騤騤。君子所依，小人所腓。

　　　　四牡翼翼，象弭魚服。豈不日戒，獫狁孔棘。

　　　　昔我往矣，楊柳依依。今我來思，雨雪霏霏。

　　　　行道遲遲，載渴載飢。我心傷悲，莫知我哀！

　　蠻族裡面，以北方的戎人和狄人最為強悍，他們是匈奴的前身。戎狄南下進攻周朝，首當其衝的就是晉國。但晉國實力太強，又連續出現英明的君王，打得戎狄抱頭鼠竄。戎狄只能向東尋找薄弱環節。東部的衛國、邢國和燕國（這是北燕國，不是跟周王作對的南燕國）頓時感受到極大的壓力。

公元前 663 年，山戎大舉侵犯北燕國領土。燕國勢危，向諸侯們緊急求援。第一大國晉國態度曖昧。齊桓公是盟主，義不容辭，所以帶上眾多小弟們就衝過去救燕國了。

這是齊桓公稱霸以來中原國際聯盟最大的一次軍事行動，不僅打退了敵人的侵略，還直接打進了山戎的賊窩，是一次漂亮的反擊戰。

聯軍一直打到燕山山脈，順便消滅了山戎的兩個盟友 —— 孤竹國和令支國，並把他們的土地併入了燕國。燕國的地緣條件得到極大的改善。

這只是一連串軍事行動的第一波。後來齊桓公還多次討伐山戎，對山戎造成重創，基本上解除了其對中原的威脅。

在這一系列戰役中，盟主的重要作用充分顯露出來。中原諸侯們需要這樣一個強大的核心，把他們擰成一股繩，共同抗擊外敵。

燕國國君感激不已，他在齊國軍隊撤走的時候一路相送，一直送到齊國境內。齊桓公就說：“按照禮儀，諸侯相送不能出國境。你已經到了這裡，那麼這裡就應該屬於燕國了。” 所以就把燕國國君走過的地方全部送給了燕國。

這個舉動在國際上贏來滿堂彩，諸侯們紛紛誇讚齊桓公是仁義的君王，從此更加擁護這個盟主了。

平心而論，就算是作秀，一個強國國君能做到這個樣子也是很值得稱讚了 —— 老虎不吃人已經是奇蹟，更何況把嘴裡的食物送給人，這件事必須給齊桓公點讚。

戎人的威脅剛剛過去，在另一個方向上，一次更大的危機正在來臨 —— 狄人也對中原發起了大規模進攻，中原北部的衛國首當其衝。衛國就沒有燕國那樣的實力和運氣了，他們遭遇的是一場慘烈的滅國之災。

好鶴亡國

衛國最大的問題是自己的國君太不爭氣。衛懿公是一個著名的昏君。

衛國人特別喜歡公子伋，當初公子伋兄弟二人被殺是衛國人心裡永遠的痛。所以他們都怪罪衛惠公靠暗算公子伋而上位，一直很厭惡惠公，也把這種厭惡情緒帶到了惠公的兒子懿公身上。

結果懿公不居安思危，反而整日尋歡作樂，荒淫無比。

他有一種獨特的愛好——愛鶴。

他把對鶴的喜愛做到了極致：他在宮中到處養鶴，且整天在鶴群中遊玩，不理朝政；他出行要用精美的軒車載鶴同行，對鶴的待遇甚至超過了很多朝廷官員。在他的帶動下，衛國上上下下都以養鶴為樂，充斥着醉生夢死的氣息。

懿公當政幾年以後，衛國朝政荒廢，軍備鬆弛。這讓旁邊的狄人看到了機會。

衛國的軍隊在熒澤跟赤狄展開大戰，戰況極其慘烈。

公元前660年冬天，赤狄發動大軍進攻衛國。懿公緊急調動軍隊，軍官們卻說："那些鶴才是真正的高官，讓鶴去抵抗敵人吧，找我們做什麼？"懿公沒辦法，只能自己御駕親征。他給兩個親信大臣石祁子和寧莊子一人一件信物，要他們幫助防守都城，然後自己率領軍隊衝上了前線。

春秋時的戰爭可以分為兩種：

一種是諸侯間的戰爭。這種戰爭相對比較文明，只要對方認輸就好——就像兩個人當街打架，一方把另一方按在地上飽揍，問"服不服"，被打的那個說聲"服了"，這架就打完了。所以這種戰爭一年打幾回都扛得住，甚至越打越歡樂，根本停不下來。

另一種就是蠻族入侵。這是真正生死存亡的大戰，以消滅敵人的種族為目的，往往伴隨着大規模的劫掠甚至屠城。這才是恐怖的大屠殺，一旦戰敗，就是滅國之禍。

這場大禍就這樣降臨到了衛國頭上。

衛國只是個小國，敵不過兇悍的赤狄。熒澤之戰，衛國大敗，全軍盡沒，慘不忍睹。

後方的人起初還不知道戰場的情況，只知道前線的士兵一個都沒有回來。有一個叫弘演的大臣，剛剛出使外國回來，聽說衛懿公在前線敗了，就單槍匹馬趕到戰場去查看情況。

弘演看到的是地獄般的景象，殘肢斷臂堆滿了山野。他在屍山血海中苦苦尋找，很久之後，終於找到一面殘破的旗幟，那是衛懿公車上的帥旗。於是他又在旗幟邊仔細搜索，卻怎麼也找不到懿公的屍體，只找到一些零碎的內臟 —— 裡面只有肝臟還勉強完整。

原來懿公被狄人吃掉了，屍骨無存。

懿公以這樣慘烈的方式殉國，成為正史中記載的唯一被吃掉的國君。

弘演捧着懿公的肝臟，鄭重其事地彙報出使外國的情況，彙報完以後伏地大哭，對身邊的人說：“大王沒有棺材，我就以自己的身體作他的棺材吧。”於是他剖開自己的肚子，掏出內臟，把懿公的肝臟放進去，然後倒地身亡。

衛國人聽說這件事之後都很感動，以國君之禮安葬了弘演和懿公的遺體。

這場戰爭中有一件幸運的事：衛國的史官華龍滑和禮孔被狄人抓住了，關在囚車裡，帶着他們殺向衛國首都朝歌（也是以前商朝的首都）。兩人知道蠻夷沒文化，就騙他們說：“我們是史官，負責祭祀。我們不先回去的話，是打不下來衛國的。”於是狄人就放他們兩個先回去。兩人到了朝歌以後馬上通知城內的人：“前線已經敗了，趕緊撤退！”城內的居民便連夜撤走了。他們的機智和勇敢救了很多人的性命。

狄人一路追殺衛人，在衛國的土地上燒殺劫掠，無所不為。衛國徹底被毀，成了一片焦土，民眾被殺得屍橫遍野，只有很少的人逃了出來。

國際社會展開緊急援救。宋桓公帶人在河邊接應逃亡的難民，讓人帶他們連夜渡河，總算救下了一小部分衛人。

國不能一日無君，立新君是頭等大事。雖然衛人仍然想念公子伋，但是公子伋跟衛君黔牟都沒有倖存的兒子，只有公子伋的另一個同母弟衛昭伯娶了宣姜，生過幾個兒子。逃亡中的衛國大臣們就擁立衛昭伯的兒子為君，是為衛戴公。

當時的情況極為淒涼，跟在戴公身邊的只有七百多人，再加上共地、滕地的民眾，也才幾千人，這就是衛國剩下的全部人口。戴公帶着民眾到曹邑，在野外造草廬居住，艱難度日。

可能是生活太艱苦了，戴公也沒活多久。衛昭伯和宣姜還有一個兒子叫公子毀，以前逃到了齊國，衛人把他迎回來立為新君，是為衛文公。

衛戴公和衛文公還有一個姐姐嫁到了許國，被稱為許穆夫人。（另一個姐姐嫁給了宋桓公，所以宋桓公也很積極地援助他們。）許穆夫人是中國最早的女詩人，她親眼看到祖國被毀，山河破碎、生靈塗炭的慘狀讓她悲傷不已，於是寫下了《載馳》紀念這場國難。

　　載馳載驅，歸唁衛侯。驅馬悠悠，言至於漕。
　　大夫跋涉，我心則憂。既不我嘉，不能旋反。
　　視爾不臧，我思不遠。既不我嘉，不能旋濟？
　　視爾不臧，我思不閟。陟彼阿丘，言采其蝱。
　　女子善懷，亦各有行。許人尤之，眾穉且狂。
　　我行其野，芃芃其麥。控於大邦，誰因誰極？
　　大夫君子，無我有尤。百爾所思，不如我所之。

當時許穆夫人聽說衛國發生變故，急忙趕往曹邑去慰勞衛國民眾。不料半路上她的丈夫許穆公派人追上來，命令她馬上調轉馬頭回許國。她不同意，雙方在路上你追我趕地爭起來。

許穆夫人心情極度鬱悶，於是寫下了這首詩。

在詩中許穆夫人以悲涼的筆調傾訴亡國之痛，抱怨許國的人們阻止她去探望衛國難民，最後還說要親自去向大國求援——“你們這些人說一百遍一千遍，都不如我親自走一遭。”

她求援的國家可能就是齊國。

齊桓公的失誤

衛國的慘劇震驚各諸侯國，諸侯們迅速團結起來對抗外敵。齊桓公帶領多國聯軍去討伐狄人，暫時打退了狄人的入侵，又派軍隊到曹邑保護衛國軍民，並且贈送各種生活物資給他們。衛國人靠着這些援助才終於挺了過來。

齊桓公聽說弘演的事蹟以後很悲傷，說：“衛君雖然無道，但有弘演這樣忠義的臣子，不能就這樣看着他們國家滅亡。”於是就在楚丘分了一塊地給衛人居住，重新建立了衛國。

齊桓公的原話是："衛之亡也，以為無道也。"這話有點耐人尋味。齊桓公認為衛國滅亡是因為衛懿公"無道"，但"有道"的君王就能擋得住狄人的入侵嗎？恐怕也未必。不然齊桓公為什麼要千里迢迢去救援燕國，甚至一直打到戎人的老巢？燕國又有沒有"道"呢？

再說，位居中原腹地的衛國為什麼沒有得到及時的救援，以至於釀成慘禍？為什麼等衛國被徹底攻佔以後中原各國才姍姍來遲？

有一種說法認為齊桓公是在"養亂為功"——他故意袖手旁觀，看着衛國被滅，等衛國滅亡以後再出來救助衛國，這樣既消滅了對手，又獲得了鋤強扶弱的美名。聯繫到衛懿公剛上臺就被齊桓公討伐的事，這種說法也有點像那麼回事。

好在新登基的衛文公是一位盡職盡責的君王。他親歷了亡國之痛，徹底反思前代國君的失誤，實行"輕徭薄賦，與民休息"的政策，還親自下田，穿着粗布衣服跟老百姓一起勞作、同甘共苦。通過這些方式，他重新聚集起了衛國的民心，衛國漸漸地恢復過來。

不過狄人的目標遠遠不止衛國，幾乎同一時期，東北邊的邢國也遭難了。邢國是中原最北邊的封國，東連燕、齊，南接晉、衛，正好卡在戎狄侵略中原的口子上，牢牢扼住了戎狄的進軍路線。所以刑國一直以來就是中原諸侯國的北方屏障，史稱"邢侯搏戎"，但他們受到的壓力也特別大。

依遊牧民族的習性，他們沒有確切的進攻目標，基本上是打一槍換一個地方。所以他們常常在邢國、衛國的北邊界上縱橫來去，發現哪裡可以佔到便宜就進攻哪裡。

這一次他們大概發現衛國在衛懿公的統治下國政混亂，出現了薄弱環節，所以先對衛國發起了大規模進攻。

衛國一倒，邢國跟着遭殃，又是一次滅國之禍。

邢國公從戰火中突圍，逃到齊國，面見齊桓公，長跪不起。齊桓公當即發兵去救援邢國，但已經太晚了。狄人洗劫了邢國的城池，然後帶着戰利品逃走，只留下一片廢墟。

齊桓公認為經常這樣救來救去也不是辦法，就把邢國剩下的人都遷到夷儀，讓他們避開狄人的威脅。邢人因此非常感激。

另一邊，狄人在國際聯盟的連續打擊下也只好退走。中原北部的邊患暫時得到解除。

齊桓公接連救援和幫助了幾個小國，打退戎狄的入侵，保衛了中原不受侵犯，因此桓公更加受到中原諸侯們的擁護，其霸主的形象更加光芒萬丈。

但也可以看到一個事實：齊國在這一系列扶危濟困中除了獲得形象的提升以外，並沒有得到實質的好處。

表面風光之下隱含着齊桓公的一個失誤 —— 他太注重"仁義"的形象了，很少侵佔別人的領土，除了幾個極小的國家以外，他幾乎沒吞併過別的國家。這樣固然可以贏得諸侯的尊重，但在跑馬圈地的春秋時代，誰佔的土地少誰就吃虧。在齊桓公的時代，齊國沒有大肆擴張，到後來就再也沒有機會了。所以齊國終究沒能成為超級大國，霸權也無法長期保持。

對比隔壁臭不要臉的晉獻公，差距就更加明顯了。

唇亡齒寒

曲沃小宗歷經三代人六十七年，弒殺五位國君，在曲沃武公這一代，終於奪下了晉國的君位。那是公元前 678 年，也就是齊桓公召開九國會盟的那一年。

這之後晉國就開啟了暴走模式，瘋狂向外擴張。

當齊桓公一遍又一遍地召集諸侯會盟的時候，遠方的晉國卻很低調，從來不參與他們的這些聚會，只是悶聲發大財，在眾人的視線之外默默地跑馬圈地。這樣，齊桓公掙夠了面子，便宜卻都讓晉國佔了。

公元前 677 年，晉武公過世，他兒子晉獻公登基。

獻公繼承了他老爹的執政方式，繼續用曲沃一族殘酷冷血的方式處理國內外事務。

首先就是在國內展開大屠殺。

曲沃以小宗的身份武裝奪權，推翻了合法的大宗政府。他們害怕後人依樣畫葫蘆，所以就對晉國王室的旁支展開了徹底的滅絕行動。

之前晉武公打敗翼城晉國政府的時候，已經把原來的晉國王室全部殺了個乾淨。現在的晉國王室都是曲沃小宗的後人，跟獻公是近親。

但這些人獻公也不放過。

在登基八年之後，獻公感到位子已經穩固，就突然發難，對曲沃小宗的眾多親屬們揮舞起屠刀，很快就把他們也清理乾淨了。至此，晉國王室只剩下獻公自己的直系親屬，"曲沃代翼"的大規模動亂再也不可能重演了。

晉國王室已經成為一個沒有親戚的家族，這就留下了巨大的權力真空。一個國家總得有一些貴族豪強來扶助君王，所以獻公只能培養異姓貴族——也就是所謂的公卿貴族——來填補這個空缺。於是公卿貴族的勢力越來越大，到後來甚至左右朝政，他們相互之間的攻訐也變得越來越激烈。此是後話。

再說那些被屠殺的"公子"們。他們基本無力反抗，只能儘量逃走，很多就逃到了旁邊的西虢國。

西虢國就是前面多次提到的，對周王室特別忠誠的那個老牌諸侯國。虢國公世代都是周朝的卿士，跟周王室的關係非常密切，每一次王室有難，他們都帶頭衝在前面。

虢國跟晉國是老冤家。當年"二王並立"的時候虢公翰支持攜王，晉文侯支持平王。後來晉文侯打到虢國去，殺了攜王，才結束了"二王並立"的局面。曲沃小宗襲擊晉國政府的時候，周天子多次派出虢公林父去支援晉國政府，他們一度把曲沃小宗打回老家。所以晉國——現在是由曲沃小宗掌權的政府——一直記着這個仇。

這次虢國又收留晉國的逃亡公子們，甚至出兵幫助他們來打晉國，正是舊恨添新仇。獻公暴跳如雷，想跟虢國來一場大戰。大夫士蒍勸他："現在時機不成熟，我們等虢國發生內亂的時候再去打。"

就這樣一直等了九年，虢國內部終於發生動亂。晉獻公認為消滅虢國的時機到了。

但虢國和晉國中間隔着一個虞國。虢國和虞國唇齒相依，結成同盟抗擊大國，要一次性把他們都打下來的話代價太高。大夫荀息就向獻公建議：贈送厚禮給虞國公，讓他借道給晉國去打虢國，等虢國打下來以後再打虞國。

晉國有兩樣國寶：屈地的名馬和垂棘的寶玉。荀息建議用這兩樣禮物去賄賂虞國公。獻公起初還捨不得，荀息勸他說："這些東西就當暫存在虞國那裡，等打下虞國以後還不是要還給您嗎？"獻公才同意了。

虞國公是個見錢眼開的貨色，收到財寶以後就想答應晉國。手下的大臣宮之奇勸諫說："虞國和虢國就像牙齒和嘴唇的關係，相互依靠，唇亡而齒寒。虢國一旦被消滅，虞國也就難以保住了。"

對於如此淺顯的一個道理，虞國公竟然不相信，他堅持認為晉國跟虞國是同姓宗親，不會威脅到虞國。所以他同意了借道的請求，甚至出兵跟晉國組成聯軍，共同攻打虢國。宮之奇只好帶着全族人逃亡到國外。

公元前 658 年和公元前 655 年，晉國兩次穿過虞國國土去攻打虢國。虢國失去了虞國的支持，同時還面臨戎人的威脅，根本無法抵抗強大的晉軍，所以很快就被消滅了。最後一任虢公逃到了周王那裡去躲避，周王朝最重要的夥伴就這樣消失在歷史長河裡。

晉軍在班師的路上經過虞國，趁着虞國沒有防備，順手又把虞國給滅了。虞國統治階層被一鍋端，虞國公和大臣百里奚都做了晉軍的俘虜，良馬和美玉也回到了晉獻公的手上。這就是"假途滅虢"之計，其中的虞國公成了見利忘義的典型人物，永遠被後人嘲笑。

晉獻公靠着翻臉不認人的做法，輕鬆地拔掉了兩顆眼中釘。這一仗是他一生中的代表作，也清楚地展現了他的個人作風：只講利益，不講道義。這種作風在春秋時期很吃得開，獻公也靠着這種高明而醒齪的手腕連續吞併了周圍許多國家，史稱"併國十七，服國三十八"。這個數量是恐怖的，甚至超過了同時期的楚國吞併國家的數量。晉國在他手上迅猛擴張國土，終於膨脹成為超級大國。

到這時為止，春秋初期的跑馬圈地運動基本結束 —— 能吞併的小國都被吞併了，剩下的要麼是大國，要麼就是大國的小弟們，各國的疆域逐漸穩定下來。在這場一百多年的圈地大賽中，兩個心狠手辣的大國 —— 晉國和楚國 —— 成了最大贏家。他們擴張的勢力範圍已經開始重合，兩個超級大國的對峙即將拉開帷幕。

但要打擊楚國，目前還輪不到晉國出手，齊桓公和他的小弟們早就不能忍了。

召陵之盟

這些年，南方的楚國一直摩拳擦掌的要侵入中原，自從拿下蔡國以後，鄭國就成了他們的下一個目標。中原同盟國為了保鄭國，跟楚國進行了多次拉鋸戰：你來打，我就救援；你一撤，我就走。楚國等援軍撤走，回頭又來打。這種貓捉老鼠的遊戲玩了很多次，鄭國的局勢也一次比一次更加驚險。這樣下去終歸不是辦法。

在打退了戎狄的進攻以後，中原北方的邊患暫時解除，國際聯盟就掉轉頭來開始啃楚國這塊硬骨頭。

公元前 656 年，齊桓公率領齊、魯、宋、陳、衛、鄭、許、曹八國組成的聯軍對蔡國發起大規模打擊。

有一則小道消息描述了這次戰爭的起因。

蔡哀侯死後蔡穆侯繼任蔡國國君，他把自己的妹妹 —— 史書上叫蔡姬 —— 嫁給了齊桓公。

有一次蔡姬跟齊桓公一起划船，蔡姬故意晃動遊船。桓公不會游泳，有點害怕，叫她不要再晃了。蔡姬大概覺得這樣撒嬌很可愛，反而晃得更兇，故意要看桓公害怕的樣子。桓公氣急敗壞，下船以後當場休了蔡姬，把她攆回了蔡國老家去。

蔡國那邊，蔡穆侯也怒了，賭氣就把蔡姬又嫁給了別人。

可是齊桓公跟蔡姬的婚姻並沒有解除，這樣一來，就成了蔡姬"休"了齊桓公。齊桓公哪裡忍得下這口氣，於是發動多國部隊攻打蔡國 —— 蔡國是楚國的手下，打蔡國就必然要跟楚國正面衝突。

這個傳聞不能不信，也不能全信。只能說，春秋時期的任何小事都可能引發戰爭，這不奇怪。但當時齊楚兩國確實必有一戰，齊國要打楚國，必定得先把蔡國這顆石頭踢開，所以蔡國挨打這件事基本沒法避免。

八國軍隊浩浩蕩蕩撲向蔡國。蔡國哪有能力抵擋，一觸即潰，蔡穆侯也被聯軍活捉了。

前方就是楚國本土，但聯軍完全沒有停下來的意思，繼續向南推進，一路攻到楚國境內。

楚國有點懵，沒想到中原聯軍這麼直接的就來了："難道不該是我欺負你們的嗎？"

當時的楚國國君是息夫人的兒子楚成王。成王派人去質問齊桓公："我們兩國'風馬牛不相及'，你為什麼來侵略楚國？"

中原聯軍那邊管仲出來回答："當年召公親口對我們太公頒下王命'五侯九伯，汝實征之'，四海之內的諸侯有冒犯天子的我們就該管！你們不尊奉周天子，天子要你們進貢包茅，你們拖了多少年了？現在天子那邊都沒法濾酒了，祭祀也完不成，你說你們該不該罰？還有，當年我們周朝的昭王去你們那邊，莫名其妙就失蹤了，這個事情我們要好好談談。"

楚國使節聽得一愣一愣的，心想你們敲鑼打鼓全體出動就是來要包茅的嗎？但他還是認真地回答："包茅這個事情是我們國家的錯，下次我們記得給就是了。至於你們的昭王，喏，據說就是在那邊河裡淹死的，你去看看，說不定還找得到。"

使節回去彙報情況，成王一聽就懂了：齊桓公自己也心虛呀，他不敢也不想真打，這次來就是討個說法而已，就指望我們賣他個面子。

其實不止楚成王，全體諸侯都看出來了。管仲說的這一通都算什麼理由？楚成王是什麼人？楚國幾代國王就他對周王室最客氣，前幾年他剛上臺的時候就主動派人朝覲周王。周王還親自賜下祭祀用的肉給他，說："大家好好相處，你在南方打誰都可以，別來我們北方鬧事。"

所以事實上楚成王早就跟周王室講和了！那個什麼包茅，只怕周王自己都不想要。

至於昭王的事就更無厘頭了，幾百年前的事，諸侯們都懶得接話。

那麼齊桓公為什麼會拋出這樣一堆可笑的理由呢？其實他就是要讓楚王知道：他不誠心跟楚國幹架！或者說，他只是來吵架的，你讓他吵贏，他就回去了。

齊國這樣做的背後，卻是難以言說的苦衷——中原聯軍的實力在楚國面前並不佔優。齊國本質上只是一個經濟大國，在冷兵器時代，經濟實力並不保證能轉化為軍事實力。面對楚國這個武裝到牙齒的軍國主義國家，真要打起來，齊桓公自己心裡都沒底。

但他又不得不有所表示。楚國已經逼到中原核心地區來了，如果他假裝沒看見，那他這個盟主也就不必當了。

至於楚國這邊，面對氣勢洶洶的八國聯軍，楚成王也不傻。他是個相當會算計的君王，要的不是硬碰硬，而是四兩撥千斤。跟中原打一仗可以，但不是在目前這個時候。這時候敵人同仇敵愾，氣焰正勝，打他們不划算，要打以後有的是機會。何況齊桓公明確是想來和談的，給他個面子他就退了，何樂而不為呢？

雙方都探明了對方的底線，剩下的就是配合把這場戲演下去而已了。

中原聯軍繼續進軍，進逼到陘地。楚成王派屈完帶兵過去擋住。雙方對峙幾個月，中原聯軍最後撤退到了召陵。

屈完去找中原聯軍談判。齊桓公讓軍隊把陣勢列好，然後帶着屈完乘車檢閱軍隊。只見中原軍隊刀槍林立，氣象森嚴。

齊桓公說："先生請看，我們這樣的軍隊如果去征戰，天下誰人能擋？如果去攻城，哪座城池能守住？"

屈完拱手回答："大王如果以德行服天下，天下誰敢不服？如果以武力服天下，我們楚國把方城山當作城牆，把漢水當作護城河，大王的軍威再強，我們也不怕。"

這個回答體現出典型的華夏民族思維，說明這時的楚國的確受中原文化影響很深了。

中原聯軍就在召陵和屈完訂立盟約，規定楚國繼續進貢包茅給周王。聯軍宣佈自己大獲全勝，推着一車包茅就回去了。這次事件史稱"召陵之盟"。

春秋前期最大的一次軍事對峙以和平方式收場。齊桓公盡到了盟主的義務，保住了中原各國的面子；但他完全沒能阻擋楚國北侵的腳步，算是輸了半子。這次真正的收穫反而是降服了蔡國。

蔡穆侯被綁過來跪着說話。齊桓公開始怒氣還沒消，喊打喊殺。諸侯們紛紛勸解，齊桓公也就找個臺階下，放蔡穆侯回去了。

九合諸侯，一匡天下

諸侯們剛剛回到自己國內，就聽說周王室又遇到兄弟爭位的問題。

惠王有兩個兒子：王子鄭和王子帶。王子鄭已經被立為太子，周惠王卻想廢掉他，改立王子帶為太子。

廢長立幼，取亂之道。諸侯們都擔心周王室又來一次動亂，就想儘量幫忙鞏固王子鄭的地位。於是由齊國提議，在首止舉行會盟，點名要王子鄭來參加。

惠王看到諸侯們態度如此明確，沒辦法，也就只好打消了換太子的念頭。

過了幾年，惠王去世。齊桓公牽頭，各國在洮地共同擁立王子鄭繼位。是為周襄王。

齊桓公有擁立之功，所以受到襄王特別高的禮遇。

第二年齊桓公召集諸侯在葵丘會盟。襄王派周公與會，賞賜祭肉、彤弓彤矢和天子車馬三件禮物給桓公，並且特地恩准他接受禮物的時候可以不用下拜：這是當着天下諸侯的面指定桓公為霸主。桓公的霸主地位有了官方認證，含金量十足。

這次盟會最大的成就是發佈了各國共同遵守的國際公約。公約大概的內容包括不要搶奪水資源、不要阻礙糧食交易、不要輕易廢掉太子、不要讓妾室取代正妻等，基本總結了當時各國最慘痛的經驗教訓，希望以後各國都能避免這些錯誤。

葵丘盟約在春秋歷史上有非常重要的地位，因為這個盟約的存在，春秋時代才有了文明的一面，而不僅僅是戰爭和殺戮。更進一步說，在全人類普遍處於野蠻階段的時候，葵丘會盟把華夏帶到了當時人類文明的最頂端。

齊桓公一生舉行了多次諸侯會盟，號稱"兵車之會三，乘車之會六，九合諸侯，一匡天下"。（實際上齊桓公組織的會盟不止九次，號稱"九次"只是古人常用的表達方式。）到葵丘會盟，桓公達到了霸業的最高峰。

他帶頭尊奉周王，使周王室表面上受到尊敬；他團結中原諸侯共同抗擊外敵，幫助戰亂的諸侯國恢復秩序；他尊崇傳統禮儀，講究"仁義"，以誠信待人。所有這些，都完美符合後世儒家對"聖主明君"的想像，所以齊桓公得到了儒家的高度推崇。孔子讚美"齊桓公正而不譎"，就是說齊桓公是靠正直、正義得來的霸主身份。

但我們也可以看到，有很多事情齊桓公做得並不好，甚至根本沒有做。在他稱霸的時期，邢、衛亡國；鄭、蔡、宋被反覆抽打；晉、楚四處吞併小國；周王甚至被趕出京城；很多國家發生了內亂⋯⋯但他都無心或者無力阻止。而最大的缺憾是，他沒能擋住楚國北上侵略中原的步伐。

那麼對於那些弱小的國家來說，這個霸主的作用在哪裡？

特別是看到齊桓公一遍又一遍地跟小弟們召開勝利大會，觥籌交錯慶祝自己治下的太平盛世的時候，諸侯們心裡就更會有想法了。

轉捩點就在不經意間出現。

在周襄王獎賞齊桓公的那一年秋天，桓公又發起了第二次葵丘會盟。這次略微有點尷尬。

這次會盟，本來第一大國晉國也要參加的。但晉獻公半路生病，耽誤了行程。他們還沒走到葵丘的時候，就遇到周朝派去參加大會的宰孔。宰孔剛參加完葵丘會盟回來，見到晉獻公就跟他說：齊桓公現在狂上天去了，只想着到處去打仗，不修德政，諸侯們普遍都有意見，我看這個會盟您也不要去參加了。

晉獻公聽到這話就回去了 —— 中原兩大國共同會盟的壯觀景象終於沒有出現。

不管宰孔這番話是不是夾帶私貨，至少說明周王室背地裡對齊桓公是有想法的。齊桓公的中原聯盟實際上已經出現了裂痕。

而且宰孔這番話很有可能代表了當時很多諸侯的看法。當時的齊桓公確實已經狂得不成樣子，他對管仲說："我一生南征北戰，九合諸侯，一匡天下，即使夏、商、周三代的帝王也不過如此吧？所以呢，寡人想去泰山封禪！"

管仲一聽差點從座位上跌下來。"去泰山封禪"，這等於公開宣佈自己是天子了！比楚國稱王還過分。桓公這是要搞大新聞嗎？

他知道無論怎麼勸桓公都不會聽，只好編個理由："大王，要封禪可以，但按規矩，得先有天降祥瑞才可以，比如出個鳳凰、麒麟什麼的。大王您可以等等，說不定過段時間就有了。"

於是"封禪"這個事就這樣黃了。

齊桓公正逐漸變得昏庸，齊國的霸權正在悄悄衰落⋯⋯

齊國霸權衰落

挑戰齊國霸權的還是楚國。

召陵之盟，中原各國表面上讓楚國服軟，簽訂了所謂的和平協議。但楚國其實一點都沒被嚇到，他們看清楚了中原同盟內心虛弱的一面。同盟軍剛走，楚國就恢復了以前的策略，繼續向中原滲透。

在召陵之盟的第二年，中原各國在首止會盟的時候，楚國出兵輕鬆滅掉弦國，一點都沒給齊桓公面子。

而且首止會盟上還出了點狀況：周惠王對齊桓公支持王子鄭很不高興，就挑唆鄭國，搞得鄭國國君在大會開到一半的時候就逃走了。

鄭國的背叛對齊桓公來說是當胸一拳，讓他更加沒面子。所以第二年同盟軍就去攻打鄭國，包圍了鄭國的城池。

這時候的鄭國地位很尷尬。鄭國夾在齊楚兩大強國中間，兩大國都認為他是自己的小弟，都在怪罪鄭國不聽自己的話。

所以當齊國打鄭國的時候，楚國就去救援；楚國打鄭國的時候，齊國就去救援。

鄭國內心當然是崩潰的。但是國小力弱有什麼辦法呢？

這次輪到楚國來救援。他們不肯跟盟軍硬杠，就採取迂迴戰術，去進攻許國——許國也是中原同盟之一。盟軍沒辦法，只好放過鄭國去救援許國。盟軍到許國的時候，楚國已經撤退了。

這說明貓捉老鼠的遊戲還在繼續進行，中原同盟跟楚國簽的和平協議完全是廢紙一張。

但楚成王精明得很。他雖然撤退，卻只退了一半就停下來了，軍隊駐紮在武城，虎視眈眈。這讓盟軍追也不是，退也不是，就這麼耗着。

耗到那年冬天，許國終於扛不住了。許僖公讓蔡穆侯帶隊，自己嘴裡叼塊玉，反綁雙手，後面跟着兩個大臣——一個穿着孝服，一個扛着棺材——就這樣到武城去，跪求成王原諒。

成王很奇怪地問大臣逢伯這是什麼禮節。逢伯回答說：這是以前商朝滅亡的時候，微子啟向周武王投降的禮節。當時武王親手解開微子啟的綁縛，接下他嘴裡的玉璧，把他身後的棺材拿去燒了，這樣就表示接受了他的投降。最後武王釋放了微子啟。

許僖公這樣做有一個很狡猾的考慮：楚國不是一直鬧着要跟周天子並列嗎？他用微子啟跪拜周武王的禮節，就是把楚成王比成了周武王。這個馬屁拍得剛剛好，成王當然高興。

所以楚成王就照着逢伯說的做，釋放了許僖公。許國就這樣被楚國收服了。

齊國那邊仍然認準了鄭國打，鄭國招架不住只好投降，跟齊國簽訂了盟約。鄭國又一次投入齊國的懷抱。

鄭國一倒，許國也動搖了，又跟齊國好起來。鄭許兩國都參加了隨後的葵丘之盟，又不理楚國了。

這樣兜兜轉轉一圈，又回到原地，齊楚還是打成平手。

齊楚兩個大國像有默契一樣，始終不照面，都靠打對方的小弟來揚威。一時之間，中原南部到淮泗地區鬧得雞飛狗跳，那一堆小國都遭了殃。

鄭、許兩國只是一個縮影，代表了所有小國無奈的處境。

楚國眼看在鄭國這個方向佔不到便宜，便採取迂迴戰術，向東推進。楚國穩紮穩打，步步為營，在隨後的幾年中一舉拿下了黃國、江國、英國。這一系列的勝利，齊國竟然來不及救援，到後來再去救的時候已經太遲了，根本趕不走楚國。

楚國一點都沒有停下來的意思。

公元前 645 年，楚國進攻徐國，這時楚國的勢力範圍已經向東推進很遠了。中原諸侯們又在牡丘會盟，八個國家共同救援徐國，但齊桓公的控制力已經大幅下降，各國出工不出力，僵持了四個月都沒能打退楚軍。

同盟國只好迂迴到楚國的大後方，去打楚國的小弟屬國，希望這樣可以迫使楚國退兵。

這個思路是對的，但諸侯們實在是離心離德。同盟國中的宋國 —— 萬年攪屎棍 —— 居然趁另一個成員國曹國內部空虛去偷襲。這導致了同盟國內部矛盾公開化，無法再合作。結果楚國大獲全勝，成功拿下徐國。

正當盛年的楚成王節節勝利，齊桓公卻已經垂垂老矣，霸權不再。

齊桓公的昏庸晚年

晚年的齊桓公開始寵信三個著名的奸臣：易牙、開方、豎刁。

關於這三個奸臣，民間傳說描繪得活靈活現。

據說易牙是齊國最有名的廚師，他做的美味佳餚天下聞名。有一次桓公對下人說：“寡人嘗盡天下美味，唯獨沒吃過人肉，未免有些遺憾。”易牙聽說以後就把這事記在心裡。過了沒多久，在一次宴會上，桓公嘗到一道肉羹，鮮美異常，跟以前吃的都不一樣，就問這是什麼肉做的。易牙跪下說：“這是用微臣四歲兒子的肉做的。”桓公吃了一驚，但又很感動——原來他為了讓我開心竟肯殺掉自己的兒子，從此更加寵信易牙。

開方本來是衛懿公的兒子。當年齊桓公帶兵打衛懿公的時候，開方主動歸降，表示自己是桓公的超級粉絲，願意去齊國侍奉他。到了齊國以後，他果然像個奴才一樣侍奉桓公，完全忘記了自己的公子身份。他的母親一個孤老太婆自己在衛國生活，他卻從來不回去看一次。桓公也很感動，對他委以重任，甚至讓他掌握軍權。

豎刁據說是齊桓公的孌童。因為這種身份，他需要經常出入後宮，但又怕外人說他跟妃子們有姦情，於是他一咬牙就自宮了，變成了太監去侍奉桓公。桓公對他也是特別寵信，整天留在身邊，據說還過繼了一個兒子給他。

這三人在齊國民間都是臭名昭著的人物，但桓公卻提拔他們當高官，大家敢怒不敢言。

公元前 645 年的一天，管仲病重。

桓公親自去看望他，問他：“以後可以用誰為相？”

管仲回答：“大王自己清楚，何必問我。”

桓公只好挑明了問：“易牙怎麼樣？”

管仲回答：“殺死自己的兒子來討好君王，沒有人性，這樣的人不合適。”

桓公又問：“開方怎麼樣？”

管仲回答：“背棄自己的親人來討好君王，沒有人性，這樣的人不能接近。”

桓公又問：“豎刁怎麼樣？”

管仲回答："殘害自己的身體來討好君王，沒有人性，這樣的人不能親近。"

桓公無言以對，他的身邊已經只剩下這樣"沒有人性"的人了。

管仲最後說："這三個都是小人，希望大王不要親近他們。如果要選人來接替我的位置的話，我推薦隰朋。"

管仲隨後病故，齊國最大的支柱倒了。

桓公答應了管仲的請求，立隰朋為相，短暫地疏遠了那三個小人。但不久以後隰朋也死了——這似乎有點耐人尋味。桓公重新起用了三個小人。

從此以後，齊國的國政無可挽回地滑向了深淵……

我們先暫時拋開齊國這一堆爛攤子，說說其他國家的情況吧。

公元前 643 年的一天，下人向齊桓公報告："晉國公子重耳求見。"

桓公有些驚訝：這個著名的人物竟然來齊國了。於是他急忙讓下人召重耳進來。

重耳進入大殿拜見齊桓公。桓公仔細打量他，見他果然儀表堂堂、氣度不凡，就問他為什麼來齊國。

重耳於是講述了這些年他流亡國外的經歷……

第九章

公子流亡記

驪姬亂政

晉獻公的家庭很龐大。

他當太子的時候就跟父親的姬妾齊姜私通。齊姜是齊桓公的女兒 —— 他們這個家族的女兒真是一言難盡。

齊姜生了一兒一女：申生和穆姬。

獻公跟齊姜也算真愛。父親死後，他就立齊姜為夫人，立申生為太子。

齊姜死得早，後來獻公又從戎人的部落裡面娶了兩個女人，她們分別生了重耳、夷吾。

再後來，獻公去討伐驪戎 —— 另一支戎人的部落。獻公戰勝以後，戎人獻給他兩個美女，是姐妹倆 —— 姐姐叫驪姬，生下奚齊；妹妹生了卓子。

獻公總共有八個兒子，其中著名的就是這五個：申生、重耳、夷吾、奚齊、卓子。

驪姬妖豔嫵媚，很受獻公寵愛。所以獻公把她提拔為夫人，對奚齊也就格外喜愛，漸漸的就有了立奚齊為太子的想法。

但這裡有個很大的問題：

獻公娶驪姬的時候年紀已經大了，所以奚齊和卓子跟三個哥哥的年齡差距很大。

當三個公子四處征戰為國立功的時候，奚齊和卓子都還是小孩子。

三個公子在朝廷裡面有很高的人氣，各自都培養了自己的一幫死黨。而奚齊根本就沒有自己的政治勢力。

獻公和驪姬想要立奚齊，首先就受到朝廷百官的嚴重阻礙。更何況，在人們的心中，廢長立幼本來就不合規定。

按照傳統，這種時候該讓女人背黑鍋了。

所以史書上就繪聲繪色地描述了驪姬這個妖女用奸計奪權的整個過程 ——

據說驪姬成天都想着如何把奚齊扶上太子之位，所以想盡辦法陷害太子申生。

第一步就是要把三個公子調離權力中心。她勾結了晉獻公的兩個佞臣 —— 梁五和東關嬖五，讓他們去對獻公說："曲沃是晉國宗廟的所在地，蒲邑和屈邑是邊陲重鎮，必須派大王最信得過的人去鎮守。三個公子最合適了。"

獻公聽信了他們的話，派太子申生去管理曲沃，讓重耳和夷吾分別管理蒲邑和屈邑。其中，蒲邑靠近秦國，屈邑靠近翟國。

後來其他公子也被陸續調走了，只剩下奚齊和卓子留在首都絳城。

公子們離開權力中心以後，難以跟朝臣溝通，就無法借助朝中的力量了。

朝臣裡面最重要的是里克。他是申生一黨的主力成員，一直堅持保申生的太子位。

而驪姬則繼續在獻公身旁吹枕邊風。

不久以後，獻公把晉國的軍隊分成上下兩軍，他自己統領上軍，讓申生統領下軍。申生率領軍隊四處征討，立下了赫赫戰功。獻公嘉獎他，把他封為上卿，又派人幫他在曲沃築城。

當時就有人對太子說："大王把你推到了人臣的最高位置，以後還怎麼立你當君王呢？這明顯是不想讓你繼承君位了。你不如現在就逃出國去，還留下一個好名聲。"

申生沒有聽他的，繼續留在國內。

驪姬一直在想盡辦法詆毀申生，但表面上卻一直誇他賢德。

有一次，獻公跟驪姬談到想要廢掉太子。驪姬聽了立即跪下哭訴："大王明鑒！申生屢立軍功，百姓都很喜歡他。現在人人都知道他將要繼承君位，如果廢了他，賤妾豈不受天下人唾罵？如果大王堅持要廢太子，賤妾情願自盡以諫大王！"

獻公趕忙扶起她，說："愛姬言重了！"

驪姬私下的活動一刻不停。獻公受到驪姬等人的蠱惑，越來越不喜歡太子。

後來獻公又命令申生去討伐東山皋落氏。里克看到這個情況，就去獻公那邊刺探口風。

他對獻公說："按照古人的說法，太子又被稱作塚子，他的職責是照看宗廟社稷，在外則撫軍，在內則監國。至於帶兵打仗，這是大王和大臣們的事，讓太子去不合適。"

獻公回答他：“我那麼多兒子，還沒想好讓誰繼位呢。”

里克聽了這話，什麼都不說，默默地退出去了。

申生在外邊等着，看到里克出來趕緊上去問：“大王怎麼說？我要被廢掉了嗎？”

里克若無其事地說：“哪裡的話？做兒子的最該擔心的是自己不夠孝順，哪有擔心不能繼承君位的？公子回去，好好提高自己的德行就是了，不要亂想其他的。”

從這以後，里克就開始暗暗地疏遠申生。申生去討伐皋落氏，他也裝病不去。

看到申生漸漸被人孤立，驪姬覺得下手的時機到了。

公元前 656 年的一天，驪姬暗中派人到曲沃，對申生說：“大王前幾天夢到了你的母親齊姜。你最好儘快在曲沃祭祀你的母親，然後把祭肉拿回來獻給大王。”

申生聽後果然照着做，親自把祭肉送到絳城給獻公吃。那天獻公正好要出去打獵，把祭肉放在宮裡，驪姬就派人暗暗地在肉裡下毒。

兩天以後，獻公打獵回來，廚子獻上烹好的祭肉。獻公剛想要吃，驪姬在旁邊說：“等等！大王，這肉是宮外送來的，為保險起見，還是先驗一下再吃。”

於是獻公把肉扔到地上，地上很快冒出白煙。他們又扔了一塊肉給狗吃，狗吃了幾口就口吐白沫倒地死了。周圍的人都嚇得臉色驟變。

驪姬捶胸頓足地大哭：“天啦，天下竟有這種事！太子為了奪位竟然想殺掉自己的父親！大王年紀大了，過幾年王位不就是他的嗎？何必着急成這樣？我知道了，太子這樣做都是因為看不慣我們母子倆，大王還是趕緊把我們母子趕出國去吧。要不您就殺了我們，免得我們落到太子的手上！我還一直替他說話，原來是我看錯了人！”

獻公氣得渾身發抖，當即就殺了申生的老師，又派人捉拿申生。申生在外面聽到這件事，趕緊逃回了曲沃。

曲沃的人勸太子申生：“這一切都是驪姬在搗鬼，太子你趕快去向國君分辯。”

申生回答說：“父親年老了，一刻也離不開驪姬。如果鬧起來，廢了驪姬，父親一定會很傷心。還是讓我來承擔這個罪責吧。"

下人又說："要不您逃到國外去？"

申生說："我擔着謀害父親的罪名，哪個國家肯收留我？不用多說了。"他已經完全放棄了抵抗。

絳城那邊很快降下御旨 —— 賜死太子！申生被迫在曲沃自盡身亡。

不久以後，奚齊被立為太子 —— 驪姬終於達到了自己的目的。

中國的史官一向惜墨如金，他們可以用幾個字記錄一件重大的歷史事件，然而所有史書都不惜花費極大的篇幅講述驪姬亂國的故事。《國語》甚至詳細描述了驪姬跟奸臣私下謀劃誹謗太子的過程，每一句話都記得清清楚楚 —— 他們也不會去追究當時是誰站在旁邊記錄下這些內容。

這讓我們後人讀史的時候很困惑，因為分不清哪些記錄才是真實的。

中國史官這樣的態度，令人深感遺憾。

回到現實中來。公元前 656 年冬天，申生自殺，驪姬和奚齊母子在後宮爭位中勝出。

這個結果極有可能是晉獻公自己的意思。從把三個公子調出京城開始，獻公就在極力削弱三公子的權力，一直到最後時機成熟，逼太子自殺。這一系列的組合拳都是明顯有計劃的。

另一邊，從驪姬的角度來說，她也情有可原。後宮爭位本來就是你死我活的殘酷鬥爭，而且她是晉獻公名正言順的大老婆，為自己的兒子謀一個繼承人的位置合情合理。如果她手軟了，讓申生成功繼位，她們母子的性命都未必保得住。

一切悲劇的根源還是在於前面提到過的 —— 奚齊的年齡太小了。

獻公必須殺掉或者趕走幾個成年的兒子，才能保證這個小兒子坐穩王位，不然他不放心。

獻公並不昏庸，他精得很。

當然後來事態的發展超出了獻公的預期，這是沒辦法的。

流亡公子

太子申生自殺的時候，重耳和夷吾都在絳城，他們一聽到這個消息就全都明白了。兩人奪路而逃，火速趕回自己的封地蒲邑和屈邑，分別調集自己的勢力嚴密防守，準備對抗來自絳城的打擊。

晉獻公已經下定決心，兩個公子必須除掉！

絳城的殺手小組隨後就到，為首的是宦官勃鞮。重耳這邊還沒準備好，來不及了！他想衝出去，可是宅院已經被軍士重重包圍，只能衝到後院翻牆逃出去。勃鞮提劍追了上來，趕到牆邊，卻只砍下重耳的一截衣袖。

屈邑那邊也正被圍攻，但夷吾的軍力更強大，一時間竟擋住了政府軍的進攻。

重耳最後逃到了翟國，那是他和夷吾的母親的祖國。

獻公聽到兩位公子抗命的消息，怒不可遏，發動大軍去攻打屈邑。屈邑再硬也扛不住，終於被擊潰了，百姓四散逃難。

夷吾也想逃到翟國去。他手下的大臣郤芮阻止說："重耳已經在翟國，如果你又去，晉國肯定發兵打翟國，翟國是擋不住晉國軍隊的。我們不如到梁國去，梁國挨着秦國，等獻公去世以後，你可以請求秦國送你回來即位。"

夷吾認為他說的有道理，於是帶着他們逃到了梁國。

當初獻公把兩個公子支到遙遠的邊疆城邑，本來是為了孤立他們，卻沒想到方便了他們在關鍵時刻逃跑。

獻公沒有一次性把三個公子一網打盡是重大失誤。或許他怕三個公子的支持者聯合起來造反，想各個擊破，但這卻給了重耳和夷吾逃走的時間。

這樣奚齊的位置就坐不穩，晉國的動亂就還沒結束。但獻公和驪姬已經沒辦法了，他們已經為奚齊做了自己能做的一切。

重耳逃走的時候也帶走了一批下屬，總共幾十人，其中最重要的是這幾個人：狐毛、狐偃、趙衰、先軫、胥臣、顛頡、魏犨、介子推。

這些都是他幾十年籠絡來的人才，是晉國的精英，非常有能力。

其中的狐毛和狐偃都是重耳的舅舅，也是從翟國出來的；

趙衰、胥臣、介子推是謀士；

先軫是元帥；

顛頡、魏犨是猛將。

這一行人一起逃到了翟國。當時要收留重耳是要有足夠勇氣的，翟國因為是重耳的姥姥家，才冒着巨大的危險收留了他們。

兩年以後，晉國軍隊來捉拿重耳，翟國拼死抵抗。晉軍沒佔到便宜，只好撤走。

這樣重耳算暫時安全了，就在翟國常住了下去。

有一次翟國軍隊攻打一個叫廧咎如的赤狄部落（翟國本身也是狄人國家，屬於白狄），俘虜了他們族長的兩個女兒 —— 叔隗、季隗，就把季隗嫁給了重耳，把叔隗嫁給趙衰。後來叔隗生了一個兒子叫趙盾，趙盾對晉國歷史有重大影響。

公元前 651 年，晉獻公病重。他知道大臣裡面能完全忠於他的只有荀息（就是向獻公獻計，假途滅虢的那人），就召荀息到床前，對他說："奚齊還年幼，大臣們恐怕不會服他，以後只怕有禍亂。你能輔佐他嗎？"

荀息回答："能。"

獻公又問："怎麼保證呢？"

荀息回答："即使您死而復生，我也敢毫不慚愧地面對您。"

獻公於是讓荀息當國相，把奚齊託付給他，然後就過世了。

荀息擁立奚齊繼任國君，這時奚齊才十四歲。主少國疑，孤兒寡母獨自面對居心叵測的文武百官，不禁心下惴惴。

獻公當年大殺晉室宗親的報應終於來了！

晉國王室的旁支公子們早都被殺了個乾淨，沒有人制衡朝廷百官的力量。朝廷裡面大多是三個公子的同黨，對驪姬母子根本不服。而荀息又是個文臣，沒有軍權，只靠他一個人哪裡鎮得住群臣？

里克內心竊喜，對於申生被殺這件事，他一直耿耿於懷，心裡恨極了驪姬母子。他壓抑了這麼多年，現在終於可以報仇了。

他拉攏了朝廷裡面的許多官員，暗中策劃迎接重耳回國即位，並且當面威脅荀息。荀息很堅定地回覆他"有死而已"。

荀息也感到危險迫近，他以極快的速度更換軍隊統帥，把驪姬一派的人安插進去，想通過這種方式扭轉雙方力量對比。

但里克下手比他更快 —— 武將的作風，乾脆果斷。在獻公的葬禮上，里克安排殺手殺死了奚齊。這時候奚齊可能連登基典禮都還沒舉行，他的死直接斷了驪姬一派的希望，更不給荀息準備的時間。

荀息悲痛欲絕，想自殺。有人提醒他：卓子還在，可以立卓子。於是他跟驪姬一起擁立卓子即位。

但卓子年紀更小，可能才幾歲，更加不可能鎮住群臣。

里克不依不饒，馬上又在朝堂上殺死了卓子，然後抓住驪姬，把她用鞭子活活抽死。驪姬一黨頓時土崩瓦解。

荀息畢竟是文弱書生，哪裡見過這個陣勢，他連反抗的勇氣都沒有，只好自殺殉國。

晉獻公多年精心佈局的結果，兩個月之內就被里克他們暴力破解了。他一生用盡陰謀詭計，滅了幾十個國家，哪想到自己死後老婆孩子被人欺負成這樣。

朝中大臣們多數擁護重耳，他們派人去翟國迎接重耳回國繼位。

重耳是個謹慎的人，晉國國內的血腥政變讓他嗅到了危險的氣息，他決定先等等看再說，於是哭喪着臉回覆群臣："我得罪了父親才被迫逃出來，父親死了又沒能參加葬禮，哪裡還有臉面回去？你們找別的公子吧！"

群臣只好又去找夷吾。夷吾大喜，馬上想回去。他手下的呂省、郤芮勸他："危險！小心上了賊船。最好去求秦國，借大國之威，讓秦國送你回去，這樣國內就沒人敢針對你了。"

這個提議非常有遠見，夷吾便派人帶着重禮去求見秦穆公，向秦穆公許諾說："如果回去能順利當上國君，就把河西地區割讓給秦國。"

為什麼要去求秦國呢？因為申生有一個同母姐姐嫁給了秦穆公，就是前面提到過的穆姬，所以秦穆公是夷吾和重耳的姐夫。

夷吾同時還帶信給里克說："如果我真的成功繼位，就把汾陽這座城封給您。"因此里克也被收買了。

秦穆公是有雄才大略的君王，有這麼好的機會干涉晉國內政他當然樂意，於是就派軍隊護送夷吾回國繼位。

正好齊桓公那邊聽說晉國發生了內亂，也帶領同盟軍來晉國干涉。秦、齊兩大國在晉國碰頭。里克他們再大膽也不敢亂來，國際聯軍共同把夷吾扶上君位。是為晉惠公。

另一邊，重耳錯過了一次絕好的機會，被迫繼續他的流亡生涯。

這一仗，夷吾完勝重耳。

另外，在這一系列的變亂中，秦國也成為贏家之一。他們終於實現了扶立晉國國君的計劃，從此開始強勢介入中原事務……

求賢若渴的秦穆公

在整個春秋早期，秦國都在遙遠的西方埋頭建設自己的國家，跟東部的諸侯國們很少有交集，更不會參與什麼會盟。

他們避開了東部連年不斷、毫無意義的戰爭，把精力都用來對付西戎，步步為營，逐漸擴大自己的領土。

如今，他們將擴張的主方向轉往東方。

他們向東擴張，遇到了同時期也在急速擴張的晉國，兩個大國不可避免地撞到一起。早在秦宣公和晉獻公的時期，兩國就打過一仗，秦國獲勝。這場戰役可能規模不大，沒有改變整體格局。

兩國爭奪的焦點在河西地區，這是兩國中間的戰略要地，這一地區有翟國、梁國、芮國三個小國。

晉獻公通過和親等手段對三個小國又拉又打，迫使他們倒向晉國。所以在河西地區晉國的勢力佔優。

另外就是黃河九曲之地的崤函通道，這裡是秦國通向中原的唯一道路，相當於秦國的生命線。

虢國和虞國就在崤函通道的位置上，所以晉獻公發狠，不顧國際道義，用"假途滅虢"之計，一次性把兩個小國吞併了，把崤函通道納入晉國版圖，封死了秦國東進的道路。這一招對秦國的殺傷力特別大。

秦穆公繼位以後，繼續把東進作為基本國策，費盡心機破解晉國的封鎖。他一方面娶了晉獻公的大女兒為夫人，一方面上任伊始就在河曲地區跟晉國打了一仗，試探一下兵力 —— 又拉又打，試圖找到晉國的破綻。

但秦國自身的力量還很薄弱，跟晉國玩得很吃力。

他們最大的問題是缺少人才。

自從周王室東遷以後，精英階層都移居到了東部，關中地區瞬間淪為蠻荒之地。秦人常年跟戎人雜居在一起，武力值爆表，文化水平卻很低，基本上算一群半野蠻人。

秦國跟西邊的戎人打了一百多年，等轉身向東進的時候，才發覺中原地區是一個這麼先進的世界，才發現原來世界上還有那麼多先進的思想和文化。

秦國要參與中原的角逐，必須先引入中原地區的治國理念，把秦國打造成一個進步的國家。秦國本地的人才根本不能勝任。所以秦穆公一直想從東部國家召集賢才，但找了很久都沒找到合適的。

《列子》裡面記錄了秦穆公向伯樂求賢的寓言故事：

傳說伯樂最善於相馬，在他老的時候，秦穆公問他：“先生年事已高，您的家族中還有善於相馬的人嗎？”

伯樂說：“我的兒子們才能都一般，識別不出千里馬。不過我認識一個叫九方皋的人，他的才能不在我之下。”

穆公就把九方皋找來，讓他去尋找千里馬。

三天以後他就回來說：“找到了，是一匹黃色的母馬。”

穆公讓人去把馬牽來，下人卻報告說，是一匹黑色的公馬。

穆公很不高興，對伯樂說：“你推薦的人是什麼眼神？馬的顏色、公母都分不清，你確信他能識別馬的好壞？”

伯樂說：“這正是九方皋比我厲害的地方啊！他相馬只看到精微之處，而忽略了粗略的地方；只看到內在而忽略了外表。他才是真正有慧眼的人呀。”

把馬牽來了以後，穆公一試，這匹馬果然是天下少有的良馬。

看來穆公求賢若渴的名聲實在太響亮了，以至於人們都編了這樣的故事出來。

這個故事也說明了識別賢才的要點所在：不拘一格，只關注他身上真正對國家有用的特質，對其他方面不要太在意。

穆公依靠這個法則去找賢才，還真找來了幾個天下奇才。

晉獻公的女兒嫁給秦穆公的時候，有個陪嫁的奴隸半路逃掉了。這本來不算什麼大事，一般人也懶得去找。不過有人告訴穆公：這個奴隸叫百里奚，以前是虞國的大夫，有安邦定國之才。穆公眼前一亮……

百里奚，五羊皮

百里奚是齊國貴族的後裔，年輕時家裡很窮。他獨自出去謀生，遊歷過很多國家，對東部各國的風土人情、山川地理都比較瞭解。

長期在民間流亡的經歷，使百里奚充分感受到民生疾苦，瞭解了社會真實的狀況 —— 這是那些養尊處優的達官貴人們做不到的。

在齊國的時候，他窮到沿街乞討，一個叫蹇叔的人收留了他。蹇叔是齊國王室之後，獨自在鄉下隱居，才能不輸於百里奚，而且特別有眼光。

當時百里奚聽說公孫無知奪到君位，就想去在他手下謀一個職位。蹇叔制止他說：公孫無知的位子坐不長久。百里奚就沒去。過了沒多久，雍廩發動叛亂殺了公孫無知，公孫無知的黨羽被清除得一個不剩，百里奚僥倖躲過了這一劫。

後來百里奚聽說周朝的王子頹喜歡養牛，就去那邊謀到一個牧牛的差事。他幹得很賣力，王子頹非常賞識他，想提拔他當手下。百里奚歡天喜地地要答應，這時又是蹇叔制止了他，說王子頹靠不住，別跟着他。百里奚就離開了那裡。不久以後王子頹果然作亂被殺，百里奚又躲過一劫。

再後來百里奚輾轉來到虞國，被聘為大夫。蹇叔又阻止他，說虞國公不是合適的主人。百里奚覺得自己這麼大年紀還沒有成就，實在等不及了，就不聽蹇叔的，在虞國開始了他的仕途。

但虞國公昏庸無能，聽不進忠言，沒多久就中了晉獻公的奸計，慘遭滅國。百里奚和虞國公都成了晉國的俘虜。

晉國有意要羞辱亡國之臣，把百里奚貶為奴隸。不久之後，晉國公主嫁給秦穆公，就把百里奚作為陪嫁奴隸之一送到秦國去。

鳳凰被關進雞窩，這對百里奚而言是極大的恥辱。他不甘心就這樣沉淪，在送親的路上趁人不注意偷跑了出來。

這時候他已經七十多歲了，無家可歸。他跑到宛邑，被楚國邊境巡邏的軍隊捉住，並解送到楚成王面前。楚成王聽說他會牧牛，就問他養牛有什麼訣竅。

百里奚回答："時其食，恤其力，心與牛而為一。"其實這裡面暗含的是治國的理念，要體恤民情、愛惜民力，時刻與民眾站在一起。他希望這樣的回答能夠讓楚成王聽出自己的治國之才。

楚成王卻沒聽懂，只是說："這方法不錯，這樣養馬也可以吧？"就把百里奚派去替自己養馬。

但秦穆公手下的公孫支卻知道百里奚的才能，就跟穆公建議說："這人正是大王要找的賢才，可以把他召來。"

楚國當然不希望送個人才給秦國。秦國直接要人的話怕引起楚國懷疑，給楚國錢更不行，報酬越高楚國越會懷疑。秦國可能受了齊桓公召管仲的啟發，就對楚國說："我們有個陪嫁的奴隸偷跑了，我們用五張羊皮把他換回來，怎麼樣？"

這樣一件小事楚國當然不在意，隨手就把百里奚送給了秦國——"五羖大夫"的稱號就是這麼來的。

百里奚到秦國以後，秦穆公親手為他解開枷鎖，扶他到座位上，向他請教治理國家的方略。

百里奚說："我是亡國之臣，有什麼臉談論國家大事。"

穆公說："那是因為虞公昏庸無能，不肯聽您的話，不是先生您的錯。"

百里奚於是與穆公談論治國之策，談了三天三夜。穆公極為滿意，當即任他為相。

百里奚正是穆公要找的那種人：在東方先進國家做過官，瞭解東方各國的國情，可以把最先進的治國理念引入秦國，把秦國打造成一個可以跟晉國抗衡的現代化國家。

百里奚又把蹇叔推薦給穆公。穆公馬上讓人去把蹇叔請來，與百里奚共同輔佐自己，又把他們兩人的兒子也召了來，任命為將領。

從此以後，百里奚為左庶長，蹇叔為右庶長。穆公的手下終於有了可以用的人才。

也只有在秦國這樣的環境下，穆公這樣的君王才能不問出身、不看地位，只依據才能任用人才。這樣的做法被後來的秦國延續了下去，成為他們的傳統。所以秦國一直在源源不斷地從其他國家吸收人才，後來很多改變秦國歷史的重要人物都是從國外引進的。在這個方面，秦國完全勝過了其他國家。

百里奚是草根逆襲的典範，在民間的人氣特別高。關於他的民間傳說最有名的是"百里認妻"的故事——

傳說百里奚年輕的時候窮困潦倒，三十多歲了還一事無成，他想去外面闖蕩一番，又放心不下家裡的老婆孩子。

他的妻子杜氏就對他說："好男兒志在四方，你整天待在家裡能有什麼出息呢？"百里奚就決定出去謀生。

臨走的那一天，妻子給他送行，把家裡唯一的一隻老母雞殺了。要煮的時候沒有柴火，只好把大門上的門閂拆下來當柴燒。

妻子抱着兒子送他出門，說："以後富貴別忘了我們。"兩人依依不捨地告別了。

百里奚輾轉流亡，去過很多國家，到七十多歲的時候終於在秦國被拜為上大夫，總算功成名就。

但他真的忘了老婆孩子，沒有再回去找他們。

杜氏生活艱難，跟兒子一起流亡到秦國。她聽說秦國新拜的大夫叫百里奚，懷疑可能就是自己的丈夫，她想去看一下試試，就想辦法到百里奚的府裡謀了一個洗衣婦的職位。

有一次百里奚舉辦宴席，會上有樂師在演奏樂曲。杜氏透過門縫看到堂上的人正是多年前離家的丈夫，就賄賂府裡的人，說自己也會彈琴，而且彈得很好，想上去表演一番。

下人給她安排好，等到演奏完一首樂曲的時候，杜氏驟然從門外走了進來。

百里奚和一眾賓客們看到這個衣着寒酸的老婆子走上來，都很驚訝。只見她不疾不徐，向眾人行了個禮，緩緩坐下，輕撫琴弦，唱道：

> 百里奚，五羊皮。
>
> 憶別時，烹伏雌，炊扊扅，今日富貴忘我為。
>
> 百里奚，初娶我時五羊皮。

> 臨當別時烹乳雞，今適富貴忘我為。
>
> 百里奚，百里奚，母已死，葬南溪。
>
> 墳以瓦，覆以柴，舂黃黎，搤伏雞。
>
> 西入秦，五羖皮，今日富貴捐我為。

這首歌還有很多版本，這裡只選了其中一個。

那時候把門閂叫作"扊扅"，歌裡提到當初拆門閂作柴火的事，所以這首歌就叫《扊扅歌》，在貧寒中相依為命的夫妻後來又被稱為"扊扅夫妻"。中國人都喜歡拿這個故事教人富不忘妻。

百里奚聽到這些話，猛然想起當年的承諾，上前牽住那婆子的手，仔細端詳：華髮蒼顏、破衣爛衫，不正是當年的糟糠之妻嗎？夫妻二人當即相認，抱頭痛哭。

後來他把妻子孩子都接到了自己身邊，共享榮華富貴。

不過這些都是老百姓編的故事，《扊扅歌》也是後人編出來的，聽聽就好啦。

只能說，百里奚的成功故事真的很勵志，給了社會底層的老百姓一線希望。老百姓對他有一種天然的親切感。

而他本人也確實很接地氣。他主持秦國國政以後，果真像自己說的一樣"時其食，恤其力"，儘量愛惜老百姓，減輕百姓的負擔。

他也堅持"心與牛而為一"，不以朝廷高官自居，摒棄一切額外的禮儀。他出行不乘車馬，不撐傘蓋，不帶隨從，不用甲兵護衛，一切都跟平民差不多。

他提倡文明教化，用心修理國政。在他的治理下，秦國國內秩序井然，呈現出欣欣向榮的景象。

對外，他"謀無不當，舉必有功"，施展自己的謀略，以過人的智慧幫助秦國稱霸。秦穆公因此"開地千里，稱霸西戎"。

秦穆公找到百里奚，確實是找到了一匹千里馬。

把一手好牌打爛的晉惠公

在秦穆公時期，秦國國政修明，漸漸縮小了跟東部強國的差距。特別是秦國借晉國內亂的機會扶立晉惠公，成功干涉晉國繼承人的選擇，在跟晉國的爭霸中已經佔了先手。

另一邊，晉惠公的才能和人品比起秦穆公就差得遠了。

惠公受到國際社會的一致支持而登基，可以說佔盡了優勢，他手上又是父親留給他的一個擁有廣袤國土的強大王國，只要他好好運作，前途應該非常光明。

但他的問題在於小聰明太多，又缺乏大才能。而當時晉國國內外的局勢太過於複雜，他玩不轉，最後導致局勢徹底失控。

他上任以後做的第一件事就是去得罪秦國。

他派邳鄭帶話給秦穆公說："我確實想遵守承諾把河西的土地送給您，可是大臣們都說'你在外面流亡的時候，土地是先君的，你有什麼資格擅自送人？'我爭不過他們，只好向您道歉了。"

對內，他也迅速翻臉，不僅沒把汾陽封給里克，反而奪了里克的軍權，赤裸裸地進行打擊報復。

當時晉國的政治勢力很複雜，朝臣們分成各種派別：有支持重耳的，有驪姬一派的，也有太子申生的遺黨。大家各懷鬼胎。

惠公真正能依靠的就只有他從國外帶回來的幾個心腹，以呂省、郤芮為代表——他的位子其實根本不穩固。

他只能拼命扶植自己的心腹，同時打壓其他派別。

其中重點要防範的就是可能勾結重耳的人，畢竟重耳還在翟國虎視眈眈地等着。所以在局勢稍微穩定一點以後，惠公馬上就拿里克開刀。

里克說："我扶你上來，你為什麼要殺我？"

惠公說："你殺了兩君一相，哪個國君敢把你留在身邊？"

這是實話，里克那種頭腦簡單的武夫，做事只憑一時衝動，不考慮後果，興頭來了，什麼都敢幹。哪個國君敢留他？

里克只好認命，伏劍而亡。

當初邳鄭跟里克勾結，共同害死奚齊，兩人是共犯。里克死的時候邳鄭正在秦國給穆公送信，聽到消息以後很震驚。他當然不敢就這樣回晉國，就想要挑撥秦穆公去對付晉惠公。

他對秦穆公說："據我所知，就是呂省、郤稱、郤芮他們三人堅決反對割地給秦國。大王您可以假意召他們來秦國，把他們拘在這裡。我在那邊裡應外合廢掉夷吾，您再送重耳回去即位。"

這三人正是晉惠公的心腹，把他們召走，惠公在國內一定坐不穩。

秦穆公正為晉惠公翻臉的事情火冒三丈，聽邳鄭這樣說，正中下懷。於是穆公就寫了一封回書，說理解惠公的難處，原諒他了，並指名道姓要召郤芮三人。然後派人帶着厚禮跟邳鄭一起去回覆晉惠公。

郤芮三人可不傻，他們看到這情形就私下合計說："好端端的突然來巴結我們，又要召我們去秦國。邳鄭這小子一定是跟秦國勾結起來，把我們出賣了！"

三人把這個想法報告給惠公，惠公也點頭稱是。於是惠公殺了邳鄭，又順勢發動大清洗，把里克的殘餘勢力都殺光了。這次牽連的人有點多，所以國內人心惶惶，百姓普遍都對惠公有意見。

短期來看惠公這樣做是對的。朝廷裡各種雜亂的派別被消滅以後，他的地位穩固了下來。

邳鄭的兒子邳豹逃到秦國，希望秦國出兵滅掉惠公。秦穆公想到晉國那邊的反對派都已經被消滅了，而且惠公還有些民意基礎，要策反恐怕不容易。於是穆公就暫時按兵不動，只是把邳豹任用為元帥。

但秦國跟晉惠公的矛盾已經公開化，兩國從此開啟互掐模式。

這期間還發生了一件事 —— 周王聽說惠公掌握了晉國國政，就派召公到晉國來訪問，想拉一下關係。但不知什麼原因，這次訪問卻鬧得很不愉快，導致召公回去以後抱怨連天，說晉惠公傲慢無禮。結果周王室也跟晉惠公結下了仇。

這從側面說明晉惠公做人確實有很大問題，幾乎沒有誰喜歡他。

過了幾年，晉國大旱，引發全國性的饑荒。惠公只好厚着臉皮向秦國求援。

邳豹向秦穆公建議："不要救援晉國！倒是應該趁這個機會去打他們，這麼好的機會不要錯過。"

秦穆公又問公孫支。公孫支說："饑荒是天災，應該救援。"

又問百里奚。百里奚回答說："是夷吾得罪了您，關晉國老百姓什麼事？老百姓的苦難我們應該救援。"

秦穆公最後採納了百里奚他們的意見，把秦國的糧食借給晉國。運糧的隊伍浩浩蕩蕩，絡繹不絕，從秦國首都一直綿延到晉國首都。

在秦國的傾力援助下，晉國終於熬過了饑荒，晉國的百姓都感激秦穆公的仁厚。

第二年，秦國也鬧饑荒了，反過來向晉國求援。

晉惠公徵求朝臣們的意見。

以慶鄭為首的主和派說："應該借糧食給他們，去年秦國救過我們，現在回報他們是理所應當的。"

以虢射為首的主戰派卻說："秦晉已經是仇家，應該趁這個機會趕緊攻打秦國。"甚至說："去年秦國沒有打我們是他們自己犯傻，我們不能一樣傻。"

晉惠公最後聽信主戰派的意見，不僅不給糧食，反而乘人之危去攻打秦國。

這已經是他上任以後第二次對秦國恩將仇報了。

秦穆公聽說以後拍案而起，親自帶兵去跟晉國對決。秦國一直打到晉國的韓原。公元前 645 年，秦晉兩大國在這裡展開了第一次大規模決戰。

韓原之戰

這場戰爭的士氣從一開始就不對等：秦人極為憤怒，一心要報仇雪恥；晉國卻人心渙散，彼此不配合，更大的問題是主戰派和主和派的分歧還在。

慶鄭對於晉惠公不聽他的意見一直耿耿於懷。戰前，惠公問他："秦國人打過來了，怎麼辦？"

慶鄭只是冷冷地回答："大王自己恩將仇報造成的結果，您還是去找虢射商量吧。"

所以惠公就記在心裡了，覺得他很不配合。後來占卜的結果，惠公的車駕最適合讓慶鄭做右衛。（春秋時戰車有左、中、右三人，車右負責持武器砍殺敵人。）惠公說："用他怎麼行呢？"於是堅決換人，叫自己的一個家丁來做右衛。

當時每架車要用四匹馬來拉，在安排車馬的時候，分給惠公的馬是鄭國送來的。慶鄭勸阻道："打仗的時候應該儘量用本國的馬，本國的馬更熟悉道路，也更理解主人的心意。如果用外國的馬難免不聽使喚。"惠公不聽，還是堅持用鄭國的馬。

雙方佈好陣勢以後，戰爭開打。

在戰況最激烈的時候，惠公的馬車果真出了問題：車子陷在泥濘裡面出不來，車夫跟馬互相不熟悉，怎麼趕馬都沒用。

惠公向遠處的慶鄭呼救，慶鄭竟然不理，說："大王既不聽諫阻，又不信占卜的結果，咎由自取，還逃走幹什麼呢？"說完自己駕着車跑了，把惠公丟在秦軍的包圍圈中。

秦穆公那邊看到晉惠公被困住了，興沖沖地趕馬衝過來，準備甕中捉鼈，不想反而被虢射那幫人包圍在中間，怎麼都衝不出去。穆公在亂軍中又受了傷，眼看就要被活捉了，情況極度危急。

這時不知從哪裡冒出來一大群野人，他們蓬頭垢面，每人一把大刀，衝進人群對着晉國軍士就砍。晉國士兵不知道這是些什麼鬼東西，一時間大亂，四散奔逃。秦穆公的車駕趁機衝出了敵人的包圍圈。

周圍的秦軍又圍上來，再次圍住晉惠公的車駕。經過一番激戰，終於殺散晉國士兵，活捉了晉惠公。

秦國取得了韓原之戰的勝利！

戰後論功行賞時，秦穆公問那些野人為什麼要幫助秦軍。他們說："大王忘了嗎？我們就是當年偷吃馬肉的人呀！"

原來穆公曾有一次在岐山下打獵，有一匹馬被當地的三百個野人偷吃了。但抓住這些人以後，秦穆公並沒有責怪他們，反而認為他們餓極了偷吃東西是可以理解的，把他們都釋放了。所以現在這群人專門趕來報恩。

穆公感慨萬分，想要重賞他們。他們卻不肯領賞，就這樣告辭回去了。穆公恨極了背信棄義的晉惠公，命人把他帶上來，當場數落他的罪行，想把他殺了祭天。不料這時卻有一個人出來為晉惠公求情——

晉惠公的姐姐穆姬是秦穆公的王后，她聽說弟弟被穆公活捉的消息，心裡焦急得很。等穆公回來以後，她穿上孝服，在穆公面前大哭，請求釋放晉惠公。

穆公不忍心讓她傷心，可能也怕殺了晉惠公會引發晉國人的深仇大恨，就說："當初唐叔虞剛剛被封到晉國的時候，箕子曾說'他的後人一定會繁榮昌盛'，我們怎麼能隨便就消滅晉國呢？"

晉惠公自己也羞愧得無以復加，對國內的人說："我沒臉回去了，你們立太子圉為君吧。"

秦穆公考慮到晉惠公已經聲名掃地，因而更好控制，便決定還是放他回去繼續當國君。於是跟晉惠公簽訂和平協議，釋放他回晉國去了。

晉惠公跟秦穆公簽的是一個賣國條約，回去以後只好按照協議割讓黃河以西的土地給秦國。秦國甚至進一步向黃河以東進犯，在那些地方設置官吏、徵收稅賦，直逼晉國的核心地帶。

這次失敗是晉國的重大挫折。作為中原第一大國，國君竟然被人活捉了去，這臉還往哪兒擱？這以後，晉國的氣勢就完全被秦國壓下去了。晉獻公幾十年打壓秦國的成果基本都已經被廢掉，連當初不肯割讓給秦國的河西之地都丟掉了。

過了幾年，晉國又把太子圉送到秦國去當人質，把公主送到秦國當侍女——如此卑躬屈膝，才換得秦國退回到黃河以西，沒有繼續逼迫晉國。

秦穆公準備放長線，在宗室裡面找了一個叫懷嬴的女子嫁給太子圉，方便以後控制晉國的下一任國君。

不得不說百里奚他們的策略很厲害。

他們的策略是穩紮穩打，一步步蠶食晉國的優勢，又不做得太絕，時不時地還講一下以德服人。所以儘管秦國把晉國欺負得很慘，但秦穆公在國際上的名聲還不錯，後人也稱讚他仁義，把他算作"春秋五霸"之一。

反觀晉國，晉惠公上臺這幾年，他以最快的速度把國內外能得罪的人都得罪了一遍。特別是他對秦國恩將仇報這種行為實在讓人太反感，以至於在國際上聲名狼藉。當初他登基的時候擁有的優勢——國內外的支持和期待——已經蕩然無存。這樣一個國君當然不可能把晉國帶上霸主的位置，連防止秦國的擴張都做不到。

到這時為止，晉國的精英階層大概都已經後悔當初迎立晉惠公的決定。人們暗暗地想，要是重耳回來當國君多好。

重耳是晉國人唯一的希望了。

第二次流亡

重耳在翟國過得實在舒坦，這時候他來翟國已經十二年了，幾乎已經忘了自己的晉國公子身份——估計他覺得就這樣養老也不錯。

但晉惠公可不這麼想。

在晉惠公心裡，重耳跟秦國始終是兩個心腹大患。他現在惹不起秦國，但惹重耳還是沒問題的。

他被放回晉國以後，重新執掌大權，先殺掉慶鄭，報了韓原之戰慶鄭不肯救駕的仇；又在國內發起政治運動，重新鞏固了自己的地位。然後他就想到了重耳。

他跟手下人商議："重耳這個人，不除不行。"於是派出殺手勃鞮去翟國刺殺重耳，限期三日到達。

這個勃鞮就是以前被獻公派去蒲邑的殺手，這是他第二次去殺重耳。為了防止重耳再次逃掉，他以最快的速度狂奔，竟然一天時間就趕到了重耳住的地方。

但連這樣的速度都沒趕上，重耳不知道怎麼聽到了風聲，又一次提前逃走了。勃鞮再次空手而歸。

為了避免被晉國繼續追殺，重耳逃走的時候只帶着幾個最忠心的手下，其他人全部留在了翟國，包括他的妻子季隗。

這是公元前 643 年，這時候重耳的年紀已經不小了，而季隗才二十多歲。臨走的時候，他擔心季隗忍不住寂寞，就對她說："照顧好我們的孩子！等我二十五年，如果到時候我還沒回來，你就改嫁吧！"

季隗淒涼地說："再過二十五年我也快進棺材了，還改什麼嫁！我還是等你回來吧。"

季隗因此在後世留下了賢良的名聲——不得不說那時候的女人真是

可悲。

當時齊桓公是天下霸主，又以仁義著稱。所以重耳他們逃亡的目的地就是齊國。

這是重耳第二次逃亡，跟第一次逃亡有一個重大區別——第一次的時候晉國的王位還有很多爭奪者，重耳的地位並不突出。現在可不一樣了，晉惠公讓晉國人很失望，人們心裡紛紛揣測：重耳以後是不是可能重新回晉國繼位？

所以這時的重耳其實是一支潛力股，如果誠心對待他，萬一他以後真的當上晉國國君了，好處是不言而喻的。

但這樣的機會並不是每個人都能看到的。所以重耳這一路逃過去，從每個國君對他的態度，就能看出這個國君的眼光高不高。

去齊國首先要路過衛國，衛文公的眼光就很短淺——當然也可能因為衛國剛從亡國的大禍裡恢復過來，本來就窮，所以對重耳一行人不理不睬。重耳他們只好黯然離開。

屋漏偏逢連夜雨，正當大家垂頭喪氣的時候，隊伍裡面突然出了叛徒，一個叫頭須的隨從偷走所有的錢財糧食跑了。

這下麻煩就大了。這是在別人的國家，重耳一行人生地不熟，連吃飯都成了問題。

走了一會，來到五鹿的鄉下，他們一群人餓得眼冒金星，只好向當地的農民討飯吃。有個農民笑嘻嘻地撿了塊土遞給重耳，說：「來，吃呀。」

重耳大怒，正想命令手下人打這個人。狐偃的反應很快，馬上對重耳說：「公子大喜，這是暗示您要得到土地，是上天的恩賜呀。」

土地！只有土地才是最重要的。

重耳好像明白了什麼，頓時轉怒為喜，當即跪下拜謝上天，然後把這塊土放到車上，在村民的嘲笑聲中離開了。

但理想終究不能當飯吃。又走了一段，重耳已經餓得快暈過去了，再也沒法往前走，只好在一棵樹下枕在狐毛的腿上休息——其他人忙着去給他採野草充飢。

只見介子推驀然走過來，手裡端着一碗香氣撲鼻的肉湯，跪在地上進獻給重耳。重耳顧不得問，一把端起來咕嘟咕嘟就喝得精光，然後才奇怪地問介子推："哪裡找到的肉？"

介子推說："是從我腿上割下來的。" 周圍所有人都驚得目瞪口呆。重耳非常感動，就說："以後我要是當上了君王，一定好好報答你。"

介子推的行為給了大家很大的鼓勵，這些忠心的下屬們一路相互扶持，終於度過了最困難的階段。

經過一段艱苦的長途跋涉，一行人終於來到了目的地齊國。

齊桓公確實很有霸主風範，熱情地接待重耳。聽他講了這一路的經歷以後，齊桓公表示非常同情，命人把他們安頓下來，好好招待他們。

齊桓公出手闊綽，直接送了二十輛駟馬車給重耳，車仗隨從一樣不少，還把自己宗室裡的女子齊姜嫁給他。重耳他們獲得了離開晉國以後最好的待遇。

齊桓公對重耳這樣款待，可能不僅僅是出於放長線釣大魚的考慮，也因為他自己也曾是流亡公子，他能理解重耳的處境，看到重耳就想起了曾經的自己。

重耳再三拜謝，一群人在齊國安頓下來。

第三次流亡

重耳在齊國的生活比在翟國的時候還舒服。人生追求的一切他都有了，誰還想再過那種顛沛流離的生活呢？他就這樣一住五年（其間齊桓公去世，齊孝公繼位），再也不想離開。他手下的人急得直跳：眼看這樣下去大家都要老死在齊國，還提什麼復國計劃？

狐偃他們一群人躲到郊外一片桑林裡，商量怎麼讓重耳離開齊國。不料隔牆有耳，正好齊姜有個侍女在旁邊採桑，偷聽到他們的談話。侍女回去就把這件事告訴了齊姜。

齊姜的反應是 —— 馬上殺了這個侍女，然後在家裡等着重耳回來，跟他說："你們是在謀劃離開齊國吧？有人聽到了你們的談話，我已經把她殺了。"

重耳瞪着眼說："哪有這事？"

齊姜說："男兒志在四方，你捨不得妻兒和富貴，只會耽誤你的事業，還是儘早離開的好。"

重耳還是堅持不肯離開，他並不是權力慾很重的人，對於目前的生活他已經完全滿足了。

齊姜只好主動找到狐偃他們，跟他們暗中約好，用酒把重耳灌醉，然後把他扶上車，偷偷送出齊國。

重耳醒來以後暴跳如雷，好好的生活就這樣被他們給破壞了。他拿着兵器追殺狐偃，最後幸虧眾人把他勸住。他一看，既然已經不告而別，不可能再回齊國去，只好將錯就錯地跟手下這夥人一起走了吧。

下人們這麼着急地要把重耳帶出齊國，恐怕還有一個原因：他們已經得到消息，在秦國做人質的太子圉剛剛偷跑回晉國。這樣一來，晉惠公父子二人都得罪了秦穆公，秦晉關係恐怕會有大變化。這是千載難逢的機會。

他們想求助秦穆公幫忙奪取晉國政權，所以這次逃亡的目的地是秦國，是自東向西的路線。

他們來到曹國，這又是一個很沒眼光的小國。曹共公最關心的不是怎麼投資重耳這支潛力股，而是一條八卦消息 —— 重耳是 "駢脅"，就是說肋骨的中間連在一起。其實這純粹是老百姓瞎編的話，但曹共公很好奇，一定要親眼看看。

他讓重耳去洗澡，洗到一半，突然衝進去湊到重耳身上看，把重耳調戲了一番。重耳怒不可遏，曹共公卻覺得有趣得很。

當時就有個大臣僖負羈勸他："重耳是以後可能當晉君的人。你惹他，萬一以後他來報仇怎麼辦？"但曹共公根本沒把這話放在心上。

僖負羈卻要為自己打算。他私下去結交重耳，送給重耳一盤小吃，食物下邊藏着一塊玉璧。重耳只拿走食物，把玉璧還給了他，心裡卻記下了這個人的恩情，當然也記下了曹共公對他的羞辱。

他們一行人離開曹國，又來到宋國。宋襄公也是胸懷大志的人，也送了二十乘馬車給重耳。這跟齊桓公的禮物一樣，似乎在暗示他認為自己的地位跟齊桓公相同。

接下來一行人到了鄭國。似乎小國的國君目光都很短淺，鄭文公也不想理睬重耳。他的弟弟叔詹勸他說，重耳這樣的人是不能得罪的，應該好好招待他們。鄭文公不聽。叔詹又說，你不跟他結交那不如殺了他，免得將來他報仇。鄭文公還是不聽，叫人直接關上城門，不讓重耳他們進去。重耳這群人只好另投他處去了。

當然鄭文公對重耳的態度其實也代表着他對齊國的態度。這時鄭國的靠山是楚國，他們對齊國來的人本來就沒好臉色。

但另一方面，重耳有齊國這個大靠山，一般小國也不敢把他怎麼樣，所以他們這一行人的安全還是有保障的。即使叔詹想要殺掉重耳，鄭文公也不敢下手。

不過到了下一個國家就不一樣了，這是唯一敢跟齊桓公叫板的國家——楚國。

一到楚國，楚成王就派人來接他們。大臣子玉也建議成王殺掉重耳，以免將來他跟楚國爭霸。成王不同意，他認為重耳是有天命之人，不可得罪。重耳他們因此又逃過一劫。

成王沒有殺重耳是他一生中最大的錯誤，這讓楚國在後面吃了大虧，甚至國運都因此被逆轉。但對於中原各國來說，這是非常幸運的一件事，否則不久以後大家都要拜楚王而不是拜周王了。

不過當時誰能看得那麼清楚呢？

成王對重耳這個人是很欣賞的，以接待諸侯的規格款待他。重耳受寵若驚，趕忙拜謝。

在宴席上，成王趁着酒意，醉眼迷離地問："公子以後怎麼報答我的恩情呢？"

重耳說："楚國國土廣袤，物產豐富，美女珍寶都不缺，不管我送什麼，大王都看不上。要不這樣，如果我有幸能返回晉國，以後我們在戰場上相遇的時候，我就讓晉軍退避三舍吧。"

兩人哈哈一笑，都把這話記在了心裡。

第二天，成王把重耳送到秦楚邊界上，揮手告別。

亂世溫情

秦穆公聽說重耳來了，也是很熱情地接待他。重耳是他的下一張牌，必須好好利用。

而重耳當然也一心要利用秦國。雙方這時是合作夥伴的關係。

穆公憤憤不平地講了太子圉逃走的事：

前幾年晉惠公不是把他兒子太子圉送到秦國來當人質嗎？秦國好好地對待他，還把懷嬴嫁給他。不料這小子不識抬舉，不久前偷跑回晉國去了，只把老婆懷嬴留在秦國。

"這小子還沒上臺就想背叛秦國，跟他爹一樣，也是個白眼狼！"穆公這樣說。

重耳當即表示很理解穆公，對太子圉這種忘恩負義的做法堅決瞧不起。不過他內心卻竊喜：去掉了一個勁敵，穆公現在能打的只有他這一張牌了。

穆公為了籠絡重耳，把宗室之女嫁給他，還帶着四個陪嫁的媵妾。重耳開始還很高興，後來一打聽才知道——這女人就是太子圉的妻子懷嬴！可能穆公就是存心要噁心晉惠公父子倆吧。

那時的人們倫理觀念還沒那麼強，何況重耳還不敢得罪穆公，所以他儘管開始很不情願，最後還是接受了穆公的安排，娶了自己的侄媳婦。

重耳比他的弟弟和侄兒懂事得多，知道現在什麼都靠着秦國，人在屋簷下，絕對不可以得罪秦國，所以他表現得特別謙卑。

據說重耳和懷嬴剛結婚不久，有一次在盆裡洗手，洗完以後懷嬴遞上毛巾，重耳擦完以後就擺了擺手讓她離開。懷嬴不高興了，認為重耳瞧不起她，說："秦晉兩國是平等的，你憑什麼瞧不起我？"重耳頓時緊張起來，趕緊脫掉上衣，像囚犯那樣向她謝罪。

可見重耳在秦國有多麼小心謹慎。

不過穆公其實對人挺好，虛懷若谷，很有君子風度。

有一次穆公請重耳他們這些人一起喝酒。宴席上大家都要吟詩，當時的詩應該是要唱出來的，所以雙方都唱得很歡樂。

重耳吟了一首《沔水》，感歎家國變亂，表達自己想要回到祖國的願望，間接提醒穆公儘快幫他回國：

沔彼流水，朝宗於海。鴥彼飛隼，載飛載止。

嗟我兄弟，邦人諸友。莫肯念亂，誰無父母？

沔彼流水，其流湯湯。鴥彼飛隼，載飛載揚。

念彼不蹟，載起載行。心之憂矣，不可弭忘。

鴥彼飛隼，率彼中陵。民之訛言，寧莫之懲？

我友敬矣，讒言其興。

穆公隨後就吟了一首《六月》回他：

六月棲棲，戎車既飭。四牡騤騤，載是常服。

玁狁孔熾，我是用急。王於出征，以匡王國。

比物四驪，閑之維則。維此六月，既成我服。

我服既成，於三十里。王於出征，以佐天子。

四牡修廣，其大有顒。薄伐玁狁，以奏膚公。

有嚴有翼，共武之服。共武之服，以定王國。

玁狁匪茹，整居焦獲。侵鎬及方，至於涇陽。

織文鳥章，白斾央央。元戎十乘，以先啟行。

戎車既安，如輊如軒。四牡既佶，既佶且閑。

薄伐玁狁，至於大原。文武吉甫，萬邦為憲。

吉甫燕喜，既多受祉。來歸自鎬，我行永久。

飲御諸友，炰鱉膾鯉。侯誰在矣？張仲孝友。

趙衰馬上在下面大聲說："重耳拜謝大王的恩賜！"

重耳這才反應過來，趕緊走到臺階下向穆公磕頭拜謝。

原來《六月》這首詩講的是周宣王的時候，大臣尹吉甫（據說《詩經》就是他搜集整理的）奉王命去討伐玁狁的事。

詩中讚美尹吉甫輔佐周天子的功勞，像"王於出征，以佐天子"；"文武吉甫，萬邦為憲"這樣的句子，都是把重耳比作天下霸主，鼓勵他去輔佐天子，建功立業。這是特別高規格的稱讚，重耳怎能不感謝！

穆公很謙和，也走下臺階來向重耳還禮。

這是春秋時期最和諧的一幕，兩位霸主級的君王相互謙讓，盡顯君子風度。在血雨腥風的亂世裡，他們以自己極高的人品和才華，向世人示範了怎樣以最溫和的方式贏得天下人的敬重。

國家與國家之間不應該只有你死我活的爭鬥，更應當有合作和共贏，真正聰明的人才懂得這一點。

與此同時，晉國國內正在發生重大變故。

重耳復國

公元前 637 年秋天，晉惠公病故，太子圉繼位，是為晉懷公。

懷公之前從秦國逃回來以後，已經提前讓自己背上了"背信棄義"的名聲，秦穆公有很充分的理由打壓他。

現在秦穆公跟重耳聯合，明擺着就是要第三次擁立晉君，所以他們跟懷公的矛盾也就公開化，誰也不必掩飾了。

當初重耳逃走的時候很倉促，他的那些手下都是隻身一人跟着他，家人基本都留在晉國國內。懷公上臺以後馬上發佈命令，要求這些人的家屬們在規定時間內把自家的人召回來，不然期限一到就殺他們全家。

惠公和重耳的外公叫狐突，他也是懷公的曾外公，他的兩個兒子狐偃和狐毛都在重耳那邊。懷公要立一個典型，就先拿他作示範，要他把兩個兒子召回來。

狐突堅決不答應，說："我教兒子做人，最重要的一點就是對君王要忠貞不二。現在我的兒子侍奉重耳已經很多年了，如果召他們回來，就是教他們不忠；父親教兒子不忠，自己又怎麼事君？我肯定不會這樣做的，有死而已。"

懷公一怒之下當即殺死狐突，成就了他的名節。

狐突這一番言論成了後世"忠君"的教科書，歷代帝王都特別推崇他，一直拔高他的地位，最後甚至給他封神。在民間，狐突是司雨的神，世代受老百姓朝拜。

懷公這樣做其實很蠢。重耳手下那些人跟他都十幾年了，出生入死，都是吃了秤砣鐵了心的，其中還包括介子推那種割肉給主子吃的極端分子。對於這些人，用一句"殺你全家"就想把他們嚇回來？怎麼可能！

這樣做最終起到了反效果，重耳手下的人一個都沒回來，國內反而白殺了不少人——這些人的家族都是晉國的權貴階層。懷公這樣一折騰，得罪了很多權勢人物，晉國人對他更加不滿。

重耳的支持者們趁機暗暗地跟秦國勾結起來，推翻懷公成了大家共同的目標。

秦國那邊當然也不會給晉懷公機會讓他把位子坐穩。懷公登基三個月之後，公元前636年正月，秦穆公派大軍護送重耳回國，明火執仗來搶君位了！

同時秦穆公也跟晉國國內的欒枝、郤穀等人打好了招呼，讓他們做內應，共舉大事。

這幾年，晉國在秦國的打壓之下一直沒緩過來，現在面對秦國大軍壓境，內部又全是叛徒，所以根本沒有抵抗能力，一觸即潰。

秦軍所向披靡，很快深入晉國境內，一切都進展得特別順利。

二月初，秦國主帥公子縶去晉國軍營勸他們退兵，晉軍隨後撤退；十一日，狐偃代表重耳跟秦晉兩國大夫簽停戰協定；十二日，重耳接管晉國軍隊；十六日，重耳進入曲沃，這是宗廟所在地；十七日，重耳到武公的宗廟朝拜，即位稱君，百官朝賀，是為晉文公；十八日，重耳派人到高梁殺掉晉懷公，晉國由此平定。

重耳流亡列國十九年，終於成功奪得晉國君位！

秦穆公又一次扶立晉國國君——史稱"三置晉君"——威震天下，成就了自己的霸主之業。

介子推不言祿

晉文公以極快的速度奪到了晉國君位，但惠公父子的舊勢力不肯善罷甘休，他們在暗地裡謀劃造反。其中主要人物就是惠公的兩個死黨：呂省和郤芮。

這兩人都是當年跟着惠公流亡的大臣，是惠公父子在朝廷裡最主要的支持力量。他們謀劃在宮裡放火，想趁機殺死文公替懷公報仇。

這是一件高度機密的事，只有他們這個派系的核心人物才知道，其中就包括了兩次暗殺文公的勃鞮。

勃鞮聽說這個機密以後，偷偷潛入宮向文公告密。文公聽說是他來了，讓下人回覆他："你兩次殺我都跑得那麼快，夷吾要你三天到，你一天就趕到了，真是很急着要我的命呀。"

勃鞮回答："臣因為對主人忠心不二，才得罪了主公。現在主公已經是國君，臣就該忠於主公了。何況當初管仲差點射死齊桓公，齊桓公不也原諒他了嗎？如果主公不肯原諒微臣，那麼危險才真的來了。"

文公聽他話裡有話，命他進去當面問，勃鞮對文公說出了呂省、郤芮的陰謀。

文公這才驚覺事態嚴重。他本來想捉拿呂、郤二人，又怕他們勢力太大，何況晉國人也還未必肯誠心幫自己，於是召來狐偃等人商議。

當晚，君臣幾人商量好。文公扮成平民，帶着幾個隨從偷偷溜出王宮，到秦國去找秦穆公求助。而晉王宮這邊則一切照舊，假裝文公還在。

文公進入秦國以後馬上傳信給秦穆公，向他說明國內的情況。雙方在王城碰面，商議平定叛亂的計劃。

到了約好的時間，呂省、郤芮讓人在宮裡偷偷放火。眼看火勢迅速擴大，宮裡亂成一團，兩人帶着手下兵丁大喊大叫一路殺進王宮，不料在宮裡到處都找不到文公。兩人知道機密已洩，只好趕緊退出來。

文公手下狐、趙、欒、魏等大臣隨後帶兵來追殺亂黨，雙方大戰一場。呂、郤這邊畢竟心裡沒底，邊打邊撤，退出了絳城。這時二人又得到秦穆公那邊來的消息，要他們去投奔秦國，他們還能怎麼辦？去秦國吧。

呂、郤二人剛到秦晉邊境就被秦國軍隊捉住。秦穆公在黃河邊將他們就地正法，幫助晉國平定了這次叛亂，然後派出軍隊再次把文公送回晉國。

秦穆公還不放心，直接派出三千甲兵到晉文公身邊做長期護衛。晉國國內再也沒人敢搗亂了。

對於呂、郤的餘黨，晉文公全部給予寬大處理，沒有像當初惠公那樣搞大清洗，所以晉國的人心漸漸穩定下來。

平定了叛亂以後，文公開始大規模封賞功臣，功勞高的直接給封邑，功勞低的也給他們爵位，特別是這些年跟着他四處流亡的大臣們，得到的獎賞尤其豐厚。

就連勃鞮都得到了獎賞。文公不僅原諒了他兩次追殺自己的罪行，還給他很高的官位，後來甚至連給趙衰封官都是他提出來的——趙衰可是頂級的功臣啊！可見勃鞮受寵的程度。

不過這也讓人懷疑勃鞮可能一直就是文公的手下，只不過被派到敵人那裡臥底而已，不然為什麼文公遇到他的時候總是有驚無險呢？

好吧，不猜這種捕風捉影的事了。再說封賞的事，關於這次封賞還真有一些爭議。

並不是每個有功之臣都得到了文公的賞賜，例如陶狐（壺叔）就沒有得到任何獎賞。他也是十幾個流亡大臣裡的一員，跟着文公這麼多年出生入死，按理說功勞也很大，怎麼會一點獎賞都沒有呢？他覺得很不平衡，就去找文公手下的人打探消息。

手下人問文公：“大王三次封賞群臣，都沒有惠及壺叔，請問是什麼原因呢？”

文公回答：“以仁義教導我，提升我的德行的，我給予上等的獎賞；替我出謀劃策，幫我達成目標的人，我給他次一等的賞賜；那些赴湯蹈火，有汗馬之勞的人，就給予下等的獎賞。像壺叔這種僅僅出力，對我的功業沒有什麼幫助的人，只能在三等封賞之後才輪到他。”

關於三種封賞有兩種說法，分別出自《史記》和《呂氏春秋》。上面用的是《史記》的說法。《呂氏春秋》裡面說的是：“以仁義輔導我，以禮引導我的受上賞；教我行善，用賢德約束我的受次賞；直言犯諫，指出我的過錯的受下賞。”

當時的人們聽了之後都非常服氣，說：“晉文公真的是以仁義治國啊，晉國一定會繁榮昌盛了。”

其實簡單地說，就是按照“德、智、力”來排名，“力”又要分成“萬人敵”和“苦力活”兩類。陶狐就是屬於後面那一類，所以排到最後去了。

這樣的論功排名方式，即使按照現在的眼光來看，都是很能服人的。

按照這樣的標準，受上等封賞的就是狐偃、趙衰那些人，受中等封賞的應該是先軫之類，受下等封賞是顛頡、魏犨這種武將。

但有一個人卻不在所有這些類別之內，因為太難定性了，以至於文公都直接忽略了他。

那就是"割股侍君"的介子推。

當初秦國軍隊護送晉文公回國，渡過黃河的時候，狐偃捧着一雙白璧，裝模作樣地跪獻給文公，說："過了這河就是晉國了，公子的功業已經完成。臣這些年鞍前馬後追隨公子，得罪公子的地方肯定很多，想必公子也煩了。臣這就離去，公子保重吧。"

文公知道他是疑心自己要殺功臣，趕忙扶起他說："舅舅說的什麼話！我怎麼敢怪罪舅舅？回到國內以後，我一定和您共用富貴，讓河伯來作證吧。"說着，文公就把白璧扔進滔滔黃河，當場與狐偃盟誓，以後必定善待他們這些功臣。

當時介子推在旁邊的船裡看到這一切，就冷笑着說："公子能夠成功是天意。子犯仗着自己的功勞向公子討要封賞，這種不要臉的人，我羞於跟他同列。"

於是他就找個機會偷偷離開了，隱居在晉國民間。

後來文公封賞群臣，有意無意地避開了介子推。也許是"割股侍君"的功勞評起來太尷尬？也許是怪罪介子推不告而別？不得而知。

但這樣的做法眾人不服。

據說介子推的一個鄰居為他抱不平，半夜寫了一首詩掛到城門上。詩中暗諷文公卸磨殺驢，忘了介子推的功勞。這件事情開始在人們中間悄悄流傳。

文公也感到這樣下去臉上掛不住，就命人去把介子推找來，要按照功臣的標準封賞他。

但介子推早已經躲起來了，怎麼都找不到。

他是一個特別清高的人，有一種極度的精神潔癖，像上古隱士許由、巢父那樣，又好比梁山泊的魯智深 ——"俺的直裰染做皂了，洗殺怎得乾淨？"他追隨文公只是為了理想，而不是為了功名，所以文公越要封賞他，他就越要躲起來。

"不要跟我談錢，談錢就俗了。"

文公動用國家力量，找了很久才知道，介子推帶着自己的老母親躲進了綿山裡面。

文公帶着大隊人馬去綿山找介子推。但那綿山綿延數十里，一眼望不到頭，哪裡有半個人影？而且介子推也會躲着走。這樣下去，一年半載都未必找得到。

一連找了很多天都沒結果，下人們急了，跟文公出主意："放火燒山！"這樣總能把介子推逼出來！

文公也挺着急。他剛登基，有一堆事情要處理，不能一直耗在這裡，於是就同意了燒山的建議。

下人們在山上三面放火，留一面作出口，留人專門在這裡等着介子推，心想他就算為了自己的老母親也要出來。

誰知還是沒等到。

烈焰熏天，大火燒了三天三夜才停，把一座綿山燒得焦黑。眾人再去山上找，這才發現介子推跟母親相擁在一棵柳樹下，都已經被燒死了。

他真的死也不受封賞！

在這種人心裡沒有什麼比"氣節"更重要。要他讓步？不可能的！整個國家都拗不過他。

文公大悔，但已經遲了。他只得把介子推母子厚葬，把綿山改名叫介山，"以此記錄自己的過錯"，又帶回一截燒焦的柳木，做成木屐放到身邊，日日懷念。

介子推的人格非常完美地符合儒家"節烈"的要求，這種極端的精神潔癖完全達到聖人的水平，令人只能仰視。

所以介子推在後世被推崇到了異乎尋常的高度，歷朝歷代不斷地褒獎他。老百姓為紀念他，甚至發明了"寒食"這個節日。歷史上除了他，也就只有屈原有這個待遇了。

介子推代表着人類道德的制高點，另一類人則代表着人類道德的下限。

文公大賞群臣，引出許多"妖魔鬼怪"，稍微沾點邊的人都跳出來求封賞，其中就包括當初偷錢逃跑的頭須。

這傢伙當年害得文公他們差點被餓死在衛國，現在文公不去找他算賬，他自己倒跑過來了。

他來求見文公。下人報進去時，文公正在洗頭。文公一聽說頭須的名字，氣得差點拿刀砍人："這個豎子還敢來見我？叫他滾！"

下人出去攆他，頭須卻厚着臉皮說："主公正在洗頭吧？洗頭的時候俯着身子，心臟就是倒過來的，那麼說出來的話也就是顛倒的。所以主公說不見我，其實是要見我。而且我雖然沒有跟着主公一起去流亡，但我留在國內替主公守護錢財，也是有功勞的呀！為什麼要怪罪我？"

下人把這些話報進去，文公不但怒氣消了，還讓他們把頭須放進來接見了他，而且賞賜肯定也是少不了的。

文公當然不會因為頭須這一番胡說八道的言論就原諒他，這樣做肯定是有原因的，其實就是為了樹一個標杆，向國人表明：連把我害得那麼慘的人我都原諒了，所以你們大可放心，對任何人我都不會打擊報復。

這跟當初的晉惠公父子剛好相反 —— 惠公一上臺馬上展開政治清洗，殺了里克，又株連一大批人；懷公提出最後期限，要流亡者的家屬把自家的人召回來，不然就殺他們全家。

文公的做法則讓國內的反對者們全都鬆了一口氣，包括呂、郤的餘黨，都放下心來。朝廷裡各幫派的對立情緒因此漸漸消除了，晉國政壇開始整合起來。這都是靠文公過人的政治智慧。

當年夏天，文公派人去齊國、翟國、秦國分別把齊姜、季隗、懷嬴接來晉國。

夫妻團聚，三位夫人的位次該怎麼排呢？

季隗是原配；懷嬴有秦國這座大靠山；齊姜用計把文公趕上路，成全了他的功業。

依然是以"德"為先：齊姜有德，所以排第一；季隗苦守多年，堪比後世的王寶釧，所以排第二；懷嬴雖然是秦穆公的人，但也只能排最後。

這樣的排名，再一次顯露出文公對"政治正確"的把握能力，後宮無人不服。

送齊姜到晉國的是齊孝公。但這時的齊國早已不是當年的霸主了……

第十章

宋襄公偽霸

六公子爭位

齊國的事情說來話長，早在重耳到齊國的那年冬天，齊桓公病重，國內就已經出現了變故。

桓公有三個正室夫人，她們都沒有兒子。桓公另外有很多小妾是有兒子的，主要是以下六個（左邊是妾室的名字，右邊是她們所生的兒子）：

長衛姬 —— 公子無詭（又名無虧、武孟）；

鄭姬 —— 齊孝公（公子昭）；

葛嬴 —— 齊昭公（公子潘）；

密姬 —— 齊懿公（公子商人）；

少衛姬 —— 齊惠公（公子元）；

宋華子 —— 公子雍。

按照傳統，國君繼承人的確立標準是"有嫡立嫡，無嫡立長"。但實際上沒那麼簡單。如果有嫡子的話還好說，沒有嫡子只有一堆庶子的話，爭起來就很麻煩了。沒人管你"長"不"長"，先爭了再說。尤其是在春秋時期，繼承人制度本來就還不嚴格的時候。

齊國這裡就出現了最麻煩的情況。

桓公是個很會享受生活的人，妻子、兒子都很多，而且他又特別"博愛"，身邊的女人都擁有差不多的地位，所以兒子們的地位也就差不多。特別是以上六個，是角逐君位最激烈的六個人。

這個問題桓公和管仲當然早就考慮到了，所以他們早早立了太子，就是公子昭，並且桓公還在葵丘之盟上囑咐宋襄公幫忙照看這個太子。

但公子昭的地位並不比其他五人高太多，跟他們年齡差距也不大。其餘五人心裡都暗暗不服。

桓公晚年特別昏庸，整天跟易牙、豎刁他們幾個奸臣鬼混，不理朝政。到最後，他甚至跟朝臣和公子們都隔離開來了，大家要見他一次都不容易。

這是非常危險的，相當於幾個奸臣把桓公軟禁在宮裡，讓桓公失去了對政權的掌控。

權力真空一旦顯露出來，就會有各種力量試圖去填補，各路牛鬼蛇神都躥了出來，想去分食桓公丟掉的權力。

　　齊國政壇迅速分裂，五個公子各自帶領自己的支持者，想把繼承人的位置搶到手。

　　易牙、開方、豎刁三個奸臣也知道，要繼續保持榮華富貴必須搶一個"擁立"之功。如果太子順利即位的話，他們就沒有什麼功勞可言，所以他們支持公子無詭，拼命要把公子無詭扶上君位。

　　桓公就是他們手上的一張牌。他們把桓公牢牢地控制在手裡，禁止他跟朝臣們見面——只有遺詔傳遞不出去，才方便他們假傳君命。

　　為了阻止朝臣們衝進去，三個奸臣最後直接把王宮的門給堵住，在周圍築起高牆，把已經半死不活的桓公困在裡面。至於桓公是死是活無所謂，早死一點更好，免得夜長夢多。

　　這時外面已經打成一團了，雞飛狗跳，人人都在忙着爭權，根本不知道宮裡的情況，也沒人去關注。

　　病危中的桓公一個人被關在裡面，水都沒得喝，屎尿都沒人端。屋裡污穢成堆，臭氣熏天。一代雄主在糞堆中迎來了人生的最後階段。

　　有一天，一個無人注意的年輕女子拼死翻牆進去，來到桓公的臥榻前。她叫晏蛾兒，是地位最低的侍女，平時從來不受桓公重視。

　　桓公朦朦朧朧中聽到有人過來，竟然剎那間清醒了。他使出最後的力氣，顫顫巍巍地問晏蛾兒："有沒有吃的？"

　　晏蛾兒搖頭說沒有。

　　桓公問外面怎麼了，怎麼沒人來。

　　晏蛾兒說："易牙、豎刁他們把宮門都堵死了，誰也進不來——我都是翻牆進來的。"

　　桓公淚如雨下，長歎一聲說："仲父（管仲）確實有先見之明呀，我當初怎麼不聽他的？如果人死後有知，我有什麼臉面去見仲父？"說完，用衣袖蒙着臉，在悔恨中離開了人世。

　　晏蛾兒不哭不悲，對桓公拜了幾拜，去外面找來一塊破木板蓋在桓公身上，然後一頭撞到柱子上，以死殉了桓公。

　　外面依然沸反盈天，沒人知道桓公已經過世了。冬天屍體腐爛得慢，一直過了六十七天以後，屍臭彌漫，屍蟲爬滿了寢宮，甚至爬到外面了，大家才覺察到異常。

眾人暫時停止打鬥，合力砸開宮門，終於看到了裡面的慘狀。

這時公子昭已經逃出了齊國，眾人只好先支持公子無詭。當年年底，在三個奸臣的主持下，公子無詭即位。然後由公子無詭帶領，眾人為桓公和晏蛾兒舉行了入殮儀式。

但三個奸臣的名聲實在是太爛了，齊國根本就沒人支持他們，所以也就沒人支持公子無詭。

公子昭本來是桓公指定的繼承人，這時被迫逃到了宋國。宋襄公是個有大志向的人，一直夢想繼承齊桓公的盟主之位，有這樣的立功機會當然不放過。

所以三個月之後，宋襄公向國際社會發出號召，要求大家共同發兵攻打齊國，擁立公子昭。

但國際上沒什麼人理他，等了很久，只有衛、曹、邾三個小國派了一些零零散散的部隊過來，四國勉強湊出一支雜牌軍開往齊國。

他們這支軍隊的實力根本就不強，齊國要硬擋的話完全不成問題。但一來齊國多數人本來就支持公子昭，二來早已經人心惶惶，一聽到宋國打過來都嚇到了。

齊國內部立即發生變亂，公子昭一派的人出手，將豎刁和公子無詭殺掉。易牙逃到了魯國，奸臣的餘黨如鳥獸散。公子昭成功回到了齊國。公子無詭登基不過三個月，連諡號都沒有留下。

動亂還沒結束。宋國的軍隊剛走，另外四個公子的支持者就聯合狄人一起進攻公子昭，又把他趕回了宋國。宋襄公只好帶領國際聯軍再跟四個公子的軍隊打一仗，最後還是宋襄公這邊獲勝，四公子餘黨被殺退。

宋襄公把公子昭扶上齊國君位，是為齊孝公。

當年八月，齊桓公終於得以安葬了。

但齊國的霸權至此終結，永不復興。

齊桓公為自己晚年的昏庸付出了該有的代價：不僅自己沒能得善終，幾個兒子也互相廝殺，他一生建立的功業也隨風飄散了。

齊國沒有人繼承他的霸業，不代表天下沒人繼承。實際上，從齊桓公晚年開始，就不斷有人覬覦霸主寶座，想繼承他的這份“遺產”。

“稱霸”這個概念一旦由齊桓公發明出來，就不再屬於他了，天下人都可以學習這一套。這其實是齊桓公為後世做出的最大貢獻。

在所有模仿者裡面，最着急也最有實力的是宋襄公。

這次擁立齊孝公，是宋襄公取得最大的一場勝利，夠他誇耀一輩子了。從此他就開始飄飄然，沉浸在稱霸天下的美夢中，然後在歷史上留下了一系列笑話……

宋襄公的霸主夢

當初周天子總共封了五個公爵，分別是：宋、虞、虢（西虢國）、州、周（這是叫周國的諸侯國，不是指周朝）。

到宋襄公的時候，這五個國家只剩下宋國和周國還頑強地活着。而周國是周王室的卿士，基本不參與諸侯事務。所以宋國是所有諸侯裡面爵位最高的。

宋國這個國家一直就是"小國也有大夢想"，總覺得自己是天選之人，不屑於跟其他俗人一般見識。

所以他們往往無視自己極端糟糕的地緣條件，無視自己夾縫中受氣的小國身份，總按照大國的方式來做事。

而且他們也保留了很多上古時期樸素的道德觀，儘管這些道德觀早已經不符合春秋這個時代的需要了。

所有的這一切，在宋襄公身上發展到了一個極端，他做出過不少讓人哭笑不得的事。

宋襄公的父親是宋桓公 —— 也就是前面提到過的公子御說，他母親則是宣姜和衛昭伯的女兒。

宋桓公是很有作為的君王，在執政的三十年裡，他對國際事務一直抱着積極參與的態度。他執政期間正好是齊桓公稱霸的時候，宋桓公一開始還不太服齊桓公，背叛了北杏之盟，因此被齊桓公教訓了一頓。從那以後他就緊密追隨齊桓公，竭盡全力地參與齊桓公的霸主事業。

有一點很特別 —— 宋國是除了齊國以外，唯一一個參加了齊桓公的所有盟會的國家！

這說明他們的政治立場非常明確，而且國內形勢也比較穩定。一句話：靠得住！

所以齊桓公對宋國的信任度相當高，委之以重任。在齊桓公稱霸的這些年，宋國也跟着沾光，風光無限，儼然是老大的馬前卒。

公元前652年，宋桓公病重，把嫡長子茲甫——也就是後來的宋襄公叫到床前，要讓他繼承君位。

茲甫卻搖頭說："目夷才是長子，而且很仁義，父親還是立他吧。"

目夷是茲甫的哥哥，卻是庶出，按理是沒資格繼承君位的。

宋桓公就把目夷找來，要傳位給他。

目夷也謙讓道："茲甫能把整個國家讓給別人，還有比這更大的仁義嗎？還是立他為君吧！"說着就退出去了。

這是整個春秋時代特別奇特的一幕，在別的國家的公子們為爭位殺得你死我活的時候，宋國卻出現了兄弟互相謙讓的情景，可見作為商朝後裔的宋國確實保留了很多上古時代樸素的禮儀。

最後宋桓公還是把君位傳給了茲甫，是為宋襄公。

宋襄公也投桃報李，繼位以後就把目夷封為國相，讓他幫助自己治理國家。兄弟二人相處得十分融洽。

可以說在宋國的內政方面，宋襄公做得還是不錯的。宋國百姓的日子也過得挺好，因此也挺支持他。

隨後就是齊桓公召集的葵丘會盟。宋國是齊桓公最親密的盟友，國力也比較強，所以齊桓公把公子昭託付給了宋襄公，以便將來有什麼變故，宋襄公可以幫助照應一下。

齊桓公的眼光是很不錯的，宋襄公的確是很靠得住的人。他後來果然沒有辜負齊桓公的囑託，幫助齊國平定了內亂。

到這時為止，宋襄公都以英明神武的形象矗立在國際上，但這之後他就開始走偏了。

作為齊國最忠實的夥伴、葵丘之盟的二號人物、齊桓公託孤之人，又有平定齊國內亂的功勞，齊桓公的霸主地位除了我還有誰該繼承呢？宋襄公這樣想。

所以從那以後他就覺得自己已經是霸主了，並且按照霸主的方式來做事。他完全抄襲齊桓公的稱霸之路，第一件事就是要召開大會，推舉盟主。

公元前641年，宋國做東，邀請各國諸侯到曹南會盟。

不過宋襄公自己也知道，宋國的國力確實不夠，要一步登天地召集天下諸侯來會盟，連他自己心裡也沒底。

所以這次會盟只請了滕、曹、邾、鄫這四個小國，他們都是宋國旁邊芝麻綠豆大的國家。這些國家好歹是會給宋國面子的吧？

結果卻尷尬了。

請帖發出去以後，滕國根本就不理。宋襄公認為霸主總得有點威風，就派人把可憐的滕宣公抓來關在宋國。

到了會盟的時候，只有曹、邾兩國國君好好聽話。鄫國國君可能是遲到了或者態度不好，總之又惹翻了宋襄公，宋襄公又把他也抓了起來。

會盟儀式當天，宋襄公看着下面稀稀落落的人群，跟曹、邾兩個國君大眼瞪小眼，心裡很不是滋味。

"要做霸主，沒有威信怎麼服人？當年齊桓公都要討伐不服管的人。"宋襄公這樣想，"所以必須拿不聽話的刺頭開刀。"鄫國國君正好撞到刀口上了。宋襄公一拍腦袋，就想出一個聞所未聞的處罰方案——

宋國保留着商朝用活人祭祀的陋習，宋襄公不知道怎麼就想到了祖先留下的這種"光榮傳統"。他命令邾文公把鄫子抓起來，押到睢水邊的廟裡去殺了做祭品。據他說這樣可以鎮住東夷。

消息一出，國際社會一片譁然。

這次會盟以殺一個國君、抓一個國君的場面結束，鬧成了一個大笑話。

如果說之前，中原各國對於宋國繼任盟主之位還持保留意見的話，這之後，大家心裡恐怕已經在犯嘀咕了。

事情還沒完。會盟過後沒多久，曹國也反水了，也不再聽宋襄公的指揮。所以宋襄公再度展示霸主的威嚴，派軍隊包圍曹國，要曹君為叛盟的事情道歉。

至此，"三國同盟"名存實亡。

宋襄公這一系列的行動都遭到目夷的反對。目夷是很有眼光的人，提出了不少中肯的意見，但宋襄公不聽。宋襄公堅信自己正走在正確的道路上："當年齊桓公不就是這樣做的嗎？我照着齊桓公的樣子做，肯定沒錯。"

旁邊的陳國表示看不下去。那一年晚些時候，陳穆公牽頭，陳、蔡、楚、鄭、魯五國到齊國召開了一次會盟，號稱要重新建立齊桓公的同盟──你宋襄公不是自稱是齊桓公的繼承人嗎？現在我們都到齊桓公的兒子那邊去開會，我們大家都擁護他，你還有什麼話說？

宋襄公大驚失色：“我的霸主地位要受威脅了嗎？”只好暫時放過曹國，縮回家裡去，先“韜光養晦”幾年再說。

但他稱霸的決心是堅定的，絕不會因為這一點小小的挫折就退縮。

兩年後，公元前639年，宋襄公覺得時機已經成熟，決定再次召開盟會。這次要開個大的，要把齊、楚兩個大國都請來，讓他們親自承認自己的霸主地位！

這次盟會在鹿地召開，齊孝公和楚成王果然都來了。旌幟蔽天，場面看起來頗為壯觀。

齊孝公是因為宋襄公有擁立之功，不好掃他的面子才來的。而楚成王是想來看看：“這個鄉巴佬在搞什麼鬼。”所以兩人來這邊根本不是要推舉什麼盟主的。

這次會盟比上次更尷尬。

宋襄公一切都沿用當年齊桓公的制度，自己位居諸侯中央，儼然以盟主帶小弟的方式招待齊楚兩國國君。

兩個國君只是冷笑，根本不甩他。旁邊的小國們看到這情形也就放鬆下來，只在一邊看熱鬧。

宋襄公還要努力做出“盟主”的姿態，喬模喬樣，做張做致：“這個……這如何使得？孤王何德何能可以坐這盟主之位？”

大家都只是冷笑，不接他的話。

“既然各位同儕如此抬愛，孤王只好勉為其難了。”

從頭到尾都在冷場，只有他一個人在表演。

終於撐到了終場時間，宋襄公覺得還不滿足。所有國家裡面以楚國最大，所以必須首先把楚成王這個最大的“小弟”拉攏住才行。

“承蒙賢弟抬舉，愚兄略備水酒一杯，與賢弟再小酌一番如何？”散場之後，宋襄公拉住楚成王不放，最後跟楚成王約定，這一年晚些時候兩國再舉行一次會盟，以表示他這個“大哥”對楚國的特別重視。

齊孝公被撂在一邊無人理睬，臉都綠了。他下臺以後就立刻帶上自己人趕回了齊國。

宋襄公始終沒有搞明白，當年齊桓公召開盟會為什麼不請比自己實力強大的國家。

他也不明白，齊桓公為什麼要費那麼多心力請到周天子的公開支持。

他處處模仿齊桓公，卻落得個畫虎不成反類犬的下場，成了國際社會的笑料。

但政治這東西可不是笑笑那麼簡單，嘲笑聲背後暗藏的殺機才是真正可怕的……

"以德服人"的霸主

楚成王回去以後就捧腹大笑："這老小子有意思！寡人下次再去逗逗他，哈哈哈……"

宋襄公其實有一條很清晰的思路：齊桓公稱霸的一個主要原因是他能帶領諸侯們擋住楚國北侵的步伐，現在宋國要稱霸，也得走這條路線，也就是要先搞定楚國這個硬茬。

但肯定不能跟楚國硬拼。

當年齊桓公是怎麼做的呢？齊桓公帶領軍隊去楚國轉一圈，訂一個召陵之盟就回來了。這就叫"以打促談，以談代打"。

所以宋國現在跟楚國還是要以談判為主。如果能跟楚王談好一個協議，讓楚國不再咄咄逼人地向北侵略，那麼自己稱霸這事就成了一大半了。

而且他這樣做是在替中原各國出頭，各國應該會很配合才對，這樣不知不覺就把大家給團結起來了。

這個思路不能說不對，但關鍵是宋國根本沒有足夠的國力去執行這個計劃。沒有武力做後盾去跟人談判，在人眼裡就是一個小丑。宋襄公不明白這一點，硬要把這個計劃推行下去，結果就是又一次讓天下人看笑話了。

公元前 639 年秋天，宋襄公以中原盟主的身份邀請楚國會盟，同時還邀請了陳、蔡、鄭、許、曹等幾個中原小國，約定在盂地召開盟主大會。

宋襄公覺得中原這麼多國家聯合起來向楚國施壓，肯定可以迫使楚國簽訂盟約，沒什麼好怕的。他要繼續學習齊桓公的做法——桓公當年不是開了什麼"衣裳之會"嗎？只帶文官，不帶兵車與會，因此還得到天下人廣泛的稱讚，都說桓公仁義。所以現在他也不帶軍隊過去，也要向天下展示他的"仁義"。

手下幾個大臣都堅決反對，說你這樣去太危險了。楚王是什麼人？能不防着嗎？但宋襄公堅決不聽。"仁者無敵"，怕什麼？

楚國那邊，成王聽說宋襄公約了一幫小弟一起找他談判，就惡狠狠地說："這個老匹夫！是你自己叫我去的，看我怎麼收拾你！"

大會召開那天，成王帶着大隊甲兵雄赳赳地開了過來，刀光掩映。中原各國君主都只帶着文官，一看這陣勢，個個嚇得面無人色。

而且齊孝公因為上次的盟會心裡不舒服，這次找藉口沒來。最有實力的國家都不在，中原諸侯們就更沒底氣了。

宋襄公仍然沉浸在自己的"霸主"夢裡面，盛裝打扮，以盟主的身份忙裡忙外地招待各國君王。對於中原諸侯們緊張的表情他也沒注意到。

楚成王這次是有備而來，就不像上次那麼規矩了。他帶着一大群護衛直來直去，在人群中叉着腰大說大笑，不一會兒就跟諸侯們打成一片，把宋襄公晾在了一邊。

到了吉時，諸侯們依次登臺，陳牲歃血，準備推舉盟主。宋襄公發覺周圍闃然無聲："難道不該是他們一起推舉我嗎？"他回頭一望，發現諸侯們一個個神情漠然，絲毫沒有要開口的意思。

宋襄公只好自己開口，先是文縐縐地扯了一堆套話，然後終於說到重點："今日群賢畢集，寡人欲承先伯主齊桓公之業，邀諸君共襄盛舉，同禱天下太平，不知諸位意下如何？"

大家都不敢答話，只拿眼睛望着楚成王。

成王冷冷地說："不用說那麼多廢話，先推個盟主出來，你們覺得誰合適？"說着往周圍一掃，幾個國君紛紛低下了頭。

宋襄公只好悻悻地說："推舉盟主要以德為先，大家應該找個德高望重的人來當盟主。"

成王哈哈大笑，隨手拉了一個小國諸侯過來："來來來，老弟說說，這裡誰最受大家尊重？"

小國國君趕忙彎下腰，恭恭敬敬地說："當然以大王為尊。"

成王笑得合不攏嘴："不錯，不錯，就這麼定了。既然大家都推舉孤王，孤王也就不謙讓了。"說着就站到正中間，攔在宋襄公面前。

宋襄公氣得面紅耳赤，指着楚成王："你，你，焉敢如此……"

楚成王一拍手掌："來人。"四周的楚國軍士把衣裳一抖，紛紛亮出兵刃，一把把明晃晃的刀劍逼住了中原各國的隨從們。

臺下一片譁然，但沒人敢動，各國諸侯更是大氣也不敢出。

宋襄公氣得渾身發抖，還想理論，被人一把拽翻，按在地上，拿繩子綁了，嘴裡塞塊布，讓人抬了下去。

楚成王把宋襄公裝在車裡，叫人押送着，跟着楚國軍隊，一點都不耽擱，直接殺奔宋國。

諸侯們面面相覷，都不敢說什麼，就這樣散了吧。

宋國國內聽說了盟會的情況，頓時沸騰了，男女老幼亂成一鍋粥。目夷率領宋人，舉國動員，城門紛紛關閉，準備抗楚。

他們剛剛準備好，楚國軍隊就殺到了，並包圍了宋國都城。

還好這次楚帶的兵馬不多，雖然看着聲勢很壯，要打下宋國還是不夠。所以他們在宋國城下對峙了幾個月就回去了，把宋襄公也帶了回去。

宋國人投鼠忌器，也不敢去追。

宋襄公精心籌劃的盂地會盟就以這樣鬧哄哄的方式收場了，只留下一地雞毛。

最後還是魯僖公出面，親自去找楚成王說情。楚國把宋襄公關了幾個月就放回去了。

但宋襄公經過這次挫折以後威信已經蕩然無存，所謂的"霸業"就這樣煙消雲散，再也沒人把他當回事。

楚國通過這次劫盟試出了中原各國的實力。事實證明：齊桓公之後的中原各國已經完全無法阻擋楚國的侵略，缺少盟主的中原大地，將是楚國勇士們任意馳騁的跑馬場。

泓水之戰

宋襄公被放回來以後休息了幾個月，心裡總是不服，翻來覆去地想"盟主"的事——這究竟是怎麼回事呢？我不是"仁者無敵"嗎？對了，都怪熊惲那個臭流氓不講規矩，趁我不注意才把我抓住。意外！絕對是意外！

他不死心，覺得自己肯定沒錯，一定要再試一次。

直接挑釁楚國肯定是不行的，得找其他地方下手：讓楚國來打我，這樣我就是仁義的一方，是絕對不會輸的。

休息夠了之後，宋襄公又一次跳起來。按照傳統，宋國人心裡不高興的時候就要去打鄭國。正好鄭文公前不久去朝覲楚國，算是背叛了中原的兄弟們，打他名正言順，所以這次宋襄公就拿鄭國開刀。

公元前 638 年，宋襄公以中原盟主的名義，帶上幾個小國去攻打鄭國，包圍了鄭國的城池。鄭國趕緊向楚國求援。

楚成王聽說了這件事，一通咆哮："這老小子還敢來！"不多說什麼，帶上軍隊直接殺奔宋國。

宋國聽說把楚國引來了，也就撤掉對鄭國的包圍，回防本土。最後宋楚兩國軍隊在宋國邊境的泓水邊相遇。

按照實力來說，肯定是楚國佔優。不過楚國千里迢迢奔襲過來，又是進攻的一方；而宋國就在自家門口，守住就可以，所以宋國有天時地利的優勢。

兩支軍隊分別駐紮在河兩岸。楚國來得遲了一步，宋國這邊已經列好陣勢了他們才到，所以他們只好在宋軍的眼皮底下渡河。

有手下人向宋襄公建議"擊其半渡"，就是說趁着楚軍渡河渡了一半的時候攻擊他們。這是兵法上常用的招數。

但宋襄公不同意："君子不乘人之危，我們是仁義之師，怎麼能做這麼卑鄙的事呢？"

於是所有宋國士兵站得整整齊齊地看着楚軍渡河。

等渡完河以後，楚軍陣列散亂，還沒排佈好，下人又建議可以趁這個機會出擊。

宋襄公還是不同意："要打就堂堂正正地打，我們是仁義之師，不玩陰的。"

等到楚軍全部排列好陣勢以後，宋襄公終於下令："現在可以出擊了。"

可惜這時宋國天時地利的優勢都已經不存在了。軍士們等了這麼久，士氣也已經衰竭，如何拼得過士氣正盛的楚軍？因此宋襄全線崩潰。

這場戰爭，宋國大敗。宋軍自相踐踏，死傷無數。宋襄公身邊的衛兵們尤其死傷慘重，這些人基本都是貴族子弟，宋國朝臣們因此怨聲載道。

宋襄公自己大腿上也中了一箭，勉強被人救回去，躺在宮裡養傷。

都這樣了宋襄公還是不悔悟，一直念叨："古人云：'君子不困人於厄，不鼓不成列。' 我按照古人說的做，怎麼會錯呢？"

宋襄公也知道自己肯定不可能打贏楚國了，抗擊楚國的任務只能留給真正的青年才俊。正好這時候晉國公子重耳路過宋國，宋襄公命人熱情招待他，又送給他二十乘馬車，希望他以後好好帶領中原國家，擋住楚國的侵略。

不久，宋襄公傷口感染，不治身亡。

他一生堅持"仁義"，可是根本沒有理解什麼才是真正的仁義。仁義的本質，是要做對民眾有利的事情。

作為三軍統帥，上了戰場，就要對自己手下的軍士負責，想盡辦法保證戰爭的勝利才是最重要的。像宋襄公這樣，因為自己的錯誤導致戰爭失敗，手下的將士死的死、傷的傷，對他們的仁義在哪裡呢？

再進一步，宋國因此被打到了二流國家的行列，無數人辛辛苦苦建設國家的成果付之東流，對他們的仁義又在哪裡呢？

不過也有人有不同的看法。

在不少人看來，宋襄公的"仁義"是遵循了已經消失的古老傳統，是真正的上古遺風。儘管這些風俗不符合春秋戰國這個時代的情況，但也不該完全否認他善良的本質。宋襄公雖然缺少一個霸主需要的大部分條件，但卻符合其中最重要的一條標準——"仁義"。所以主流歷史觀把宋襄公也列為"春秋五霸"之一，跟齊桓公並列。

我們嘲笑宋襄公，是為了警示後人；我們把宋襄公稱為霸主，是為了鼓勵善良。

再看另一邊，作為跟宋襄公對立的一方，楚成王清清楚楚地展示了一個不仁不義又特別有才幹的君王是怎樣的。

打敗宋國以後，鄭文公為了表示感謝，專門犒勞楚軍，卑躬屈膝地侍奉楚國。宴席上堆山填海，極盡奢華。他甚至讓自己的兩位夫人出來招待楚成王。

楚成王得意非凡，在鄭國大吃大喝，大肆享受了一番，臨走還帶走了鄭文公的兩個姬妾。

楚成王的這些做法讓天下人很看不慣，大家都說他實際上就是個黑道大哥，因此他不管多麼成功，後世評選"霸主"的時候都絕對沒有他的名字。

經過宋襄公這幾年的折騰，中原各國們已經徹底被楚國壓制，再也沒有能力抵抗楚國的侵略。楚國也加緊了對中原的控制，勢力範圍甚至一度推進到黃河以北。

天下似乎都要開始侍奉楚王了。

但周朝天命不該絕。在這時候，一位絕世奇才橫空出世，擋住了楚國北上的腳步，又一次挽救了中原各國。

王子帶之亂

晉文公上臺之後，還沒把國內亂糟糟的事務處理完畢，就聽說周王室那邊又出大事了。

周王室平時沒什麼消息，一出事就是大新聞。這次又是兩兄弟鬧矛盾，又是叛軍把周王趕下臺，諸侯們又得去勤王了。

這次的劇情跟當年的王子頹之亂差不多，不過主角從周惠王換成了他的兒子周襄王。鬧事的是周襄王的弟弟王子帶，也稱叔帶。

王子帶從小就受父親寵愛，當初周惠王本來想廢掉太子，改立他為繼承人的，被齊桓公他們給強行擋了回去。

齊桓公他們認為廢長立幼造成的教訓太深刻了，所以堅決要求保住王子鄭的太子之位。

周惠王最終沒能拗過這些諸侯們。公元前 651 年，王子鄭在各路諸侯的鼎力支持下登上王位，這就是周襄王。

但襄王性格懦弱，根本鎮不住弟弟叔帶。而且當時周王室地位衰落，沒有什麼軍事實力，這就給了叔帶作亂的機會。

前面說過，當時周朝的情況是"南夷與北狄交，中國不絕若線"，在周人的城邑之外有大量的戎狄雜居。

當周朝各國互相混戰的時候，這些戎狄也在同步發展，他們一有機會就向周朝境內滲透，搶佔土地。例如韓原之戰晉國被秦國打敗以後，狄人立即搶佔了晉國北部的土地。

而他們最大的成功是消滅了衛國和邢國，並且佔據了兩國原有的土地，直逼中原核心地區。

所以周王朝無時無刻不在戎狄的威脅之下。

戎狄也有自己的謀略。他們常常利用各諸侯國內部的矛盾，支持其中一方去打擊另一方，以此來削弱周朝各國的力量。例如齊桓公死後，狄人就支持齊桓公的四位公子去打齊孝公；衛國跟邢國相互攻伐，背後也是狄人在挑唆。

另一方面，周人對戎狄也採取又拉又打的政策。周王室、晉王室都跟戎狄聯姻以鞏固自己的地位，晉文公重耳的母親就是白狄，各諸侯國內部的政治勢力也紛紛利用戎狄來打擊競爭對手。

公元前 649 年，襄王登基僅僅兩年之後，周王畿四周的戎狄 —— 總共是揚、拒、泉、皋、伊、洛幾處 —— 發起突然襲擊，衝進洛邑，燒毀城門，大肆劫掠。周王室損失慘重。

隨後秦穆公和晉惠公聯手救援周王（當時晉惠公登基不久，還沒有爆發韓原之戰），在當年晚些時候趕走了戎人，洛邑重新平定。

但周襄王隨後就發覺一切都是叔帶在搞鬼，是他做內應把戎人招來的。所以叔帶是既犯上又叛國。第二年，怒不可遏的襄王發兵攻打叔帶。叔帶被打敗，只得逃到齊桓公那裡去躲避。

那時候的桓公已經老糊塗了，居然收留了這個叛國賊，給了他喘息的機會。

一年後，桓公派仲孫湫去試探周襄王的口風，看他原諒叔帶了沒有。仲孫湫根本沒問襄王，回來以後就欺騙桓公說："襄王暴跳如雷，估計十年內都不會原諒叔帶。"

桓公相信了他的話，只好一直把叔帶留在齊國。

真的過了十年，到了公元前 638 年的時候，齊國已經是孝公的時代了，周王室那邊才傳來消息：襄王已經原諒了叔帶，想召他回去。於是齊國就把叔帶送回了周王那邊。兄弟兩人和好，盡棄前嫌。

周襄王本來是希望自己做個表率，以自己家庭的和睦換來諸侯們的擁戴，事實證明他大錯特錯了。

在外流亡了十年的叔帶不僅沒有改邪歸正，反而變得更加惡劣，成了一個十足的惡棍。

叔帶回到周朝不久，就跟襄王的王后隗氏勾搭上了。隗氏是狄人的女兒 —— 叔帶似乎特別受狄人的歡迎。兩人暗通款曲，把王宮變成了淫窩。

當然叔帶這樣做很有可能是深思熟慮的，他要挑撥狄人來對付襄王。

襄王不久以後就發現了姦夫淫婦的苟且之事，大發雷霆，廢掉了隗后，又要拿叔帶問罪。

這正是叔帶想要的結果。他聯合周王朝廷裡的幾個叛徒，又告訴狄人："周王欺負你們家女兒了。"然後約上狄人一同殺進京師。

這時的周王室哪裡擋得住狄人的進攻，瞬間被打得七零八落。襄王逃到坎欲。叔帶一夥繼續追殺，在當年秋天再一次打敗襄王，把周公忌父等一干大臣全部活捉。襄王隻身逃到鄭國的南氾，關鍵時刻又是鄭國救了周王。

這時叔帶等人駐紮在溫邑。襄王在鄭國向天下諸侯求援。諸侯裡面實力最強的是秦、晉兩國，秦穆公跟晉文公都是胸懷天下的霸主級人物，聽說這事，馬上展開救援。

秦穆公動作最快，率領軍隊直接開到了黃河邊，但東邊有晉國擋着，能不能過去得看晉國的態度。

當時晉文公剛登基不久，手下的狐偃、趙衰等人敏銳地覺察到這是一次異常難得的機會，就對晉文公說：要稱霸得先尊王，趕緊派人去把秦國攔住，我們搶在前面去援助周王，這是我們以後重大的政治資本。

晉文公於是讓人到邊境勸退了秦穆公。秦國遠離中原，這是他們的地緣劣勢，沒辦法。另一邊，文公又派人賄賂東邊的戎狄部落，請他們讓開道路。文公親自帶兵，火速馳援周王室。

晉國兵分兩路，一路去鄭國接應周襄王，一路去溫邑攻打叔帶。他們很快就打敗並且活捉了叔帶，然後擁着襄王返回王畿。晉國兵鋒勢不可擋，一路掃除狄人，把狄人全部趕回了老家，並扶立襄王重新登上王位。王子帶之亂自此被平定。

王子帶之亂進一步削弱了周王室的實力，這次動亂跟之前的王子頹之亂都是周王朝衰落的標誌性事件，後人因此評價說"頹帶荏禍，實傾周祚"。

周襄王殺了叔帶這個罪魁禍首，大力封賞晉國，把陽樊、溫、攢茅、原四個城邑賜給晉文公。不過這些城邑其實多年以前就被狄人給佔了，現在晉國把狄人趕走，襄王只是送個順水人情而已。

晉國南部的疆域因此又大幅擴大，地理優勢更加巨大，徹底把秦國擋在了崤山以西。

晉文公搶到這次勤王之功，地位得到官方認可，在諸侯中的威望大大提升，他又順便壓了秦國一下，從此開始逐步攀上霸主之位。

但晉國要稱霸還差一個重要條件，就是要壓服楚國，保衛中原。

晉國雖然人才濟濟，但楚成王的才能同樣不能小看。這些年，楚國在他的治理下，東征西討，基本沒吃過敗仗，現在楚國國土面積已經遠遠超過其他諸侯國。要對付這樣一個"巨無霸"，晉文公需要深思熟慮才行，一步都不能錯。

　　到這個時候，諸侯們都知道晉楚兩國必有一戰。國際社會屏住呼吸靜靜等待，兩大霸主正面碰撞的時刻即將來臨……

齊桓公之後的中原大亂鬥

　　公元前 642 年，宋、衛、曹、邾四國聯軍幫助齊國平定了叛亂，擁立齊孝公登基。經歷了一年的動亂以後，齊國元氣大傷，齊桓公建立的霸權至此終結。

　　中原地區出現了巨大的權力真空，各種不安分的力量蠢蠢欲動，以前想做而不敢做的事情現在可以放開手幹了。

　　當年冬天，邢國首先發難，聯合狄人攻打衛國。

　　邢國和衛國前些年雙雙被狄人滅國，在齊桓公的幫助下才重新建立起國家。但不知什麼原因，兩國之間的仇恨卻似乎超過了對狄人的仇恨。

　　衛國當政的衛文公是個勵精圖治的君王。他聽說邢國來侵略的消息，在朝堂上聲稱要把君位讓出去："誰能帶領國家走出困境，我就擁護他當國君。"朝臣們在他的鼓勵下同仇敵愾，發起全國總動員，打退了邢狄聯軍的進攻。

　　既然撕破臉，後面就收不住了。第二年，衛國攻打邢國，發誓報去年的仇。

　　但邢國跟齊國世代聯姻，是極其親密的國家，尤其在邢國被狄人打敗並被迫遷到夷儀以後，實際上成了齊國的屬國。所以這時候齊國堅定地支持邢國。衛國要打下邢國可不那麼容易。

　　這時南邊的滑國也加入亂局。滑國本來是鄭國的屬國，在公元前 640 年突然倒向衛國。鄭國當然不同意，立即打進滑國的國都，滑國投降。但鄭國的軍隊剛撤回去，滑國就又一次歸順衛國。

　　那一年秋天，齊、邢、狄三方在邢國會盟，決定共同收拾衛國。隨後狄人就入侵衛國。

　　打不過他們三個，衛國就去找鄭國出氣。公元前 638 年，衛、許、滕三國在宋襄公帶領下，共同攻打鄭國。這時鄭國的後臺老闆是楚國，楚國發起報復，引發泓水之戰，宋襄公大敗。

鄭國隨後報復滑國，再一次打進滑國國都，眼看就要消滅滑國。

周襄王派人到鄭國替滑國求情。鄭國認為襄王拉偏架，直接扣壓了周朝的大臣。襄王大怒，不顧朝臣的反對，引來狄人打進鄭國。

但不久以後周王室後院起火，爆發了王子帶之亂，狄人把襄王趕出洛邑，鄭國反而又收留了襄王。

泓水之戰剛過，齊國乘人之危也去攻打宋國，理由是說他們跟楚國的盟會不邀請自己參加。宋襄公連番受氣，不久以後傷口感染而死。

另一邊，衛國跟邢國還在互攻。衛國派出大夫禮至到邢國詐降，邢國相信了禮至，安排他在朝廷裡任職。公元前635年，衛國大規模進攻邢國，在緊要關頭，禮至突然發難，裡應外合，消滅了邢國。

衛國跟邢國都是周朝姬姓諸侯國，衛國對自家親戚大開殺戒，因此擔上了消滅同宗的惡名。

東方那邊也沒閒着。這幾年魯國跟邾國一直在打來打去，最終，邾國在升陘大敗魯國。

而齊國跟魯國的積怨也爆發。魯國跟衛、莒結成三國同盟，對抗齊、邢聯盟，最終導致齊國進攻魯國。

公元前634年夏天，齊國大軍壓境。魯僖公讓大夫展喜帶着大量的酒食連夜趕到齊魯邊境，假裝說要犒勞齊軍，然後用一篇漂亮的說辭說服齊孝公，讓齊國自動退兵了。

但這其實是魯國的緩兵之計，隨後他們就去向楚國求援。當年冬天，楚、魯聯軍進攻齊國，佔領了齊國的穀邑，把齊孝公的弟弟公子雍安置到那裡，讓著名的奸臣易牙在那邊侍奉他，做出隨時要扶立公子雍回齊國的姿態，以此威脅齊孝公。

當然，楚國也很忙，除了打齊國以外，他們也在打宋國。同一時期他們跟秦、晉兩國也掐起來了，楚國的大將子玉追殺秦軍沒有追上，在班師的路上又順便打了陳國，回到楚國以後馬上又參與鎮壓夔國的叛亂，消滅了夔國。

到這時為止，中原所有主要的國家都加入了大混戰，你一拳我一腿，報仇再報仇，一直不間斷。到最後大家都不知道自己為什麼要打仗、這次在跟誰打、下次又跟誰打。因為今天的盟友明天可能就打起來了，今天打得烏煙瘴氣的對手明天也可能握手言和。

公元前 632 年前後，天下大亂，一幕幕悲喜劇在神州大地上演着。人類的自私、貪婪、殘忍、嗜殺和愚蠢在這片古老的土地上表現得淋漓盡致。

這才是真正的春秋亂世。

這一切都讓世人看到一個沒有霸主的中原會混亂成什麼樣子。

誰來收拾這個亂局呢？

四大國對決

中原諸侯們在連續十年的大混戰中漸漸分成了兩派，一派以楚國為首，有楚、鄭、衛、曹、陳、蔡、許幾個國家；另一派是齊、宋、邢，還有個牆頭草魯國。

最後，兩個龐然大物秦國和晉國也加入戰團，徹底終結了混亂局面。

泓水之戰是楚國的重大勝利，從那以後，楚國勢力深入中原。原來在齊桓公麾下的中原小國們紛紛倒向楚國，老霸主齊國被孤立，形成了楚國帶一幫小弟對抗齊國的局面。

但這些小弟們很多都是被迫的，特別是宋國。宋襄公被楚國欺負到死，泓水之戰以後被迫簽了城下之盟。宋國人表面順服，心裡卻特別恨楚國。

公元前 633 年，宋襄公的兒子宋成公繼位三年之後，眼看着晉文公治下的晉國迅速強大，就果斷撕毀跟楚國的盟約，倒向了晉國一邊。

這事楚國當然要管，所以第二年楚成王就讓手下的大將子玉去討伐宋國，楚、陳、蔡、許、鄭五國大軍包圍了宋國都城。

宋國果斷向晉國求救。

晉文公接到宋國的求援信以後有點為難。

當初晉文公流亡列國的時候，在衛國和曹國都受到冷落，在宋國卻受到宋襄公的熱情款待，因此他跟衛、曹有仇，卻欠宋國的恩情。

現在宋國來求救，晉文公不好說不答應，但他知道，一旦跟楚國杠上了，就是生死對決的大戰，大意不得。

另一方面，晉國要稱霸，楚國這道坎是必須要邁過去的，所以晉楚之間必有一戰。

文公跟手下的大臣們商議這件事。

先軫說："這一仗既可以報宋國的恩情，又可以成就霸業，應該打。"

狐偃出主意："曹、衛兩國最近都被楚國收服了，我們可以去打他們兩個，迫使楚國撤掉對宋國的包圍。"

這個方案進可攻、退可守，得到了大家的讚許。

但楚國的軍事力量實在太強，即使晉國也不敢單獨碰他。當時天下有四個大國——齊、楚、秦、晉，要是再把齊、秦拉攏到自己這邊來，三大國聯手圍毆楚國，勝算就大大增加了。

齊、秦兩國是什麼態度呢？

齊國正在楚國壓迫下艱難支撐。

不久前楚國剛剛跟魯國聯手，侵佔了齊國的穀邑，把公子雍安置在那裡，楚國的軍隊在那邊留守。

在別人的國家強行劃一塊飛地出來，扶一個反對派在那邊，這一招非常霸道，在中國歷史上還是第一次。齊國懾於楚國強大的軍事實力，竟然不敢反對，楚國撤兵以後他們也不敢去打公子雍。

現在楚國更進一步，圍困宋國，劍指齊國，磨刀霍霍，準備雙殺齊、宋。所以齊國對於楚國是又恨又怕，拉攏齊國作盟友是肯定沒問題的。

秦國那邊最近也跟楚國鬧翻了。

前年秦國曾跟晉國聯手討伐楚國手下的鄀國，那次出征可算是對楚國的試探性進攻，秦軍為主，晉軍為輔。

楚國起初沒太在意，主力部隊都沒動，只派申公鬬克（子儀）和息公屈禦寇（子邊）帶着申、息兩地的軍隊去幫鄀人防守。（楚國之前消滅了申國和息國，在他們的故土上設置申縣和息縣，守衛這兩個地方的官員就稱為申公和息公。）

鄀國的首都是商密，申、息二公駐紮的楚國析邑離商密很近，他們在這裡靜待秦軍到來。

哪知秦國這次是有備而來。他們經過析邑，先不打楚軍，而是找個人煙稀少的地方，讓士兵扮作析邑的降卒。黃昏時分，秦軍用繩子綁着"降卒"，一排排押着從商密城外走過。當天夜裡，他們包圍了商密，一大群秦兵舉着火把，在商密城外挖地埋血，把盟書放到上面，假裝跟申息二公歃血為盟。

郡人從城牆上看到這情形，朦朦朧朧的，以為是楚國跟秦國在盟誓，嚇得魂飛天外，城裡紛紛傳言："析邑已經被佔領，楚人把我們出賣了。"於是郡人不戰而降，開門迎接秦軍入城。

秦軍不費一兵一卒拿下商密，再反手去打析邑，瞬間將其攻克，活捉了申息二公，然後趁楚國大軍趕來之前火速撤退。

等楚國的援軍來的時候，秦軍已經撤走，楚軍撲了個空。

這以後，郡國遺民遷移到了上郡（商密被稱為下郡），徹底淪為楚國的附庸國。

這次突襲極其漂亮，秦國以幾乎零傷亡的代價消滅了郡國，還俘虜了兩員大將，給了楚國當頭一棒，於是秦楚兩國也走到了對抗的邊緣。

在公元前 633 年，晉國準備救援宋國的時候，有齊、秦兩大國加持，國際形勢對於他們來說還是比較有利的。

晉國的詭計

當年年底，晉國先做戰備工作，把軍隊編為上、中、下三軍，任命郤縠、狐偃、欒枝、先軫等人為將領。隨後大軍出發，當年年底首先打下了太行山以東的土地。

宋國那邊的圍困還沒解除。

第二年，宋國再派大臣到晉國告急，這卻讓晉國找到了一個機會。

晉國即將攻打曹、衛，接下來就要硬碰楚國，但怎麼讓齊、秦兩國參戰還是個問題 —— 直接找他們幫忙顯然不太好，得先點一把火才行。君臣商議這事，先軫出了一個計謀：

讓宋國使臣別來求晉國，而是帶着重金去賄賂齊、秦兩國，就說求他們幫忙去跟楚國談，要楚國放過宋國。

齊、秦去楚國說情的時候，晉國這邊就去打曹、衛，把打下的土地都送給宋國，以此來激怒楚國。楚國一怒，肯定不答應齊、秦的求情。齊、秦碰了釘子，就只好站在晉國這邊了。

於是晉文公就跟宋國使者說：“你們去求齊國和秦國幫忙吧，他們會幫你們談的。楚國那邊你們先頂住。”

宋國使者走後，情況果然像晉國預料的那樣發展：楚國當場拒絕齊、秦的請求。齊秦兩國顏面掃地，都公開表示支持晉國，從而形成了三大國圍攻楚國的局勢。

同時晉國軍隊已經開始攻打曹國。

晉、曹中間隔着衛國，晉國先向衛國借道，可能想再來個“假途滅虢”的計策。衛國沒上當，不同意。晉國只好向南渡過黃河，繞了一圈去打曹國，同時也攻打衛國。

晉軍很快獲勝，打下了衛國的五鹿，然後在衛國的土地上跟齊國會盟（這說明可能齊國也出兵參與了討伐曹衛），劍指衛國首都楚丘。

衛成公一看勢頭不好，立馬向晉國投降。晉國當然不同意，因為他們的目標本來就不是衛國。成公又想向楚國求援，但是朝廷裡的大臣們又不答應。成公左右為難，只好說：好吧，老子不幹了，誰想當國君誰來當。然後他把軍政大權交給他的弟弟叔武和大臣元咺，自己跑到襄牛躲起來。

衛成公的做法後來引起了一樁國際訴訟，我們後面會講到。

晉國把打下的衛國土地分給宋國，又把軍隊開去打曹國。

晉軍包圍曹國都城，但死傷慘重。曹國人把晉軍的屍首掛在城樓上挑釁，搞得晉軍的士氣深受打擊。晉文公很傷腦筋。

這時有人向文公建議說：“我們以牙還牙。曹國人祖先的墓地都在郊外，我們直接到他們墳墓上駐軍！”

文公覺得這個做法可行，就指揮軍隊把軍營遷到郊外的墓地上去。這招夠狠，城裡的曹國人馬上慫了，乖乖地把晉軍的屍體收好，用棺木裝着送出城去。

送屍體的隊伍來來往往，曹國城池的戒備放鬆，晉軍趁這個機會偷襲，一舉拿下了城池，曹國被滅。

當年三月初，晉軍開進曹國首都，活捉了曹共公。晉文公當場數落他的各種罪行，說他昏庸殘暴、任用奸臣等，然後命人把他押送回晉國，聽候發落。

當初曹共公偷看晉文公洗澡，現在終於被報復了。

晉文公是恩怨分明的人，當年僖負羈拼命討好他，所以他現在規定軍隊不准騷擾僖負羈的家人——當然，這說明曹國的其他貴族家庭都很慘，破財消災都算輕的。

曹、衛兩國的國土都被晉文公轉手送給宋國。楚國火冒三丈，子玉派手下大將到晉國的軍營跟他們談判。楚國使者說："你們把曹、衛的土地還給他們，我們解除對宋國的包圍，大家各退一步，好吧？"

晉文公已經把國際社會的情緒挑起來了，當然不會這樣就收手，這時他又耍了一個手腕：

他把楚國使者扣留下來，隱瞞了楚國來談判的事，然後找到曹、衛的人，跟他們說："楚國保護不了你們，你們看，到現在他們都沒來救你們，現在只要你們跟楚國斷絕關係，我就撤軍，恢復你們的國家。"

曹、衛沒辦法，只好向楚國發函斷絕關係。楚國辛辛苦苦去救他們，卻換來這個結果，三軍將士聽到這消息都炸裂了，群情激奮，無法遏止——楚國就這樣硬被逼到了戰爭邊緣。

傳奇家族若敖氏（一）

這時候楚成王年紀已經大了，雄心不再。他在後方聽說晉文公步步緊逼的消息，就派人對子玉說："重耳流亡在外十九年，受盡了苦難，對於民間疾苦有深刻瞭解，這樣的人，老天都要助他，不能跟他作對。"

這是很中肯的評價，楚成王這人的眼光是很毒的，如果照他說的做，楚國不會吃虧。

但前線的子玉聽不進去，而且就算他要聽，下面的人也未必會答應。他讓人對成王說："我不敢說一定要立功，只求堵那些閒人的嘴。"他仍然堅持要跟晉國打仗，成王也拗不過他，只好給他增派援軍，但派的軍隊數量不多。

為什麼子玉有如此大的權力，甚至可以自行發起對外戰爭呢？這就涉及楚國一個掌握軍政大權的家族 —— 若敖氏。

西周末年、春秋初期，楚國有一個非常有作為的國君 —— 楚若敖。他是開山鼻祖級別的人物，據說他"篳路藍縷，以啟山林"，帶領楚人艱難地開創基業，所以後世的楚人對他非常敬仰。他的小兒子鬬伯比就以他的謚號"若敖"為氏，即若敖氏。

鬬伯比在楚武王時期擔任令尹 —— 這是楚國最高的官職 —— 跟隨楚武王東征西討，立下了很多功勞。

從那時候起，若敖氏家族就一直把持楚國國政，尤其是帶兵打仗的任務，幾乎完全由他們主導，他們家族的興盛伴隨着楚國大規模的對外擴張。從楚武王到楚莊王的五任國君期間，楚國的十一個令尹中有八個出自若敖氏家族。

鬬伯比有個兒子叫鬬穀於菟，也叫鬬子文。他這個奇怪的名字是怎麼來的呢？這來源於他離奇的身世。

傳說當初鬬伯比跟自己舅舅的女兒私通，生下一個兒子。他的舅媽鄖國夫人知道了這件事，怪自己的女兒辱沒家門，就偷偷地把這個孩子扔到了雲夢澤的荒地上。

後來鄖國公在郊外打獵的時候，看到有老虎抱着一個嬰兒在哺乳，見到人也不躲避。那嬰兒長得非常壯實，鄖國公覺得這孩子肯定不是普通人。他回去以後跟鄖國夫人說起這件事，兩人一合計，才知道這正是自己丟失的外孫，於是又把這個嬰兒撿了回來。

鄖國公一家只好接受了自己女兒未婚生子這件事，把女兒跟外孫一起送到楚國去，跟鬬伯比團圓。

這個老虎餵養的嬰兒就是鬬穀於菟。在楚國的語言裡面，"穀"是哺乳的意思，"於菟"是指老虎，鬬穀於菟意思是老虎養大的鬬家的孩子。

鬬穀於菟（子文）長大以後也擔任令尹的職位，輔佐楚成王。那時候成王也剛上臺不久。君臣都有雄心壯志，準備幹一番事業。

當時楚國剛剛經歷了子元之亂，國庫空虛，鬬子文把自己家裡的財產拿出來資助國家渡過難關，留下了"毀家紓難"這個成語。

史書上記載他為官清廉，剛正無私，不為自己謀利益，以至於家裡十分清貧。

他每天穿着粗布衣服上朝，天還沒亮就到了，恭恭敬敬地站在朝堂上，天黑以後才回家吃飯。長年累月這樣，不知疲倦。

他家裡沒有存下哪怕一天的糧食。楚成王聽說他窮得快要吃不上飯了，每次上朝的時候就在朝堂上準備些乾糧賞賜給他。到最後這種做法都成了一種風俗。

每到楚成王要給鬭子文發俸祿的時候，他就躲開，等過了風頭他再回來。人們問他為什麼要躲，他說："作為從政者，最重要的是為老百姓謀福利。老百姓那麼貧窮，我卻獨享富貴，這樣的做法，離死不遠了。所以我不是在逃避富貴，而是在逃避死亡呀。"

楚成王和鬭子文這對勵精圖治的君臣，就這樣兢兢業業地經營着國家。在他們當政的這幾十年中，楚國四面出擊，無往而不利，擴張成為天下最大的諸侯國。

鬭子文憑藉着極為高尚的人格以及彪炳史冊的政績，贏得了後人特別高的讚譽，成為楚國歷史上偶像級的人物，連後來的孔子都對他讚不絕口。

後來他老了，準備退休，成王諮詢他誰可以接他的班，他推薦了自己的弟弟子玉。

子玉又名成得臣，是一員大將，從年輕的時候就屢立軍功。那些年楚國的對外戰爭基本都是他在主持。得到推薦以後，子玉便繼承了子文令尹的職位。

但並不是每個人都看好子玉。當時另一個掌權的家族蔿氏有個小孩叫蔿賈，年紀輕輕就很有眼光。他對人說："子玉這人志大才疏，根本沒法跟自己的哥哥比。別說讓他擔任令尹，就是讓他帶兵打仗，也最多只能讓他帶三百乘兵車。"

楚成王跟子玉也不對路，兩人常有不同看法。子玉剛愎自用，總不把成王的話當一回事。現在面對晉國的挑釁的時候，兩人的態度就剛好相反。

但這些矛盾反而進一步激起了子玉的反彈。所以他對楚成王說："我這次就是要堵那些亂說話的人的嘴。"

不過當時誰也不知道哪一方才是對的，楚成王只好派了少量兵力援助子玉，其中很大一部分是若敖氏的士兵。

三軍開赴前線，準備對壘晉軍。

退避三舍

公元前632年四月，狂怒狀態的子玉撤掉對宋國的包圍，帶領楚、鄭、許、陳、蔡組成五國聯軍，直接殺奔衛國。同時，晉、宋、齊、秦四國聯軍在那邊嚴陣以待。大戰一觸即發。

這場戰爭之前，晉國的外交戰、心理戰都已經取得了想要的效果，又經過了充分的戰爭準備。而楚國內部意見嚴重不統一，君臣之間相互掣肘。可以說，開戰前楚國就已經輸了一陣。

晉文公聽到楚軍來的消息，馬上下令"退兵"，命令全軍大幅後撤，連續後退"三舍"，也就是九十里。屬下很不理解，問："大王這是以君避臣，嚴重降低自己的身份，而且我們又不是打不過楚國，為什麼要退呢？"

狐偃向他們解釋："大王以前受過楚王的恩惠，約好的要以'退避三舍'來報答。"

晉文公說到做到，不失信於天下，這是他仁德的地方，在後世傳為美談。不過也有人認為這是晉文公誘敵深入的計策，故意示弱，麻痺對手，同時也挑對自己有利的地形來作戰。

四國聯軍一直退到城濮才安下營寨，楚國的聯軍也追到了這裡，兩軍對峙。

晉國的將領們都信心滿滿，私下對晉文公說："不要怕，這場仗打贏了我們就能得天下人心。即使輸了，晉國憑藉表裡山河的地理優勢，也可以穩穩地防守。"

子玉派人向晉文公請戰，言辭非常傲慢。晉文公卻用很謙卑的話回應他，答應第二天早上交戰，還一直念念不忘地說感謝楚成王的恩惠。

子玉聽到下人的回報以後大肆叫囂："今後再也沒有晉國了！"

實際上，晉國表面上一直表現得異常隱忍和謙遜是他們的既定策略。他們用這種方式讓楚國軍士更加的狂妄，而自己卻始終保持冷靜。

而子玉那邊壓力也特別大：國內的人都不信任他，他急需一場重大勝利來證明自己。這場戰爭，他比晉文公更輸不起。

第二天，雙方擺好陣勢。楚國這邊，中間是子玉自己的軍隊，左軍是申、息聯軍，右軍是陳、蔡聯軍，戰車總共一千兩百乘。

楚國的左右兩軍都是僕從國的雜牌軍，他們的戰鬥力和戰鬥意志都比較弱，而且相互之間配合也不默契，因此不僅幫不上忙，反而會拖累楚國的正規部隊——這其實是春秋時戰爭中各國常犯的一種錯。

反觀晉國那邊，雖然有齊、秦、宋國軍隊輔助，但在排兵佈陣的時候依然是以晉國自己的軍隊為主，晉國的上、中、下三軍分別對陣敵人的三軍。因此雖然晉國這邊軍隊總兵力只有一千乘，卻避免了被雜牌軍拖累的可能。

對面的陳、蔡兩支軍隊一向是打醬油的，所以晉軍就以他們為突破口。

胥臣帶領晉國下軍對陣陳、蔡聯軍，他們給戰馬披上虎皮，猛烈衝向敵軍。陳、蔡聯軍的戰馬看到一大群猛虎衝過來，全部受驚站立，陣勢頓時亂作一團，士兵四處逃竄——楚國右軍大潰敗。

晉國上軍那邊，狐毛立起"將"、"佐"兩面旗幟，讓人扛着兩旗後退，而欒枝用戰車拖着樹枝狂奔，塵土蔽天，造成晉軍敗退的跡象。子玉以為晉國上軍在後撤，就讓楚國左軍去追擊，致使左軍側翼暴露。先軫、郤溱帶領晉國中軍，狐毛、狐偃帶領上軍，兩路夾擊，殺得楚國左軍丟盔棄甲，狼狽逃竄。

楚國的左右兩軍都敗了，子玉怕被包圍，只好讓中軍撤回，勉強保住了這支軍隊。

楚軍退走後，晉軍攻佔了楚軍的營地，取得了城濮之戰的勝利，三天后班師回國。

這場戰爭打了不過半天時間，雙方的消耗可能都不大，楚國也沒受到多大傷害，但對國際形勢的影響卻是深遠的。

楚國北進的步伐被阻擋，從此暫停了對中原各國的侵襲，原來的從屬國紛紛投靠晉國一方。晉文公憑藉這場戰役贏得了中原各國的認可，登上霸主之位。隨後晉文公還帶着楚國的戰俘去向周王邀功，獲得周王的褒獎，重新扛起了齊桓公"尊王攘夷"的大旗。

城濮之戰是典型的春秋式的戰爭，點到即止，不以殺傷敵方人員為目的。輸的一方自覺退出國際事務的競爭；勝的一方從此贏得國際形勢的主導權。

子玉領着敗軍退回楚國，到達方城的時候，接到楚成王傳來的命令。成王對子玉說："你要是進了方城，怎麼向申縣和息縣的百姓交代呢？"子玉只好當場自盡。但成王寬恕了參戰的其他人，子玉成為了這場戰爭中唯一一個因為戰敗被賜死的將領。

　　經過這一場挫折，若敖氏在楚國的勢力受到一定打擊，令尹的職位也落到了蒍氏的手裡。從此以後，若敖氏跟楚王的矛盾漸漸浮出水面，逐漸演變為楚國內部一場劇烈的政治動盪。

踐土之盟

打敗楚國以後，晉文公已經獲得了霸主的畢業證，現在就差舉行儀式了。按照齊桓公留下的傳統，要稱霸，形式上一是要得到周天子的冊封，二是要會盟天下諸侯。晉國軍隊從城濮撤走以後，來到踐土這個地方，為周王建了一座行宮，然後向周襄王和各路諸侯發出邀請。當年五月，由晉文公主持，各國在踐土舉行晉國稱霸的正式典禮。

參與這次會盟的國家有晉、魯、齊、宋、陳、蔡、鄭、衛等，基本上囊括了除了秦、楚兩國以外，參與城濮之戰的所有國家。

晉文公本來已經有勤王之功，現在又打敗了周朝的敵人，既有威，又有德，所以這次會盟得到周王的鼎力支持 —— 甚至超過了當初周王對齊桓公的禮遇。

現場的聲勢極其浩大，周襄王親自駕臨踐土行宮。晉文公把俘虜的楚國士兵、車馬、兵器等進獻給襄王。襄王讓王子虎等大臣褒獎晉文公，賞賜大輅、弓矢、禮酒、玉器、勇士等非常豐厚的禮物給晉文公。

襄王冊封晉文公為 "侯伯"，任命他為諸侯領袖，代替天子管理諸侯，還讓人作了《文侯之命》來誇讚他的功績。（關於《文侯之命》有兩種說法，一種認為是周平王褒獎晉文侯的，一種認為是周襄王褒獎晉文公的，《史記》用的是後一種說法，而且流傳有不同的版本，文字出入較大。）以下是《文侯之命》的一部分：

王若曰：

父義和，丕顯文、武，能慎明德，昭登於上，布聞在下，維時上帝集厥命於文、武。

恤朕身、繼予一人永其在位。

晉文公禮讓三次才接受了襄王的封賞，然後又三次進去拜謝襄王。一切都嚴格按照禮儀執行，有禮有節，絲毫不亂，讓天下人都很服氣。

王子虎隨後代表襄王跟諸侯們盟誓，諸侯們共同保證服從周天子的命令，彼此和睦相處，不再相互侵犯。

這次會盟，楚國原來的小弟們全部臣服於晉國。經過了十一年的混戰之後，中原各國再次團結起來。

晉文公從此接過齊桓公的衣缽，繼任為中原霸主，而且晉國的霸業覆蓋了更多的國家，擁有更加廣泛的支持，還手握更加強大的武力，所以比齊桓公的霸主地位更有說服力。

晉文公回國登上君位不過五年，就完成了稱霸的壯舉，這是非常偉大的成就，在春秋時代堪稱第一。同時，我們也不能忘了一個人——晉獻公，是他連續幾十年的強勢擴張加上陰謀詭計，才為晉文公積攢下這份雄厚的家底。

這時的晉國對周邊小國和戎狄都佔據壓倒性的優勢，表裡山河的地理優勢，又使得他們在國際衝突中處於不敗之地，扼守崤函地區又堵住了秦國東進之路。

在國內來說，晉文公本身的個人魅力足以照耀廟堂之上。星光熠熠的晉國政壇，又完全超越了管仲、鮑叔牙的明星班底。所以晉國的強大是全方位的，無敵！

晉文公斷案

晉文公是個非常"講政治"的君王，他的一言一行都嚴格遵照"政治正確"的原則。

踐土之盟過後，晉文公回到晉國，按照城濮之戰各人的表現論功行賞。狐偃排第一，但他謙讓說："這場戰爭能勝利，靠的是先軫的計謀。"

晉文公說："當初你告誡我要守信用，所以我遵守跟楚成王'退避三舍'的約定。先軫幫我出謀劃策，我用先軫的計謀打贏了楚國，但這只是一時的利益，而你的建議才是萬世之功，一時的利害怎麼抵得過萬世之功呢？"所以他仍然堅持狐偃功勞最大。

做人比做事重要，以德為先，這是文公一貫的處事原則。

隨後對於衛國內亂的處理，更加體現出晉文公的政治頭腦。

當初晉國攻打衛國的時候，衛成公逃到襄牛躲起來，衛成公的弟弟叔武攝政，大臣元咺輔政。後來楚國戰敗，衛成公又逃到陳國去躲着。

踐土之盟，中原各國都去參加，衛成公很猶豫：不去，怕被各國孤立；去，又不敢面對晉文公。想了很久，他最後決定讓叔武和元咺去參加，所以衛國也是踐土的盟國之一。

會盟之後，晉文公覺得對衛成公的懲罰已經夠了，就恢復了他的君位。但曹共公還被關着。

後來有一次，晉文公偶然生病，讓巫師占卜。曹國串通巫師，讓他對文公說："曹、衛都是姬姓諸侯，跟晉國同姓，當初齊桓公幫助異姓之國復國，現在大王卻滅掉同姓之國，這恐怕不是符合禮儀的舉動；而且您本來同時答應恢復曹、衛兩國，現在只恢復衛國，不恢復曹國，這是失信了；兩國的罪行相同，待遇卻不同，這又是執法不公。三個原因，老天才降罪。"

這話說得很嚇人。那時的人還是很迷信的，這樣"上干天咎"的事情當然不能做，而且用曹、衛來挑釁楚國的任務也已經完成。所以晉文公聽了這話馬上糾正自己的錯誤，讓人釋放曹共公，恢復了曹國的諸侯之位。當然不久之後晉文公的病也好了。

當然，晉文公不是這麼容易就可以應付過去的。幾年以後，他又找上曹共公的麻煩，強迫曹共公割讓了一大片土地給魯國，又讓曹國對晉國稱臣納貢，這才作罷。

再說衛成公，這傢伙人品和情商都不怎麼樣，小氣刻薄，疑神疑鬼。他好不容易恢復自由，卻不規規矩矩做人，而是馬上打起了小算盤。

叔武去參加踐土會盟以後，有人向衛成公進讒言，說："元咺想擁戴叔武當國君。"他聽了當即暴跳如雷。正好元咺的兒子在他身邊當人質，他也不問消息真假，馬上殺了元咺的兒子 —— 也不知道這樣對阻止叔武當國君有什麼作用。

元咺卻是忠於國家的人，聽說兒子被殺以後，仍然兢兢業業地忙於國事。他先護送叔武參與會盟，然後又跟着叔武回到衛國，沒有任何抱怨。

回國以後晉國那邊很快傳來消息：晉文公允許衛成公復國。於是支持衛成公和叔武的兩派人馬見面談判，雙方共同立誓：大家為了衛國的利益團結起來，不再對抗。

衛國人隨後向衛成公發出消息，準備迎接他回國。

衛成公聽說以後疑心卻更重了，他嚴重懷疑這背後有陰謀。所以他沒有按雙方約定的日期回去，而是提前了幾天。他讓大臣甯武子乘車走在前面，自己偷偷跟在後面，看城裡的人會怎麼做。

守城的人看到甯武子來了，以為是衛成公派來的使者，就很熱情地迎接他們進城，也沒有組織大規模的歡迎儀式。

快進王宮的時候衛成公才突然露面，眾人都吃了一驚，趕忙報進去。衛成公讓公子歂犬作前驅，直接開進宮裡。這時叔武正在裡面洗頭，他聽到下人的報告，又驚又喜，來不及整理好衣服，握着頭髮就出來迎接。公子歂犬假裝沒看清楚，一箭射過去，當場殺死了叔武。

元咺聽說宮裡發生慘禍，非常震驚，奔過來撫屍痛哭，說："叔武有什麼罪過，為什麼要殺他？"衛成公假裝震怒，殺了公子歂犬為叔武抵命。眾人敢怒而不敢言，這事就這樣混過去了。

衛成公為什麼要殺叔武？也許真是意外，也許是他以為叔武要害他所以先下手，不過最大的可能還是為了除掉主要的競爭對手 —— 不管他有沒有壞心眼，除掉了總是安心一些。

元咺看到這種情況，知道衛成公這邊肯定不能待了，就找機會逃出了衛國到晉文公那裡去申訴，請求他主持公道。

衛國的兇殺案驚動國際社會。晉國作為霸主義不容辭，晉文公馬上設立法庭，親自主持，召開了一場最早期的"三堂會審"。

元咺作為原告，衛成公是被告，君臣當面對峙不合禮節，所以由衛國的鍼莊子代替衛成公受審，甯武子扶着衛成公在一邊旁聽，衛國大臣士榮作為辯護人。

元咺和士榮當堂展開激烈的交鋒，對於兇殺案的前因後果、雙方的動機、具體細節、各自的責任等方面進行辯論。

由於衛成公濫殺無辜的事情證據確鑿，士榮經過百般狡辯還是輸給了元咺。最後晉文公判決：衛成公敗訴，廢掉他的君位，押往洛邑，打入周王的大牢，讓甯武子每天用粥喂他；士榮當場處死；鍼莊子代衛成公受刖刑（砍去雙腳）。

元咺被送回衛國，立公子瑕為衛君。

這次審判展現了春秋時期中國人的法制精神，以法庭公開辯論而不是君王獨裁的方式決定國家大事，這樣的民主作風足以照耀後世兩千年的華夏文明。而且最後的判決結果在當時的條件下也算是很合理的，真稱得上公道無私。

隨後在如何處理衛成公的問題上，晉文公跟周襄王卻發生了分歧。

晉文公曾有被親兄弟追殺的慘痛經歷，所以對於衛成公殺弟這種行為深惡痛絕，一心想置他於死地。

對於周襄王來說，為了替大臣伸張正義而廢掉君王，這是件很敏感的事。如果鼓勵這種行為，那麼別人也可以廢掉他周天子，這怎麼能接受？而且晉文公代天子行權，廢掉跟他平級的諸侯，這也讓襄王有一種被冒犯的感覺。

衛成公被送到周朝的監獄以後，相當於被保護起來了，晉文公要除掉他只能玩陰的。他讓衛成公的醫生在藥裡下毒，想毒死衛成公，不料卻被甯武子察覺到了。甯武子買通醫生，讓他減少藥的劑量，結果怎麼都毒不死衛成公。

比小強更頑強的衛成公就這樣活了下來。兩年以後，魯僖公出來幫忙，四處活動，替衛成公求情，還送重禮給周襄王和晉文公。襄王正好找到藉口，就替衛成公向晉文公求情。晉文公總不能公然駁回天子的意見，只好把衛成公放了。

衛成公逃脫了牢獄之災。他手下還有不少支持者，於是重金賄賂衛國的大夫周顒和冶廑，並且許諾給他們高官厚祿。這兩人被榮華富貴迷了眼，在國內發動叛亂，殺了元咺和公子瑕，迎立衛成公復國。

有周、冶兩人支持，逃亡三年之後，衛成公帶着自己的人馬重新又回到了國內。他聲稱要兌現自己的承諾，準備立周、冶兩人為上卿。但這時周顒忽然神秘死亡。冶廑一看勢頭不對，趕忙辭掉官職，回家養老去了。兩人白忙一場，什麼也沒撈到。

這場歷時三年的重大冤案，最終還是以元兇逃脫懲罰、受害者被打擊報復結束。法治最終還是向人治妥協了，不得不說是一件很遺憾的事。

為什麼晉文公會最終放過衛成公這個殺人犯呢？可能是因為他確實忙不過來，這時候的晉國正在跟秦國暗中較勁，"秦晉之好"已經到了破裂的邊緣……

燭之武退秦師

秦穆公"三置晉君"，對三任晉國國君都有擁立之功。並且從晉獻公開始，兩國就世代聯姻，所以秦晉兩國的關係是很友好的，史稱"秦晉之好"。

到了晉文公的時候，晉文公跟秦穆公惺惺相惜，又受了秦穆公極大的恩惠，所以他對秦國非常感激，兩國關係達到頂峰。

但隨着晉國成功稱霸，徹底堵住秦國東進的道路，楚國這個共同敵人又被打敗了，兩國關係漸漸變得微妙起來。

我們先從兩年前的踐土之盟說起。

那次盟會秦國沒有參加，因為秦國對中原諸侯的這些亂七八糟的會議不感興趣，到這時為止還從來沒參加過這種會議。

不過當年冬天，晉文公再次召開諸侯大會的時候秦國就來了。

這次晉文公首先把周王叫來，然後邀請諸侯們一起來拜周王。這個理由很充分，大家都沒法拒絕。然後晉文公就夾帶私貨，讓諸侯們聽他的指揮。

這時候周襄王已經成了晉文公的一隻花瓶，需要的時候就擺出來讓大家參觀，根本沒有尊嚴可言。

第二年，公元前 631 年的夏天，晉文公再一次召集諸侯會盟，地點在翟泉。

翟泉之會有晉、秦、齊、宋、陳和周王的人參加，這次會盟的主要目的是商量討伐鄭國的事。

鄭文公是鄭國歷史上執政時間最長的君王之一，從齊桓公時代的早期，到晉文公稱霸，中間又經歷了楚國持續不斷的北侵，所以他早已經見慣了大風大浪。

他當政這幾十年是鄭國飽受煎熬的階段，當年的輝煌早已經不再，周邊局勢動亂不斷，三個大國一個接一個地膨脹起來，明爭暗鬥，相互角力。而鄭國就處在三大國交界的地方，每次大國扳手腕都會傷到鄭國，所以鄭國需要特別小心伺候，這幾個老爺哪個都是不能得罪的。

城濮之戰這一次，鄭國就站錯了隊。

之前重耳流亡列國經過鄭國的時候，鄭文公沒有招待他，這就跟他結下了仇。沒想到重耳那麼快就奪得了晉國的政權，鄭國這下就尷尬了，他們別無選擇，只能站到楚國一方。所以在城濮之戰期間，鄭國是楚國陣營最堅定的死黨。

更沒想到的是，楚國這回迅速敗退，而且敗得這麼慘，把整個中原的勢力範圍都丟掉了。

鄭文公只能回過頭再來巴結晉文公。他主動投誠，從踐土之盟開始，就積極參與晉國的一切會盟，身體力行地支持晉文公的霸業。

但晉文公是個特別記仇的人，當年流亡時冷落過他的國家都被他一一報復，現在只剩下鄭國，他怎麼可能放過呢？不管鄭文公多麼賣力地巴結逢迎都無法讓他忘記仇恨。

城濮之戰結束一年以後，晉文公開始發難，在翟泉會盟天下諸侯，號稱鄭國投靠楚國，要諸侯們跟他一起去打鄭國──這是明目張膽的公報私仇，但他是霸主，沒人攔得住。

秦國跟他關係最好，所以也最積極地支持他報仇。翟泉之會的第二年，晉文公、秦穆公親自帶領晉秦兩國組成的聯合部隊，浩浩蕩蕩地殺奔鄭國。

兩軍分別駐紮在函陵、氾南，圍住鄭國，向鄭國要人。要誰？就是當年勸鄭文公殺掉晉文公的叔詹──晉文公不會放過自己的任何一個仇人。

鄭文公很為難，開始還不肯交出叔詹。但叔詹知道自己是不可能倖免的，他對鄭文公說："當年屬下曾勸大王殺掉重耳，大王不聽，現在果然被晉國報復了。但既然他們是衝着我來的，那我就以死乞求他們原諒我們國家吧。"隨後便自殺了。

鄭國把叔詹的屍首交給晉文公，希望能消除他的怒氣。但晉文公還是不肯饒人，又惡狠狠地說："我要親眼見到鄭君，當面羞辱他才能甘休。"

這不僅僅是要報仇，而且明顯就是要滅亡他們國家。鄭國人聽說以後，只能拼死抵抗。

但晉秦兩大國合力，天下無敵，小小的鄭國怎麼抵擋得住呢？危機之下，他們只好出奇招。

鄭國大臣佚之狐對鄭文公說："國家危險了！微臣懇請大王請燭之武去說服秦穆公，只有他能退秦軍。"

燭之武是已經退休的老臣，之前並沒有受到重用。現在鄭文公請他再度出山，他謝絕說："微臣年輕的時候都不如別人，現在老了，還管什麼用呢？"

鄭文公向他道歉說："當初沒有任用先生，是寡人的過錯，還請先生以國事為重，儘量挽救鄭國。鄭國滅亡了，對先生也不好吧？"

燭之武只好答應了鄭文公的請求。他們商量好，趁半夜光線不明的時候，用個籃子偷偷把燭之武從城牆上吊下去。

還好一切都順利，燭之武徑直到秦國的軍營裡求見。秦穆公正在裡面休息，聽到軍士的報告就命人放他進去。

燭之武對秦穆公說："大王請聽我說，秦晉兩國這樣圍困我們鄭國，我們肯定是擋不住的，不久以後我們就會亡國。如果鄭國滅亡符合大王的利益，那麼我肯定是不敢來叨擾您的。

"您也知道，您跨過那麼遠的距離來打我們，這要花費很高的成本，那麼究竟為什麼要付出如此高的代價來讓晉國受益呢？秦晉是鄰國，晉國得了好處，對秦國不就是壞處嗎？

"您再想想，我們國家在東方的交通要道上，如果跟我們和好，讓我們當遠方的東道主，以後秦國有往來的人員，我們都可以幫忙接待，茶水錢糧我們都可以供應，這樣互助的事情不是挺好嗎？

"再有，您當初給了晉惠公那麼多恩惠，他答應割讓兩座城池來報答。結果怎麼樣？他早上剛渡過黃河，晚上就開始修築工事來對抗秦國，這您是親身經歷的。

"晉國這種貪得無厭的國家什麼事情幹不出來？在東邊奪了鄭國的土地，肯定又想要西邊的土地，他們不去找秦國要，還能找誰？

"所以呢，大王您現在做的事情就是在損害秦國來幫助晉國呀！"

秦穆公聽了這一番話，頓時如同醍醐灌頂，完全清醒過來了，趕緊拜謝燭之武："多謝先生的提醒。" 第二天秦國就背着晉國跟鄭國簽訂了停戰協議。更過分的是，秦國還留下一部分軍隊幫助鄭國防守城池，然後秦軍就在晉國大軍一臉茫然的注視下優哉遊哉地回家去了。

兩大國從此翻臉。

兩代人的"秦晉之好"至此終結。

燭之武的這一番說辭是流傳千古的經典之作，他抓住了一個重點：

鄭國跟晉國相鄰，而遠離秦國，所以打下鄭國以後，鄭國的土地都會被晉國佔領，秦國卻得不到明顯的好處。

只要把這一點向秦穆公說清楚，人性的陰暗面就會發揮作用：誰願意費那麼大力氣替別人做嫁衣呢？何況對方還是自己最大的競爭對手。

所以這番話說出來，秦穆公必然就不會幫助晉國了。

不過——

我們仔細分析起來，秦穆公實際上是被燭之武給忽悠了！

"退秦師"的是與非

燭之武的說辭裡面有不少漏洞，最明顯的一點就是：其實晉國完全可以憑藉自己的力量拿下鄭國。所以秦國幫不幫晉國，對最後的結果影響不大。

如果晉文公真的鐵了心要滅掉鄭國，沒有秦國幫忙他一樣可以，甚至秦國來阻擋他還是可以。

秦國來幫忙，對晉國是錦上添花的事，這樣不僅可以贏得晉國的感激，還可以順便撈點戰利品，順水人情，何樂而不為呢？

再有，如果考慮得更深一些的話，慫恿晉國滅掉鄭國才真正符合秦國的利益！

晉文公的霸權是建立在尊崇周天子的基礎之上的，而鄭國是跟周天子血緣最近的國家，又是晉國的同姓之國，對於霸主來說，滅同姓之國是大罪。你連周天子的夥伴、同宗同族的國家都給滅了，就因為當初人家沒有好酒好飯招待你，你的仁義在哪裡？

秦國最狠的做法應該是：先慫恿晉國滅掉鄭國，能把鄭文公殺了最好，然後反水，直接告到周王跟前，說晉文公為一己之私滅同姓之國。

僅僅這一條罪名，就可以毀掉晉文公辛苦建立的霸業。

這樣他不僅在諸侯中間的形象毀了，還要把吞掉的領土都吐出來。

還有，秦穆公匆忙撤退的做法犯了兵法上的大忌！

其一，留那點人根本沒用，只要晉文公肯翻臉，秦國留下的那些軍隊也就是活靶子而已。

其二，在強敵面前分散兵力是大忌，秦穆公留下一部分人，帶走一部分人，這是公然把軟肋暴露在了晉國面前。晉文公要是真的心黑，秦穆公未必可以全身而退。

所以秦穆公其實被騙進了一個十分危險的陷阱，生生被燭之武給忽悠了。

至於什麼以後做盟友、幫忙端茶倒水這種話就更是扯淡：你一個"朝秦暮楚"的夾縫中的小國，誰知道你明天會倒向誰？

分析到這裡，可見秦穆公背叛晉國、私自撤退的做法並不聰明。可惜他扶立三任晉君，用幾十年建立起來的"秦晉之好"，一夜之間就被他自己廢掉了。

既然這樣，當初何必費盡心機拉攏晉國呢？

這場明爭暗鬥唯一的獲益者是鄭國，燭之武是挽救鄭國的功臣。

發現秦國私自苟合對手、背叛盟軍以後，晉國將士非常憤怒。狐偃立即向晉文公申請追擊秦軍。從軍事上來說這是明智的決定，秦國是臨時決定撤退的，準備不足，這時突然發難，有望給秦國狠狠的一擊。

這時候晉文公卻展示出他大仁大義的一面。在他看來，不管怎麼說，秦穆公的恩情還是在的，人對我不仁，我不能對人不義。所以他放了秦軍一馬，沒有追擊。

如果要繼續打鄭國，就勢必要先幹掉秦國留守的軍隊——這仍然屬於恩將仇報，所以晉文公也就放過了鄭國。

軍事打擊免了，但政治上的壓力是不可能放鬆的。晉國這次不會空手回去，更不可能讓鄭國從此服從於秦國，他們要求鄭國按自己的要求立繼承人，以便於控制鄭國局勢。

這就要說到鄭文公殺子的事。

晉文公立鄭君

鄭文公是個很濫情的人，總共立過三位夫人，有五個嫡子，其中的公子華被立為太子。

鄭文公四處留情的惡果很快顯露出來。公子華總是疑心自己的太子位置不穩，時間久了，他擔心得發狂，竟做出一件匪夷所思的事情 —— 他去會見齊桓公的時候，暗地裡對齊桓公說：叔詹他們三個大夫把持了鄭國朝政，要投靠楚國，所以請你們趕快來打鄭國，我給你們帶路！把我扶上位了，以後鄭國就是你們的。

這是一個國家的太子說的話嗎？這樣明目張膽的賣國行徑實在讓管仲他們看不下去，所以都盡力勸諫齊桓公：千萬別聽他的。齊桓公作為諸侯盟主，也覺得跟這種賣國賊勾結太掉價了，所以不僅沒答應他的請求，反而轉臉把這件事告訴給鄭文公。

鄭文公的震驚可想而知。他雖然處死了太子華，但還是放心不下。這件事對他的打擊太大了，以至於他看到那些公子們就覺得他們個個都心懷鬼胎，最後竟然一發狠，把幾個嫡子全部殺了，又把剩下的兒子們全部趕出鄭國。

鄭國就這樣一個公子都沒有了，成了沒有繼承人的國家。

在逃走的公子裡面，公子蘭是比較出色的一個，他逃到了晉國，那時他年紀還很小。長大以後，他知道自己的命運完全掌握在晉國手裡，所以對晉國國君拼命地巴結奉承。晉國也一直養着他，預備將來干涉鄭國之用。

晉文公這次攻打鄭國就準備把公子蘭帶着，勝了以後直接把他扶上寶座。公子蘭當然不傻，他很誠懇地對文公說："臣雖然流亡在外，但不敢忘記父母之國，這次伐鄭，請恕臣不能同往。"這番話正好說到文公心裡去了，文公因此更加高興，覺得他很懂事。

所以當秦國撤退，晉國準備放過鄭國的時候，他們就提出這套備用方案 —— 要鄭國立公子蘭為繼承人。

鄭國根本沒得選擇，而且鄭文公的嫡子一個都不在了，公子蘭出身又比較高貴，立他為繼承人本來就沒什麼問題，所以鄭國很爽快地就答應下來。雙方簽訂停戰協定，鄭國做出保證，立即到晉國迎接公子蘭回國，立為太子，晉國也遵守承諾撤走軍隊。

兩年以後，公子蘭繼位，是為鄭穆公。

依靠晉文公的高情商，這次戰爭表面上以"共贏"的方式結束。鄭國得以保全，晉國也留得面子，同時避免了秦晉兩大國魚死網破的局面出現。

但秦、晉兩國的關係再也回不去了，晉文公一生的事業也就此完結。

公元前 628 年冬天，晉文公過世，公子歡繼位，是為晉襄公。

晉文公流亡列國十九年，回國當政只有九年。但就在這短短的九年時間內，他成功地把晉國帶上了霸主之位，對後來的國際局勢造成不可忽略的重大影響，也創造了流亡公子成功逆襲的絕世神話。

他給晉國留下了一個星光熠熠的全明星班底，又改組了晉國軍隊，從軍政兩方面保證了晉國在後來的持續強大。晉國從此成為中原領袖，統治地位一直延續了上百年。

他接過齊桓公的大旗，尊崇周王，把中原各國團結到“周天子”這面旗幟之下，終結了各國相互攻訐的混亂局面。

他真正打退了楚國對中原的侵略，完成了齊桓公沒能完成的任務，保障了中原文明的延續，為中原文明逐漸同化南方爭取到一段寶貴的時間。

他推崇仁義、講究誠信、知恩圖報，是“春秋五霸”裡面道德最高尚、污點最少的一位，真稱得上是大仁大勇。他的執政思路、外交策略、行事方式都對後人產生了巨大影響。

綜合評價起來，晉文公應該是“春秋五霸”之首。

哭秦師

秦穆公背叛盟約，使得秦晉兩國的友好關係被打碎。但晉文公是知恩圖報的人，他當政的時候，始終對秦國保持最大限度的克制，所以兩國之間仍然維持和平局面。

不過到了晉襄公的時代，一切就不同了。

晉襄公並沒有受過秦國的任何恩惠，沒有什麼需要報答的。相反，楚國被打退以後，身邊虎視眈眈的秦國就成了晉國最大的潛在對手，遏制秦國的東擴刻不容緩。

另一方面，晚年的秦穆公有些老糊塗了，做事急吼吼的，沉不住氣，一言不合就跳起來，眼皮子又淺，看到便宜就馬上要佔。

當初秦國撤退的時候，在鄭國留了一小部分軍隊，這支軍隊在晉國跟鄭國講和以後都沒撤走，而一直以僱傭軍的身份留在鄭國，作為對鄭國和晉國的一種威懾力量。

這樣過了兩年。有一天，守軍的首領杞子忽然派人告訴秦穆公："鄭國人讓我們替他們守北門，如果大王從國內調來軍隊襲擊鄭國，我們打開城門，鄭國唾手可得。"

杞子敢如此狂妄，有一個原因：這一年不巧晉文公和鄭文公都過世了，晉鄭兩國都處在新君剛立的不穩定時期。從軍事上來說，這時候確實是打擊他們的最好時機。

有這麼好的便宜，不佔白不佔。秦穆公也不想想這種乘人之危的做法是不仁不義的下作行為，馬上就想派兵出去。而在春秋時代，不仁不義的做法是會受到國內外的一致抵制的。

而且他也忘了當初燭之武勸他的話 —— 秦國跟鄭國相隔遙遠，打下鄭國秦國也得不到好處，只是幫助晉國擴張土地而已。

秦穆公跟百里奚、蹇叔討論自己的派兵計劃。這兩人可不糊塗，一聽說這話，馬上表示堅決反對：

"奔襲千里去打一個遙遠的國家，極少有成功的。而且我們這樣大張旗鼓地開過去，鄭國那邊怎麼可能得不到消息？鄭國有內奸向我們報告情況，怎麼能確定我們這就沒有內奸向鄭國報告情況呢？"

但秦穆公根本聽不進去。他從多少年前就謀劃染指中原，費盡心力，卻一直被晉國擋着，現在晉國都稱霸一個輪迴了，他還是被擋在西邊。眼看自己年紀也大了，難道這一生真的不能實現霸主夢了嗎？

現在晉國新君剛立，這可能是秦穆公一生最後一次控制中原的機會，他要賭一把。

公元前 628 年冬天，秦穆公派出秦國全部主力部隊，由百里奚的兒子孟明視和蹇叔的兒子西乞術、白乙丙帶領，浩浩蕩蕩地開往東部，準備"偷襲"鄭國。

從這個領軍陣容就可以看出來，這麼多年了，秦國還是沒能從根本上解決人才匱乏的問題，還是由百里奚、蹇叔兩家人撐着。他們兩家的兒子根本就不是專業的軍事人才，只是民間搜羅來的所謂賢才。讓他們去帶兵，只能算湊合着用而已，跟中原那些死人堆裡摸爬滾打出來的真正軍事將領相比，他們哪有半分優勢？

百里奚和蹇叔跟着秦穆公去送行，兩人牽着兒子的手大哭。蹇叔說："我能看見秦師出發，卻看不到他們回來了。"

秦穆公大怒，讓人回覆他："你一個老不死的懂什麼？你要按正常的年齡來活的話，現在墳頭的草都八丈高了。"

蹇叔不敢多說什麼，只能把他兒子牽到一邊，悄悄說："晉軍肯定會在崤山截擊你們，你們估計在劫難逃。"說完只能看着兒子揮手遠去。

晉國密切關注着局勢，秦軍一出動，他們馬上就知道了。

這時晉文公剛過世不久，晉國還處在國喪期間，晉襄公對於該怎麼應對秦國的行動很猶豫。

他召集大臣們討論。先軫是主戰派，他說："秦穆公不聽蹇叔的勸諫，狂妄自大，勞師遠征，這正是我們打擊秦國的最佳機會。"

欒枝則認為："秦穆公對先君晉文公有恩，文公屍骨未寒就去進攻秦軍，未免對不起先君。"

先軫說："秦國不顧我們還在國喪期間，攻打我們的同姓之國，這是他們無禮在先。而且'一日縱敵，數世之患'，現在我們打擊秦國是為了晉國以後的長治久安，這才是真正對得起先君的事。"

在國家利益面前，所謂的"恩情"算什麼呢？最後晉襄公還是決定：在半路上截擊秦軍，一次性打掉秦國東進的夢想。

站在晉國的立場上來說，這樣做是非常正確的。秦國跟晉國爭霸的企圖已經公開化，以後可能出現秦、楚聯手打壓晉國的局面。趁現在秦國出現戰略失誤，楚國又還沒緩過氣來的機會，給秦國一記重拳是明智的決定。否則等秦國的影響力延伸到中原，跟楚國聯合夾擊晉國的時候，晉國的地緣形勢就會大大惡化了。

這時秦軍還沉浸在大國爭霸的夢幻中，完全沒有意識到即將來臨的危險。這是他們有史以來第一次單獨出兵侵略中原核心地區，一路所至都是從未見過的錦繡繁華之地，遼闊的中原大地似乎已經握在了自己的手掌中。

"中原算什麼？周朝有什麼了不起？現在都被我們踩在腳下了，爭奪天下不就是這麼簡單的事嗎？"

秦國將士興奮不已，有意要向那些自以為是的"城裡人"炫耀一番，讓他們開開眼界。經過周朝王宮大門的時候，三百輛戰車上的士兵依次脫掉甲胄,展示"超乘"的絕技——從疾馳的戰車上跳下,然後立即跳回去——以此炫耀自己的武力。

王宮門口一時間塵土蔽天,行人紛紛避讓。秦軍將士得意非凡。

周王室敢怒不敢言。王孫滿這時還是個小孩子,也憤怒地說:"秦軍如此狂妄無禮,這次戰爭必敗!"

秦國到鄭國相距一千五百餘里,中間經過崤山、函谷、虎牢等許多重大軍事關隘,秦軍到第二年春天才來到鄭國附近的滑國。

當時鄭國有個叫弦高的商人,正趕着一群牛去周朝的王畿販賣,剛好也路過滑國。他看到沿途千軍萬馬奔向東方,馬上明白鄭國有重大危險。這人靈機一動,一方面託隨行的夥伴火速趕回鄭國報信,一方面想辦法穩住秦軍。

他趕着牛群直接迎上秦軍,行了個禮,恭恭敬敬地說:"鄭人弦高叩見將軍。我們大王聽說貴國大軍將要降臨敝邑,特地派在下來犒勞貴師。敝邑貧窮,沒什麼好東西,只有這群牛和幾張牛皮獻給大人,還望大人笑納。"

秦國的將領們面面相覷,都想:"原來鄭國已經知道我們來進攻的消息,早就做好了準備。"

幾個將領商量該怎麼辦。秦軍長途奔襲,後勤本來就跟不上;鄭國又已經有防備,偷襲很難成功;長期圍城又支持不住。最後由孟明視決定:放棄進攻鄭國的計劃,立即班師回秦國。

但幾萬大軍出來這幾個月消耗的錢糧怎麼辦呢?回去沒法交代。於是孟明視他們一不做二不休,指揮軍隊就地進攻滑國,大肆燒殺劫掠,搶了一大堆美女財寶裝在車上,鑼鼓喧天地開回秦國去了。

可憐的滑國在周圍大國的夾縫中頑強生存了幾百年,最後卻因為這起飛來橫禍莫名其妙地被滅了國。

鄭國那邊,鄭穆公收到弦高的報信,吃了一驚,馬上想到國內的秦軍是不是跟外邊有勾結。他派人去秦軍的營寨假裝慰問,看到他們馬也喂飽了,鎧甲也擦得乾乾淨淨的,明顯是準備打仗的樣子,就讓下人對秦軍的將領們說:

"大人們留在敝國這麼久,敝國的錢糧都用得差不多了,實在供應不起。今天正好聽說大人們準備離開,敝國有個叫原圃的獵場,諸位大人可以去那邊駐營，自己射一些鹿來吃，減輕敝國的負擔，怎麼樣？"

杞子他們看到鄭國這樣明目張膽地趕人，知道是秦軍來襲的消息洩漏了，只好趕忙逃走。幾個將領分別逃到齊國和宋國，軍士如鳥獸散。鄭國的危機就這樣徹底解除了。

弦高的機智挽救了整個國家，鄭國全國上下都非常感激他。後來鄭穆公親自下令要封賞他，他卻堅決推辭，回到家裡繼續放他的牛去了。

而遠方的晉國，則已經磨刀霍霍，只等着秦軍來挨宰。兩大國的正面碰撞即將展開……

秦晉大決戰

公元前 627 年春天，秦國軍隊帶着搶來的無數戰利品，向西返回秦國。跟來時一樣，他們沿途要經過多道關隘，其中最險峻的就是崤函地區。

崤山是一片荒無人煙的高山，分為東、西兩座，中間有一條狹窄的隘道，是秦國到中原的必經之地。

晉國早已算準了秦軍的行期，他們跟姜戎（戎人的一支）聯合，早早地埋伏在崤山隘道兩頭。

這一戰是打擊秦國上升勢頭的關鍵之戰，晉軍主力全體出動，人人整肅。晉襄公穿着喪服，親自到現場督戰。

四月的一天，哨兵終於報告秦軍來到。晉軍和姜戎立即進入戒備狀態，三軍將士全體伏在草叢裡，屏息凝氣注視着遠方的動靜。

秦軍經過連續幾個月的長途跋涉，體力已經消耗了太多，士氣低落，又帶着大批輜重，隊伍難免有些散亂。

翻過崤山就是秦國地界了，眾人思鄉心切，都盼着趕緊走完最後這段艱苦的路程。

只見前方山谷中瘴氣彌漫，難辨道路，只有陣陣烏啼聲在山間回蕩，靜謐中透出一股詭秘的氣息。

秦國歷史上最慘烈的一場屠殺就在這時猝然來臨！

當秦軍的隊伍剛剛通過了一半的時候，山頂上一聲鑼響，四周喊聲震天，重木、巨石、火把、箭矢，鋪天蓋地從兩旁的山崖上落下。秦國全體軍士大叫着奪路而逃。但山道狹窄，能逃到哪裡去？幾萬人擁塞在一起，叫天天不應，被矢石砸得血肉橫飛，斷肢遍地，哭喊聲響徹天際，自相踩踏而死的人不計其數。

四周的山上都是密密麻麻的晉軍，如群狼環伺。偶爾有幾個逃出山谷的秦國士兵，立即被四面埋伏的弓弩手射殺。

等隘道中的哭喊聲漸漸平息，晉國和姜戎的兵士拿着大刀長槍擁入山谷，踩着屍體對倖存的秦軍挨個砍殺。一時間人頭堆積如山，只留下幾員高級軍官，被綁了回去面見晉襄公。

這是春秋時期很罕見的一場殲滅戰。晉國對秦軍毫不留情，大開殺戒。秦軍全軍盡沒，只有孟明視、西乞術、白乙丙等幾員將領被俘虜。

春秋時期諸侯之間的戰爭一般都是點到為止，但這次不一樣。秦國趁別人國喪期間，千里奔襲，侵略跟自己簽訂過和平協議的國家，這種不仁不義的行徑為人所不齒。而且他們半路上又得罪了周王室，晉襄公打擊他們不用擔心國際輿論壓力，所以放開手進行了一場大屠殺。

一直到確信戰爭勝利以後，晉襄公才舉辦葬禮安葬了晉文公，以數萬秦兵的亡魂獻祭晉文公。晉國開始全國服喪。晉文公時代正式結束，新的時代來臨了。

晉襄公以一場漂亮的殲滅戰開啟了自己的執政生涯，給秦穆公重重一擊。秦國一直夢想染指中原的計劃遭遇嚴重挫折。

到這時秦穆公才後悔自己當年扶助晉國稱霸的行為。他立即釋放了郩之戰中俘虜的楚將鬬克，開始大力結交楚國。但晉國霸業已成，中原已經是晉國的中原，秦楚聯手也無法遏制了。

誤釋三帥

秦國三名主帥被晉國活捉，眼看要被殺了祭旗。

這時，那個先後嫁給晉懷公和晉文公的秦國公主懷嬴站了出來。她是晉襄公的嫡母，請求襄公放了三人。她說："這三人挑起我們兩國國君的矛盾，秦君恨不得食其肉、寢其皮，大王何必殺他們髒了自己的手？送回秦國讓秦君去殺不是更好？"

晉襄公信了她的忽悠，也可能是覺得以這三個官二代的才能，放回去也無所謂，所以就下令釋放三人回國。

先軫聽到這事，風風火火地跑來質問襄公。襄公只好支支吾吾地說："這個 …… 是太夫人請求的。"

看到這情形，先軫氣得幾乎暈過去，大聲斥責襄公："全軍將士辛辛苦苦幾個月才捉住他們，大王因為後宮一句話就放他們走，這樣長敵人的威風，全不顧將士們的感受，我看亡國也不用多久了！"說着當面啐到襄公臉上，轉身就走。襄公很尊敬這位長輩，沒說什麼，只是悻悻地看着他離開。

當然襄公也有點後悔了，隨後就派陽處父去追趕三人。陽處父快馬加鞭，但還是晚了一步，等追上去的時候，三人已經上船開到了河中間。

陽處父把自己的馬解下來，對船上的人高喊："大王怕將軍們行路不方便，特此贈送良馬一匹。"

孟明視他們三人當然不傻，繼續駕船前進，遠遠地對陽處父拱手說："多謝大王好意！大王放我們回去接受我們主人的懲罰，主人如果要殺我們，我們不敢有怨言；要是主人開恩饒了我們，三年以後我們再來拜謝大王的恩德。"

這是明確叫囂三年以後再來報仇。陽處父無可奈何，只好空手回去覆命。

秦穆公聽說三帥被人放回來了，親自穿着孝服到郊外迎接他們 —— 他並不是殘暴的君王，而是胸懷天下的一代雄主，這點度量肯定是有的。

見到三帥以後，穆公挽着他們的手大哭："孤王悔不聽蹇叔之言，致有今日之敗。三位將軍受累了，這全是孤王的罪過啊。"周圍的人紛紛抹淚，都很佩服秦穆公知錯能改的王者風度。

穆公當眾宣佈免除三人戰敗的責任，讓他們官復原職。孟明視三人也知道自己是戴罪之身，從此日夜操練軍馬，謀劃再戰晉國。而百里奚、蹇叔兩個家族，對穆公也更加感恩戴德。秦國君臣繼續像以前那樣和諧共處。

但崤山之戰對秦國的傷害是實實在在的，秦國跟晉國爭霸本來就底氣不足，經過這次挫敗，進一步被晉國壓制住了。

而且更重要的一點是：這是在秦國的全盛時期出現的敗仗。現在秦穆公已經步入老年，百里奚、蹇叔更是半退休狀態，連這個時候都被晉國壓制，以後還哪裡去找比他們更加豪華的君臣組合來帶領秦國稱霸天下呢？

春秋時代秦國稱霸的最佳時機就這樣錯過了。秦國得其主，但不得其時，他們要再次參與中原各國的爭霸，還要等很多很多年。

讓我們把目光放到另一邊。晉襄公登基以後，很明智地完全沿用了父親留下來的治國方略和政治班底，這使得晉國的內政平穩過渡，從一個盛世無縫銜接到了另一個盛世。

但晉國外部環境並不樂觀。趁着晉國新君剛立，各種敵人依次來挑戰，對晉襄公的考驗正式來到。

了不起的晉襄公

晉國有三個主要對手：楚國是老對手了，不用說；秦國在崤山之戰過後也成了晉國的死對頭；而北方的戎狄跟晉國相鄰，時不時地來騷擾一番，也是一個重要的威脅。

從晉獻公時代開始，晉國軍力大盛，一直對北方戎狄保持壓倒性的優勢，迫使他們不得不向東遷移，衝擊東方的齊、衛等國。

公元前 627 年，狄人趁着晉國國君新立，又剛剛跟秦國打了一場決戰的時候，發兵攻打齊國。不久以後，另一支狄人的部落攻打晉國。中原兩大國同時遭遇狄人的襲擊！

當時晉國的南邊有姜戎，北邊是狄人。狄人的部落最大的兩支是赤狄和白狄，他們都跟晉國有剪不斷理還亂的關係 —— 時而大打出手，時而又聯姻。當年晉獻公殺太子的時候，夷吾逃到赤狄，晉文公則逃到白狄。

赤狄在東北方向，是狄人勢力最強的一支，長期為患中原。當年滅亡邢、衛兩國和現在攻打齊國的應該都是赤狄，而打晉國的是西北方的白狄。

白狄是晉文公的姥姥家，但國家之間不講究這些，該打的還是要打。

晉襄公帶着崤山大捷的軍隊回頭就大戰白狄。兩國在箕邑交戰，晉軍勇猛無比，很快把白狄打得落荒而逃，還活捉了他們的首領。

在戰鬥最激烈的時候，先軫衝在最前面，大喊："我這老匹夫冒犯了君王，君王雖然不治我的罪，我有臉不以死報國嗎？"說完，他扔掉甲冑，單槍匹馬衝進狄人的陣營大殺一通，壯烈殉國。

晉襄公雖然沒有怪罪他當面冒犯的罪過，但畢竟君臣的大義在。先軫作為前代國君的左臂右膀，這種大事上不願意留下罵名，所以他一直在等着這一天，終於以死贖罪。

這位晉國最重要的軍事家，城濮之戰和崤山之戰的幕後策劃者，以奇謀妙計橫行天下，又忠心不二，為晉國稱霸立下了汗馬功勞，最後把自己一生所有的一切都獻給了祖國。

狄人也佩服先軫的忠義，把他的首級送回晉國。晉國厚葬了他。

白狄的侵略對於晉國來說只是疥癬之疾，真正的心腹大患還是南方的楚國。

討平了白狄之後，晉襄公立即把矛頭對準楚國。

晉文公過世是國際社會的大事件，楚成王也瞅準了這次機會發動反撲，想報城濮之戰的仇。

晉襄公先發制人。那年冬天，晉國帶領陳、鄭兩國，聲稱許國背叛中原投靠楚國，發起了對許國的戰爭。

楚國應戰，派令尹子上攻打陳、蔡兩國，以解除許國的壓力。這實際上是晉楚雙方在試探對方的反應，都拿對方的小弟試手。

順道說一句，楚國現在又是若敖氏當政，子上是若敖氏最新的領袖人物，蔿氏在幾年前已經被排擠出政壇了。

陳、蔡抵擋不住，立即投降，又變成了楚國的小弟 —— 其實是根本不抵抗。那時候的小國都夾在大國中間受氣，基本上是誰來打就投降誰，畢竟給誰打工不是打工呢？爭霸的事讓那些大國去操心就是。

晉國作為霸主就必須要管這事，但他們剛打了兩場大仗，還沒緩過氣來。在晉國還沒來得及救援的時候，楚國又帶着剛投降的陳、蔡直撲鄭國，眼看就要收復城濮之戰前的勢力範圍了。

當年鄭文公把自己的兒子們全部趕出國，其中的公子瑕（不是衛國元咺扶立的那個公子瑕）逃到了楚國，公子蘭逃到晉國，現在公子蘭登基成為鄭穆公。楚國故意跟晉國唱對臺戲，這次把公子瑕叫上一起來，號稱要扶立他重回鄭國當國君。

但戰鬥中出現意外，公子瑕的車翻到一個水塘裡去了，他被鄭國的一個低等下人給捉了回去。鄭穆公把他斬首示眾，號稱祭奠鄭文公。最後還是公子瑕的母親、鄭文公的夫人把他安葬到了鄀城。

楚國偷雞不成反蝕一把米，他們本來要侵略鄭國，反而讓鄭穆公抓住機會除掉了自己最大的競爭對手。

這時候晉襄公出手了，他沒有直接跟楚國硬拼，而是抄楚國的後路，派出陽處父去進攻蔡國。

楚國立即派子上迎戰，子玉的兒子成大心隨行。楚軍與晉軍在蔡國的泜水邊相遇，兩軍隔河對峙。

晉楚都是大國，一旦動起手來就是大戰。所以雙方都不敢亂動，都在觀察對方的動靜……就這樣連續對峙了很多天。

這時候發生了非常戲劇性的一幕——

晉國糧草將盡，快撐不住了，畢竟這裡離他們本土已經很遠。陽處父想撤軍，但又怕被楚國追擊，而且這樣空手回去沒法跟晉襄公交代。

於是他就耍了一個詭計，他派人對子上說："我們一直這樣耗下去也沒什麼意思，大家都在白吃糧草。要不這樣吧，你們要想進攻，我們就先退避一舍，讓你們渡河過來列好陣勢我們再打；要是你們不放心，你們就退避一舍，讓我們渡河過去打。"

他大概是在學晉文公"退避三舍"的先例。

春秋時期打仗比較講究禮節，可以定好規矩再打，所以這個提議聽着也還算正常。

子上想渡河過去，跟成大心商量。成大心說："千萬別！晉人從來不講信用，要是我們渡河到一半他們攻擊我們怎麼辦？還是讓他們渡河更好。"

畢竟宋襄公只有一個，而且已經被楚國自己給坑死了，楚國當然不指望能再出個那麼傻的人。

子上就跟陽處父約定好，楚軍先退避一舍，讓晉軍渡河。

第二天一大早，楚軍按約定撤退了一舍之地，在那邊等晉軍過去。

陽處父看到楚軍已經撤走，就在軍營裡大肆宣揚："楚軍怕我們，已經逃回去了。" 然後帶着晉軍迅速撤退，敲鑼打鼓地向君王報捷去了。

楚軍在河那邊等到花兒都謝了，哪有晉國人的影子？一打聽，才發現對面的軍營早已經空蕩蕩的，這仗還跟誰打？要追的話糧草又不夠，於是也只好撤回楚國去了。

陽處父用詭計 "打退" 了楚國的進攻，成大心說的 "晉人不講信用" 果然是真的。

這還沒完。楚國的太子叫商臣，他跟子上有仇，陽處父派人暗中告訴他："如此這般，可以除掉子上。"

商臣於是去向楚成王打小報告："兒臣聽說子上私自受了晉國的賄賂，所以才撤軍，這簡直是楚國的恥辱！"

楚成王經不起他挑唆，火冒三丈，立即殺了子上 —— 晉國完勝！

到這時，晉襄公繼位不到一年，以極小的代價，接連戰勝秦、狄、楚三大強敵，成功接過了晉文公的衣缽，真是個了不起的人物！

而那個商臣是個心術不正的貨色，正在策劃一起大陰謀……

楚穆王殺父

晉文公逝世後第二年，他的主要對手、另一位才華蓋世的梟雄楚成王也過世了。但讓人想不到的是，這位威震華夏、讓天下諸侯戰慄的大魔頭卻是死在自己兒子手裡的。

楚國政壇非常野蠻，暴力弒君不斷，一代又一代的君王都死於非命。中原各國雖然也弒君奪位，但基本是兄弟相爭，弒父這種冒天下之大不韙的事情極少出現。可楚國就不一樣了。

楚成王的嫡長子是王子商臣，這人大概長得比較陰險。當初成王要立他為太子的時候，子上第一個站出來反對，他說商臣 "蜂目豺聲" —— 眼睛像胡蜂一樣，聲音像豺狼一樣——立他為儲君不合適。

這樣的看法其實挺有遠見。那時候成王還年紀還不大，又有許多寵愛的姬妾。下人知道他們這些君王都是花心的，今天寵愛這個，明天寵愛那個，又經不起枕邊風，心愛的女人在跟前一撒嬌，要這樣、要那樣，他們就難免會答應。現在先立了商臣，以後再反悔要立別的女人生的兒子，那就會出大亂子。

但楚成王沒有聽他的，堅持立商臣。商臣就此成為太子，也因此跟子上結下大仇，所以才按照陽處父的計策讒殺了子上。

後來成王果然反悔了。在他晚年的時候，不知聽了哪個愛姬的枕邊風，突然想廢掉商臣，另立太子。

商臣年紀已經不小了，早就培植起了自己的政治勢力，消息靈通得很，所以他很快就得知了父王要廢他的事。

但這是小道消息，還不能確認。他跟自己的老師潘崇商量，老師教他一個絕招——"大王有個妹妹叫江芈，在楚國地位很高，又是個暴脾氣的女人。她一定知道一些我們不知道的事，所以你就如此這般，激她一下，看她會說出什麼機密的事情出來。"

商臣就依計行事，請他這個姑姑赴宴，然後在宴席上故意表現得很傲慢，一點沒把這個姑姑放在眼裡。江芈果然爆發了，當場罵出來："我呸！你這狗東西，難怪大王想殺掉你立王子職！你等着吧，你的好日子到頭了。"邊說邊罵罵咧咧地回去了。

師徒二人這下終於確認，小道消息是真的。

兩人商量該怎麼辦。就這樣投降，以後侍奉王子職？不可能。逃出國，去哪裡呢？也不成。只剩下唯一的途徑——暴力奪權。

幸好商臣當太子很多年，根基深厚。另一方面，楚成王老邁昏庸，對朝政的控制力已經減弱。所以如果冒險一試的話，成功的可能性也不小。

當年十月，商臣一黨發動宮廷政變，御林軍包圍了成王寢宮，逼成王自盡。

成王很平靜，只是說自己臨死前想再吃一次熊掌。為什麼一定要吃熊掌呢？因為熊掌要煮很久才能好，他想借這個機會拖延時間，等待援軍。

叛軍當然不答應，一口否決了他的要求。成王知道再也沒有機會了，只好自縊而死。

一代雄主以這樣窩囊的方式結束了自己的一生。

他這一生有勇有謀，帶領楚國強勢出擊，連續對抗三任中原霸主，對周王朝的生存構成了強烈衝擊。作為一個君王，楚成王是相當優秀的。而從個人成就來說，他也完全有霸主級的表現。

儘管擁有這樣超強的實力，可他並不一味地蠻不講理，而是很明智的順應形勢，識成敗，知進退。在對待周王的大是大非的問題上，他選擇了隱忍以行；當中原聯盟大軍壓境的時候，他能夠做出適當的妥協；在對待流亡公子重耳的態度上，他也表現出令人欽佩的梟雄風範。

這樣一些看似矛盾的品質，集中在一個南方蠻族的首領身上，融合出一種令人迷醉的特殊魅力。

畢竟這是春秋時代，禮樂教化還沒有完全毀棄，即使在刀光劍影的激烈對撞中，仍然需要保留一絲謙謙君子的風度，這是亂世裡的一抹溫情，是逝去的田園時代的一線餘暉。

公元前 626 年，商臣登基，是為楚穆王。穆王還是挺講義氣的，把自己的太子府賜給了潘崇，還任命他當太師。潘崇權傾朝野。這對師徒都擁有不錯的命運。

楚穆王雖然弒父，但的確有些才能，他完全繼承了父親的事業，繼續把楚國的勢力向中原推進。而一個沒有了齊桓公和晉文公的中原，該如何抵抗楚國的壓迫呢？

這就要看晉襄公的了。

晉襄公接力稱霸

中原各國目前都聚集在晉國麾下。晉襄公繼承父親的霸業，繼續行使霸主的職能，在打壓了秦、楚、狄三個敵人以後，開始清理門戶，收拾聯盟內部不服管理的國家。

當年衛成公因為濫殺無辜被晉文公判刑，後來僥倖逃脫，對晉文公一直心懷不滿。晉襄公登基以後，中原各國都去朝覲，只有他不去。不僅這樣，他還趁着晉國跟楚國對峙的時候去打鄭國，連同盟的兄弟國家也不放過。所以晉襄公第一個要收拾的就是他。

在登基的第二年，晉襄公向中原各國諸侯發出佈告，聲明要討伐衛成公不尊敬盟主的罪過，隨後領兵進攻衛國。

軍隊到達南陽的時候，先軫的兒子先且居勸告晉襄公："大王這次討伐衛國的名義是他們不朝覲盟主，現在周王就在附近的溫邑，大王不妨去朝拜一下他，免得人家說我們自己都不朝天子，有什麼臉說別人。衛國那邊，臣領兵去打就可以了。"

這個建議很中肯，晉襄公立即答應了。於是兵分兩路，先且居繼續去打衛國，晉襄公去朝覲周王。

晉國的大軍來到衛國的戚邑，很快就打敗衛軍，活捉了戚邑的守衛者孫昭子。

衛成公眼看打不過了，就向陳國求救。陳國的後臺老闆是楚國，所以這是變相拖楚國下水的陰招。陳共公沒上當，不發兵去幫他，更不驚動楚國，反而替他出了一個歪點子："不用怕，晉國哪是你們的對手？他來打你，他們國內肯定空虛，你抄後路去打他，他就只好撤退了。"

衛成公一拍腦袋："這是個好主意啊。"馬上讓孔達帶領大軍繞了一圈去偷襲晉國。結果可想而知，現實無情地擊碎了他的夢想。

當年秋天，晉國重新劃定跟衛國的疆界，把整個戚邑併入晉國。

一直到第二年，陳共公出面去求晉國，又把孔達綁了送過去，磕頭謝罪，晉國才饒恕衛國。

另外，魯文公也是個刺頭，他最近剛剛登基，想繼續沿用魯僖公首鼠兩端的國策，在大國之間玩平衡。晉襄公當然不答應。

魯文公上臺的第二年，晉襄公就派人去責問他，說："去年你上臺了怎麼不來晉國向我述職？這是輕視霸主！"

魯文公不敢嘴硬，馬上親自去晉國拜見晉襄公。但是晉襄公根本不理他，只派大夫陽處父來跟他簽了一個盟約 —— 這是把魯國國君跟晉國的大臣相提並論。魯文公受了這個氣也沒辦法，只好灰頭土臉地回國去了。

衛、魯這種宵小只適合給晉國拿來練手，晉國真正的對手還是秦、楚兩大國。

崤山之戰把秦國徹底打痛了，秦穆公恨入骨髓，一心要找晉國報仇。

當初孟明視他們被放走的時候，親自在船上對晉國的人說：鄙人三年以後再來討教。

回去以後，秦國三帥痛定思痛，埋下頭來認認真真地操練兵馬，準備報仇雪恨。結果僅僅兩年以後他們就準備好了。

公元前 625 年，三帥帶領秦國軍隊再次殺奔晉國。

晉國早有防備，一收到秦國出兵的情報，馬上派出先且居、趙衰帶領晉軍到前線迎戰。

先且居以攻為守，直接率軍殺進秦國境內，到彭衙才遇到秦軍，兩軍在彭衙展開大戰。

這次戰爭中，晉國出了一個國家英雄 —— 狼瞫。

狼瞫最早出名是在崤山之戰中。當時晉襄公捉住了一個秦國俘虜，把他交給自己的車右萊駒，命令萊駒將他斬首，自己駕車走了。所謂車右，就是在戰車上位於右邊的，手執長矛的士兵。

哪知這萊駒剛剛舉起戈，要殺秦國俘虜的時候，被秦國俘虜一聲大吼，嚇得連戈都丟到地上了。旁邊的狼瞫看到了，衝過來一把拾起戈，直接砍掉俘虜的腦袋，然後挾着萊駒追上了晉襄公的車。襄公嘉獎他的英勇，把他提升為自己的車右。

但狼瞫的上升之路並不順利，後來在跟狄人的箕之戰中，不知什麼原因得罪了當時的元帥先軫。先軫把他降級，讓別人頂替了他的位置。

他的朋友就對他說："這樣受辱，何不以死明志？"

狼瞫說："我要死得其所。"

朋友就跟他商量："要不我們造反直接殺了先軫算了！"

狼瞫說："為不義之事而死，不能算 '勇'。真正的勇者是為國家而死的，你等着看吧。"

到了現在彭衙之戰的時候，狼瞫帶領自己手下的士兵們衝在最前面，他們勇猛無比，一路衝進秦軍陣營，直來直去，大殺一通。秦軍陣勢大亂。後面的晉軍跟着衝上去，殺得秦軍大敗而逃。

狼瞫和他的屬下們全部在這場戰役中為國捐軀，他用實際行動向晉國高層證明了打壓他是一個多麼錯誤的決定。他更是真切地詮釋了 "勇" 的本質：心裡有怨氣，不是以禍亂國家的方式來發洩，而是把怨氣轉化為鬥志，在戰場上為國殺敵，這才是真正的勇士！

所以後人評價狼瞫說："怒不作亂而以從師，可謂君子矣。"

狼瞫真當得起"君子"的稱號。

孟明視殺氣騰騰地來報仇，結果又一次大敗虧輸。晉國人笑得直不起腰，把秦軍叫作"拜賜之師"——你小子當年不是說過三年以後要再來"拜賜"嗎？還挺守信用的。

事情這樣還沒完，晉國隨後就興師報仇。當年冬天，晉國帶領宋、陳、鄭組成四國聯軍殺向秦國。

這時的秦國還沒從之前的敗仗中緩過氣來，只能以退為進，邊打邊撤。

聯軍迅速推進，又一次打到彭衙，最後佔領了秦國的汪邑。晉國又一次在對秦戰爭中獲勝，用實際行動狠狠地教訓了秦國一頓。

晉襄公的武力至此達到頂峰。

祭崤山

秦國好歹也是稱霸一方的大國。被欺負成這樣，秦穆公急了，拼盡全力也要找回場子。

他一方面安慰孟明視"不要擔心，好好操練軍隊，下次再報仇"；一面整肅軍備，勤修內政，準備發起跟晉國的全面戰爭。

好在秦國有足夠的戰略縱深，而且體量夠大，晉國來打他也只能佔點小便宜，造不成重大傷害。秦國的戰爭準備仍然在有條不紊地進行着。

第二年夏天，秦國準備已經充分。秦穆公下令，全國發起戰爭總動員，孟明視再次掛帥，秦國精英階層傾巢出動，雄赳赳地殺向晉國，報仇雪恨！

這次的目的不是為了什麼利益，純粹是為了出一口氣。秦國被晉國壓制這麼多年，又在崤山遭遇了大屠殺，人人含恨，個個帶怨，都卯足了勁要跟晉國人拼命。

渡過黃河以後，孟明視命人把船全部燒掉，斷絕了退路——如果這場戰爭不能獲勝，自己就跟士兵們一起死在晉國，既然來了，就沒想過再活着回去！

晉國朝野震動。晉襄公跟大臣們討論對策，大家都認為秦國已經被逼得快瘋了，這樣賭上國運同歸於盡的打法沒必要應戰。晉國的志向在於爭霸天下，不必玩這種賭氣的把戲。再說晉國確實也有理虧的地方，不如高掛免戰牌，讓秦國人自己鬧去，鬧夠了他們自己會消停的。

而且從兵法上來講，避敵銳氣也是常用的招數，晉國就算要應戰也不是這個時候。

晉襄公下令全軍堅守不出。秦軍很快攻佔了晉國的王官等地，一直殺到晉國都城的郊外，晉軍都沒有動靜。秦軍決策層當然明白晉襄公的意思，所以也沒有強攻城池，只是讓秦軍在晉國的荒野上任意馳騁，以此發洩秦人的憤怒。

秦軍在晉國的土地上橫衝直撞了很多天，無人阻攔，最後轉而南下，從茅津渡過黃河，跟剛從秦國過來的秦穆公會合，來到崤山戰場。

戰爭已經過去三年了，當年生龍活虎的小夥子們已經化作了累累白骨，被掩埋在雜草叢中。山谷中闃然無聲，偶爾有幾隻狐狸在其間徘徊，幽靈一般穿梭來去。只有山崖上幾杆零星的破旗在風中搖曳，向人們訴說不能歸家的遊子內心永遠的遺憾。

秦穆公跪地大哭：“孩子們，我來看你們了！”

數萬秦軍手捧頭盔，齊刷刷伏在地上，人人披麻戴孝，如霜雪鋪滿山谷，哀慟之聲震動天地。

秦穆公領着秦國的將士們，親自收拾陣亡秦軍的遺骨，將其一具具拼接好，擦拭乾淨，仔細埋進新挖的墓地裡，然後在上面立碑紀念，連續哀悼三天，祭奠這些為國捐軀的亡魂。

秦穆公隨後作《秦誓》檢討自己的過錯。（另一種說法認為《秦誓》是在崤山之戰之後寫成的。）

> 公曰：“嗟！我士，聽無譁！予誓告汝群言之首。古人有言曰：‘民訖自若，是多盤。’責人斯無難，惟受責俾如流，是惟艱哉！我心之憂，日月逾邁，若弗云來。惟古之謀人，則曰未就予忌；惟今之謀人，姑將以為親。雖則云然，尚猷詢茲黃髮，則罔所愆。番番良士，旅力既愆，我尚有之；仡仡勇夫，射御不違，我尚不欲。惟截截善諞

言，俾君子易辭，我皇多有之！昧昧我思之，如有一介臣，斷斷猗無他技，其心休休焉，其如有容。人之有技，若己有之；人之彥聖，其心好之。不啻若自其口出，是能容之。以保我子孫黎民，亦職有利哉！人之有技，冒疾以惡之；人之彥聖而違之，俾不達是不能容。以不能保我子孫黎民，亦曰殆哉！邦之杌隉，曰由一人；邦之榮懷，亦尚一人之慶。”

秦人內心壓抑了三年的憤懣在這一刻終於釋放，崤山陣亡的將士們可以安息了。但已經結下的冤仇還怎麼解得開呢？秦國遭受的損失又怎麼可能真正找得回呢？

秦晉爭霸，秦國是真的輸了。

稱霸西戎

秦穆公崤谷封屍以後，帶領秦軍撤回了國內。

這次“戰爭”雙方其實根本沒有真正碰面，晉襄公讓秦國人在晉國土地上轉了一圈，秦人的憤怒暫時得到發洩，也就不再找晉國麻煩了。

孟明視歷經兩次慘敗過後厲兵秣馬，到這時終於勝了一場，秦穆公對他的支持沒有白費。後人因此誇獎秦穆公寬容大度，能任用有過錯的將領，終於得到了回報。

秦國民眾歡欣鼓舞：我們這麼多年來一直被晉國打壓，現在終於成功報仇，看來秦國真的強大起來了，大王即將帶領我們攻佔中原！

但秦國高層心裡很清楚，對晉國的戰爭根本沒有真正獲勝，而且以後也很難獲勝，擋在秦國東面的這座大山只怕是翻不過去了。

秦穆公這些年一直夢想着要為秦國打通東進的道路，費盡了心力，到現在垂暮之年，才發現一生的心血都是白費，心裡的苦悶可想而知。

這一生的霸主夢究竟何時才能實現？

他有野心、有謀略、有鋼鐵般的意志，有蹇叔、百里奚那些忠心耿耿的屬下，也有一個同仇敵愾、朝氣蓬勃的秦國，以及數百萬永遠對他不離不棄的秦國百姓。

然而他沒能擁有屬於自己的那個時代。

這是晉國的時代，不是秦國的。天道在晉，人不能跟天作對。

在天意面前，哪怕一個千乘之國的國君也一樣渺小如螻蟻。

夢醒時分，眼前是鐵一般的事實。

在無可奈何之中，穆公只好放棄東進的策略，把目光轉向西部，轉向祖先們曾經開疆拓土的地方。

在公元前 624 年之後，秦國重新走上了祖先們的道路 —— 在西方蠻族中稱霸！

這時候一個叫由余的使者突然來訪，穆公感到前方豁然開朗，新的機會出現了！

秦國西北邊有十二個戎人部落（"十二"只是表示很多的意思），他們跟秦國接壤，世代都有來往，時打時和，又相互通商，一直這樣相處了幾百年。

十二國中最強大的是綿諸國，他們是戎人的首領，國土就在秦國祖先發跡的土地附近。

綿諸跟秦國關係挺密切，他們受到秦國的感染，對中國那些"稱霸"之類的謀略也挺感興趣，所以這次派由余到秦國來聯絡感情，順便查探一下秦國的情況。

由余可不是戎人，而是正宗的華夏世冑，他是已經滅亡了的晉國大宗的後人。當年曲沃武公滅了正統的晉國王室，對原來的王室成員大開殺戒，貴族們紛紛逃亡。由余的先祖就逃到了戎人部落裡面，成了戎人的大臣之一。

所以他既受到中原文化的浸染，又對戎人部落內部的情況相當瞭解，秦國兩大敵人的血脈都集中在他身上。這樣的人當然是秦穆公求之不得的。

愛才如命的秦穆公馬上開始打由余的主意，他帶由余去參觀秦國的宮殿，一路都是錦繡鋪地，華麗非常。穆公問由余的感想。由余說："這些都是靠人力堆成的，苦了老百姓。"

穆公問他："中國向來以詩書禮樂法度治國，還經常發生動亂。戎人不講究這些，他們是靠什麼治國的呢？"

由余回答："詩書禮樂正是中國亂的原因呀！當初從黃帝開始制定了禮樂法度，以聖人的才能，兢兢業業，才勉強讓國家得到治理。後世的帝王們哪能跟上古聖賢比？他們個個驕奢淫逸，法度的作用當然就發揮不出來，結果朝廷上下互相爭鬥，一片混亂，國家當然也就亂了。

"至於戎人，則不講究這些。只是君王以淳德對待下人，下臣以忠信報答君王，治理一個國家如同一個人修身養性那麼簡單，不知不覺地就把國家治理好了。這才是真正的聖人之治。"

秦穆公聽了這番言論拜服不已，回去以後就問大臣內史廖："由余如此有才能，這對我們國家是個威脅，我們應該怎麼辦？"

內史廖就出了個主意："戎人一直住在荒僻的落後地區，沒見識過我們中國的繁華景象。大王可以送一些擅長歌舞的美女給他們，讓他們沉溺在聲色裡面，他們自然就會荒廢國政。"

"至於由余，這好辦。大王派人對戎王說你很欣賞由余，要留他在秦國再多住一段時間。一直這樣拖着，不讓他回國，戎王肯定會懷疑由余貪戀富貴不肯回去，這就成功地離間了他們君臣。"

這個計策就是對由余那番話的回應——戎人的國家之所以很少動亂，就是因為他們從上到下都很淳樸，不追求享受，因此他們的國家政治清明，效率特別高。所以要打擊他們，就先要腐蝕他們，讓他們沾上中原國家的腐敗習氣。

這樣的計策不可謂不毒辣。

秦穆公點頭稱是，馬上照着做。

戎王收到了秦國贈送的一大群美女。這些美女不愧是發達國家來的，見過世面，個個妖媚婉變，又知書達理，會說話，會伺候人，哪裡是苦寒之地那些粗手笨腳的胡姬比得上的？戎王一見之下頓時目眩神迷，每天跟這些美女們混在一起，觥籌交錯，歌舞昇平，從此荒廢了朝政。

至於由余，早都被戎王丟到一邊去了，秦國要留他就讓他們留着吧，這有什麼大不了的？

由余就這樣一直被秦國硬拖在那邊，在秦國住了很久。秦穆公借這個機會慢慢地套他的話，把戎人部落內部的情況都瞭解了個七七八八，最後看時機差不多了，終於把他放了回去。

由余回到戎人部落以後，看到戎王完全被美色迷住了，國政沒人治理，亂成一團，就趕忙上去勸誡。可是戎王哪裡肯聽，反而怪他多事。這樣反覆幾次以後，君臣之間漸漸有了嫌隙。

再加上秦國那邊一直跟由余往來不斷，戎王私下開始懷疑由余是不是跟秦國有勾結，所以更加不信任他。

秦穆公也在暗地裡派人勸說由余，希望他投靠秦國。由余是聰明人，知道戎王已經被秦人迷惑住了，這樣下去自己會被秦國給玩死，還是趁着現在跑得掉的時候趕緊跑了吧。所以他找個機會就偷跑到了秦國，投到了秦穆公手下。

秦穆公大喜，立即拜他為上卿，對他委以重任。

有了這樣一個超級"帶路黨"的加盟，秦國從此對戎人內部的情況瞭若指掌。

做了充分準備以後，公元前 623 年，秦國發動突襲，迅速攻破綿諸國的防線，活捉了綿諸王。綿諸國只能臣服，接受秦國做自己的主人。

然後秦國根據由余制訂的計劃，挨個吞併周邊的戎人部落，很快取得了一系列勝利，史書上說"兼國十二，開地千里"，把西邊一大堆戎人部落都納入掌控之中，秦國從此"稱霸西戎"。

秦國的勝利驚動了東方諸國，各國心情複雜，但表面上都豎起大拇指大聲稱讚。周襄王更是派召公送了一隻金鼓給秦穆公，以表彰他替中國開疆拓土的功勳。

在人生的最後階段，秦穆公幾十年孜孜不倦的努力終於得到了回報。他雖然沒能取得自己終生夢寐以求的中原霸主地位，但卻在西部戎人部落中成就了霸業。以長遠的目光來看，這對秦國的意義其實更加重大。

秦國把這些戎人納入統治範圍之後，歷經幾百年的消化吸收，逐漸同化了他們，使得自己擁有了西部一片遼闊的大後方，然後再向東出擊，才有更加牢靠的基礎。這是後來秦國能夠步步緊逼、逐漸吞併中原的一個重要原因。

後來秦國取得的一切勝利，都要感謝偉大的秦穆公！

楚國滅江

再說說東邊幾個國家的事。

秦國在西邊開疆拓土的時候，東邊的晉國跟楚國也在打來打去。

晉襄公跟秦國鬧翻以後，晉國受到秦楚兩面夾擊，壓力巨大。襄公只好想辦法調整自己的策略，改掉了以前那種咄咄逼人、強力稱霸的做法，對各諸侯開始採取懷柔政策。

他釋放了之前抓獲的衛國大夫孔達，主動跟衛曹兩個姬姓諸侯國修復關係，又邀請之前被他冷落的魯文公訪問晉國。

秦穆公祭崤山之後的幾個月，魯、衛、曹三國國君先後出訪晉國，與晉襄公觥籌交錯，把酒言歡。

被打壓的幾個國家都跟晉國和好了，其他國家更不用說。晉國因此在諸侯中間樹立起了彬彬有禮的形象，其霸權開始向柔和的方向轉變。

晉國岌岌可危的霸主地位通過這種方式暫時穩定了下來。

從晉文公到晉襄公，晉國保持了十五年的霸權，這是兩位君王的偉大成就，然而也帶來了一個意想不到的弊端 —— 晉國的對外擴張停止了。

作為諸侯的盟主，他們必須要 "以德服人"，不能隨便侵略別人。再加上他們本來就是姬姓王族、天子的親戚，所以對中原那一堆姬姓國家更要客氣。這就使得他們沒辦法吞併周邊的小國，甚至連搶一寸土地都不行。

這是跟之前齊桓公同樣的困境，也是中原各國地理條件決定的劣勢，無法突破。

相比之下，秦國的處境反倒好很多，因為他們可以從戎人手裡搶土地，開疆拓土的同時還能得到中原各國的稱讚，一舉兩得。

好在當年晉獻公憑着臭不要臉的做派，從周圍兄弟國家搶到了足夠多的土地，家底夠殷實，所以晉國還有維持霸權的資本，但要進一步提升國力卻萬萬做不到了。

自己不能擴張，能夠阻止敵人擴張也行。晉國稱霸的這些年，一直在阻擋楚國的對外侵略行為，遏制了楚國的膨脹。但俗話說，只有一輩子做賊的，沒有一輩子防賊的。一直這樣耗下去，總有防不住的那一天。

反觀楚國那邊，反正 "我是蠻夷"，沒有任何道德包袱，想打哪個國家就打哪個，所以他們的擴張步伐基本上沒停過，只在楚成王晚年的時候略微休整了一下。等到楚穆王這隻小狼崽上臺以後，楚國再次磨牙吮血，對着周圍的小國猛撲了過去。

第一個受害的就是江芈的婆家——江國。

公元前 624 年，楚穆王上臺的第二年，楚軍殺奔江國，包圍了他們的國都。

這是赤裸裸的侵略，直接挑戰中原霸主。晉國立即派兵救援。他們當然不會去硬碰楚軍，而是襲擾楚國本土，迫使楚國撤軍。

楚穆王只好撤退，江國暫時得以保全。

晉國隨後去周襄王那邊告狀。襄王也很憤怒，當年冬天他就派兵跟晉國軍隊一起去討伐楚國，直打到方城。這時，楚國的僕從國息國的公子來參戰，周晉聯軍無法攻克敵人的城池，只好撤走了。

楚國暫時也不敢亂動，先看看形勢再說。

不巧的是，這一年正是秦國跟晉國撕得最激烈的時候。秦穆公殺紅了眼，傾舉國之力攻打晉國，在晉國土地上橫衝直撞幾個月才撤走。

晉國必須找回面子，他們第二年就出手打回去，一路打進秦國腹地，戰況激烈，當然也就顧不得什麼江國了。

楚穆王看到這次機會，趁兩大國抱摔在一起的時候迅速出手，再一次打擊江國。這次沒人去救他們了，立國五百年的江國終於被滅國。

一部分江國遺民逃到北邊的陳國，其餘的都成了楚國的“戰利品”，被強行遷到楚國內地，最後被同化成了楚國人。江國的國土也被楚國侵佔了。

楚穆王再接再厲，隨後又吞併了六國、蓼國等小國家。楚國的人口和疆域進一步增加，再次形成了威脅中原的局面。

意外的是，江國被滅，最傷心的不是救援不及的晉國人，而是他們的親戚——遠方的秦國人。

江國也是嬴姓國，跟秦國擁有同一個祖先。雖然兩國相隔遙遠，平時可能也沒什麼來往，然而畢竟是一家人，血脈相連。

所以秦穆公聽到江國被滅的消息以後，非常傷心，親自穿着喪服哀悼他們，還舉行各種悼念儀式。但他確實沒辦法，秦國這時正被晉國揍得灰頭土臉，還怎麼顧得了親戚呢？

當別人問起的時候，秦穆公只好沮喪地說：“我們的親戚被人滅國了，我們卻沒法救援，我心裡真的是很慚愧啊。”

第二年，秦國攻打楚國的小弟鄀國，逼他們重新倒向自己，算是勉強為江國報了仇，賺回一點面子。

但在晉國強大的壓迫之下，秦國必須跟楚國合作，不可能跟他們撕破臉，所以江國被滅這件事也就這樣過去了。

另一方面，秦穆公畢生的事業也到此為止。隨後發生的事情，傷透了秦人的心。

讓秦人心碎的結局

公元前 621 年，春秋時期最偉大的君王之一、"春秋五霸"之一——秦穆公離開了這個世界。秦人哀痛不已，但隨後發生的事情卻讓人心情極端複雜。

秦國處於蠻夷跟中華交界的地帶，文化落後，民風粗鄙，在春秋時期還保留着許多原始社會的野蠻風俗，比如人殉。

人殉其實是一種古老的傳統，在最早的時代，很多民族都有這種做法。根據現在的考古發現，商朝的時候人殉非常普遍，不只君王死後要用活人殉葬，就是出兵打仗這一類普通的活動都會殺人來祭祀。

到了周朝的時候，人們的思想已經有了一些進步，開始懂得尊重別人的生命，所以人殉的情況大大減少。尤其是在文化比較先進的中原地區，基本杜絕了這種情況，而改用陶俑來代替活人。

但秦國這種落後地區就不一樣了。

從秦武公開始，秦國就恢復了商朝的人殉制度。據說秦武公死後，殉葬者達到六十六人。

秦穆公是一代明主，可惜死後依然沒能免俗。他不僅沿用了前任帝王的殉葬風俗，而且變本加厲，殉葬人數達到了創紀錄的一百七十七人，成為人殉制度的最高峰。

一般來說，殉葬者主要是奴隸和侍妾這類地位較低的人。但秦穆公這回不一樣，他用朝廷裡的將領來殉葬。

亂世之中，帶兵打仗的將領們是一個國家的頂樑柱，於國於民都有重大價值。殺掉他們來殉葬，對國家利益是一種巨大的傷害，任何有頭腦的君王都不會這樣做。

但秦穆公偏偏就這樣做了。

這樣昏庸殘暴的行為竟然出自"春秋五霸"之手，實在令人難以接受。這件事直接令世人對他的評價降低了很多，成為他一生最大的污點。

這次殉葬慘案裡最著名的受害者，是子車氏的三位被稱為"三良"的著名將領 —— 奄息、仲行、鍼虎。

他們都是當時秦國著名的將領，很受秦人的愛戴，又正值建功立業的年齡。他們被迫殉葬以後，秦人極其傷心，寫了《黃鳥》來表達自己的憤怒和哀傷：

> 交交黃鳥，止於棘。誰從穆公？子車奄息。
>
> 維此奄息，百夫之特。臨其穴，惴惴其慄。
>
> 彼蒼者天，殲我良人！如可贖兮，人百其身！
>
> 交交黃鳥，止於桑。誰從穆公？子車仲行。
>
> 維此仲行，百夫之防。臨其穴，惴惴其慄。
>
> 彼蒼者天，殲我良人！如可贖兮，人百其身！
>
> 交交黃鳥，止於楚。誰從穆公？子車鍼虎。
>
> 維此鍼虎，百夫之禦。臨其穴，惴惴其慄。
>
> 彼蒼者天，殲我良人！如可贖兮，人百其身！

秦人對天高呼："彼蒼者天，殲我良人" —— 蒼天啊！我們如此愛戴的青年才俊就這樣被殺害了；"如可贖兮，人百其身" —— 如果能贖回他們的生命的話，我願意為他們死一百次！

然而這樣憤怒的吶喊又能挽回什麼呢？秦國當權者根本不把這些呼聲放在心上，後來的秦國君王們仍然用活人殉葬。這種野蠻風俗一直延續到兩百多年以後秦獻公的時代，才被廢除。

關於"三良"殉葬事件，歷史上還有另外一種觀點 —— 他們可能是自願的。其主要的依據是東漢學者對《漢書》的一條註解：

據說秦穆公生前有一次跟大臣們一起喝酒，喝得興起，就對大家感歎說："生共此樂，死共此哀" —— 我們這些人生和死都要在一起。子車氏三兄弟當時也在場，很感動，當場答應以後會跟從穆公於地下。

如果這段記載是真的話，那麼子車氏三兄弟可能是自殺殉主的。

春秋時期，人們非常推崇“義士”。所謂“士為知己者死”，為了“情義”二字獻出生命在當時是很正常的行為，也被整個社會所推崇。

再考慮到秦穆公對人才的高度尊重，逼將士自殺這種事情他不大可能幹得出來，所以也有可能是後人冤枉他了。

但不管怎麼說，一百七十七人殉葬這種超大規模的慘案都是說不過去的，這件事讓秦穆公光輝的一生有了一個非常黑暗的結局。

話再說回來，不管是不是自願，“三良”被殺是事實。忠臣良將被當作陪葬品，使得秦國本來就很稀缺的人才資源變得更加稀少，在一定程度上，也削弱了秦國的國力。秦穆公以後的秦國一蹶不振，跟這種殘害人才的做法有一定關係。

還有一點史書上沒有記載，但我們可以想像得到：

在當時中原各國已經逐漸開始尊重人權的大環境下，秦國這樣公然開歷史倒車，在中原諸侯們眼裡看來，秦國顯然是一個野蠻不開化的國家。這樣一種惡劣的形象肯定會妨礙秦國跟東方各國的溝通，使秦國不可能得到諸侯們的尊重，這也間接阻礙了秦國跟晉國爭霸的努力。

公元前 621 年，秦穆公的兒子公子罃登基，是為秦康公。他是晉襄公的表兄弟。康公繼承父親的事業後，繼續死磕晉國，還想着去爭奪中原霸權。

然而秦國的第一次黃金時代已經過去了，後人根本沒有秦穆公的才能和機遇，怎麼可能還競爭得過晉國呢？秦康公所作的一切努力，都不過是主動找打而已。

秦國衰落，楚國勢頭正盛，國際局勢重新回到了晉楚爭霸的主旋律上來，天下各國的目光都聚集到了中原霸主晉國身上。

第十四章

君權的衰落

六卿崛起

公元前 622 年，晉國流年不利。一年之內，六卿裡面的前四位 —— 趙衰、先且居、欒枝、胥臣，先後病故，政壇巨震！

這時六卿的勢力已經很強大了，朝政都由他們把持。所以四人過世以後，晉國政壇面臨重新洗牌。

晉襄公被迫重新安排六卿的位次。

所謂六卿是怎麼來的呢？這就要從晉文公流亡列國的時候說起了 ——

當初晉文公重耳被追殺，流亡到國外，有一批忠實的追隨者跟着他逃亡，其中以下幾個人物後來成為晉國朝廷裡的重臣：

狐毛、狐偃、趙衰、先軫、胥臣、魏犨。

另外，晉國國內原有的一些位高權重的大臣，後來也得到了文公的重用，如郤縠、荀林父、欒枝、士蒍。

他們的家族都在晉國蓬勃發展，成為權傾朝野的世家大族，再加上後來崛起的韓氏，晉國總共出現了十一個大的家族。

每個家族的姓氏和晉文公時代的重要人物如下：

狐氏 —— 狐毛、狐偃；

先氏 —— 先軫、先且居、先蔑；

郤氏 —— 郤縠、郤溱；

胥氏 —— 胥臣；

欒氏 —— 欒枝；

中行氏 —— 荀林父；

智氏 —— 荀首（智氏和中行氏是荀氏分出來的兩個家族）；

范氏 —— 士蒍、士會；

趙氏 —— 趙衰；

魏氏 —— 魏犨；

韓氏 —— 韓厥。（韓氏是後來才發跡的家族，在晉文公時代還沒有權勢，為了方便敘述先列在這裡，後面也都採用 "十一個家族" 的說法，其實在晉文公時代還只有十個大家族。）

當然，貴族不是一天就養成的，這些世家大族都是在晉國經歷了很多代人，逐漸發跡的。比如荀林父和荀首的爺爺荀息就是晉獻公手下的重要人物，"假途滅虢"就是他的計謀。

為了敘述簡便，這裡只列出晉文公朝廷裡這一代人的名字，並不是說他們的家族從這一代才發家。

那麼"六卿"的說法又是怎麼來的呢？

晉文公當政以後，着手改革軍隊，把晉國軍隊設置為上、中、下三軍，每個軍裡面有一正一副兩位首領，正的稱為"將"，副的稱為"佐"。所以三軍總共有六個首領，分別是：

中軍將、中軍佐、上軍將、上軍佐、下軍將、下軍佐。

其中，中軍將地位最高，稱為"上卿"或"正卿"，中軍佐稱為"亞卿"或"次卿"，其餘的四人地位稍低，稱為"下卿"。

所有這些將佐統稱為"三軍六卿"。

第一代六卿是這幾個人：

中軍將 —— 郤縠；

中軍佐 —— 郤溱；

上軍將 —— 狐毛；

上軍佐 —— 狐偃；

下軍將 —— 欒枝；

下軍佐 —— 先軫。

由於十一個家族的超然地位，六卿當然只能從他們中間選拔。所以從三軍六卿設立的時候開始，他們的人就輪流擔任六卿的職位，完全把持着晉國的軍政大權。

這其實是曲沃代翼的後遺症之一。曲沃小宗竊取了晉國政權以後，怕後人依樣畫葫蘆，所以對王室宗親大開殺戒，幾乎把君王的直系親屬以外的親戚都殺光或者趕走了。晉國君王沒有了親戚，只好依託這些世家大族來主持國政。

權力一旦交出去以後，再要收回來就難上加難了，而且暫時看起來也沒有收回來的理由。

另外，世家大族把持朝政並不是晉國的特色，其他國家也有這種情況，只不過在晉國表現到了極致而已。

在晉文公的時代，十一個大家族都出了重要的人才，而且對文公也很忠心，是晉國的頂樑柱。在晉國國內的發展和對外擴張方面，他們都做出了很大的貢獻，君王也放心把權力交給他們。

當時的人們當然萬萬沒想到他們後來會威脅到君王的地位，甚至連晉國都會亡在他們手上。

一切看起來都還很美好。

但權力是一劑毒藥。在後來的歲月裡，十一個大家族圍繞着權力勾心鬥角，互相傾軋，上演了一出又一出的悲喜劇。最終只有中行、范、智、趙、魏、韓六個大家族活了下來，世人又把他們稱為“六卿”—— 這是六卿的另一個含義。

這裡為了敘述方便，我們把十一個大家族都叫作“六卿”。

六卿家族是後來晉國實際上的掌權者，直接決定了晉國的命運，也很大程度上影響了春秋後半段的歷史走勢，是春秋後半段當仁不讓的主角。

我們先回到六卿家族剛剛建立的時候。

每一個大家族都有一段曲折的創業史，展開來講，都是一篇宏大的史詩。

這裡就簡單講一下幾個大家族和他們的創始人的故事。

六卿家族的故事

狐氏

晉國有跟周邊戎狄通婚的傳統。當初晉獻公娶了翟國貴族狐突的兩個女兒，分別生下重耳和夷吾。狐突還有兩個兒子 —— 狐毛和狐偃，他們也跟父親一起在晉國做官。

作為重耳的舅舅，狐毛和狐偃很早就在重耳身邊輔佐他，重耳其實是在他們的教育下長大的。後來重耳被追殺逃亡國外的時候，他們也跟着一起逃了出去，成為流亡隊伍裡的主力成員。

狐偃是個老謀深算的人物，為重耳出過很多主意，重耳也特別聽他的，從當初逃避驪姬迫害，到後來流亡期間的種種決策，背後都有他的影子。在重耳的團隊裡面，他是軍師的身份。

他和其他流亡大臣一起，歷經磨難，終於幫助重耳回國，奪得了晉國的君位。

因此在論功行賞的時候，狐偃當仁不讓地排在第一位，之後也是晉文公朝廷裡的核心人物之一。

後來晉文公當政期間，狐偃也在朝政中起到很大作用。文公出兵勤王以及城濮之戰打敗楚國，背後都有狐偃的計策。文公設立三軍，狐毛和狐偃共同統領上軍，二人都是重要的將領。

因此狐偃和先軫、趙衰一起，都被認為是晉文公的股肱之臣。文公稱霸諸侯，歸根結底其實是他們這個小團隊集體努力的結果。

但另一方面，狐偃在大眾中間的風評並不太好，大家普遍覺得他做人圓滑、功利心太重。

當初晉文公回國繼位的路上，渡過黃河的時候，介子推就因為看不慣狐偃假惺惺的表演，一怒之下私自離開了。

再說狐毛，他在晉文公一朝的角色主要是軍事將領。城濮之戰，他是直接指揮者，功勞也是非常大的。

而狐氏家族跟以趙衰為首的趙氏家族的關係似乎有一點微妙：狐偃死後，趙衰直接繼承了他的上軍佐的位置。趙衰沒有謙讓，更沒有讓狐偃的後人來接替，似乎是間接奪走了狐氏的權勢。

後來狐氏跟趙氏鬥了很久，最終敗下陣來，被趙氏排擠出了晉國。

先氏

先軫也是跟隨晉文公流亡的主要功臣之一。在文公很年輕的時候，先軫已經在他手下當差，跟狐偃一樣處在文公團隊的核心位置。

文公設置三軍，先軫先是下軍佐，但很快升為中軍將，成為三軍統帥。他是元帥，也是一個智計百出的軍事家。在文公稱霸的階段，晉國多次對外戰爭的勝利都依賴他的謀略。

城濮之戰，先軫是總指揮，以精準的判斷力強壓楚國。挑唆曹、衛兩國去激怒楚國就是他的計謀。

秦國冒險長途奔襲鄭國，先軫第一時間做出判斷，提出應該截擊秦軍，以打擊秦國的擴張勢頭。

這兩次重大戰爭中先軫的意見都起了決定性作用，使得晉國在跟秦、楚的競爭中佔據上風。

這兩場戰爭在中國軍事史上都具有重大意義，對後世的戰略戰術啟發很大，先軫也因此成為中國古代最著名的軍事家之一。

但先軫本身是個性格暴烈的人，眼裡揉不進沙子，甚至對上級都是如此。

崤山之戰過後，晉襄公聽信懷嬴的忽悠，把晉國花費很大力氣才抓到的秦國三帥釋放了。先軫聽到消息以後暴跳如雷，直接闖進王宮面斥襄公。

雖然晉襄公沒有為這件事生他的氣，但先軫也知道自己這樣的做法屬於嚴重的以下犯上，不可能再得到朝廷內外的原諒。

在隨後對狄人的戰爭中，先軫脫掉甲冑，單槍匹馬闖進敵方陣營，以自殺式的攻擊為自己犯的錯誤贖了罪。

可以看出，先軫既是一個智計過人的戰略家，又是一個典型的武將，忠直耿介，對國家、對君王都是一片赤膽忠心，不像別的謀士有那麼多花花腸子。

先軫的弟弟先蔑、兒子先且居都是當時的著名將領，他們家族對晉國的對外戰爭做出了很大貢獻。

但他們家族的主要成就只是在軍事方面，對晉國的內政外交似乎影響不大。而且以武人的性格，不太會玩權謀，在跟其他家族的政治角力中，他們就比較吃虧，所以先氏家族沒有多久就敗亡了。

郤氏

郤氏是晉國公族的分支。在晉獻公時代，有一次晉國攻打狄人的翟柤國，公族子弟叔虎奮勇當先，扛着旌旗第一個登上城頭。事後獻公獎賞他的功績，把他封在郤邑，稱為郤子。他就是郤族的祖先。

郤氏家族政治立場很明確，一直堅決地站在晉獻公一邊。所以獻公對公族展開大屠殺的時候，郤氏沒有受害，反而漸漸壯大了起來。

後來驪姬亂政，郤氏家族的郤芮是公子夷吾的手下，陪着夷吾逃到了國外。他向夷吾獻計，請求秦國幫助夷吾回國繼位。夷吾用他的計策成功登上君位，是為晉惠公。郤芮也成了惠公朝廷裡的權臣。

後來郤芮又擁立了晉惠公的兒子晉懷公。

但沒想到風水輪流轉，最後獲勝的竟然是重耳。晉懷公隨後被重耳殺害。

晉文公重耳登基以後，郤芮依然忠於晉懷公。他和呂省密謀火燒王宮殺害文公，但事情敗露，文公沒死。兩人只好逃到秦國去，結果被秦穆公殺掉了。

但郤氏家族早有準備，當年他們家的人分別支持夷吾和重耳。郤縠和郤溱就是重耳一黨，重耳能夠回國繼位，跟他們的裡應外合有很大關係。

所以晉文公一上臺就重用郤縠和郤溱，把兩人任命為中軍將領，成為三軍領袖。

可惜郤縠沒能風光太久，第二年就過世了，有可能是在攻打衛國的戰爭中戰死的。中軍的指揮權也落到了先軫和胥臣手上。

到這時，郤氏看來要衰落了。但一位牛人橫空出世，硬是把郤氏挽救了回來。

郤芮被殺後，他的兒子郤缺也受到牽連，被貶為平民，在冀地的鄉下當農民，艱難度日。

晉文公的另一位親信胥臣有一次經過冀地，看到郤缺在田裡除草。他的妻子來給他送飯，兩人相敬如賓，言談舉止都符合禮儀。胥臣回去以後就跟文公說起這件事，說郤缺是有德之人，不應這樣被埋沒。

當然也有可能胥臣本來就想幫郤氏，故意編造了這番話。

晉文公也是胸襟開闊的雄主，聽到這話以後果斷原諒了郤芮的罪行，起用郤缺為將領，讓他繼承父親的官位。郤芮的家族重新掌權，代表整個家族的命運兜兜轉轉了一圈又回來了。

事實證明，將門虎子的說法沒錯。郤缺當上將軍以後，表現十分突出，在箕之戰中一舉抓獲白狄的首領，自此成為晉國最重要的將領之一。而且他的才能遠遠不止在軍事領域，在朝堂上他也混得風生水起，後來甚至成為晉國的一號權臣，把郤氏帶上了權力的巔峰。

胥氏

胥氏也出自晉國公族，具體的起源不是很清楚，他們真正登上政治舞臺是從胥臣開始。

胥臣也是跟隨晉文公流亡的功臣之一，他的角色跟先軫類似，也是文武雙全的將領，既能出謀劃策，又能上陣殺敵。

在早期，胥臣的地位非常高，因為他可能是晉文公的老師，史書上提到"文公學讀書於臼季"。

他也是晉文公主要的謀士之一，曾勸說文公娶自己的侄媳婦懷嬴，以此來取得秦穆公的信任。

晉文公登基以後，胥臣被封到臼邑，官拜司空，這個封賞在功臣們中間是比較高的。

他最著名的事蹟是在城濮之戰中，把虎皮蒙在馬身上，衝進陳蔡兩國的陣營，擊潰了陳蔡聯軍，並形成連鎖反應，最後造成楚軍的崩潰。

這樣一員猛將，同時又是一位著名的教育家，提出了"因材施教"理論。

另外，他推薦郤缺，幫助郤氏復興，間接改變了後來晉國公卿家族的權力格局。

不過後來的發展形勢卻完全出人意料。郤缺掌權以後，胥氏反而被打壓得特別慘。胥氏的後人因此報仇，又反過來滅了郤氏家族 —— 真是成也蕭何敗也蕭何。但這件事做得太過分，後來胥氏也受到報復，被人滅了。

兩個重要的公卿家族 —— 郤氏和胥氏，最終同歸於盡。

魏氏

魏氏出身高貴，他們本來是周朝的公族，先祖是周文王的第十五個兒子高。

武王一統天下以後把這個弟弟封到了畢國，因此他又被稱為畢公高。畢公高也是周朝初年赫赫有名的人物，曾經跟周公、召公一起輔佐成王、康王，為周朝立過很大的功勞。

後來畢國可能是被戎人滅國了，國中的貴族們四散逃亡。有一個叫畢萬的公子逃到了晉國，在晉國紮下根來，在晉獻公手下當大夫。

畢萬勇猛異常，多次跟隨晉獻公出征，立下許多軍功，因此受到晉獻公賞賜，被封在魏地，從此改稱魏氏。

畢萬的英勇基因遺傳給了後人，他的孫子魏犨也是個猛士。

魏犨和顛頡都曾經跟隨晉文公重耳流亡列國，文公登基以後，他們也成為文公朝的開國大佬之一。但兩人都屬於武將，按照文公的封賞標準，他們算最末一等，受到的賞賜並不多，在朝廷裡的地位也較低。

城濮之戰前，晉國攻打曹國，以報當年曹國羞辱晉文公之仇。

曹國很快被攻破，曹君被當眾羞辱。晉文公是恩怨分明的人，曹國的大臣僖負羈當年曾經善待過他，所以他下令軍隊不准騷擾僖負羈及其家人。

不料魏犨和顛頡卻心懷不滿："那個僖負羈裝模作樣地送你一點東西，你就這樣念念不忘；我們跟隨你十九年，你就給我們這點回報？"

兩個衝動的武夫突然腦子一熱，竟然約好私自帶兵去攻打僖負羈家，把僖負羈的宅子一把火燒了。最丟人的是，在這次相當於打群架的戰役中他們竟然還受傷了，不僅破壞了晉軍"仁義之師"的名聲，還丟盡了晉國的臉。當然，最重要的是損害了晉文公的威信。

魏犨和顛頡估計仗着資歷夠老，是在最艱難的歲月中跟着文公混過來的，以為自己最多被訓斥一頓。

但文公並不管這些，這件事觸犯了他的底線，他準備下令把兩人斬首。殺之前，文公還是有點捨不得，就讓人去魏犨家查看情況。

魏犨傷在胸口，正躺在床上養傷，聽說文公的使者來了，趕忙用布帛把傷口緊緊地裹起來，然後親自出去迎接使者。在使者面前，他談笑風生，還表演武藝給他們看，當場跳躍翻滾，看起來一點事都沒有。

使者回報了看到的情況，文公感歎："這小子傷這麼重還能這樣折騰，真是難得的猛將啊！國家確實需要這樣的人。"所以就饒了魏犨一條命，免去他的官職，只把顛頡殺了。

魏犨既有武力又有心機，運氣也不錯，終於成功躲過這次殺身之禍，所以才有了後來戰國七雄中的魏國。

不過，六卿的所有家族裡面，最有戲劇性也最重要的還要算趙家……

趙家的發跡史

趙氏也屬於嬴姓，跟秦國國君源自同一個祖先。

當初紂王手下有猛將名叫蜚廉，作戰勇猛。後來他被周朝俘虜，成了周朝的大臣之一，但不久以後就被殺了。

蜚廉有兩個兒子比較有名，一個是惡來（很快也被殺了），另一個是季勝。他們的後人都侍奉周朝，但地位不高。

到了周穆王的時候，季勝有個曾孫叫造父。造父善於相馬和駕車，是穆王的馬伕，很受穆王青睞。

傳說他曾經得到八匹駿馬，都獻給了穆王，就是著名的"穆王八駿"。穆王讓他駕車，趕着這些馬一直向西奔馳，日行千里，最後來到昆侖山，見到了西王母。

西王母熱情款待穆王，穆王在那邊玩得不亦樂乎，忘了國內的政事。這時忽然傳來東邊的徐偃王造反的消息，又多虧造父駕車一路狂奔，帶着穆王迅速趕回國內，平定了叛亂。

穆王因為他這次的功勞，把他封在了趙城。從此他們整個家族都沾光了，包括惡來和季勝的後裔，都以趙為氏，是為嬴姓趙氏。

造父就是趙氏的先祖。

而惡來的後人中不久以後也出了一個人才，叫非子。他因為養馬養得好，天下聞名，也受到周天子的封賞，被封在秦地，建立了秦國。

這個家族的人似乎做事都特別認真，即使身處低位，也能兢兢業業地做好自己的工作，所以最後都得到了巨大的回報，成為後世兩個大國的先祖。

趙氏的後人在西周末年看到朝政混亂，就離開周朝，到晉國去當官，成為晉國的卿族之一，一直傳到了趙衰這一輩。

趙衰是追隨晉文公流亡的五大功臣之一。

據說他未出仕的時候曾經占卜，看應該去輔佐晉獻公還是各位公子。占卜的結果顯示，輔佐獻公和其他公子都不合適，只有輔佐重耳才吉利，所以他就到了重耳那一方。

他的年紀比晉文公稍微小一些，兩人從年輕的時候就很熟悉。他們的私人友誼可能非常好，聯手娶了叔隗、季隗這一對姐妹。然後文公又把自己的

女兒嫁給趙衰 —— 所以他們兩人既是連襟，又是翁婿。

從這樣密切的婚姻關係，可以看出趙衰受晉文公信任之深，所以人們都說他是文公的股肱之臣。

在晉文公流亡的十九年裡，趙衰始終是團隊的中流砥柱，文公所有重大的事情都會跟他商量。

在最艱苦的時候，他"以壺飧從徑，餒而弗食"，把帶着的食物讓給晉文公，自己不肯吃。

文公在齊國貪圖享樂，不肯離開，是趙衰他們幾個人謀劃，把文公灌醉了強行帶走。

到了秦國，秦穆公在宴席上跟晉文公互相唱和。秦穆公唱了《六月》，趙衰馬上高聲說："重耳拜賜。"晉文公走下來向秦穆公行禮，秦穆公也趕忙還禮。

秦穆公說"你們這是為什麼呢？"趙衰回答："大王命我們公子輔佐天子以安天下，我們公子怎麼敢不拜謝呢？"原來《六月》裡面有幾句說的是尹吉甫替周天子討伐敵人的故事。君無戲言，趙衰一句話就把秦穆公套牢了。後來晉文公拋開秦國單獨出兵勤王，秦穆公也不好公開表示反對。

晉文公登基以後，趙衰毫無懸念地進入了朝廷的核心領導層。

在文公的班底裡面，趙衰不是才能最突出的。相比於狐偃的老謀深算、先軫的奇計百出，趙衰似乎沒有讓人驚豔的謀略。但這只是因為他低調、不貪功，實際上他的謀略不輸於任何人。

人們說，晉文公"父事狐偃，師事趙衰，長事賈佗"，把趙衰當作自己的老師。文公從當公子的時候開始，到稱霸諸侯，中間有很多決定都是趙衰做出的。可以說，他是晉文公霸業的主要建設者之一。

如果僅僅是出謀劃策的話，趙衰也就算個頂級謀士而已。但他還有一種才能是所有人都比不上的 —— 他特別會"做人"。

這個"做人"不是說他左右逢源四面討好，而是說，他能自如地協調各方關係，讓所有人都感受到他的恩德。因此，不管哪個派別的人，都誇他是個熱心腸的好人。

他低調沉穩，處處展現出謙遜的風度。中國人一向對謙讓的人有好感，所以趙衰在朝廷裡的形象非常好。

　　例如，有一次晉文公派兵討伐鄴國，用了趙衰的計謀，戰爭進行得很順利。事後文公封賞群臣，趙衰卻推辭說："大王是要賞賜直接的執行者呢還是賞賜起根本作用的人？如果是前者，那麼可以賞賜騎馬駕車的將士們；如果是後者，那麼我的計謀是從郤子虎那兒聽來的。" 文公果然就賞賜了郤子虎。

　　類似的謙讓事蹟還有很多，最著名的是趙衰幾次"讓賢"的經歷，把晉文公任命給他的職位讓給了別人。

　　在最初設立"三軍"的時候，晉文公就任命趙衰當中軍元帥，他卻堅辭不受，說："郤縠德行高尚，讓他擔任這個職位比較合適。" 文公就讓郤縠當了中軍將。

　　文公又讓趙衰擔任下軍將，他說："欒枝仔細謹慎，先軫計謀過人，應該任用他們。" 文公於是讓欒枝和先軫統領下軍。

　　後來狐毛過世了，文公讓趙衰頂替他當上軍將，趙衰又推辭說："先且居在城濮之戰中有重大功勞，應該任命他。"

　　文公非常感動，對人說："趙衰三讓，所讓的都是社稷之臣。三讓而不失義，真是有德的賢臣呀。"

　　到最後文公都覺得對不起趙衰了，只好專門成立了新上軍和新下軍，讓趙衰當新上軍的首領，趙衰這才接受下來。

　　如果只是簡單推辭的話，那只能說明趙衰為人謙遜而已，但他其實有很深的考慮。他的做法本質上是在替文公推薦人才，而且他推薦的人才後來都被證明是特別適合這個職位的。長此以往，文公對趙衰也就言聽計從了。

　　另一方面，由於趙衰得到文公的高度信任，他推薦的人基本都能馬上獲得重用，這些人當然都會感激他，所以也替他和他的家族積累了廣泛的人脈關係。

　　除此之外，他還推薦過狐偃、胥臣、箕鄭等人，陽處父也跟他私交甚篤，連刺殺過文公的勃鞮都很欣賞他，甚至建議文公把原邑封賞給他。

　　總之，六卿裡面其餘幾個大家族的人基本都受過趙衰的恩惠。大家都很感激他，說他像冬天裡的太陽，讓所有人都感到溫暖。

　　可以說，在文公的朝廷裡，趙衰就是所有人中間的黏合劑，是他撫平了晉惠公時代紛繁蕪雜的派系紛爭，把整個晉國政壇黏合到一起。因為他的存在，文公時代的晉國才有如此強大的凝聚力，才能集合各派的力量共同對付國外的敵人。

趙衰的這些功勞都被人看在眼裡，記在心裡。他雖然低調隱忍，卻獲得了所有人的一致推崇。趙氏家族因此後來居上，在晉國政壇積累了超越其他家族的強大影響力。

不僅如此，在治家方面趙衰也是個能手，他很能協調家庭內部關係，連他的妻子都特別賢慧。

晉文公登基以後把自己的女兒趙姬嫁給了趙衰。當時趙衰的前妻叔隗和他的兒子趙盾都還在翟國，趙姬對趙衰說：“有了新歡就忘了舊人，這樣怎麼能服眾呢？應該儘快把他們母子接過來。”趙衰就把叔隗和趙盾接回了晉國。

趙姬雖然是公主，但她認為叔隗是原配而且功勞更大，就主動讓叔隗當正室，把自己降為偏房，還讓趙盾當嫡子繼承家業，自己生的幾個兒子都作庶子。

在叔隗和趙姬的諄諄教導下，趙盾也成長為非常有才能的人物。在趙衰過世以後，他作為趙氏的嫡長子，繼承了趙衰的事業。

公元前 622 年，一代巨人趙盾正式登上晉國政壇，晉國從此進入趙氏專權的時代。

夷之蒐

公元前 622 年，趙衰、先且居、欒枝、胥臣幾乎同時過世，軍方上層出現了巨大的空缺，晉襄公只好重組六卿。

那時候把大型的閱兵儀式稱為蒐，比如以前曾經舉行過的“清原之蒐”，就是在清原舉行的軍事集會。公元前 621 年，晉襄公晚期最大的閱兵儀式在夷地舉行，史書稱之為“夷之蒐”。

一般“蒐”期間都會進行重大的軍事首腦調整，夷之蒐的一個主要任務就是重新安排三軍將佐的人選。

更重要的是，這時候襄公的身體狀況已經不太好了，所以這次任命也有託孤的性質，會直接決定下一屆朝廷裡的勢力消長。

如此重大的一次權力洗牌，晉國上下都在密切關注着，幾個大家族之間不可避免地發生了爭奪。

角逐這些位子的主要是兩派勢力：一派是晉國老牌的公卿貴族，代表人物是箕鄭父、士縠、梁益耳、先都、荀林父；另一派是晉文公時代躥上來的新貴，尤其是跟隨晉文公流亡的功臣們及其後人。

晉襄公主要考慮的是如何在兩派人馬之間保持平衡。

他最初的想法是論資排輩，以老牌貴族為主，讓他們掌握軍隊，而以新人為輔。具體的名單都有了，但這個絕密情報卻意外洩漏了出去。

這等於是削奪新人們的軍權，消息一傳出來，朝中譁然。

不過這個消息也有可能是故意放出去的，以測試各方勢力的態度，包括已經列好的那份 "名單"，不排除也是一個幌子。

先且居的兒子先克首先站了出來，他向晉襄公進言："狐、趙之勳，不可廢也。" 狐偃、趙衰他們那一代老臣勞苦功高，您不應該忘記他們的功勞。

這時候狐偃、趙衰他們那一代人都已經離開了人世，他們的下一代人繼承了他們的位置，領軍人物是這幾位：

狐射姑（狐偃之子）、趙盾（趙衰之子）、先克（先軫之孫，先且居之子）、欒盾（欒枝之子）、胥甲（胥臣之子）。

先克繼承了當年他爺爺先軫直言敢諫的作風，代表功臣之後向襄公討情。襄公被他說服了，立即調整名單，把這群功臣之後擺到了最重要的位置上。

新的名單是：

中軍將 ── 狐射姑；

中軍佐 ── 趙盾；

上軍將 ── 先克；

上軍佐 ── 箕鄭父；

下軍將 ── 先蔑；

下軍佐 ── 荀林父。

這樣，新人們取得重大勝利，完全壓倒了傳統貴族勢力。但先克也因此得罪了一大票人，把自己推到了一個很危險的境地。

不料馬上又有人來說情。這次發難的是陽處父，就是之前忽悠楚軍撤退，又挑撥楚成王殺子上的那人。

據說很多年前，狐偃、趙衰當政的時候，有一次，陽處父去求狐偃讓晉文公給自己一個官職，狐偃拖了三年都沒給他辦下來。他又去求趙衰，趙衰三天就給他辦好了，還讓他當上了晉襄公的老師。從此陽處父就投入了趙衰陣營，成為趙氏的忠實支持者。

這次夷之蒐正好由陽處父來主持。他看到新名單上，狐偃的兒子狐射姑排在趙盾的前面，就私下勸諫晉襄公把狐射姑跟趙盾的位置相互調換，讓趙盾擔任中軍將，然後把閱兵的地點改到董地。這樣就完成了這次重要的人事任免。此外，陽處父還對外大肆宣傳趙盾的才能。

另一方面，由於趙衰極佳的人際關係，各方勢力基本都支持趙家，所以這次人員變動也得到了大多數人的支持。

趙盾就憑藉這次機會成功上位，一舉成為晉國朝廷裡的一號人物，開始了獨攬大權的生涯。

而以趙盾為首的新人勢力，也成功地壓倒老牌貴族，掌控了晉國朝政。

幾個月以後，晉襄公病逝，兩任君王稱霸的時代結束，六卿當政的時代開始了。

趙盾背秦

擺在新人們面前最迫切的事情就是立儲問題。

本來晉襄公臨終的時候決定讓穆嬴生的夷皋繼任君位，但朝中大臣們普遍對這個夷皋沒有好感。襄公一死，他們就拋棄了夷皋。

大臣們的說法是，夷皋年紀太小，把國家交給他太危險，所以都希望讓年長的公子擔任國君，那就只能從晉襄公的弟弟裡面選。至於選誰，他們又分為兩派：以狐射姑為首的一派支持辰嬴生的公子樂；以趙盾為首的一派支持公子雍。

當初晉文公立晉襄公為繼承人以後，為了防止其他公子們爭位，就把他們都遣送到了外國，公子樂在陳國，公子雍在秦國，但萬萬沒想到現在大臣們又要把他們迎回國。

兩派勢力為了迎立哪個公子爭得很兇。

狐射姑一派的說法是：辰嬴受到過兩任國君的寵倖，應該立她的兒子公子樂。

辰嬴就是前面提到過的懷嬴——當初秦穆公把她嫁給了晉懷公。後來懷公偷跑回晉國，秦穆公又把她嫁給重耳。晉文公重耳為了得到秦國的支持才娶了她。

趙盾一方就反駁說：公子樂"母淫子辟"，他母親嫁給叔侄二人，這樣的人怎麼能當國君？反觀公子雍那邊，他的母親地位比辰嬴高多了。而且他被送到秦國以後混得很好，目前在秦國擔任亞卿的職位。立他為君，一方面可以改善跟秦國的關係；另一方面，他有秦國的支持，以後肯定比陳國支持的公子樂地位更穩固。所以應該立公子雍。

兩派誰也說服不了誰。

兩公子之爭，背後是狐氏跟趙氏兩大集團在爭權。其實具體立誰並不重要，重要的是自己支持的人上臺也就意味着自己這一派以後能夠掌權，所以雙方都不讓步。最後談崩了，雙方各自派人去迎接自己擁立的公子。

但趙盾出手更加果斷，他派公孫杵臼直接在半路上截殺了公子樂，絕了狐射姑一方的退路。

狐射姑那邊看到趙盾公然下黑手，也就索性撕破臉。他們當然不可能直接對趙盾動手，就找一個最好欺負的。

趙家這邊的陣營裡，陽處父不屬於世家大族，勢力比較單薄，而且他在夷之蒐上跟狐射姑結下了大仇。所以狐射姑就拿他開刀，派家族裡的狐鞫居暗殺了陽處父。

朝廷高官被暗殺，朝野震動，趙盾下令徹查。當然，大家都猜得到這是狐氏那邊的人幹的，所以一下就把狐鞫居查出來了。

趙盾處死了狐鞫居。狐射姑一看勢頭不好，趕緊逃到了翟國去躲避。當然趙盾也希望他逃走，不然還不好處理。

趙盾也展現了自己的大將風度，不僅沒有報復狐射姑的家人，反而把他們送到翟國去跟狐射姑團聚。當然這也是明白地告訴狐氏的人：滾到那邊去，永遠別回來了。

這場針鋒相對的立儲之爭，以趙氏完勝結束。曾在晉文公手下排名第一的狐氏家族就這樣被清理出了晉國政壇，陽處父也無端成了犧牲品。

狐射姑曾被封在賈地，所以他的另一個名字叫賈季，是賈姓的祖先。他最後終老在潞國。

另一邊，趙盾派先蔑和士會去秦國迎接公子雍。

先蔑是先軫的弟弟，也是個戰功赫赫的老將。士會又叫范會或范武子，是士蒍之孫，范氏的先祖。這兩人都是朝廷裡面一流的權臣。

這時候秦穆公剛剛過世，繼任的是秦康公。最近幾年秦國的國力已經明顯下降了，所以秦康公正在考慮怎麼緩和跟晉國的關係。

他聽到先蔑和士會的請求，正中下懷 —— 之前秦穆公不是"三置晉君"，成功干涉晉國內政嗎？現在又有一次干涉晉國內政的機會擺在面前，怎麼能放過？

而且他還是晉襄公和公子雍的表兄弟，親戚家的事情他本來也有資格管一管。

所以他對於送公子雍回國這件事特別積極，一口答應下來。考慮到當年秦國送晉文公回去以後，晉國那邊馬上發生了呂省、郤芮的叛亂，這次秦康公吸取教訓，派出大軍護送公子雍回國 —— 誰敢襲擊公子雍，誰就是在襲擊秦國！

晉國那邊，大臣們也在翹首以盼，等着公子雍回來登基。

但這時一個女人驟然闖進人們的視線，把局勢徹底攪亂了。她就是太子夷皋的母親穆嬴。

關於穆嬴的情況，史書上記載得很少，我們只知道她是晉襄公的夫人，應該是在後宮地位比較高的一位。

她不一定是個潑悍的女人，但現在的形勢確實把她逼急了 —— 當初晉襄公明明白白地說了讓夷皋繼位，結果大臣們全都把他們母子拋在一邊，不管選誰都不選夷皋，簡直欺人太甚！

現在公子雍已經在回國的路上，形勢緊迫，一旦公子雍回到朝廷裡，那麼位置就確定了，再也不可能改變，而他們母子的下場也是可以想像的。叔叔對侄兒痛下殺手的事還少嗎？驪姬被鞭子活活抽死的慘劇也是殷鑒不遠。

所以穆嬴只好拼了。她抱着孩子心急火燎地跑到朝堂上，扯住大臣們大哭：“先君有什麼罪？他的孩子又有什麼罪？捨棄這個孩子，跑到國外去找繼承人，你們把先君的嫡子置於何地？”

這樣一連哭鬧了很多天，朝臣們人人焦頭爛額。他們這批官員基本都是晉襄公任命的，襄公在他們中間威望很高，所以沒人敢把穆嬴怎麼樣。而且這件事大臣們確實理虧，真要評起來，都算是忘恩負義背叛先君了。

其中屬趙盾壓力最大。他是百官的領袖，人們議論起來，只會說“趙盾背叛先君”，而不會說別人。

穆嬴也知道趙盾是解決問題的關鍵，所以散朝以後又跑到趙盾家裡去鬧。她當眾向趙盾叩頭，哭訴：“先君當初親自把這孩子交給大人，說好的‘這孩子要好好聽話，您就輔佐他；要是不聽話，您就教導他’。如今先君言猶在耳，您就拋棄我們母子，這怎麼說？”

穆嬴這樣一通哭鬧，成了國際大新聞，國際國內的目光都聚集在這裡，朝臣們背負着極大的輿論壓力。眼看人心將變，趙盾也慌了，只好臨時做出一個重大決定 —— 放棄公子雍，重新立夷皋為君。

問題是秦國那邊已經把公子雍送過來了，馬上就到，這下怎麼面對秦軍呢？賠禮道歉？公子雍能答應嗎？而且真向秦國道歉的話，晉國的臉面還要不要了？

看來唯一的辦法就是硬把公子雍打回去，那麼必然要跟秦軍打起來。既然要打，不如我們先出手，打他個措手不及。

所以趙盾和文武百官們做出一個驚人的決定 —— 在半路攔截秦軍！新一輪秦晉戰爭就這樣意外爆發了。

公元前 620 年四月，趙盾親自帶兵趕到堇朋，然後趁着夜色悄悄潛到令狐，對正在保護公子雍的秦軍發起突襲。秦軍怎麼也想不到會有這一招，被殺得大敗虧輸，狼狽逃竄。晉軍一路追擊到刳首才作罷。於是在秦晉交戰史上，秦國又輸了一場，而且輸得莫名其妙。

秦軍隊伍裡還有一些晉國將士，先蔑和士會也在其中。他們都被打懵了，也不知道晉國那邊出了什麼狀況，只好跟着秦軍一起逃回秦國。

當初先蔑出使秦國之前，荀林父就勸他不要去，說迎接公子雍這事不靠譜。他沒聽，還是去了，果然惹禍上身。

秦康公是最虧的，本來想借這個機會重修“秦晉之好”，結果惹來一身騷，生生地被噁心到了。他從此再也不相信晉人，徹底放棄了跟晉國溝通的想法，一心一意跟晉國死磕。秦國成了反對晉國最堅決的一個國家。

而從晉國的角度來看，令狐之戰不僅打得莫名其妙，更是一個完全錯誤的決定。這次戰爭憑空造出來一個強大的敵人，晉國從此要面臨楚國跟秦國的長期夾擊，他們的霸權再次遭受嚴峻考驗！

不過穆嬴真的可以高興了。這位勇敢的母親，僅憑一己之力改變了歷史走向，成功為自己和兒子挽回公道，在史書上留下了精彩的一筆。

公元前 620 年春天，夷皋繼承晉國君位，是為晉靈公。

但隨後發生的一切卻給大家開了個大玩笑，看起來趙盾他們原來的決定才是對的：晉靈公根本不是一個合格的君王，他是晉國歷史上罕有的昏君加暴君！

另一方面，晉靈公繼位的時候年紀太小，朝政都由趙盾把持，趙盾成了晉國實際的統治者。所以之後晉國的主旋律就是趙氏跟其他公卿之間的角力。

公卿之間的爭鬥從此公開化。而首先爆發的，是夷之蒐中被打壓的老牌貴族跟趙氏為首的新人之間的矛盾。

"夏日之日"

晉靈公繼位的當年，齊、宋、衛、鄭、曹、許、魯七個國家，跟晉國在鄭國的扈邑會盟，以慶賀晉靈公登基。

這次會盟延續了晉國的霸主地位。會上，趙盾代替晉靈公當盟主，跟各國諸侯平起平坐。

這是嚴重不合理的事情，但偏偏就發生了。

趙盾以一個大夫的身份，竟然充當各國的"霸主"，背後隱藏的是這樣一種新的潮流 —— 在周天子的地位衰落以後，諸侯們的權威也逐漸開始衰落。各國的當權派們開始架空自己的國君，並且登上國際舞臺。從此以後，春秋的主角們，除了各路諸侯，還有各國的卿大夫們。

其中表現最明顯的就是晉國和魯國。

趙盾在這次會盟中賺足了面子，儼然成了國際上的領軍人物。這為他在晉國國內繼續專權做了很好的鋪墊。

但這時趙盾剛剛掌權，並不能完全控制國內的公卿家族們。各家族都在積極尋找更有利於自己的位置。朝堂上暗流湧動，爭鬥激烈。

夷之蒐中，老牌公卿們被擺了一道 —— 本來晉襄公說好要讓他們掌權的，卻臨時變卦，把權力交給了趙氏那幫人。這些貴族心裡當然很不樂意。

特別是現在趙盾這麼風光，他們看在眼裡更不是滋味。趙家專權的時代還遠遠遠望不到頭，看來自己根本不可能有翻盤的機會，這些人已經徹底絕望了。

而這一切歸根結底，都要怪那個先克，當初就是這個混賬東西向晉襄公進“讒言”，才奪走了他們這些人的權勢。

老牌貴族們個個都對先克恨得咬牙切齒。

更加火上澆油的是，先克現在還特別受趙盾的信任。趙盾任用他當中軍佐，儼然是晉國的二號人物。看着仇家在臺上風風火火，那些老牌貴族們幾乎氣得發瘋。

先克自己也是個狂人，不知道收斂，上臺不久以後就以“抵抗秦國侵略”的名義強行要求蒯得把自己的封地獻給國家。

這件事成為兩派貴族火拼的導火索。

公元前 618 年初，老牌貴族的五個代表人物 —— 箕鄭父、士縠、先都、蒯得、梁益耳，聯合起來派人刺殺了先克。

但他們根本撼動不了趙氏的根基。趙盾立即調查這起案子，不等他們五個人進一步行動，就把他們挨個抓捕並處死。老牌貴族的勢力受到了毀滅性打擊，趙氏家族進一步鞏固了自己的地位。

趙盾在這起謀殺案中表現出來的冷酷、果斷也為他加分不少。從此以後，晉國國內更加沒人敢反對他了。

趙盾是這樣一種人：你錯了就是錯了，我不饒你；當然如果你是對的，我也絕對不冤枉你。

這種滴水不漏的冷酷作風，他不僅用在對付國內政敵上，也用來對付國外各種不肯配合的力量。

接下來他要對付的是魯國。

在扈邑盟會上，其餘國家都小心翼翼的，只有魯文公不走心 —— 他居然遲到了幾天，雖然最後也參加了盟會，但終究是怠慢了盟主。趙盾當然不放過他，扈邑盟會的第二年，晉國派軍隊到魯國去面斥魯文公，問他去年為什麼要遲到。

魯文公嚇壞了，趕忙道歉認錯，將禮物雙手奉上，最後派東門襄仲到鄭國的衡雍跟趙盾簽訂盟約，承認晉國的盟主地位。趙盾這才放過了他。

對於有過錯的要懲罰，對於沒錯或者已經改正的，就要及時地安撫。在對待衛國的態度上，趙盾就顯示出他的另一面。

幾年前，衛成公狂妄自大，竟派大夫孔達帶兵去攻打晉國，結果被晉國狠狠地教訓了一頓，還被搶了戚、匡兩地。後來衛國就老實了。

現在國際形勢已經不同了，衛國也一直小心謹慎地侍奉晉國，所以郤缺就向趙盾建議：「現在我們跟衛國的關係很和睦，應該歸還以前搶的他們的土地。既有威又有德，這才像個霸主的樣子。」

趙盾對這番話很贊同，馬上下令歸還衛國的土地。其中，匡地現在在鄭國手上，趙盾又特地讓鄭國把這個地方還給了衛國。

這些事件都說明，中原各國的局勢仍然在晉國的掌控之中，晉國的霸權在趙盾手上得到延續，而且他做得也還算不錯。

從這一點來說，在兩任霸主之後出現趙盾這樣一個權臣來接力稱霸，應該算晉國的幸事。

趙盾就是這樣一個人，有才能、有氣魄、有膽略，盡心竭力地治理國家。人們敬他、畏他、服從他，但沒有一個人真心喜歡他。

當初有人問狐射姑，對趙衰和趙盾怎麼評價。狐射姑說：趙衰是「冬日之日」，趙盾是「夏日之日」。趙衰就像冬天的太陽，照得每個人身上都暖洋洋的；趙盾則是夏天的太陽，同樣普照大地，但在他的照耀下，每個人都很難受。

這段話被認為是對趙盾最精準的評價。

計賺士會

趙盾上臺兩年，國內外局勢都漸漸穩定下來。但他也面臨一個很嚴峻的挑戰，那就是老對手和新冤家——秦國。

之前他背信棄義截擊秦國軍隊，徹底得罪了秦康公。秦康公一心要報仇，令狐之役的第二年就來打晉國，打下晉國的武城。

晉國也不甘示弱，過了兩年就打回去，佔領了秦國的少梁。秦國隨後便報復，又打下晉國的羈馬。

趙盾徹底不能忍了，決定給秦國一個教訓，省得一直沒完沒了。他親自帶兵，晉國三軍精銳盡出，直接撲向最前線，在河曲遇到秦軍。

趙盾用臾駢的計策，在秦軍對面紮下營寨，深溝高壘，堅守不戰，想要拖死秦軍。

以往晉國用計往往能勝秦國，但這一次卻有點不一樣，秦國那邊出謀劃策的正是從晉國叛逃過去的士會。

前面提過，秦國多年以來一直缺人才。所以像先蔑、士會這種晉國的頂級將才，在秦國基本就相當於戰神的級別，他們逃到秦國以後馬上得到秦康公的重用。

秦康公看到晉軍堅守不出，就向士會請教對付的辦法。士會對晉國內部的情況相當瞭解，給他出了個主意：“晉國有個將領叫趙穿，是趙盾的堂弟，又是晉襄公的女婿。這傢伙是個花花大少，沒什麼本事，只有一身臭脾氣。這次出征，趙盾處處聽臾駢的，趙穿早就看不慣了，急着要掙表現。我們只要派一隊輕騎兵去騷擾趙穿手下的軍隊，他肯定會出來追擊，晉軍的防守策略就沒法堅持了。”

秦康公照着他說的做，派一小隊兵馬去騷擾趙穿所在的上軍。趙穿果然沉不住氣，直接追了出去，但回頭一看，上軍的其他將領都沒有跟過來。

趙穿回去質問他們：“敵人來襲，你們怎麼都不動啊？國家白養着你們這群廢物嗎？”

其他人只好回答：“元帥有吩咐，都不許出擊。”

趙穿更加暴跳如雷：“我偏不信邪，我就追給你們看看。”說完也不向趙盾請示，帶着自己的部屬就衝了出去。

趙盾接到回報，大吃一驚。按理說這時應該直接放棄趙穿那支小分隊，但他擔心自己堂弟的安危，於是對下屬說："趙穿是晉國的卿士，這次去要是敗了，秦國就捉了我們一名卿士，這場戰爭就相當於他們勝利了，這怎麼成？"說着便下令全軍出擊，他親自帶着大部隊，跟在趙穿他們後面衝向秦軍——臾駢的戰略被秦國輕鬆破解了。

但這次衝突來得很突然，雙方其實都沒有做好戰鬥準備，一交戰，都沒有鬥志，打了沒多久就各自收兵了。

秦國派使者半夜去向晉國下戰書，叫囂："今天打得不過癮，我們明天再戰。"

這時臾駢又向趙盾進言，說："我看那個使者嘴上叫得兇，目光卻遊移不定，這是故意想嚇住我們，好偷偷撤退。我們不如將計就計，趁他們今晚撤退的時候把他們壓到黃河岸邊，一舉殲滅。"

他的判斷非常正確，秦軍確實計劃當晚撤退。要是按照他說的做，秦軍這回根本跑不了。

關鍵時刻，又是趙穿和胥甲兩個官二代出來搗亂，兩人大吵大嚷："我們犧牲的將士都還沒有安葬，怎麼能就拋下他們走了？再說，人家跟你約好戰鬥的時間，你卻去偷襲，這不是卑鄙小人嗎？"

趙盾又聽了他這個堂弟的話，下令不要去追擊秦軍。臾駢也無可奈何。當晚，秦軍順利撤走，晉軍隨後也只好撤退了。

但過了沒多久，秦軍再次殺回來，佔領了晉國的瑕邑，繼續死磕晉國，反正就是不讓你清閒。

河曲之戰，趙盾放任自家親戚搗亂，把手上握着的大把優勢丟掉，造成晉國在面對秦國的時候處於被動局面，過後又不處罰趙穿。這件事在國內引得人們議論紛紛，大家都對趙穿有意見，但趙家的權勢在那邊，人們也沒什麼辦法。

趙盾這種對自家人放任不管的態度一直延續了下去。趙穿被寵得不成樣子，也越來越囂張，後來終於捅出大婁子，引發一系列慘案。

不過目前先說秦晉戰爭的事。河曲之戰過後，晉人痛定思痛，認為秦國不好對付的一個重要原因是士會在幫着他們。怎麼除掉士會？這個問題就擺到了檯面上。

趙盾悄悄找來六卿家族的人商量，說：“現在士會在秦國，賈季在狄人那邊，都是我們的心腹大患，有什麼辦法解決他們？”

荀林父說：“賈季本來就是狄人，對狄人那邊的情況很瞭解，又是勳貴之後，我建議先想辦法把他召回來再說。”

賈季就是狐射姑，曾經是趙盾主要的政治對手，趙盾當然不希望讓他回國。

郤缺說：“賈季是謀反才逃出去的，本來就是罪人，怎麼能召他回國？依我說，應該召士會。士會做人做事都很懂分寸，而且他也不是有意逃到秦國去的，並沒有真正背叛晉國。只要我們派人去召他，我相信他會回來。”

這話說得很在理，趙盾於公於私都會支持他。所以商量的結果就是要把士會接回晉國。

但秦康公得了士會像撿了個寶似的，一直重用他。怎麼才能讓士會回來呢？

趙盾決定為這件事下血本。

六卿裡面有一個魏氏，目前的當家人是魏壽餘，趙盾把他找來——如此這般，跟他定下計策。

魏壽餘依計行事，假裝犯下大罪。趙盾下令把他一家老小都抓了起來，他隻身倖免，連夜偷跑到秦國。

他求見秦康公，痛訴在國內受到迫害的情況，請求秦國收留，並且承諾要把自己的封地獻給秦國作禮物。

康公將信將疑，當時士會在旁邊，也在揣測魏壽餘的真實目的。魏壽餘暗中踢了士會兩下。士會是聰明人，馬上明白了真相。他本來就是被迫逃到秦國的，一直思念故國，現在機會終於來了，所以心裡暗暗做了決定。

士會攛掇秦康公收留魏壽餘，在朝廷裡給了他一個官做。兩人都假裝盡力輔佐康公，私下卻在商量怎麼回到晉國。

魏壽餘投靠過來不久，就說要履行諾言，把魏邑獻給秦國，但需要秦國派兵跟他一起去接收。

秦國大軍跟着魏壽餘來到黃河邊，河對岸就是晉國的魏邑。魏壽餘假意說：“魏邑的守衛跟我很熟，在下先去那邊說服他們，大王最好派個瞭解東部情況、口才也好的人跟我一起去。”

這基本就是指明要士會一起去。士會假裝很為難，對秦康公說："晉人翻臉不認人很正常，臣要是過去了，被他們扣下來回不來了怎麼辦？到時候請求大王別為難臣的家眷。"

當初先蔑和士會逃到秦國以後，晉國知道他們是情非得已的，所以很人性化地把他們的家眷送去了秦國。

秦康公一口保證："放心吧，這個度量我還是有的。你要回不來，我再把你一家老小送回晉國就是。"

士會這才假裝不情願地答應了下來，跟魏壽餘一起渡河去了魏邑，這一去當然就不回來了。秦康公一幫人在河邊等來等去，乾瞪眼，只好自己撤回秦國去。

不過康公隨後還是信守諾言，把士會的家小都送回了晉國。

晉國沒付出任何代價就把士會接回了國內，不僅收回了一個頂級人才，也讓秦康公重新回到無人可用的狀態，失去了繼續跟晉國硬杠的資本。

士會在晉國繼續建功立業，很快也進入了六卿行列。他被封在范地，因此又被稱為范會，是范氏和劉氏的祖先。他還有一個特別出名的後人——劉邦。

另一方面，秦康公信守諾言的做法為他贏得了不少好感。士會隨後寫信向他表示感謝，並且熱忱地勸說他，放棄過去的恩怨，重新跟晉國和好。

秦康公也覺得一直這樣打來打去沒什麼意思，何況雙方還是親戚。他作為晉靈公的表叔，基本的風度還是得有的，所以就答應了士會的說合。秦晉兩國從此休兵，迎來了一段長期的和平。

不過，對晉國來說，秦國的挑戰其實不算什麼，真正能威脅到他們的還是南方霸主楚國，豺狼心性的南蠻可不像表叔秦康公那樣跟你講道理。

晉楚之爭，才是真正的刀刀見血。

捲土重來的楚國

楚穆王殺死自己的父親奪到王位，這種人，沒有什麼是他幹不出來的。在他看來，楚成王晚年對待中原各國的政策顯然過於溫和了，他可不會像那個迂腐的老頭子那麼講道理。

城濮之戰的失敗，對楚國而言是一個巨大的恥辱。楚穆王從一上臺就想着怎麼捲土重來，不過當時晉國太強大，無隙可乘，他只好繼續在南方欺負那些小國，暫時不敢向中原進軍。

等到晉靈公上臺 —— 那時晉靈公不過是個幾歲的小孩，晉國的權力都掌握在趙氏手裡。趙氏忙着跟其他家族爭權，外面又有秦國一直跟他們死磕。楚穆王覺得機會終於來了，他要報城濮之戰的仇。

公元前 618 年，楚穆王聽從范山的建議，發動大軍突進中原。

首當其衝的就是鄭國。

鄭國國君是鄭穆公，也就是當年晉文公扶立的公子蘭。因為跟晉文公的這層關係，這些年鄭國都依附於晉國。

楚穆王自己屯兵在狼淵，讓下屬去攻打鄭國。這場戰爭其實是在試探晉國的反應。

晉國這時正因為先克案引發政治大動盪，國內一片混亂。趙盾忙着抓兇手，暫時顧不得鄭國，只好任其自生自滅。

楚軍很快俘虜了鄭國的公子堅、公子尨、樂耳這三員重要將領。鄭國一看這情況，沒得選，投降吧，便跟楚國簽訂了盟約，又倒向了楚國。楚穆王滿載而歸。

也不知是不是故意的，楚軍撤退以後，趙盾才帶着晉、宋、衛、許四國軍隊慢吞吞來到鄭國，說：“我們救你來啦。”

鄭穆公一看，滿頭大汗，怎麼辦？再簽個盟約唄！只好又跟四國聯軍簽約，表示自己還是服從晉國的。

趙盾這樣做其實是聰明的。現在趙氏地位還不穩固，真的跟楚國幹起來，國內難免出問題，所以千萬要避開楚軍。但鄭國又必須得救，否則等於公開放棄霸權，所以才出現了四國聯軍“遲到”的情況。

但楚穆王這下已經看清楚了，晉國沒底氣跟他硬杠，他可以施展拳腳進軍中原了。

楚國大軍剛剛離開鄭國，馬上就撲向陳國，把陳國狠揍了一頓，問他們為什麼要服從晉國。

這時，息公子朱討伐東夷後從東邊回來，也帶兵過來打陳國。本來想兩面夾擊陳國，沒料到陳國人被欺負得太兇，發狠了，跟子朱的軍隊大戰一場，竟然奇蹟般地打敗了他們。

陳國在鄭國東邊。陳國人知道，晉國連鄭國都不肯救，當然不會來救自己，以自己的實力怎麼能獨自阻擋楚國呢？所以他們趁着打了勝仗的機會，趕緊求饒，也跟楚國簽訂了盟約。

下一個是魯國。但魯國太遠，本來就跟晉國不太親密，所以楚穆王沒有打他們，而是派若敖氏的鬥越椒去跟他們談判，讓他們表示服從楚國。就這樣把魯國也收服過來了。

楚穆王短短幾個月就征服了三個重要的中原國家，這一套組合拳打得非常漂亮，一掃城濮之戰後的頹勢。

就在穆王準備繼續進軍的時候，國內卻出現意外。楚國的大夫鬥宜申和仲歸竟然在私下謀劃殺害穆王 —— 靠弒君上位的穆王自己也要被弒了？

這兩人都是若敖氏家族的，這次弒君陰謀是若敖氏家族與楚王的又一次鬥爭。

鬥宜申又叫子西，是個老將了，早在城濮之戰時就是主力指揮官之一。城濮之戰楚國大敗，他和子玉都被勒令自殺謝罪。但楚成王隨後就反悔了，派使者去赦免他們。使者遲了一步，子玉已經自盡身亡。但子西上吊的時候繩子斷了，正好使者來到，這才僥倖活了下來，隨後他被派去治理商邑。

子西受到這次重大打擊，變得跟驚弓之鳥一樣。他曾面見楚成王，戰戰兢兢地說："臣現在聽到有謠言說臣要逃走，因此臣不敢去商邑，怕大王懷疑臣，現在請求大王給臣一個司寇的職位。"

成王聽了以後就讓他去掌管工匠，繼續留在郢都。

但過了幾年以後，不知道什麼原因，他卻跟仲歸串通起來想要弒君，但保密又不嚴，很快就被人告到楚穆王那邊去了。穆王及時出手，迅速剿滅了兩人。

這次失敗的謀反沒有給穆王造成多大的損失，但讓楚王跟若敖氏家族的關係變得更加微妙了。

鎮壓完內部反叛以後，穆王再度騰出手來收拾中原那些小國。這次他的目標是宋國。

宋國也是中原小國裡面比較重要的一個，常常擔當中原聯盟打擊楚國的馬前卒。

公元前 617 年秋天，楚穆王召集陳、鄭國君在息邑會盟，明確表示三國結盟，把晉國這個霸主甩到一邊。隨後，楚穆王帶着陳、鄭、蔡三國國君駐紮到厥貉，放出話來，要聯手去打宋國。

趙盾不及時救援鄭國的惡果再度顯現出來：宋昭公被楚國嚇壞了，完全不理會晉國，直接去向楚穆王求情，表示願意歸附。然後他領着以穆王為首的多國聯軍到孟諸去打獵，親自鞍前馬後地伺候。

這次名義上的多國會盟，實際上就是幾個小國跪拜楚國。在這期間，幾個小國國君都拼命奉承楚穆王，什麼尊嚴都不要了，簡直跟穆王的僕人差不多。就這樣，他們都還是免不了受氣。

宋昭公最慘。有一天早上，楚穆王命令他把火石放在車上，駕車出發去打獵。中途不知道發生了什麼狀況惹得穆王不高興，他就讓下人懲罰宋昭公。他們把宋昭公的一個手下人抓起來當眾鞭打，然後遊街示眾。至於宋昭公本人，可能也受了侮辱，只是為了面子上好看，大家才沒說出去。

其他幾個小國國君也都差不多。其中有個麇國國君，大概是被欺壓得太狠了，受不了，直接半路上逃回了自己國家。所以楚穆王在散會以後馬上發兵去打麇國，把這個可憐的小國狠狠教訓了一頓。

楚國的強盛是中原小國的噩夢。

另一方面，這時候晉國正忙着處理國內外的各種危機，焦頭爛額，沒有精力跟楚國爭霸，更沒法保護這些小弟們。

失去了制衡力量，小國君王們只能任由楚王擺佈，苦不堪言。真是叫天天不應，叫地地不靈。

傳統霸主的缺失，還帶來一個惡果，就是沒有人再用傳統道德標準干涉各國內政了。國際秩序再度失控，各個國家內部的陰謀家們都開始蠢蠢欲動，以前不能做的事現在都可以做了，比如弒君。

絕跡很多年的弒君浪潮捲土重來，第一個受害者就是剛剛在孟諸田獵中被欺負得很慘的宋昭公。

會收買人心的君王

宋昭公上位的過程很不容易。

他是宋成公的兒子，但不是長子，本來沒機會繼承君位。

公元前 620 年，宋成公過世。這時候晉襄公也剛剛過世，晉國亂成一團，沒法干涉盟國事務。成公的弟弟公子禦看到了機會，就殺掉成公的太子和支持他的大臣們，自己登上了王位。

但這種做法實在不得人心，所以宋國人很快聯合起來殺掉公子禦，把成公的另一個兒子杵臼扶上王位，就是宋昭公。

昭公意外得到君位，應該好好珍惜才對，可惜他在這個位置上幹得非常糟糕。

他在國內很不受歡迎，幾乎沒有人支持他，而反對他最激烈的，竟是一個讓人根本想不到的人 —— 他的奶奶襄夫人。

襄夫人是宋襄公的夫人、周襄王的親姐姐（所以又被稱為王姬）。她是一個很奇怪的老太婆，從一開始就堅決反對自己的孫子宋昭公。具體什麼原因我們不清楚，史書上只是說昭公不尊敬襄夫人，但他有什麼理由這樣做呢？而且僅僅是不尊敬怎麼就會招來那麼大仇恨？這點讓人想不通。

我們只知道襄夫人特別恨昭公，簡直恨入骨髓，她甚至聯合國內的世家大族勢力殺死了自己的另外幾個孫子 —— 僅僅因為他們支持昭公。

關於襄夫人，還有一件離奇的事情：據說她愛上了自己的另一個孫子 —— 公子鮑。

公子鮑是宋昭公的弟弟，長得非常帥氣，人又特別聰明有才華，很受大家歡迎，總之是標準的高富帥，魅力無限。他甚至迷倒了自己的奶奶襄夫人。襄夫人想跟他私通被他拒絕了，但襄夫人並沒有因此恨他，反而繼續想盡辦法幫助他。

他也是個有野心的人，一直虎視眈眈地盯着哥哥宋昭公的位子。昭公人緣差，不受宋國人歡迎，他就反其道而行之，處處收買人心。

宋國發生饑荒的時候，公子鮑把自己囤積的糧食都借給窮人；國內超過七十歲的老人，他都按時送各種東西；對於王室成員和公卿家族，他都隨時保持聯絡。總之，宋國從上到下各個階層的人們，他基本上都照顧到了。

襄夫人也配合他，一直竭盡所能地幫他廣施恩德。兩人一唱一和，贏得了許多人支持。

當然一個人精力再旺盛也不可能把全國的人都照顧到，所以他最大的才能可能是善於宣傳自己，做一件好事就要吹捧十次，結果相當於做了十件好事。這樣積年累月宣傳的結果就是，宋國人人都知道他是個好人，都說他樂於幫助人。

公子鮑在宋國成了人盡皆知的明星，風頭完全蓋過了那個不會炒作的宋昭公。

他和襄夫人覺得時機已經成熟，就暗中策劃趁昭公在孟諸打獵的時候發動叛亂。

然而他們的保密措施做得不好。宋昭公聽說了襄夫人的陰謀，可是他並沒有發起反擊——可能已經心灰意冷了吧，準備自行放棄君位。他拿出一大堆財寶，把下人們都召集過來。

昭公的大臣蕩意諸勸他說：“不如去別的諸侯那邊躲一躲？”

昭公黯然道：“從我的奶奶到宋國百姓都不支持我，哪個諸侯又肯收留我呢？而且我身為君王，去別的國家當臣子，那還不如去死！”說着，把自己的財寶分給了在場的下人們，讓他們去自尋出路。

從這裡來看，宋昭公跟他的爺爺宋襄公有些類似，都有一種固執的道德觀，寧願放棄生命，也不願違背自己的信念。

下人們得了財寶，紛紛離開，只有蕩意諸不走。襄夫人派人威脅蕩意諸，要他離開宋昭公。他堅定地說：“國君有難，大臣就離開，這樣的大臣又怎麼能侍奉別的主人呢？”

當年十一月底，按照計劃，宋昭公應該去孟諸打獵。但他還沒到孟諸就被襄夫人派的人刺殺了。蕩意諸也以死殉主。

公子鮑隨後即位，是為宋文公。

這樣一起無可爭議的篡位案，卻沒有在宋國引起什麼反抗，可見宋人確實非常不喜歡宋昭公。至於其中的原因，史書上說因為他是“無道昏君”。他到底怎麼“無道”，卻沒人說得清楚。

宋國的弒君案明確挑戰晉文公建立的國際秩序，於是趙盾派出大將荀林父，聯合鄭、衛等幾個小國，一起去討伐宋國。

多國聯軍到達宋國以後，聽說宋人已經立公子鮑為君，也就不再追究這件事，自行撤軍了。

晉國從此在維持國際秩序方面也放棄了努力，不僅沒有了霸主的實力，也失去了霸主的雄心。

公子鮑大獲全勝。第二年他又打敗了同情宋昭公的宋國公族，殺死昭公的兒子和同母弟弟，成功鞏固了自己的君位。國際社會最終也只能承認既成事實。

不過宋文公的才能確實比宋昭公強很多，他帶領宋國在極端險惡的國際環境裡面左支右絀，艱難站穩腳跟，而且還培養出了一個影響整個春秋後半段歷史的重要人物 —— 這個後面再說。

當宋國發生動亂的時候，在遙遠的東方，齊國的內政則更加混亂，一起又一起篡權奪位事件接連不斷地發生着。

齊國的亂局

前面說過，齊桓公兒子很多，有實力競爭國君寶座的公子是下面六人：

公子無詭（又名無虧、武孟）；

公子昭（齊孝公）；

公子潘（齊昭公）；

公子商人（齊懿公）；

公子元（齊惠公）；

公子雍。

齊桓公死後，公子無詭被殺，其餘幾個公子互相攻打。經過連續幾個月的動亂，最終由宋襄公把公子昭扶上君位，是為齊孝公。

齊孝公總體來說還是合格的君王，雖然沒能恢復齊桓公的霸主地位，但也基本沒犯什麼錯。齊國在他治理之下算是保住了大國地位。

他最大的失誤是沒能及時剷除另外幾個兄弟的勢力。這些兄弟們一直虎視眈眈地盯着他的君位，所以六公子爭位的局面實際上一直沒有真正結束。

齊孝公當政十年以後病逝，他的弟弟公子潘馬上行動，聯合著名奸臣開方殺了孝公的兒子，自己登基，是為齊昭公。

齊昭公當政二十年以後病故，他弟弟公子商人依樣畫葫蘆，又殺了昭公的兒子，自己登基，是為齊懿公。

齊懿公篡位之前做了很多準備工作，他這些年一直在盡力招納名士，有禮賢下士的好名聲，又廣撒錢財，收買人心，所以在國內有不少支持者。

另一方面，齊人對他們幾兄弟的奪位大戰早已麻木。反正君位都是他們一家人的，而且這幾兄弟才能不相上下，誰當政都沒什麼區別，所以齊人對這些篡位事件沒怎麼反對。

但後來大家才知道錯了——齊懿公跟他兩個哥哥不一樣，他的人品要卑下得多，幹出了許多讓人不齒的事情。

也許他本來不是個陰險小人，但他被壓抑得太久了，兩個哥哥輪流執政三十年，等到他都老了，才找到上位的機會。這些年，他一直在絕望中苦苦等待，長期的流亡經歷、朝不保夕的生涯、低聲下氣的懇求，這一切徹底扭曲了他的內心，使他變得極端的狹隘。

所以他上臺以後立即變臉，開始對以前的仇家打擊報復。

當年齊桓公當政的時候，還是公子的齊懿公曾經跟大臣邴原爭奪一塊土地，最後由管仲出面斷案，把這塊地判給了邴原。

懿公對這件事一直懷恨在心，但苦於無法報仇，只能隱忍，忍了三十多年。

現在他終於有了報仇的機會，就立即下令奪走邴氏家族所有的田產。這時候邴原已經死了很久了，懿公下令把他從墳墓裡挖出來，砍斷雙腿，又把他兒子邴歜降為奴隸，送到自己手下當差。

一國之君公然幹出掘墓鞭屍的事情，簡直駭人聽聞。懿公在齊人心中的形象頓時一落千丈。

他又恨管仲偏向邴氏，所以奪了管仲後人的爵祿。這個行動肯定也得罪了一大票權貴。

他瘋狂地追求女色，聽說大臣閻職的妻子容貌很美，就把她強奪到宮裡做妃子，致使閻職懷恨在心。

懿公自己卻特別心大，一點都不覺得自己做的這些事有什麼大不了的，竟然放心大膽地把邴歜和閻職都任用為自己的車夫。

公元前 609 年春天，齊懿公帶着一幫手下去申池泡溫泉。在他沐浴的時候，兩個車夫開玩笑鬥嘴：閻職罵邴歜"斷腿人的兒子"；邴歜罵閻職"老婆跟人跑了"。話一出口，兩個人都羞愧難當，都被刺痛了心裡的傷疤。

新仇舊恨一起湧上心頭，兩人都起了殺心，就合謀把懿公騙到附近的竹林裡，在車上弒了懿公，把屍體丟在竹林裡就跑了。

這時候齊懿公在齊人中間早已經沒有威信，所以齊人對他被殺毫不在意，也不讓他的兒子繼位，而是派人去衛國把公子元迎回來當國君，是為齊惠公。

到這時為止，齊桓公就有五個兒子當了國君。

齊惠公是最後一個當國君的。這時候他的幾個哥哥都已經離世了，他沒有費什麼力氣就得到了別人千方百計才爭得的君位，還坐得很穩，並把這個寶座子子孫孫地傳了下去，奇蹟般地成為笑到最後的人。

身敗名裂的癡情男人

就在齊懿公被弒的那一年，魯國也發生了一起嚴重的篡位案，而且過程更加複雜。

動亂的根源是魯國公卿家族的崛起。

當初魯桓公有四個兒子：慶父、魯莊公、叔牙、季友。

魯莊公死後，國內發生動亂，慶父、叔牙都被殺，最後季友在魯國掌權，輔佐魯僖公。他對兩位兄長還是有情義，扶助他們的後人為官，於是三個家族都發展起來，取得了顯赫的地位，成為魯國的名門望族。

慶父、叔牙、季友的後人分別被稱為孟氏、叔孫氏、季氏，由於他們都是魯桓公的後人，所以合稱"三桓"。

另外，魯莊公的兒子襄仲住在曲阜的東門附近，所以自稱為東門襄仲，並由此發展出來一支家族 —— 東門氏。

四大家族共同把持着魯國朝政，同時又展開明爭暗鬥。

到了魯文公的時候，勢力最大的是東門襄仲和孟氏的公孫敖，魯國的內政外交都掌握在他們手裡。兩人也在相互爭權，鬥得難解難分。

公孫敖是慶父的兒子。慶父死後，他受到叔叔季友的照顧，繼承了慶父的爵祿，是孟氏的領袖。

起點這麼高，加上他本身也是挺有才能的人，所以在僖公和文公的時代，公孫敖都在朝廷裡面掌握實權，甚至漸漸有蓋過國君的勢頭。但到了中年以後，他卻在女人的問題上拎不清，鬧出一連串的醜聞，搞得自己身敗名裂。

公孫敖先前從莒國娶了戴己為妻，戴己的妹妹聲己作為陪嫁女，也嫁給了他。兩姐妹都生了兒子，家庭和諧。

後來戴己死了，公孫敖想再娶，又去莒國提親。莒國人就很納悶，說："聲己不是還在嗎？把她扶正就可以了，為什麼又來娶我們的姑娘？"

公孫敖也覺得說不過去，只好改口，說那就給我的堂弟東門襄仲提親吧。莒國人答應了，雙方交換聘禮，約好到時間過門。

到了約定的時候，公孫敖去莒國替東門襄仲迎接新娘，同時要跟他們簽訂盟約，幫他們抵抗徐國的進攻。

沒想到一見到新娘，公孫敖就走不動路了。這個中年男人第一次找到了愛情的感覺，陷入愛河不能自拔。

他什麼都不顧了，馬上反悔，自己娶了這個己氏的女子。莒國人也沒辦法，畢竟得罪不起魯國，只好眼睜睜地看着他把己氏帶回了魯國。

兩人一回去，魯國那邊舉國轟動——這是大新聞，東門襄仲的綠帽子戴得全國都知道了。東門襄仲暴跳如雷，親自向文公申請討伐公孫敖。

文公倒是支持他，但是叔孫氏的叔仲彭生覺得應該以國家利益為重，就跟文公一起勸導東門襄仲：畢竟都是一家人，有話好好說，總不能為了搶女人爆發內戰吧？最後大家談好，東門襄仲和公孫敖都不娶那個女人，讓公孫敖把己氏給退回莒國去。

莒國人有什麼辦法？"好吧，你要怎樣就怎樣。"剛剛嫁到魯國的己氏就這樣被送回了娘家，孟氏跟東門氏也勉強握手言和。

但是公孫敖再也回不到從前了。中年男人的愛之心扉一旦開啟，就無法再合上，他日思夜想，怎麼也忘不了己氏。

第二年，周襄王駕崩，公孫敖奉命去洛邑弔唁。誰也沒料到，他一出魯國國境，馬上調轉馬頭，帶着給周王室的禮物直奔莒國，直接去找到己氏訴說衷情。兩人恩恩愛愛，再也不願分開，管你什麼國家大事，全都拋到了九霄雲外。

公孫敖就這樣公然叛逃，在莒國常住了下來。（當年他父親慶父也是逃到了莒國。）

魯國人覺得他實在丟人現眼，也懶得理他了，讓他的兒子孟文伯繼承了孟氏的爵位。

公孫敖在莒國住了幾年，跟己氏生了兩個兒子，漸漸地開始思念家鄉。於是他就跟魯國那邊的孟文伯聯絡，讓孟文伯幫忙求東門襄仲，讓自己回國。

東門襄仲冷笑，對這種人實在瞧不起，但還是答應了他的請求，只是提出，公孫敖要回國得答應三個條件：不能帶己氏、不得入朝、不能干預國政。

公孫敖一口答應下來。於是他丟下己氏，回到了魯國。

他也信守諾言，真的不出家門，更不干預國家大事，安安靜靜地頤養天年。東門襄仲也不去管他。

但不久他又開始想念己氏，又一次無法自拔。終於，在回國三年之後，公孫敖再次逃亡，帶上全部家當逃到莒國，又去找他日思夜想的小娘子了。

一直到公元前613年，己氏病故，公孫敖再次開始思念家鄉。這時候孟氏的宗主是他的二兒子孟惠叔，他通過孟惠叔替自己求情，送了很多錢財給魯文公和東門襄仲，請求再次回到魯國。

文公他們猶豫再三還是答應了他，但公孫敖在回國的路上病死在齊國，終於沒能回到魯國。

孟惠叔一直請求文公讓自己接回父親的遺骸，直到第二年文公才同意了。孟惠叔就把公孫敖的棺槨接回魯國，按照安葬慶父的規格安葬了他。

但公孫敖早已經身敗名裂，成了全國的笑話。孟氏的勢力也因此遭受重創，從此無法再跟東門襄仲競爭了。

魯國的亂局

這時候東門氏的主要對手變成了叔孫氏。

叔牙的孫子輩有兩個重要人物在朝廷裡當官：一個是前面提到過的叔仲彭生，他是太子的老師；另一個是叔孫得臣，他是當時魯國一等一的名將，參與了幾乎所有的對外戰爭。

在接下來的君位之爭中，叔孫氏的兩人和東門襄仲發生嚴重分歧。（嚴格說來，彭生屬於叔仲氏，而不是叔孫氏，而且叔孫氏這時候其實叫作叔氏，後來才改叫叔孫氏。這裡為了方便敘述，不作區分。）

魯文公有兩個妻子，正室是齊昭公的女兒，她生下公子惡與公子視，所以公子惡是嫡長子；另外有一個寵姬，叫敬嬴，她生下庶長子公子倭。

文公按照規矩立公子惡為太子，又讓叔仲彭生當太子的老師。但敬嬴很有心計，一直想辦法拉攏東門襄仲，請求東門襄仲支持立她兒子為儲君。東門襄仲又設法把叔孫得臣拉攏過來，於是兩個最重要的權臣都支持公子倭。

公元前 609 年，魯文公過世，公子惡繼位。

東門襄仲希望立一個方便自己控制的國君，就想廢掉公子惡，立公子倭。按理說這很難做到，但這是魯國，國君的權力已經被四大家族壓下去了，東門襄仲有足夠的實力廢立君王。

但他還覺得不放心。畢竟公子惡的母親是齊國公主，魯國人還是很忌憚齊國的。這時候齊惠公剛剛登基，所以他和叔孫得臣就趁着去祝賀齊惠公的機會探聽那邊的口風。

齊惠公給出的答案卻讓人意外 —— 他支持廢掉公子惡，至於是出於什麼考慮，很難說。也許因為他看到魯國的國政實際上已經掌握在東門襄仲和"三桓"手裡，魯君已經被架空，所以支持魯君不如支持這幾個權臣；或者他認為"廢嫡立庶"會造成魯國不穩定，魯國內亂當然是齊國希望看到的；又或者僅僅出於私人恩怨，因為公子惡的外公齊昭公當年是他的競爭對手之一。

總之，齊惠公的態度起到了一錘定音的效果。有了齊惠公的首肯，東門襄仲可以放開手幹了，他回國以後立即準備殺害公子惡和公子視。

這件事被季氏的季文子知道了，他悄悄地通知叔仲彭生。叔仲彭生不以為意，覺得公子惡都已經登基了，別人還能怎麼樣，所以沒有及時防備。

東門襄仲一夥就設下計謀，派刺客埋伏在馬廄裡面，找機會殺了公子惡和公子視，然後假傳君命，召叔仲彭生進宮。

手下人竭力勸阻叔仲彭生，說：「進去肯定死。」叔仲彭生是厚道人，堅持要進宮，說：「死於君命也值了。」於是徑直入宮。但他隨即被人殺死，屍首被埋到馬糞裡面。後來還是叔孫得臣把他安葬了。

彭生的手下帶着彭生的家小逃到蔡國，叔仲氏從此就留在了蔡國，東門氏又除掉了一個競爭對手。

至此，敬嬴母子大獲全勝。公子俀成功繼位，是為魯宣公。

有了扶立君王的大功，東門襄仲的地位更加穩固了，成為無人可比的權臣，連季文子都顫巍巍地對他俯首稱臣。

公子惡和公子視的母親眼見兩個兒子被殺，束手無策，隨後又被新君趕回齊國。齊惠公就是殺害她兒子的主謀之一，她回到齊國會有怎樣的命運呢？無法想像。

回國的路上，她精神崩潰，在魯國的街道上邊走邊哭：「天啦！東門襄仲這個混賬，殺了先君的嫡子！」魯人見了都很傷心，行人紛紛垂淚。但是有什麼辦法呢？這個可憐的女人已經被兩個國家拋棄了，誰會替她說話？大家就把她稱為「哀姜」。（之前也有一個哀姜，是魯莊公的夫人。）

弒君潮、篡位潮還在蔓延，沒有停止的跡象。接下來終於輪到了中原的核心國家晉國——弒君潮的最高峰來臨了！

晉靈公不君

公元前 610 年前後，中原各國都遇到了麻煩。這一代人不知道怎麼回事，像約好的一樣，昏君輩出，連一向很靠譜的晉國王室都出了一個著名的暴君、昏君——晉靈公。

春秋時代有很多暴君、昏君，但誰也沒有像晉靈公一樣闖出這麼大的名氣，以至於史書上花費大量篇幅記錄他的種種暴行，甚至於直接說他「不君」——不守為君之道。只能說，他給當時的人們留下的印象太深刻了吧。

晉靈公當國君的時候還是四歲的小孩。這麼小的孩子一下被放到萬人之上的高位上，沒人能管，所以他漸漸地就走偏了。

等到靈公十來歲的時候，他已經成了一個典型的惡少，成天鬥雞走狗，只顧着玩樂，從不幹正事。

他貪圖享樂，大肆搜刮民眾的財富，建了一座奢華的"桃園"，花費大量錢財裝飾自己的宮殿。他整天玩樂，各種能玩的都玩過了，最後甚至在高臺上用彈弓打外面的路人，看到路人驚恐躲避的樣子就很開心。

他還特別喜歡養狗，專門在曲沃建了一座狗園，養着許多名貴的狗，給狗都穿上華麗的衣服。

他手下的寵臣屠岸賈看到這點，就故意投其所好，把那些狗照顧得特別好，以此博得他的歡心。

一天晚上，一隻狐狸意外闖進宮裡，把晉靈公的母親穆嬴嚇到了。靈公讓自己養的狗去跟狐狸搏鬥，結果這些狗卻敗下陣來。屠岸賈馬上想辦法，讓下人把以前打獵捕獲的狐狸獻上來，說："看啊，大王的狗抓到狐狸了。"靈公非常開心，按照賞賜大夫的規格把這些狗好好地獎賞了一頓，還下令："以後誰敢得罪我的狗，就砍斷他的雙腿！"

晉國從此人人都怕這些狗。這些畜生甚至跑到市場上去吃豬肉、羊肉，吃飽了還叼回家去，沒人敢管。

這些狗裡面有很多是惡犬，屠岸賈依靠牠們威脅別人，誰招惹了他就放狗去咬 —— 連趙盾都不能例外。有一次趙盾求見晉靈公，就被惡犬擋在門外。

晉靈公的暴行最後終於引起了大臣們的公憤。事情的起因是，有一次他吃熊掌，發覺煮得不夠爛，就大發雷霆，把掌勺的廚師當場殺死，將屍體裝在籮筐裡，讓宮女們抬出去偷偷扔掉。

當然他不一定是有意殺人，也可能是不小心誤傷的，但光天化日出人命案對國君的形象還是有很大的殺傷力。

宮女出門的時候正好趕上趙盾和士會進來。這二人見到籮筐裡露出一隻手臂，就攔下宮女來問，這才知道出了人命案。

兩人和晉靈公的關係，類似於年長的管家對不成才的少爺，有一種恨鐵不成鋼的心態。他們見到這情形，覺得這小孩學得更壞了，必須好好教導一下。於是他們就商量好讓士會去向靈公進諫，如果靈公不聽，趙盾再去。

士會面奏靈公，洋洋灑灑講了一堆大道理。靈公也知道自己理虧，支支吾吾地賠禮道歉，這件事就算過去了。但剛收斂了沒幾天，他就故態復萌，又跟屠岸賈那幫人混在一起，還是跟以前一樣壞。

趙盾看到靈公這麼不長進，十分操心，沒事就勸，反覆勸說他很多次。

靈公被說得煩了，覺得有這樣一個人天天管着很不舒服，最後把心一橫，乾脆派出殺手去暗殺趙盾！

殺手在一天清晨來到趙盾家，偷偷觀望。他看到趙盾家門戶大開，家裡陳設十分簡陋。儘管時間還很早，趙盾已經穿好朝服了，正端坐着休息，儀容威嚴，不可侵犯。

殺手就感歎說：“這樣的人才是真正的國之棟樑呀！我不忍心殺忠臣，但又不能違背國君的命令，怎樣都是犯罪，那就以死謝罪吧。”於是便一頭撞死在了庭院裡的樹上。

晉靈公一計不成又生一計。他約趙盾參加宴會，在周圍埋伏下甲士，想在宴會上刺殺趙盾。

趙盾的手下有個叫提彌明的，察覺到了異常，趕忙走到堂上對趙盾說：“臣下陪君王飲酒，酒過三巡還不告退，就不合禮儀了。”說着就把快要喝醉的趙盾扶起來向外走。

這時候靈公的甲士還沒有集合好，看到趙盾要逃，只好把平時馴養的惡犬放出來咬他。一大群惡犬左衝右突，見人就咬。大殿裡立時亂成一團。

提彌明十分勇猛，接連打死幾條惡狗。趙盾的其餘手下也衝上來幫忙，跟靈公的甲士們作戰，護着趙盾邊打邊撤。

但圍上來的人越來越多，提彌明也戰死了，眼看趙盾他們衝不出去了。關鍵時刻，靈公的甲士裡面有一個人突然倒戈，對自己的隊友痛下殺手。

甲士們陣營大亂，那人護着趙盾等人一起逃出了王宮。

這時候趙盾才知道，那人叫靈輒。很多年以前，趙盾在首山下打獵，見到一棵桑樹下有一個饑民，快要餓死了，就把自己的酒食分給他吃。那人說，家裡還有老母親。趙盾又給他一些好飯菜帶回家去，那人感激涕零，千恩萬謝地告別而去。後來他做了靈公的衛士，這次看到趙盾危難，特地來相救。

靈輒說完就告辭，獨自遠去了。趙盾感歎不已。

不過，這一連串故事的可信度不一定高，因為趙盾的主角光環太過耀眼，晉靈公的"昏君"臉譜也過於典型了，不排除趙氏後人編造故事的可能。

但有一點是確定無疑的：在公元前 607 年，趙氏家族跟晉靈公之間發生了重大矛盾，朝野震動。晉國權傾天下的六卿家族跟國君之間的衝突終於爆發！

這一次衝突，很難說得清誰對誰錯。趙氏長期掌權，隻手遮天，他們跟君王之間是一定會出現衝突的。

而且從以上的種種傳說也看得出來，晉靈公要殺趙盾很不容易，說明這時趙氏的權勢已經隱隱壓倒了國君，那麼靈公怎能沒有行動呢？這是利益之爭，無關對錯。

衝突爆發之後，趙盾緊急逃出了都城，但沒有逃出晉國。實際上，他一旦出了晉國只會更危險。

趙氏群龍無首，全體亂作一團。這時候曾經在河曲之戰中犯過重大錯誤的趙穿站了出來，暫時擔任趙氏的領袖，並且在當年九月，在桃園中襲殺了晉靈公。

近百年以來，晉國又一次弒君！

但這一次弒君並沒有造成重大反響，國內外似乎都很平靜。一方面因為晉國是第一大國，別人管不了他們的內部事務。另一方面，晉靈公還是個十幾歲的少年，沒有培養起自己的勢力，而趙氏家族開枝散葉，根基十分深厚。所以晉國上下默默地接受了趙穿弒君這件事，沒有任何人為此受懲罰。

趙氏隨後把趙盾接回京城，繼續掌權。

由趙盾主導，晉國的大臣們從周王那裡把晉文公的小兒子黑臀迎接回來。當年十月，公子黑臀登基，是為晉成公。

關於這次弒君，歷史上還留下了一個著名典故。

據說晉國史官董狐在記載這件事的時候，寫下了"趙盾弒其君"的文字。趙盾覺得很冤枉，說："怎麼能這樣寫？靈公又不是我殺的，當時我人都不在現場，這事能賴我？"

董狐回答："你是百官之首，出事的時候又在國內，本來就該對國內的事情負責。而且事後你又不懲罰趙穿，說明你跟他是一夥的。就寫你弒君有什麼不對？"

孔子因此對董狐給予很高的評價，說他代表着"秉筆直書"的史官。後人都說，董狐這種做法叫"誅心之論"——不看某個人表面上幹了什麼事，而是以他的動機來評定這個人。

總之，因為晉靈公被殺的事，趙盾算是被釘到歷史的恥辱柱上了，"弒君"這個惡名他是逃不了的。

不過晉成公可不敢這麼說。他很清楚自己的位子是趙盾給的，現在千萬不能招惹趙家，所以登基以後馬上下令赦免趙盾的罪過，通過官方宣傳渠道明確說明：趙盾沒有弒君，趙氏家族可以繼續掌權。

更過分的是，他還首創了公族大夫這個官職。

所謂的"公族"本來指的是國君家族的旁支。當年曲沃小宗成功奪權以後已經廢除了晉國的公族制度，現在成公又恢復了這個制度，不過做了一個重大修改：卿大夫的後人也可以稱為公族——就是所謂的"公族大夫"。這是從制度上保證了公卿家族的政治地位。

從設立公族大夫起，他就讓趙盾、趙括這些權臣擔任公族大夫，並且子子孫孫一直傳下去，使得這些家族成為跟君王並列的存在。

用更簡單的話來說就是：趙氏他們這些大家族的子孫，地位跟國君家的公子差不多了。

這為以後公卿徹底架空君王埋下了伏筆，是毀滅晉國的重要一步。

趙氏對這個聽話的新君挺滿意，於是，他們跟國君的矛盾暫時告一段落。趙盾繼續作為首席大臣掌握國政，晉國又恢復了表面上的平靜。

但晉國的國力下滑已經無法避免，因為他們遇到了一個超級強大的對手——春秋時代的另一個霸主登場了。

內憂外患中的楚國

楚穆王是有雄才大略的君王。靠弒父上位的他，憑着一股狠勁，連續消滅了江淮地區的一大批小國家，又把晉國的幾個小弟狠狠收拾了一頓，嚇得晉國都不敢直接跟他對抗，眼看他就要成為新一任霸主了。

然而天不假年，穆王有霸主之能卻沒有霸主之命，在即將跟晉國對決的時候溘然而逝。

公元前 613 年，穆王的兒子熊旅繼位，是為楚莊王。

莊王登基的時候還是個十幾歲的少年，根基不夠深厚，楚國國內的形勢一下子變得詭譎起來。

當時楚國面臨的困難主要是兩方面：國內，若敖氏把持朝政，跟晉國的公卿類似，一度有架空君王的趨勢；國外，迅猛擴張造成的後果是，很多新歸附的小國內心不服，一有機會就要叛變。

其實早在穆王當政的末期，這兩個問題就已經爆發過了。

公元前 617 年，若敖氏的鬭宜申（子西）和仲歸策劃謀殺楚穆王，計劃洩漏，穆王及時剷除了他們。

公元前 615 年，若敖氏的成大心離世，舒國馬上帶領手下一群同姓國（稱為"群舒"，總共至少有九個國家），一起背叛楚國。

穆王任命成大心的弟弟成嘉為新一任令尹，帶兵去討伐這些國家。楚國大獲全勝，俘虜了他們的幾個國君，成功剷滅了叛軍。

這時看起來楚國已經渡過難關了，但穆王突然離世，讓形勢又變得複雜起來。

"群舒"看到機會來了，再次蠢蠢欲動。這時朝政都掌握在成嘉手裡，他決定防患於未然，跟潘崇一起，主動去打擊這些國家。

那是公元前 613 年，兩人出發之前安排公子燮和鬭克防衛郢都，這兩人都是莊王的老師，看起來是絕對忠誠的。

不料這兩人都心懷鬼胎：公子燮之前跟成嘉爭奪令尹的職位失敗，一直懷恨在心；鬭克前幾年在郕之戰中被秦國俘虜，後來秦國為了拉攏楚國才把他放回來，但回來以後他一直坐冷板凳，所以也心懷不滿。

兩人趁楚軍的主力外出的時機發動叛亂，他們一面加築郢都的城牆，一

面派人去暗殺成嘉。但暗殺沒有成功，成嘉和潘崇立即回師殺向郢都。公子
燮和鬬克索性劫持了楚莊王，裹挾着莊王逃往商密。

幸虧在經過廬地的時候，廬地的大夫戢黎和叔麋設計誘殺了兩個反賊，
救下楚莊王。這樣莊王才平安返回郢都。

但這次動亂着實把莊王嚇出一身冷汗，給這位剛剛登基的年輕君王上了
深刻的一課。

這以後，成嘉的地位就更加穩固了，成為楚國無可爭議的掌權者。當
然，若敖氏也變得更加強大。

成嘉和鬬克都是若敖氏的人，背後的各種關係錯綜複雜。可以說，楚國
朝堂上發生的每一件大事背後都有若敖氏的影子。

另外，若敖氏跟朝廷裡的蒍氏也鬥得火熱。當年城濮之戰前，蒍賈就明
確反對給子玉軍權；子玉兵敗自殺以後，令尹的職位一度落到蒍氏手裡，後
來又被若敖氏給奪了回去。

楚國國內的局面如此複雜，他們的敵人晉國當然不會放過機會。

公子燮之亂的那一年，鄭、衛重新倒向晉國。趙盾隨後召集七國諸侯在
新城會盟，中原諸侯們都表示服從晉國的領導，晉國的霸業再次復興。楚國
的小弟只剩下了一個蔡國。

第二年，晉國發起突襲，派郤缺直接殺奔蔡國。

蔡國緊挨着楚國，晉國攻打蔡國相當於把戰火燒到楚國家門口了。作為
最早臣服於楚國的中原國家，蔡國一直對楚國保持忠誠。所以蔡國被晉國進
攻的時候，他們第一時間就向楚國求救。

但楚國對蔡國的求救竟然置若罔聞 ——— 這是最近幾十年從來沒有過
的情況。

蔡國人叫天天不應，他們的首都很快被攻陷，蔡國人只好投降，跟晉國
簽訂了喪權辱國的條約。都到這時候了，楚國仍然沒有反應。蔡莊侯憂憤成
疾，第二年就病死了。

不過兩年時間，楚國丟失了中原地區所有的盟友。

幾十年來一直咄咄逼人的楚國，好像一下就喪失了鋒芒。晉國獨霸天下
的時代似乎又要回來了。

為什麼會出現這種情況？因為楚莊王正在 "罷工"，楚國政府已經完全

停擺了。楚國人不是不想救蔡國,而是他們確實什麼也做不了。

"一鳴驚人"隱含的真相

自從登基以後,楚莊王就天天窩在宮裡,沉迷在歌舞聲色之中,對國家的一切事務都甩手不管,也不聽任何勸告,甚至明確發佈告示:"有敢諫者死無赦!"因此沒人敢向他彙報國家的情況。

大臣們全都乾着急,但都沒辦法。

這樣的情況一直持續了三年。這三年裡,楚國的內政外交基本處於癱瘓狀態,到最後,各種問題一起爆發,國家出現了嚴重的危機。

首先是饑荒席捲全國,民眾紛紛逃亡,經濟瀕臨崩潰。

接着西南邊的山戎趁機作亂,攻打楚國城邑,一直打到楚國內地的阜山。然後東南邊的夷人也發起襲擊,打到了楚國的訾枝附近。(當時把中國內部各地的野人都稱為"戎",楚國山野間也有戎人;而"夷"通常指中國疆域以外的大規模的蠻族國家。)

庸國和麇國也背叛楚國,帶領當地蠻族發動叛亂,直接威脅郢都。

一時間,楚國各地戰火紛飛,看起來像要被蠻夷聯合剿滅了。

而晉國為首的中原各國也密切關注着楚國的情況,一旦楚國支撐不住,立馬就要來趁火打劫。

在這樣危急的關頭,大臣們再也坐不住了,紛紛進宮勸諫楚莊王。

大夫伍舉進宮面見莊王,只見宮內鼓樂齊鳴,莊王正左擁右抱地摟着許多美女飲酒。伍舉不緊不慢地對莊王說:"微臣聽說一個謎語,猜不透,還請大王指教 —— 南方的阜山上停着一隻鳥,三年不展翅,三年不鳴叫,請問這是什麼鳥?"

莊王哈哈一笑說:"此鳥三年不飛,一飛衝天;三年不鳴,一鳴驚人。你回去吧,我知道你的意思了。"

但這以後莊王不僅沒有悔改,反而更加沉湎於酒色。不久以後,另一個大臣蘇從又去進諫,甚至以死相逼,莊王這才聽了他的勸諫,下令停止宴樂,開始處理國政。

從此以後，莊王就跟變了一個人似的，完全拋棄了酒色，表現出無與倫比的政治才能。他大力任用伍舉和蘇從等賢臣，虛心納諫，唯才是舉。朝廷上下齊心協力，勤勤懇懇地處理國政，在極短的時間內就把積壓的所有政務一掃而光，每一件事都辦得分毫不差。楚國也因此迅速從混亂中恢復過來，走向了強盛。

不過這個故事只能當寓言來看，不能當真實的歷史，因為其中漏洞很多。比如伍舉這時候可能還沒出生，或者還是個小孩，根本不可能當重要的大臣。

拋開史書上誇張的部分，這個寓言故事背後隱含了這樣一件事實：楚莊王在登基以後很長時間內有意迴避國事，一直到大臣們反覆請求以後才開始理政。

為什麼會這樣？可以有很多種解釋。

最有可能的一種解釋是：他在向以若敖氏為首的群臣施壓。

莊王繼位的時候，若敖氏的勢力已經根深蒂固，楚國也出現了跟晉國類似的權臣掌握朝政的局面。

而莊王的根基十分不牢靠，無法跟他們正面對決，所以他索性甩手不幹，用消極怠工甚至積極製造障礙的方式，把擔子全部甩給朝臣們。

朝臣們離開了君王的支持，忽然發現一切都玩不轉了，國政混亂到無以復加。他們承受着國內外極大的壓力，最後只好回來求莊王。

莊王很得意："你們還是要來求我呀？那我就勉為其難幫你們處理國事吧。"

這本質上是君權跟相權的爭鬥。

莊王代表的君權一度被相權壓制，只好用非暴力不合作的方式逼他們讓步。

就好比兩撥人拔河，一方咄咄逼人，另一方索性不玩了，丟開手："你們自己玩吧。"這邊轟隆一聲坐到地上，然後發現局面完全失控了，只好再把對方找回來："我們還是好好合作吧。"

所以最後雙方妥協，又回到了君權跟相權平分天下的老路上來。

反觀晉國那邊，則是一個失敗的典型。晉靈公可能也曾經試圖收回權力，但踩爆了地雷，導致了魚死網破的慘烈結局。

從此以後，楚國跟晉國就走向了相反的方向：楚國繼續走以前的老路，由國君掌握大權；晉國不僅沒能收回君權，反而進一步滑向了公卿執政的深淵。

之所以會有這樣相反的結果，一方面是因為楚國沒有出現趙盾那種刀槍不入的老油條，另一方面也是由於楚莊王本身傑出的政治才能。

可以說，他一個人改變了楚國的命運。

接下來還會有他的精彩表演，屬於他的時代才剛剛開始。

楚莊王早期的戰爭

公元前 611 年，庸國和麋國趁楚國內政混亂的機會發動叛亂，同時從幾個方向攻擊楚國，再加上各種蠻族蜂擁而出，一時間聲勢十分浩大。

庸國處在巴國和楚國中間，是南方的傳統強國，統領着周邊一大群蠻族，號稱"群蠻之首"。

這是一個古老的國家，最晚在商朝的時候就已經存在了。周武王召集八百諸侯討伐商紂，其中之一就是庸國。

因此周朝立國以後他們也受到封賞，而且爵位還比較高，比楚國高多了。

這些年庸國跟楚國一直有矛盾，楚國多次進攻都被他們打敗了，可見庸國的實力很雄厚。這次楚國內亂，庸國發動突襲，應該是早有準備的。

麋國也是一個古老的國家，也是武王伐紂的諸侯之一。但到楚莊王這個時候，他們早已不再強大，只是一個剛剛被楚國征服的小國而已。但他們手下統領着不計其數的百濮部落，萬蟻噬象，真打起來也是十分難纏的。

當時的情況看起來真的很糟糕，楚國朝臣們甚至考慮遷都到阪高以避開敵人的鋒芒。

關鍵時刻，蒍賈力排眾議，堅決反對遷都，他說：

"遷都有什麼用呢？我們能遷過去，敵人就能打過去。現在我建議先打庸國，庸國是真正的敵人。麋國跟百濮看起來氣勢逼人，其實都是一群烏合之眾，他們在觀察事態，以為我們在鬧饑荒，所以沒有能力出兵。我們只要真的把軍隊派出去，他們馬上就會被嚇退。百濮都是散居在各個地方的，一旦退走，短期就沒有能力再集結起來了。"

莊王聽了他的建議，派出軍隊殺向庸國。

楚軍到了庸國後，一開始的戰鬥很不順利，將領都被庸國活捉了。雙方隨後展開了七次戰役，楚軍七戰全輸。但庸國內部顯然也不團結，他們的軍隊是許多蠻族部落臨時拼湊起來的，其中只有幾支部落真正肯賣力抗擊楚軍，所以暫時也沒能力把楚軍打退。

庸國看到楚軍不堪一擊，覺得傳說中的楚國也不過如此，就漸漸放鬆了警惕。

這時候楚莊王卻乘坐驛站的專車悄悄來到前線，跟前線楚軍會師。他親自指揮楚軍，把軍隊分成兩路，一路正面進攻，一路從小道偷襲。而且更重要的是，他還聯絡了秦國和巴國的軍隊一起來幫忙，三國軍隊合圍庸國。

庸國手下的蠻族們頓時土崩瓦解，紛紛投降楚國。各國大軍集結，很快就滅亡了庸國。

麇國和百濮看到這情況，果然馬上如鳥獸散，各自逃回國內。他們可能在隨後的幾年中也被楚國給消滅了。

其他地方的反叛力量看到帶頭的庸國和麇國都敗了，當然不敢再不識時務，很快偃旗息鼓。外患已除，楚國的內亂也迅速被平定。

這場戰爭對於楚國來說應該不算太大的考驗，歷史上的記載也很簡略，但我們還是能看出這樣一些事實：

楚莊王能親臨前線指揮戰爭，說明楚國後方的力量基本上已經被他擺平了。聯想之前的"鬥克之亂"，差別就更明顯了。這時候楚國朝廷裡各派力量應該都已經在莊王的控制之下。

另外，以前楚軍往往更聽若敖氏家族的指揮。而現在莊王可以親自指揮軍隊，說明他成功收回了軍隊控制權，若敖氏已經主動或者被動地放棄了一些權力。

另一方面，剛剛在國際社會嶄露頭角的莊王，能夠說服秦國、巴國共同圍攻敵人，意味着楚國在外交上也取得了相當的成就。

這一切都來得太快，三年不鳴的楚莊王果然"一鳴驚人"！

庸國和國內叛軍被消滅以後，楚國內部的局勢迅速穩定下來，然後楚國便開始向國外出擊。

這時候晉國內部出現嚴重危機，趙氏跟晉靈公的鬥爭已經白熱化，晉國對外處於防守姿態。可以說莊王的運氣特別好，正好趕上這個機會，中原爭霸的大門已經向他敞開。

鄭國第一個感受到這種變化，所以對待晉國和楚國的態度也悄悄做了調整，漸漸地開始偏向楚國。

這時候發生了兩件事讓鄭國徹底轉向。

首先是宋國發生了昭公被弒的案子，趙盾派荀林父帶着諸侯們去向新登基的宋文公問罪。他們到宋國以後，卻收了宋文公的賄賂，馬上回嗔作喜，反倒跟宋文公簽訂了和平協定。

同一時間，齊國侵略魯國，晉國又帶着小弟們在扈邑集結，號稱要攻打齊國替魯國伸張正義。齊國也賄賂晉國，讓他們取消了軍事行動。

晉國兩次都是收人錢財替人消災。作為霸主，這種態度讓小國們心寒。鄭穆公於是打定主意，徹底倒向楚國，跟楚國簽訂了盟約。

中原的其他小國還在猶豫不決，楚莊王卻已經出手了。收服鄭國以後不久，剛好陳共公過世，楚國故意不去弔唁，看看陳國會怎麼反應。

新登基的陳靈公看不清形勢，以為楚國只是鬧着玩的，就賭氣跟晉國簽了盟約。

楚莊王立即以此為藉口，帶着鄭國一起去攻打陳國。

陳國求救，趙盾親自帶兵來救陳國。他們剛走到鄭國境內，卻聽說楚軍已經跑到北邊去打宋國了。

這是莊王第一次進軍中原，對自己的實力還不太有信心，所以只採取騷擾戰略，快進快退。

趙盾索性也不去救宋國了，跟宋、陳、衞、曹四國軍隊會合，就地攻打鄭國。

這回輪到楚國來救援了。蒍賈帶兵救援鄭國，晉楚兩大國的軍隊在北林相遇。楚國大勝，俘獲了晉國的將領。晉軍只好退走。

這是一次小規模的遭遇戰，但意義重大。因為這是十多年來晉楚兩國第一次正面交鋒，晉國作為霸主被打敗，威信全失。

趙盾他們有點急了，要找回場子，但又怕再輸一場，面子上更掛不住，於是就想找秦國來幫忙。這時候官二代趙穿又出了個餿主意，他說："我們去打崇國。崇國一直是受秦國保護的，所以秦國肯定來救他們。這樣我們就可以跟秦國簽訂和平條約，然後約好一起去打楚國。"

這樣一個腦洞清奇的建議竟然被趙盾接受了，他果然讓趙穿帶兵去打崇國。秦國對於這次莫名其妙的侵略表示看不懂，沒去救崇國，更沒跟晉國簽什麼狗屁協議。

趙盾發現又一次被他那個弟弟坑了，但沒辦法，晉國的面子還是得找回來。既然不敢惹楚國，就打鄭國出氣吧。於是那年冬天，晉國聯合宋國去把鄭國打了一頓，然後對國內宣稱："我們已經成功報仇！"總算找到了臺階下。

鄭國受了氣，也想報仇，他們當然也不敢招惹晉國。楚國就給他們出主意："可以去打宋國出氣，別怕，有我在背後支持你。"

這是楚莊王在爭霸初期慣用的招數：自己儘量不出面，挑動中原的國家自己鬥。

所以第二年開春，鄭國就對宋國發起大規模襲擊。宋國派出華元等人去應戰，雙方在大棘展開戰鬥。

當時給華元駕車的士兵叫羊斟。在開戰之前，華元下令宰羊給士兵們吃，分羊肉的時候，也不知道什麼原因，別人都分到了，就沒分給羊斟 —— 可能是因為他地位太低了吧，被人忽略了。

到了戰況最激烈的時候，華元的戰車正在人群中飛馳，看到前方有敵人來了，華元就叫羊斟把車駛到旁邊去。羊斟卻惡狠狠地說："分羊的時候是你做主，現在輪到我做主了。"說完，他就駕車直奔鄭國軍營而去 —— 就這樣把自己家主人送給了鄭國人。

華元哭笑不得，束手就擒。宋國軍隊群龍無首，被鄭國軍隊殺得大敗，副將樂呂也被殺死了。鄭軍俘獲大量人馬輜重，獲得了很多年以來對宋國最大的一次勝利。

華元是兩朝元老，是宋國朝堂上最重要的人物，所以宋文公拿出大量財寶去鄭國贖他。沒想到使者還沒走出多遠，華元就已經逃回宋國來了，在城牆外大叫開門，精神比原來還好。

他不僅命大，而且很豁達。據說他逃回宋國以後又見到了羊斟，還調侃羊斟："上次是不是老兄的馬失控了呀？"羊斟無地自容，只好逃到魯國去了。

鄭國這麼囂張，惹怒了晉國，趙盾在當年夏天又聯合幾個小國一起去教訓鄭國。

楚莊王聽說以後馬上派鬬越椒去鄭國協防，鬬越椒駐紮在鄭國等着趙盾來。關鍵時刻，趙盾還是慫了，沒敢去面對楚軍，直接撤回了晉國。隨後就發生了"趙盾弒其君"的慘案，晉國內亂爆發，跟楚國的交鋒暫告一段落。

趙盾撤走的時候撂下一句話："若敖氏在楚國鬥得正兒，我看他們也蹦躂不了幾天了，就讓他們更狂一點吧。"

鬬越椒就是若敖氏的領袖，他將會親手毀滅自己的家族……

傳奇家族若敖氏（二）

當年，鬬子文是楚國政壇上偶像級的人物，他晚年推薦自己的弟弟成得臣（子玉）作繼承者。這時候起，若敖氏分成了"鬬氏"和"成氏"兩個家族。

子玉其實也是非常優秀的人物，但城濮之戰的失敗毀了他一生的名聲。

子玉之後，楚國的令尹職位短暫地落到過蒍呂臣手裡。但蒍氏架不住若敖氏的一致反對，一年以後，又把令尹的位子交給了鬬勃（子上）。權力重新回到若敖氏手中。

子上更冤枉，他明明沒犯什麼錯，卻因為得罪了當時還是太子的穆王，結果被誣陷，被楚成王冤殺。

若敖氏的兩任領袖本身都很有才幹，卻死得很憋屈。這背後的原因耐人尋味——不排除是因為他們位高權重引起了君王的猜忌。

但楚國君王還是離不開若敖氏的支持，所以繼續任用若敖氏的人主持國政。子上的繼任者是成大心，之後是成嘉（子孔）。

不過，從這時候起，若敖氏跟楚王的關係就變得相當微妙了。

楚穆王末期，長期受打壓的鬬宜申（子西）發動叛亂，想殺掉穆王。結果他失敗了，被穆王殺死。

楚莊王剛登基的時候，被秦國釋放回來的鬬克（子儀）又發動叛亂，劫持了莊王逃往商密。結果在經過盧邑的時候，當地官員誘殺了鬪克，救下了莊王。

成嘉在平定鬪克之亂中起了很大作用，把若敖氏的地位推到頂峰，一度迫使楚莊王"三年不鳴"。他死後，繼任者是鬪般（子揚）。

這時候鬪越椒（子越）也崛起了。

鬪般是子文的兒子，鬪越椒是子文的孫子，兩人是叔侄關係，但他們為了權力鬥得你死我活。若敖氏的內部矛盾爆發。

當時鬪般是令尹，鬪越椒是司馬。鬪越椒為了爬上令尹的職位，不惜跟他們家族的政敵蒍賈聯合起來，共同誣陷鬪般。莊王半真半假地相信了他們的話，殺了鬪般，讓鬪越椒繼任令尹，蒍賈繼任司馬。

這樣的任命方式實際上把權力平分給了若敖氏和蒍氏，是在削弱若敖氏的勢力。

鬪越椒很快就明白了這一點，所以又開始排擠蒍賈。但蒍賈精明得很，用計謀幹不掉他，只能用武力。鬪越椒在等一個機會。

若敖氏的覆滅

公元前 606 年，楚莊王親自帶兵討伐陸渾的戎人。不過討伐戎人只是藉口，莊王真正的目的是進一步威逼中原。

從"一鳴驚人"以來，莊王就在步步緊逼地試探中原諸侯們對於楚國稱霸的態度。

這次他直接瞄準了周王室。

楚國大軍直接開到洛邑附近，在那裡舞刀弄劍地炫耀武力。周定王驚惶不安，派王孫滿去慰問楚軍，也就是探察他們的意圖。

王孫滿以能說會道聞名。當年他還是小孩子的時候，秦國的軍隊經過周王宮北門，表演"超乘"的絕技，他看了以後，冷冷地說："秦軍如此狂妄，此行必敗。"後來這支軍隊果然在殽山全軍覆沒。

王孫滿來到楚國軍營，楚莊王有意要為難他，劈頭就問九鼎的大小輕重。九鼎是當年大禹統一天下以後，收天下九州之銅鑄成的九個鼎，是周王

室權力的象徵 —— 問九鼎輕重就是公然表示要奪江山社稷。

王孫滿不緊不慢地回答："周王室的權力在德不在鼎。現在我們的實力雖然衰弱了，但天命依然在周，九鼎的輕重是不可以問的。"說完他還詳細講述了九鼎的傳承過程，並向莊王解釋，周朝能擁有天下，是依靠"德"而不是依靠九鼎。

莊王一聽："你們城裡人果然會說話。"服了！

楚國人一直很嚮往中原文化，莊王統治的這幾年，楚國舉國上下都在爭着向中原學習。王孫滿這種教科書式的說辭，正是蠻夷之地的楚人無比嚮往的"中原先進文化"。

所以楚莊王當場表示佩服，送王孫滿回去以後就撤軍了，不再威脅周王室，只留下了"問鼎中原"的典故。

但出來一趟總要找點事幹吧？實在找不到，就繼續玩"傳統娛樂項目"—— 打鄭國。所以楚軍離開洛邑以後又撲向鄭國，又把鄭國狠狠揍了一頓，理由是他們最近又跟晉國好上了。

鄭穆公無可奈何，只能好聲好氣地伺候這幫大爺。這是他最後一次受氣，幾個月之後，他就過世了。

鄭穆公當政的這些年，鄭國一直像皮球一樣被晉楚兩大國踢着玩。他也只能想盡辦法儘量在兩個壯漢之間保持平衡，終於艱難地把國家保存下來。穆公可以說為國家耗盡了心力，他這個國君當得真是太憋屈了。

不過他的女兒實在給他長臉，以無敵的美貌攪動春秋亂世，公然把幾個大國玩弄於股掌之間，甚至間接改變了晉楚爭霸的最終結果。我們後面會講到。

楚莊王這兩年目光都緊緊盯着北方，時不時地就帶兵去中原轉一轉。他在一步步地實現他的計劃 —— 威逼中原各國服從楚國。

看到這情形，留在郢都的鬬越椒簡直歡欣鼓舞。他覺得若敖氏這些年被楚王壓制得夠了，而且楚王正在逐漸削奪他們家族的權力，再不反抗，若敖氏就完了。

而他是若敖氏當之無愧的第一人，若敖氏跟楚王的種種恩怨理應由他來做一個了斷。

莊王長期不在郢都，簡直是天上掉下來的機會，天命在此，也許若敖氏稱王的偉大構想註定會由他來完成？

另一方面，史書上說他"人或讒之王，恐誅"，就是說有人在莊王那邊誣陷他，他害怕被殺才被迫造反。聯想到之前他跟蒍賈誣陷鬭般，導致鬭般被殺，不排除這樣一種可能：現在蒍賈故技重施，又在莊王跟前污蔑鬭越椒，這才逼得他造反。

總之鬭越椒跟蒍賈的暗鬥非常激烈，這是他突然造反的一個原因。

而莊王一直在揣着明白裝糊塗："什麼，你說某某人要謀反？給我殺！"這樣一種態度也讓鬭越椒很恐懼，指不定哪天刀子就架到自己脖子上了。

不管出於什麼原因，他最後決定拼了 —— 不成功便成仁。

他趁着莊王帶兵威脅中原的時機，發動突然襲擊，捉住最大的對手蒍賈，最後把蒍賈虐殺在監獄裡。

若敖氏的軍隊全體出動，駐紮在烝野，等着莊王回來開打。正在中原的莊王聽說後方出事，吃了一驚，緊急率軍趕回郢都。

雙方對決，莊王沒有必勝的信心，所以先跟鬭越椒談判。莊王做出極大的讓步，承諾把文王、成王、穆王三位先王的兒子送到若敖氏那邊去當人質，以此保證自己願意跟若敖氏和平共處。

但鬭越椒還是不相信莊王。雙方最後談崩了，終於兵戎相見。

當年秋天，雙方在皋滸展開大戰，最後莊王一方獲勝，鬭越椒被殺。

戰爭過後，莊王對若敖氏家族展開大清洗。鬭氏、成氏都不能倖免，其家族成員紛紛被罷免或者殺害，剩下的都逃到了國外。主掌楚國政壇一百多年的若敖氏基本被剿除乾淨了。

動亂發生之時，子文的孫子、鬭越椒的堂兄弟克黃正在出使齊國。回國途中克黃聽說了國內的事情，下人們紛紛勸他不要回國。他堅持要回去，說："君者，天也，人能躲得開天嗎？背棄君命，去別的國家，誰會接受我？"所以他毅然回國，並且主動到司法機關投案自首。

莊王看到克黃如此忠心耿耿，又想起當年子文對楚國的巨大貢獻，就說："要是子文都絕後了，天下人會怎麼想？"所以寬恕了克黃，把他改名叫克生，意思是免除死罪，賜予他新生，並且讓他繼續在楚國當官 —— 他的後人也一直是楚國的大臣。子文的血脈得以在楚國延續下來，不過再也沒有當年若敖氏的地位了。

若敖氏敗亡的責任，很大程度要算到鬬越椒頭上：他殘忍好殺，先殺同宗的領軍人物，再殺最大的競爭對手，最後直接叫板楚莊王，完全不知道如何跟別的政治勢力和平共處。這樣一連串殺伐下來，最終消滅的卻是他自己的家族。

若敖氏的後人肯定是非常恨鬬越椒的，所以他們傳說，當年鬬越椒剛出生的時候，子文一見到他就大驚失色，說："這孩子熊虎之狀、豺狼之聲，以後會滅若敖氏家族，趕緊殺掉！"鬬越椒的父親不同意，堅持把他養大了。子文對這件事一直耿耿於懷，臨終的時候勸告全族人，一旦鬬越椒執政就趕緊逃離楚國，並且哭着說："若敖氏之鬼，不其餒而？"—— 以後再也沒有後人來祭祀若敖氏，若敖氏的先祖在地下都會挨餓了。

鬬越椒因此留下了"狼子野心"的成語，身敗名裂。不得不說政治鬥爭一旦失敗，後果真的很可怕。

消滅若敖氏是莊王主要的功績之一。至此，楚國君王徹底收回了君權，楚國從根本上擺脫了權臣干政的命運。所以在春秋後期各國君王紛紛被權臣架空的時候，楚國卻能安然無事。也正因為這一點區別，楚國的國祚還要延續很久很久……

邲之戰前的晉國公卿

蒍賈在動亂中無辜犧牲，當時他的兒子蒍敖僥倖逃脫，和自己的母親到雲夢澤的鄉下避難，改名叫孫叔敖。傳說他得高人指點，學到了淵博的知識。

幾年之後，楚莊王想任命虞邱子為令尹，虞邱子就說："我的才能不及孫叔敖，建議大王用他。"莊王把孫叔敖找來一考察，發現他果然有大才，所以就任用他當了令尹。

孫叔敖當政以後，展現出聖賢一般的道德水準和施政能力。他與楚莊王君臣和諧，勵精圖治，短短幾年間就把楚國帶上了國富民強的頂峰，實現了對中原地區的追趕甚至超越。

至此，楚國從國力上而言，已經具備了稱霸的基礎。

　　而從外部環境來說，楚國稱霸的主要對手或者說唯一的對手就是晉國。

　　晉成公上臺以後，對六卿家族隱忍退讓，六卿跟國君的關係緩和。晉國在趙氏主導下重新走上正軌。

　　設立公族大夫制度以後，趙盾馬上見縫插針地把自家人塞進去。

　　當初趙衰先娶了叔隗，生下趙盾；後來又娶了晉文公的女兒趙姬，生下趙同、趙括（不是“紙上談兵”的那個趙括）、趙嬰齊。趙同三兄弟也是晉成公的親外甥。

　　趙姬是個賢良的女人。她主動請求趙衰從翟國把叔隗和趙盾接回來，又強烈要求讓叔隗當正室，自己卻以公主身份當偏房，並且讓趙盾作為嫡長子繼承趙衰的爵位，自己生的兒子只做庶子。

　　趙盾對這個小媽當然是非常感激的，對幾個庶弟也想盡辦法照顧。他說：“要不是當年趙姬把我們母子接回來，我現在還在翟國當狄人啊。”所以他晚年把趙氏的宗主之位讓給了趙括，趙括成為趙氏的領袖。

　　趙盾又懇請成公把趙括任命為公族大夫，把趙同、趙嬰齊任命為餘子。就這樣，趙家四兄弟都在朝廷裡當高官，進一步把持了朝政。

　　公元前 601 年，操縱晉國二十年的趙盾終於過世了。不過，由於他之前的精心安排，晉國的國政仍然掌握在趙氏手裡。

　　趙盾的長子是趙朔，由於他的兩個叔叔趙同、趙括都是紈絝子弟，沒什麼才能，趙家的希望都在他身上。

　　趙盾死後，趙朔繼承了爵位，步入高官的行列。

　　當初河曲之戰的時候，臾駢本來建議半夜去追擊秦軍，結果趙穿和胥甲兩人出來大聲嚷嚷，把這事攪黃了，讓晉國白白失去了一次全殲秦軍的機會。

　　後來趙盾追究責任，把胥甲驅逐到國外去了，讓他兒子胥克當下軍佐。胥氏從那以後就有點慘，一直被趙氏打壓。

　　趙盾過世後，郤缺繼任一把手的位子。他跟趙氏是盟友，儘管他是被胥臣發掘出來的，卻恩將仇報，繼續打壓胥氏。他堅持說胥克有精神病，罷免了胥克的官，讓趙朔接任下軍佐，進入了軍方高層。

　　到這時為止，趙朔飛快躥升，看起來就快要接當年趙盾的班了。

　　但一場史無前例的風暴卻在趙氏內部爆發出來。這個我們後面再說。

趙氏的新一代冉冉升起的時候，另一個重要家族的人物也正處在上升階段，那就是老牌貴族荀氏。

荀氏這一代當家的主要是荀林父和荀首兩兄弟。

荀林父是老將了，早在城濮之戰的時候就已經是晉文公身邊的御戎。從這個職位看得出來，他是相當能打的一員將領，跟那些靠拼爹上位的官二代可不一樣。

但他的光芒一直被趙氏壓制，除了在戰場上以外，其他地方沒有太多的表現。直到晉成公時期他才進入晉國政壇的頂級位置，屬於純粹靠自己的出色表現一步步走上來的強人。

郤缺退下後，荀林父繼任為晉國執政，達到自己政治生涯的頂峰。幾乎在同時，他弟弟荀首也飛速躥升，進入頂級將領行列。

雖然說荀首的晉升很可能是受荀林父照顧的結果，但他本人的才能同樣很驚人。他是個文武雙全的人才，不僅是戰場上的一員猛將，也是一名智勇雙全的謀士。

荀首在政壇上升得太晚，還沒來得及有更多表現就退下了，但他們兄弟倆給自己的家族爭得了一個很優越的位置，荀氏從此在權力爭奪中領先一個身位，壓倒了其他家族。

荀林父最初擔任的是中行的將領，所以以中行為氏，成為中行氏的先祖。而荀首被封在智邑，就以智為氏，是智氏先祖。

另一個位高權重的家族是郤氏。

郤缺早年被打壓的經歷，使他深刻地瞭解到生存的艱難，所以他行事非常小心，穩重老成，左右逢源。尤其是對於當政的趙氏家族，他盡力與他們和平相處，甚至可以說他是趙盾的副手。因此趙氏當政這些年，他也搭上了順風車，仕途一路平坦。

在郤缺的整個政治生涯中，他基本沒犯過任何錯誤 —— 這是很難得的。

趙盾退下來的時候，也是因為看到郤缺行事穩重這一點，讓他接任正卿的職位。郤氏從此登上了權力的巔峰。

郤缺掌權以後也確實對得起趙盾對他的信任，他把自己做人滴水不漏的風格帶到了對外政策上。他當政這幾年，楚國一再挑釁晉國，但總是有種一口咬到核桃上的感覺，始終佔不到明顯的便宜，致使楚莊王的稱霸計劃也只好一再推延。

郤缺也知道，論資歷應該是荀林父繼承趙盾的位子，趙盾讓他當政，有人情的成分在。所以幾年以後他退下來的時候，就讓荀林父繼承了自己的職位。荀林父也投桃報李，努力提拔郤缺的兒子郤克。幾年以後，郤克也接任了一把手的位置，郤氏成為可以跟趙、荀兩家抗衡的頂級豪門。

除了這三大家族以外，士會也是最近幾年躍升速度很快的明星。

士會是士蒍之孫，他們家族也是晉國的老牌公卿。當初士蒍是晉獻公手下一等的謀士，士會遺傳了士蒍的才智，一直以計謀過人著稱。他在秦康公手下的時候曾給晉國帶來很大麻煩，以至於晉國要費盡心機地把他從秦國騙回去。

後來的歷史證明晉國的做法太正確了，士會不僅有謀略，也有大局觀，為人做事都不偏不倚，恰到好處，是這一代人裡才能最全面的一個，而且人品也相當端正，行事正大光明。

這樣的人當然沒有理由混得不好，所以士會回到晉國以後就穩步攀升，到晉景公初年的時候已經是晉國軍隊裡的二號人物了。

然而這只是個開始，接下來才是他表現的時候，他的時代即將來臨。

晉國這種公卿制度其實有它的合理性，這種制度能夠盡最大可能淘汰掉能力一般的人，留下真正的人才。所以不管郤氏還是荀氏當政，他們的領導者都是有絕高才能的鐵腕強人。這些人的才能放到整個春秋時代都是排名靠前的。

有這樣一套星光熠熠的豪華班底在，魯國看來可以高枕無憂了。當時誰也沒想到晉國會在他們這群人手上翻車……

決戰鄭國

晉楚交鋒的焦點一直在鄭國。

這些年，雙方都在鄭國那邊展開拉鋸戰：你拿下鄭國，我就去打；我拿到鄭國，你也來搶。

這種場面幾乎每年都在上演。可憐的鄭國就像一個柔弱的女子，被兩個壯漢一人扯住一條胳膊，拼命地撕來撕去。

好在春秋時期諸侯間的戰爭大多是點到為止，破壞力不強，所以鄭國雖然天天被打，但基本的國計民生還能維持。

被打得多了，鄭國人也學精了——不管誰來打都不抵抗！他們只是向另一方求救，儘量讓這兩個壯漢互相打起來。

所以挑撥晉楚關係成了鄭國的主修科目。

公元前 604 年，楚莊王平定了若敖氏之亂，馬上迫不及待地轉頭去打鄭國。

鄭襄公向晉國求救，晉國派荀林父救援鄭國。楚國馬上撤走，又去打陳國。晉國又去救援陳國。

從這時候起，楚莊王加快了威逼中原的進度，連續幾年不停地侵擾鄭陳兩國，迫使晉國不斷地去救火。

但楚國儘量避免跟晉國直接衝突，晉軍一來，就躲開，這是莊王的策略。他在尋找機會：他相信，晉國這樣反覆來去奔波，總有露出破綻的時候，那時就可以一擊致命。

但郤缺真是個很難對付的人，做事滴水不漏，在這麼多年的拉鋸戰中始終沒有讓楚莊王找到破綻。

直到公元前 597 年，郤缺退休，荀林父接任了他的位置。

荀林父被壓了幾乎一輩子，到晚年的時候才登上權力的巔峰。他在戰場上是無往而不利的強者，但處事能力和個人威望比起趙盾和郤缺還是差一些，不太能服眾。

幾乎在荀林父上位的同時，晉國六卿的排名也做了調整。每一次權力結構調整都是一次大洗牌，有人歡喜有人愁，自然會有人覺得自己吃虧了，心懷不滿。

而且現在晉景公剛剛上臺，也處在磨合期。新君、新臣、新將，都在相互適應階段。

這個階段，晉國上層不可避免地出現了輕微的裂痕。

這種裂痕會在之後的磨合中漸漸被撫平，所以這樣的機會稍縱即逝。楚莊王敏銳地察覺到這個漏洞，他開始行動……

這一年的春天，莊王又領兵去打鄭國，很快打到新鄭城下。

鄭國人一開始以為這次戰爭跟以前一樣，又是“傳統娛樂項目”，所以也沒太在意。

但他們漸漸發現這回不太一樣。楚國人拼得特別狠，連續圍城十七天，大有不滅掉鄭國不甘休的勢頭。

關鍵時刻，城牆崩塌。城裡的鄭國人讓巫師占卜：投降，不吉；哭太廟然後巷戰，吉利 —— 這是要全城民眾血戰到死。

鄭國人慌了，全城哭聲震天，連城牆上的士兵都在哭。

楚莊王覺得不忍心，讓軍隊暫時撤退。過了幾天，等鄭國人把城牆修好了，再圍上來，接着打。

這一圍就圍了整整三個月。三個月以後，鄭國終於投降。

這就有點耐人尋味了。楚軍幾天時間就可以打到新鄭城下，卻要三個月才能打下新鄭。

等鄭國投降的時候，晉國的軍隊也已經來到了鄭國，駐紮在黃河對岸，注視着這邊的局勢發展。

楚國大軍開進新鄭城內，鄭襄公在大街上行牽羊禮 —— 光着上身，牽着一隻羊，跪走到楚莊王面前。

鄭襄公對楚莊王說：“我違背天意，不好好侍奉大王，讓大王勞師遠征，這是我的過錯。現在我一切都聽大王的命令，大王把我發配邊疆也好，分割鄭國的土地、把鄭國人貶為奴隸也好，都憑大王做主。如果大王能看在周朝和鄭國列祖列宗的份上，保存我們的社稷，讓鄭國做楚國的附庸，努力侍奉大王，那就是大王莫大的恩賜了。”

這是請求楚莊王不要吞併鄭國。莊王手下的將士紛紛反對，說：“我們這麼辛苦打下來的國家，哪能再饒了他。”

莊王卻表現出了非常大度的姿態，對下人們說：“鄭伯這樣的人，能真正為自己的國家考慮，必定會善待自己的百姓，值得嘉許。”說着，就讓楚軍退後三十里，與鄭襄公簽訂了和平協定。

這樣的結果其實可以想像得到，因為楚莊王的目的根本不是鄭國，打鄭國只是為了引出後面的晉國而已。

戰前的三方較量

晉軍在黃河對岸聽說了鄭國跟楚國簽協定的事，那麼這仗還要不要打呢？領導層內部產生了很大分歧。

當時晉軍的統帥是荀林父，手下的將官是：士會、趙朔、先穀、郤克、欒書、趙家三兄弟、荀首、韓厥等。

荀林父不想碰楚軍，建議先撤退，等楚軍走了以後再去打鄭國。這相當於又玩以前的套路，繼續跟楚國保持平衡。

士會也支持撤軍。他認為目前楚國上下齊心，戰鬥力非常強，又有孫叔敖這樣賢良的人物在，要暫時避其鋒芒。

先穀卻反對撤軍，先氏在最近的人事任免中有被邊緣化的傾向，他急着要立功，就說："我們全軍出動，碰到強敵就撤了，我們這些將領的臉還要不要了？你們怕楚國就算了，我自己去。" 他是中軍佐，說完帶着自己的部隊就走了，直接去渡黃河。

幾個將領亂成一團。荀首說："按照《周易》的說法，將領不服從統帥是非常危險的徵兆。現在出了先穀這種人，他這一去，必敗；就算僥倖獲勝，回國也要受處罰。"

韓厥勸荀林父說："先穀這一去要是輸了，你的罪過就大了。你作為最高統帥，既沒能救鄭國，又沒能約束手下將領，回去以後肯定被大王降罪。不如我們一起進軍，即使敗了，責任大家承擔！"

荀林父被逼得沒辦法，只好下令，讓全軍一起渡過黃河，駐紮到敖山和鄗山之間。

到這時為止，戰爭還沒開打，晉軍內部的問題已經全部暴露出來了。晉國朝堂上的六卿相爭，終於延伸到了戰場上。

這時楚國軍營裡面也在爭論。

聽說晉軍渡過黃河了，楚莊王想撤走，孫叔敖也建議撤退，伍參卻主張開戰。兩個大臣一度吵得很兇，孫叔敖都差點命令軍隊直接撤退了。這種情形跟晉國那邊有點類似。

關鍵時刻，伍參給出的理由打動了莊王。他說："晉國的荀林父是剛剛上任的，權威不夠；先穀又是個剛愎自用的人，不會聽他的；其餘幾個將帥又各打各的算盤。下面的人該聽誰的？晉國的高層如此混亂，我看這次他們必敗。"

莊王聽了伍參的分析，就打消了撤軍的念頭，命令軍隊駐紮下來，厲兵秣馬，準備應戰。

鄭國那邊也在密切關注局勢，他們的想法很明確，就是儘量挑動兩個大國打起來。

鄭襄公派使者到晉國軍營去勸說他們："鄭國跟楚國簽合約是為了保住社稷，這是實在沒辦法的事，但我們心裡還是向着晉國的。現在楚國剛剛獲勝，正是輕敵大意的時候，而且他們出來這麼久了，軍士疲敝，防備鬆懈。上國如果去追擊他們，我們再從旁邊策應，必獲大勝！"

如何對待鄭國的使者，晉國高層也出現了分歧。

先縠第一個表示贊同，說："成敗在此一舉，我同意鄭國使者的話。"

欒書卻不以為然，說："鄭國就是想讓我們跟楚國打起來，誰贏了他們就支持誰，他們是在拿我們兩個國家占卜啊！"

趙括、趙同兩兄弟也站在先縠這邊，趙朔和荀首卻支持欒書。

而荀林父依然無法約束這些屬下，任憑他們吵來吵去沒有一個結果。

鄭國使者剛走，楚國使者又來了。不過跟鄭國相反，他們的人言辭懇切地表達了對於和平的"嚮往"。楚國使者說："我們君王不太善於辭令，但心是好的，這次來這邊只是為了教導鄭國，幫他們安定國家，怎麼敢得罪晉國？還請求晉軍儘快撤走，不要繼續留在鄭國了。"

士會很優雅地回覆他們："當年周平王曾囑託先君晉文侯'與鄭國共同輔佐王室，不要違抗天子的命令'。現在鄭國不遵守天子的命令，寡君才派下臣們來找鄭國問罪，豈敢驚動上國？恭敬地拜謝上國君王的命令。"

總結起來，雙方都在說："我們只是來打鄭國玩的，可不是衝着您來的，您老別介意啊！"

一旁的先縠跟趙括急了：這些窮書生文縐縐地說的什麼呀？實在聽不下去。於是他們出去追上楚國的使者說："別聽那些文人瞎扯。跟你說了，我們大王親自命令'一定要把楚國從鄭國土地上趕走'，我們可是沒有退路的，這仗必須打！"

使者回去報告了情況。士會是晉軍裡的二號人物，連他的話都可以被下面的人駁回去，楚莊王就更清楚晉軍內部混亂的情況了。

到這時楚國已經明確決定了要跟晉國來一場決戰，為了進一步麻痺對手，他們繼續跟晉國和談，甚至提出要簽訂和平協定。

兩國對壘，最後簽個協定各自撤軍，這種情況是很常見的。所以荀林父他們一口答應下來，也開始相信楚國是不敢打仗的，並且漸漸地放鬆了警惕。

眼看和談的時間到了，晉國這邊準備得整整齊齊的，等着楚國來簽協議，不料等了半天都沒有消息。這時他們忽然見到遠處煙塵滾滾，一輛戰車飛馳而來。

楚國發動突襲了！

邲之戰

楚國三員將領發動突襲：許伯駕車；樂伯為車左，手執弓箭；攝叔為車右，手執大刀。三人都是楚軍的精英。

戰車跑得飛快，瞬間衝入晉國軍營，眾人紛紛躲閃，一時間塵土遮天蔽日。樂伯彎弓搭箭，一支支箭羽穿透塵霧，射向周圍人群。人群中驚叫連聲，晉軍全體大亂。

攝叔一聲大吼，跳下戰車，撲到一名晉國士兵身上，隨着一聲慘叫，已經割下了他的耳朵。攝叔把血淋淋的耳朵咬在嘴裡，揮刀連砍，殘肢亂飛，多人倒地。

戰車在人群中急速打轉，頃刻之間拐了個彎回來。攝叔縱身躍回車上，倒轉刀柄，順手拍到一名士兵後腦勺，右手輕輕一搭，把他拖上戰車，呼嘯而去。

晉軍這才反應過來，軍號齊鳴，士兵如潮水般圍過來，全軍駕車追趕。

三員大將早就看好了回去的路，抄了一條泥濘小道，後面的晉軍只能排成一列追趕。

樂伯對準後方，左一箭、右一箭，絲毫不停，左射馬，右射人，瞬間連續射倒對方幾匹戰馬，堵塞了道路，後面的晉軍都衝不過來。

　　眼看就要逃脫了，這時，斜刺裡風聲驟起，晉國大將鮑癸的戰車衝了過來。樂伯還要再射，卻發現只剩一支箭了，沒法射倒對方三人。他正好瞥到前方有一隻麋鹿，於是急中生智，一箭射倒麋鹿。

　　攝叔跳下去，提起麋鹿，雙手捧着，站在道路中間，哈哈笑着說："今年時令還未到，進貢的禽獸都沒送來，只好拿這個獻給諸位品嘗，聊表敬意。"

　　下人們本來還想追趕，鮑癸攔住了他們，說："楚國既有神射手，又有舌辯之士，都是真君子。"於是讓人收下麋鹿，拱手道謝："改日戰場上見。"便轉身回去覆命了。

　　楚國三將成功逃脫，完成了他們事先立下的目標：割一隻耳朵，俘虜一個活人。

　　晉軍這邊卻炸鍋了。主戰派譁然一片，紛紛請戰。荀林父他們都制止不住。

　　楚國用談判拉攏晉軍主和派，用偷襲激怒晉軍主戰派，讓晉軍內部進一步撕裂。

　　其中有兩員將領 —— 魏錡、趙旃，鬧得最兇。魏錡是魏犨的兒子，跟他爹一樣，一介莽夫。這次人事任免中，他想當卿族大夫沒當上，所以心裡有氣。趙旃是趙穿的兒子，父子倆專坑晉國一百年。他這次想晉升為卿，結果沒成，趙家幾兄弟就他被冷落，所以心裡也很不服。

　　這兩人都暴跳如雷，去向主帥請戰，荀林父他們不同意。所以兩人耍了個心眼，說：不讓跟楚國人打，那讓我們去跟楚國人談判總可以吧？這次上面就答應了。

　　於是兩個氣衝牛斗的莽漢被委派為"和談大使"，去楚國軍營裡談判。

　　兩人走了以後，郤克和士會都覺得很不靠譜，於是建議立即做戰爭準備。先穀又跟他們唱對臺戲，不同意備戰。荀林父不能做主張，所以備戰這事被擱下了。

　　士會見荀林父什麼事都決定不了，只好自作主張，悄悄地把自己手下的兵馬埋伏在敖山前面。趙嬰齊也讓屬下偷偷到黃河邊準備船隻，萬一戰敗了好渡河。

　　魏、趙兩人和談是假，挑戰是真。他們都急着要立功，也學楚國人突襲的招數。

當天夜裡，魏錡先闖進楚國軍營，準備大殺一通。

不料楚人早有準備，魏錡一進楚營，立即被發現了。楚國的潘黨揮刀直撲過來，魏錡撥馬便逃，潘黨在後面緊緊追趕。

眼看逃不掉了，魏錡靈機一動，向叢林深處開過去，學着楚國三將的樣子，也射死一隻麋鹿，雙手捧給潘黨說：“請犒勞下屬。”潘黨讓人把麋鹿收下，拱手道謝，放魏錡走了，還了這份人情給晉國。

趙旃這邊還不知道魏錡被趕跑的消息，帶着一撥人，咋咋呼呼地坐在楚軍營門外面，讓人進去挑戰。

當時剛到下半夜，繁星滿天，銀河半落。那人剛進去不久，只聽楚營裡轟然一聲，如平地一聲雷，柵欄齊刷刷倒下，千百道光芒驟射而出，百千縷煙塵直衝天際，遠處迷霧中黑影幢幢，不計其數的車馬呼嘯着衝了過來。

“楚國大軍出動了！”趙旃一干人嚇得屁滾尿流，趕緊爬上戰馬往回逃命。

其實他們搞錯了，楚軍確實在準備開戰，但現在還沒到時間。只是趙旃的人不知道怎麼激怒了楚莊王，莊王自己帶領手下衝出來而已。不料卻造就了一場出其不意的突襲。

楚國人也沒想到莊王會直接殺出去。軍營裡面，號角齊鳴，孫叔敖發起總動員，號召楚軍立即全體出動，保護莊王。片刻之間，左、中、右三軍齊動，人人爭先，戰爭就這樣提前打響了！

趙旃他們拼命奔逃，後面箭如飛蝗，喊殺聲動地而來。當先一輛戰車上一人單手持劍傲然站立，戰袍迎風招展，鎧甲粲然生輝。只見他俊眉修目，凝視着前方，不怒自威，正是楚莊王本人 —— 莊王親自衝在最前面，引領楚軍！

晉國那邊派了一支軍隊來接應趙旃他們，正好跟奔來的千軍萬馬迎面對撞。小股人馬哪裡經得起如此大規模的衝撞，一觸即潰。趙旃他們也只好拋下車馬，從小路逃走，大家一起抱頭奔向晉國軍營。

楚國大軍沒有絲毫猶豫，如風捲殘雲，直接殺向晉國大本營！

消息傳到晉國軍營的時候，大家都還沒睡醒，晉國士官們全都懵了，他們根本還沒做好戰爭準備，不知道該如何應對。慌亂中，荀林父傳下軍令：

"先過黃河者有賞。"

這等於是發佈了逃命總動員，軍心瞬間崩潰。晉國士兵們趕忙爬起來，衣服鎧甲都來不及穿好，蜂擁着搶奪馬匹，搶不到的就步行逃命。人人丟盔卸甲，亂哄哄一片逃向黃河的方向。

黃河上濁浪排空，只有寥寥幾艘小船，怎麼載幾萬大軍過河？

中軍和下軍擁堵在一起，人們都跟瘋了一樣，大打出手，死命拼搶過河船隻。

力氣大的撥開眾人擁上渡船；力氣小的在後面扭打成一團。有那靈巧的早已經跳上甲板，撐船欲行；只剩笨拙的被後來人踹進河裡，生死由命。命好的踩着人頭爬到船上，還能喘出兩口氣；命苦的被壓在下面踩成肉泥，早已不辨姓和名……

掉到河裡的人全都死拽住船舷不放，不一會兒就拽翻了幾艘船。帶頭的將領發現這樣所有人都逃不了，就發下命令，讓船上的人沿着船舷挨個砍手指。水裡的人頓時哭爹叫娘。一時間，河面上密密麻麻的全是手指，河水被染得紅彤彤一片。無數人在血水中被衝走，船終於可以開動了。

剛開走幾艘船，楚軍就追來了。數百輛戰車對準人群直衝過去，對河邊的殘兵敗將挨個砍殺，剎那間斷肢齊飛。晉軍四散奔逃，哭喊聲震動天地。楚國戰車在後面一路追殺，箭如雨下，屍首鋪滿了黃河岸邊。

幸好士會預先在敖山旁邊埋下了七支伏兵，阻擋了一部分楚國兵力，才讓晉軍有更長的時間渡河。

當時只有士會指揮的上軍沒有崩潰。楚軍追殺完晉國的中下兩軍，又合圍過來，眼看要把晉國上軍也包圍了。士會及時下了撤退的命令，並且親自殿後，上軍才得以成功撤走。

中下兩軍淹死、摔死、自相踐踏而死的不計其數，剩下的大部分被楚軍砍殺。晉軍損失慘重，只有少部分軍士乘船成功逃走。另外，趙嬰齊的部隊因為準備充分，基本都逃脫了。

罪魁禍首趙旃也成功逃了出來。他在逃跑過程中把自己的馬給了他的哥哥和叔父，自己丟掉車馬逃到密林裡。正好逢大夫帶着自己的兩個兒子駕車狂奔，看到趙旃，就把兒子趕下車去，帶着趙旃逃走了。後來他兩個兒子都死在了亂軍裡。

中間還有一則插曲——

晉國人有幾輛戰車陷在泥濘裡，開不出來。後面追的楚國人就大喊："你們傻啊！把前面的橫木抽掉就開出來了。"

晉國人照着做，車子果然開動了。但沒走幾步，馬又原地打轉走不動了。

後面的楚國人又喊："你們是豬啊！把前面的旗幟拔了，車轅上的木頭快扔掉！"

晉國人再照着做，果然飛快地跑了起來。楚國人也撲上來，又開始你追我趕。晉國人還不忘回頭對楚國人說："還是你們經常逃跑的大國有經驗呀！"

其實在很多戰爭中，雙方的士兵之間並沒有深仇大恨，反而有一點同病相憐的感情。

晉軍奔逃的時候，荀首也在中間一起逃走，但很快聽人說他兒子荀罃失陷在了楚軍陣營裡面。他是下軍大夫，馬上帶着自己手下的軍隊衝回去救兒子。

當時魏錡駕車，荀首射箭。荀首每次抽出一支箭都要先看一眼，是一般的箭就射出去，是利箭就先放到魏錡的兜裡。魏錡很奇怪，說："都到這時候了，你還愛惜你的箭？"

荀首冷冷地說："利箭留下來換我兒子！"不一會兒，楚國的連尹襄老殺了過來。荀首抽出一支利箭，破空之聲響起，襄老應聲倒地，荀首兩人下車把他的屍首抬上來。楚國的公子穀臣過來搶奪屍首，又被荀首一箭射倒，活捉了過去。

後來荀首用這一個俘虜跟一具屍首換回了自己的兒子。

楚軍沒想到晉軍中還有人會突然殺回馬槍，被打了個措手不及。荀首為了救兒子竟然造就了晉國的一場小規模勝利。

荀首在這次戰役中表現出的無敵才幹引起了晉景公的重視，所以後來他接連受到提拔，終於開創了晉國後期最大的家族——智氏。

而士會也因為這場戰爭中的優異表現獲得提拔，後來升級為晉國的一把手。他無論做人做事都廣受讚譽，基本無可挑剔，成為這一代卿士裡最優秀的人物。

六月十五日，楚軍到達邲地，駐紮在衡雍，開始慶祝勝利。

在邲之戰前的八年中，楚國七次攻打鄭國，終於成功引出了晉國這只大老虎，給予其沉重打擊。

楚莊王因為這次戰爭的勝利，成功登上霸主之位，成為"春秋五霸"之一，被後人所銘記。

潘党對楚莊王說："大王可以在這裡築一座京觀（古代為炫耀武功，聚集敵屍，封土而成的高塚），以此告諭後世子孫，彰顯我們這一代人的赫赫武功。"

楚莊王卻長歎一聲，搖了搖頭。

何為霸主？

楚莊王說："武者，止戈是也。武功具有七種美德，分別為：禁暴、戢兵、保大、定功、安民、和眾、豐財。聖人使用武功，是為了止戰，為懲惡揚善，為保國泰民安、天下太平。現在我讓兩個國家的民眾受盡荼毒，何德之有？古代明君造京觀，是為了懲戒淫惡。晉國和鄭國的軍民都是盡忠報君之人，何罪之有？我如何能造京觀？"

因此，楚莊王只在黃河邊祭祀河神，建造先君的神廟，祭告天地，然後就回國了。

戰後，鄭國人發現這次楚國入侵原來有內應。是國內的石制把楚軍招來的，他還準備借外敵入侵把公子魚臣扶上位。所以鄭國人就殺了公子魚臣和石制 —— 兩個賣國賊得到了應有的下場。

鄭襄公隨後去楚國報告情況，楚莊王並沒有怪罪他。

一般來說，成為霸主需要滿足以下幾個條件：

首先，打敗至少一個超級強國。春秋時期只有晉國和楚國能稱為超級強國，所以要稱霸，至少要在大規模戰爭中打敗晉、楚中的一個。

其次，要會盟天下諸侯。霸主的職責就是要維持國際秩序，防止國家間胡來的戰爭，或者各國內部陰謀家發起的動亂。因此，與各路諸侯結盟、控制並且干涉他們的行為是必須的。

還有，要尊崇周天子，最好有勤王之功，由天子欽定霸主之位更好。春秋後期周王室地位下降，所以這一條不重要了。

再有，保疆定國，驅除外敵，幫助各個小國抵禦戎狄的進攻。比如當年齊桓公幫燕國抗擊山戎。

楚莊王只滿足這裡面的第一條，其他的都不滿足，為什麼還被稱為霸主，而且是"春秋五霸"裡面比較沒有爭議的一位？

因為所有這些條件之外，還有一條隱形的條件，就是"有德者居之"。

霸主之位應該獎給有德之人。

其實"霸主"這個稱謂並不準確，真正的霸主絕不只"稱霸"，而且應該"稱王稱霸"。

何為王？何為霸？

保合諸夏、諧和萬邦為王；威服四海、併吞八荒為霸。前者是為王道，後者是為霸道。

霸主的作為應該是"霸王道雜之"：王道為主，霸道為輔，首先要有德，其次才有力。

或者更直白地說，要"以德服人"。

齊桓公、晉文公都完全滿足這個條件，所以他們的霸主地位無可爭議。

而楚莊王也在許多地方充分展現了他仁德的一面。比如允許鄭國復國，讓陳國保持獨立。

在邲之戰前，公元前 598 年，陳國的夏徵舒弒殺陳靈公。楚國立即出兵干涉，殺死夏徵舒，把陳國設置為縣，併入楚國。這種做法跟之前的楚國君王差不多。

不久以後，大臣申叔時出使齊國回來，到朝堂上向楚莊王彙報情況。他聽說了滅陳國的事，一句話都不說就退下了。

莊王忍不住問他："別人都恭賀我平定了陳國的內亂，就你沒有表示，為什麼？"

申叔時回答："討伐弒君的逆賊，這是義舉，沒問題。但您打着討逆的旗號，隨後卻吞併了別人的國家，這樣怎麼服天下人呢？"

莊王覺得他說得有道理，就從晉國把陳靈公的太子迎過來，立他為君，恢復了陳國。

但楚國打了一仗開銷那麼大，總得要點補償，怎麼辦？莊王就從陳國鄉下"抓"了一個農夫到楚國來，然後在楚國建了一個"夏州"，把這人放到那裡，使他成為州裡唯一的居民。然後對外界宣佈："這就是我們從陳國搶來的戰利品。"因為是討伐夏徵舒的戰果，所以稱為夏州。

這就是莊王之德。

老虎不吃人很難，讓老虎把吃下去的再吐出來更是難上加難。但楚莊王做到了。

他跟歷任的楚王都不同。楚國是蠻夷，楚王給人的感覺總是眼睛一瞪就要殺人，而楚莊王卻完全沒有蠻夷氣息，更像是一位正統的中原帝王。

他儒雅、謙和、彬彬有禮，能聽任何人的勸諫，能及時改正自己的過失。不管從哪方面看，他都是一位有德之君。連孔子都誇讚："賢哉楚莊王！輕千乘之國而重一言。"

關於莊王的賢德，民間還流傳着"摘纓會"的傳說。

據說當年莊王平定了鬬越椒之亂以後，大宴群臣，慶祝勝利。

楚國的將軍們基本都參加了，莊王讓自己的幾個愛姬去給大家敬酒，大家觥籌交錯，喝得十分盡興。

不料一陣風刮來，席上的蠟燭都熄滅了，大殿裡漆黑一團。

莊王命人去點蠟燭。這時候，許姬過來湊到他耳邊說，有人在黑暗中趁機拉她的袖子，被她一把扯下了那人頭盔上的紅纓，等會兒請莊王查探，席上誰的頭盔沒了紅纓，誰就是那個淫賊。

莊王馬上制止下人："且慢張燈，今晚大家都要喝得暢快一些，都把頭上的紅纓摘下，好好地喝酒。"

大家雖然覺得很奇怪，喝酒為什麼要摘纓，但還是照着做了。

不一會兒，蠟燭點上，人人頭上都沒了紅纓，再也找不到那個調戲許姬的人了。

這次宴席就叫"摘纓會"。

過後許姬覺得很委屈，找莊王詢問原因。莊王說："人孰無過。將軍們打了勝仗很開心，喝醉了酒，偶爾把持不住也是正常的。為這件事問罪不值得。"

七年以後，在攻打鄭國的戰爭中，一名叫唐狡的將領表現得十分英勇，立下了輝煌的戰功。莊王要獎賞他，他卻推辭不受，說："我就是當年調戲美人的罪臣，蒙大王不殺之恩，這次是特地來報恩的，不必獎賞我。"

後人因此都感歎莊王有容人之量，因此才得人心，大家才肯為他效力。

這故事雖然不一定是真的，但說明楚莊王的寬容大度確實很深入人心。

他有一種楚國歷代君王少有的善良，這使得他在歷任楚王裡面成為最受人們歡迎的一位。

所以儘管之前的楚武王、楚文王、楚成王等人都擁有開疆拓土的赫赫武功，後人卻把"春秋五霸"的一個席位頒給了楚莊王。

世界終究是提倡善良的。

再回到前面討伐夏徵舒的戰役。其實在消滅陳國以後，楚國還抓了另外一個人 —— 一位天下罕有的絕色美女。當時誰也沒想到，她會給楚國帶來無盡的災禍……

第十六章

晉國的至暗時代

妖姬亂國

夏姬是鄭穆公的女兒，嫁給了陳國的司馬夏御叔，生下的兒子就是夏徵舒。

在當時她就已經豔名在外，國際上都在傳聞她的故事。

據說她美豔絕倫，然而是個不祥之人，跟她好過的男人都會遭遇不幸。

有人說她出嫁之前就跟自己同父異母的哥哥公子蠻有私情，結果公子蠻沒幾年就夭折了。不過這個傳聞不一定可信。

她嫁給夏御叔十幾年後，夏御叔也英年早逝，丟下了孤兒寡母。這以後夏姬就徹底想通了。

她開始招賢納士，廣攬俊才，大家也都積極回應。陳國朝廷裡的許多男人都淪為她的裙下之臣，其中最出名的是大夫孔寧、儀行父兩人，最後甚至連陳靈公都加入進來。夏家一時間門庭若市。

陳靈公是夏御叔的堂侄，該叫夏姬嬸嬸，論起來還是一家人。

他是個荒淫無恥的君王。對於自己和手下這群人的淫亂關係，他不僅不遮掩，反而到處去炫耀。他跟孔寧、儀行父甚至在陳國朝堂上穿着夏姬的內衣互相調笑，完全無視舉國上下異樣的目光。

大夫洩冶看不下去了，退朝以後當面責備孔、儀二人不知羞恥。兩人告到靈公那裡，靈公就找人殺了洩冶。

夏徵舒也是朝廷裡的大夫，也是要拋頭露面的人物。他為自己母親的這些醜事受盡了眾人的嘲笑，心裡一直憋着一股氣。

有一天，三個姦夫一起去夏家聚會，多喝了兩杯，又開始調笑起來。三人把夏徵舒叫出來，當面調戲。陳靈公指着他說："我看你長得像孔、儀他們兩個，難道是他們的種？" 兩人趕忙搖頭："不不不，還是像大王多一些。"

夏徵舒徹底爆發，離開酒席以後就悄悄找來弓弩手，埋伏到馬廄旁邊，趁靈公去牽馬的時候射殺了他。孔、儀兩人勉強逃出來，跑到楚國去避難。靈公的太子則逃到了晉國。

由於夏徵舒自己也是王族之後，索性就自立為陳侯。陳靈公的荒淫事蹟舉國皆知，所以也沒多少人同情他。陳國人很快就接受了夏徵舒這個

"新君"。

孔、儀二人向楚莊王控訴夏徵舒弒君。莊王這幾年正在不停地打鄭國和陳國，以便引出晉國（這時還沒爆發邲之戰），一聽說有這樣的藉口，當然不放過。第二年楚國就以"討逆"的名義發兵攻打陳國。

莊王同時還讓申公屈巫去秦國借兵，兩大國合力，瞬間滅了陳國。然後把弒君篡位的夏徵舒五馬分屍，又把夏姬擄到楚國，吞併陳國為楚國的一個縣。

後來就發生了申叔時進諫讓莊王恢復陳國的事。

滅陳以後又復陳，這在當時的國際社會引發轟動，一眾小國紛紛或真或假地讚歎莊王的"仁德"。

但怎麼處理夏姬卻是個棘手的難題。

據說莊王一見到夏姬就被她的美色所震驚。當時夏姬可能已經四十多歲了，比莊王還大十來歲。但她駐顏有術，仍然姿容豐豔，見到她的男人全都稱讚不已。

申公屈巫又名巫臣，是楚國大夫。他勸阻莊王說："大王攻打陳國本來是為了討伐逆賊，如果把夏姬納入後宮，那就成了為美色去滅亡別人的國家了，別人會說大王是淫亂的國君。"

莊王的自制力還是比較強的，聽了這番話就打消了納夏姬的念頭。

莊王的弟弟子反也看上了夏姬。巫臣又去勸說他："夏姬是個不祥的女人，陳靈公、夏御叔這些人都被她剋死了，連陳國都被她害得亡國，您千萬別碰她。"於是子反也放棄了娶夏姬的想法。

但其實，最想娶夏姬的就是巫臣自己。他一直在打夏姬的主意，但不好明說，只好勸別人不要娶，以便自己可以找機會下手。

莊王說：這也不行，那也不行，那就把夏姬賞給連尹襄老吧。襄老是個老鰥夫，人也老實巴交的，把夏姬嫁給他看起來人畜無害。於是就把夏姬嫁給了襄老。

不料夏姬果然剋夫。幾個月以後，在邲之戰中，晉國的荀首闖進楚軍陣營找自己的兒子，誤打誤撞地射死了襄老。夏姬又一次做了寡婦。

襄老的屍首都還沒接回國，夏姬已經急不可耐地跟他兒子黑要好上了。

但巫臣對她仍然念念不忘。他偷偷找到夏姬，讓她設法回鄭國："回去以後我再來娶你。"

巫臣又設法讓鄭國那邊來人騙莊王說："襄老的屍首在這邊，但得他的家人自己來迎接。"

莊王詢問巫臣這件事。巫臣拍着胸脯保證說："沒問題。鄭國人肯定是真心要用襄老的屍首換回荀首的兒子，您可以派夏姬去。"莊王就答應了，並且讓巫臣隨行。

夏姬這時候才發現原來一直以來真正愛她的人只有巫臣。於是她便踏上了回鄭國的路。告別的時候，她對送行的人說："要是找不到襄老的屍首，我就不回來了。"

兩人到鄭國以後，得到鄭襄公的允許，秘密成婚——夏姬是鄭襄公的姐姐，所以這件事很容易辦成。隨後夏姬就留在了鄭國娘家，跟巫臣依依不捨地告別。巫臣再回到楚國，繼續等待逃走的機會。

這一等就是好幾年，兩人都幾乎絕望了。到底什麼時候才能重逢呢……

范武子治國

再說晉國國內的情況。

邲之戰的慘敗，震動晉國朝野。荀林父帶領殘兵敗將跪在晉景公面前請求以死謝罪。

景公本來想殺了他，士貞子勸阻說："當初城濮之戰過後，先君連續幾天都吃不下飯。下人問他什麼原因，他說因為子玉還在。直到聽到子玉被賜死的消息以後，先君才開心起來，說終於可以放心了。子玉被殺是我們國家的又一次勝利，楚國因此兩世不能跟我們抗衡，現在我們怎麼能也犯這樣的錯誤呢？"

景公聽了他的話才放過了荀林父，讓他官復原職，戴罪立功。

這次戰爭，晉國掌權的公卿全體出動，失敗的結果自然也就由大家共同承擔。但是法不責眾，景公既然沒有處罰領頭的荀林父，當然也就不好處罰別人。所以最後的結果就是大家都受罰，或者大家都不受罰——這樣的局面被韓厥不幸言中。

這其中最得意的竟然是罪魁禍首先縠。他僥倖逃脫處罰以後，不僅不檢討自己的罪過，反而公然叛國，勾結赤狄入侵晉國。也許他是感受到了朝堂上的壓力，所以先下手為強。

景公打退赤狄入侵以後，兩罪並罰，滅了先氏全族。曾經烜赫一時的先氏家族，以這種令人唾棄的方式消失在晉國歷史中。

當初狐偃、趙衰、先軫是晉文公手下最重要的三位大臣，哪想到狐氏和先氏卻成了最早敗亡的家族。真是風水輪流轉。

至於荀林父，後來果然又取得了一系列勝利，特別是攻滅了赤狄的潞氏部落。晉楚爭霸的這些年，赤狄一直在北方騷擾晉國，讓晉國兩頭受敵。荀林父攻滅赤狄消除了晉國的一個心腹大患，用軍功證明景公寬恕他是對的。

景公也因此賞賜了士貞子，以表彰他直言敢諫的功勞。

荀林父退下來後，士會接力打擊赤狄，一舉消滅了赤狄的甲氏、留盱、鐸辰等部落。赤狄的主力至此被消滅，其領土全部被晉國佔領。

這次勝利讓士會的聲望達到頂峰。

晉景公去洛邑向周定王進獻俘虜的時候，奏請周定王賜給士會"黻冕"的禮服——這是極高的榮譽——並且任命他為中軍將，接任荀林父，又加"太傅"（也就是所謂"孤卿"的官職，比上卿更高）。士會一人擁有了幾乎所有的最高官銜，超過之前的歷任執政官。

也就是在這段時期，士會被封到范邑，從此開創了范氏，他本人又被稱為范武子。

士會的表現也確實對得起晉景公給他的榮譽。他執政不久以後，周王室發生動亂，晉景公派他去幫助周王平亂。動亂平息以後，周定王以諸侯的規格招待士會，並且跟他詳細講解周禮。

士會回來以後在晉國推行周禮，"講聚三代之典禮，於是乎修執秩以為晉法"。之後他又根據周禮制定了"范武子之法"，用這套法典治理國家，使得晉國社會上下禮讓、人人安居樂業，連盜賊都逃到秦國去了。

"范武子之法"成為後來晉國最重要的施政方略，為後來晉國的霸權復興開闢了道路。

士會以他完美的才能和人格，帶領晉國迅速站穩腳跟，使得晉國即使在被楚、秦、齊三大國聯手遏制的不利局面下，仍然擁有超級大國的地位。而楚國的霸權也僅限於其所能影響到的範圍內，無法覆蓋晉國和晉國的傳統盟友們。

虎落平陽的霸主

邲之戰對晉國的國際地位造成了很大打擊，各國都開始來趁火打劫。

齊頃公最早做出反應。邲之戰的第二年，他立即進攻晉國的盟友莒國，要求他們侍奉齊國。

齊國是老牌強國，現在雖然衰落了，但"春秋第一霸"的光輝歲月依舊映照在他們的腦海裡，所以一有機會就要跳出來測試一下自己的實力。

秦國也不放過這樣的機會，他們終止了跟晉國二十年的和平，主動進攻晉國，雖然不能真正傷害到晉國，但也是一個不小的麻煩。

當然，真正的敵人還是楚國。

楚莊王絲毫沒有給晉國喘息的機會，邲之戰之後立即滅掉了蕭國。

蕭國是宋國的附庸。所以在這次戰爭中，宋國曾派兵去救援蕭國，這樣顯然得罪了楚國，所以楚莊王又開到宋國去把他們教訓了一頓。

但要知道，宋國可是所有國家裡面一個奇葩的存在，它是那種越打越來勁的國家。所以楚莊王這樣做不僅沒嚇到他們，反而把他們惹火了。

第二年，楚莊王派申舟出使齊國，派公子馮出使晉國。去齊國需要路過宋國，而去晉國需要路過鄭國。

按照當時的規矩，使臣從別的國家路過，需要帶上本國國君親自頒發的假道文書，把這個文書出示給經過的國家，這樣才能過去。

但楚莊王偏就不給他們兩人頒發假道文書。

這是特別狠毒的一招，直接敲打宋、鄭兩國。如果這兩國讓使者過去，那就是自喪國格，以楚國的僕從自居；如果不讓使者過，那又得罪了楚國，楚國的軍隊肯定就開過來了。

而且他派申舟路過宋國也是存心煽風點火。當年楚穆王帶着幾個小國在孟諸打獵的時候，宋昭公惹得他不高興，他命令申舟把宋昭公的車夫抓起來打了一頓，並且全軍示眾，羞辱宋昭公。所以申舟跟宋國是有大仇的。

所以命令一下來，公子馮還好，因為他知道鄭國會認慫。申舟可就被嚇壞了，他乞求楚莊王：「宋國跟鄭國可不一樣，公子馮去鄭國沒事，我去宋國一定會被殺的。還請大王賜我一份假道文書。」

楚莊王這時展現了他心狠手辣的一面，他就是故意要考驗宋、鄭兩國有沒有脾氣，有脾氣就打。所以他只是冷冷地回答：「文書沒有。要是他們把你殺了，我就去打他們替你報仇。」

申舟知道此去必死無疑了，只能把自己的兒子申犀託付給莊王，然後含淚踏上了不歸路。

後來公子馮經過鄭國，鄭國人果然不敢攔他。

但宋國就不一樣了。宋文公聽說楚國的使者要從這邊過，但又不給文書，就找華元商量。華元很強硬地說：「這是把我們當成楚國的縣城了，那跟亡國有什麼區別？如果殺了他們的使者，他們來打我們，大不了也是亡國，索性就拼了。」所以命人立即殺了申舟。

申舟被殺的消息傳到楚國郢都的時候，楚莊王正在宮裡休息。他聽到消息馬上跳起來，大叫：「我替你報仇！」鞋子都來不及穿就衝出去了。

莊王一路狂奔，下人們趕忙拿着鞋子追出來，到前院才追上他，替他穿上了鞋子。他又一路狂奔，另一撥下人到寢宮門外才追上他，把寶劍遞給他。然後他繼續狂奔，到大街上才有衛士們趕着馬車追上來，讓莊王坐上了馬車——直奔宋國！

公元前 595 年九月，楚國大軍圍困宋國，一場慘烈的圍城戰開始了！宋國立即向晉國求援。

但晉國剛剛為救鄭國被楚國打得鼻青臉腫，哪裡有脾氣再去多管閒事？只是大國的面子還是要撐一下的，所以就派解揚去宋國虛張聲勢，告訴他們再撐一段時間，援軍馬上來了。

解揚在去宋國的路上被鄭國當場抓獲，解送給楚國人。

楚國人對解揚說：「我們不殺你，你去宋國，跟他們說，晉國不會來救他們了，要他們趁早投降。」

解揚假意答應着，被押到宋國城外，卻對城內的人大喊：「大家堅持住！晉國的援軍馬上就來了！」

楚國人氣不打一處來，抓住解揚就要將他大卸八塊。解揚卻絲毫不懼。人們把他帶到楚莊王面前，他說："我假意答應您只是為了完成我們國君的命令，完成了君命，就算死也無所謂。我們國君有忠信的臣下，臣下又能死得其所，夫復何求？"

楚莊王感歎他的忠義，所以下令把他放了。

不過宋國人卻更加堅定了抗擊楚國的信心。楚國圍城九個月之久，他們都沒投降，城裡糧草斷絕，早已成了人間地獄，但宋國人依然毫不屈服。

楚莊王覺得這樣下去也沒意思，而且有損他仁德的名聲，於是開始考慮撤軍。

申犀卻一心要為父親報仇。他跪到莊王面前，聲淚俱下地說："父親為國捐軀，大王忘了當時對他的承諾了嗎？"莊王覺得下不來臺，自己不是一直以"信義"著稱嗎？

這時申叔時替莊王出主意說：可以在城外建房子，找一些當地的農民來種田。當然不是真的種，只是做樣子的。城內的人看到這個情形，以為我們要常住下來，就會絕望了。

莊王照着他說的做。城裡的宋人果然慌了，信心崩潰，只好選擇投降。

宋國派華元為使者，趁夜色偷偷從城上用籃子吊下去，潛入楚國軍營，直接走到楚國大將子反的營帳裡，跟子反談判。

子反帶華元去見楚莊王。莊王問："城裡的情況到底如何？"

華元說："實不相瞞，糧食早已吃光，到了析骨而炊、易子而食的地步了。"

莊王說："我也說實在話，楚軍只有兩天的軍糧了。"

雙方都感謝對方的誠懇，因此談好條件，楚軍後退三十里，雙方簽訂和平條約。這樣楚國算是打下了宋國，宋國也沒有簽訂"城下之盟"。

雙方在條約裡寫了"我無爾詐，爾無我虞"，成為春秋時代講究信義的一個樣板。

當然宋國作為戰敗國是要付出代價的，就是讓華元去楚國做人質。宋國朝廷失去了頂樑柱，再也沒有能力跟楚國叫板了。

九個月的圍宋之戰給中原各國造成很大的震撼，各小國紛紛討好楚國。魯國反應最快，在宋國剛被圍的時候就派人帶着禮物去楚國，言辭懇切地表達了對大國的"仰慕"之情。

到這時，鄭、宋、陳幾個主要的中原國家都已經被楚國征服，其他小國也噤若寒蟬，晉國甚至連象徵性地抗議一下都不敢。楚莊王的霸權達到了頂峰。

然而晉國的麻煩還不止於此，宋國那邊的戰爭剛剛結束，西邊的麻煩就來了 —— 秦桓公帶兵侵入晉國境內。晉國被迫應戰。

這時候晉景公剛剛討伐狄人回來，分不開身，就派魏犨的兒子魏顆去應戰。

這場戰爭出名的地方不是戰爭本身，而是一個民間傳說。

據說當初魏犨有一個愛妾，一直沒有生孩子。魏犨病重的時候，本來吩咐家人把這個愛妾改嫁給別人，但到了臨終的時候又改變了主意，說要讓她給自己殉葬。

魏犨死後，魏顆繼承了家族的宗主之位。他說："應該按照父親頭腦清醒時說的做。"於是就把那個小妾改嫁給了別人。

到了跟秦國作戰的時候，魏顆遇上了秦國的大力士杜回。戰況正激烈，他忽然看到不遠處有一個白鬍子老頭蹲在地上，用草編成條繩索放到那裡。不一會兒，杜回跑到那邊，莫名其妙地就被絆了一跤，當場被晉軍給活捉了。

晉國因此贏得了這場戰爭。

後來有一天晚上，魏顆夢到那天見到的老頭對他說："我是你嫁出去的女子的父親，你挽救了我女兒的性命，因此我來報答你。"

這就是"結草報恩"的故事。

不過故事只是故事，晉國能贏得這場戰爭還是因為現在秦國的實力確實太差了。

秦國一直被晉國封死在崤函山谷以西，無法跟中原溝通。秦穆公死後，他們的國力就一直在走下坡路，打不過晉國也是正常的。

但是，晉國的麻煩還遠遠沒有結束，還有另一個對手也準備跟他們作對，那就是遙遠的齊國。

齊國這幾年正在跟楚國勾搭，準備一起遏制晉國！

登臺笑客

當年郤缺是晉國的一把手，他退下來後，他的兒子郤克也得到重用。邲之戰中，郤克表現出色，戰後成為晉國躥升速度最快的政治明星之一。

到了公元前 594 年，荀林父退休，士會繼任中軍將以後，郤克已經被任命為中軍佐，直接輔佐士會，成了實際上的二號人物。這個上升的速度令人咋舌。

其中雖然有他父親良好的人脈關係在起作用，但他本人的才幹確實也很能服眾。

這幾年齊國跟楚國頻頻暗送秋波，大有一拍即合之勢，似乎想要聯手瓜分晉國的霸權。晉國也有點心虛了。那一年又正好要在斷道召開諸侯會盟，所以派郤克去齊國邀請齊頃公參加，順便修補跟他們的關係。

公元前 592 年，郤克去齊國，在路上遇到了魯國和衛國的使者。他們也正好去出使齊國，三人便結伴同行。

到了齊國以後，三人一起拜見齊頃公。齊頃公一見他們就差點笑出聲來。原來郤克是個駝背，魯國的使者腳是跛的，衛國的使者瞎了一隻眼睛，三個有缺陷的人正好湊一起了。

齊頃公自己開心還不夠，還想讓他母親蕭夫人一起來觀賞。蕭夫人是奴婢出身，本來就是輕浮的女人，一聽說有笑話看，哪有不同意的？

第二天召見三個使者的時候，他安排蕭夫人躲在樓上觀望，然後故意找了一個駝背的僕人引導郤克，一個瘸腿的僕人引導魯國使者，一個獨眼的僕人引導衛國使者。

當六個人排成一排上樓的時候，場面十分滑稽。樓上的蕭夫人放聲大笑，周圍的人們也都跟着哄笑起來。

這樣的羞辱讓郤克刻骨銘心。回到館舍以後他把任務交接給副手，自己當天就回國了。回國的路上，經過黃河的時候，他咬牙發誓說："不報此仇，終生不再過此河。"

這次出使齊國會以這種方式收場，這是誰也沒想到的。當然斷道之會齊頃公也不可能來參加了。

回到晉國以後，郤克面見晉景公，說了在齊國的經歷，強烈要求立即攻打齊國。

景公也很鬱悶，心說叫你去結交齊國，怎麼反倒結下深仇大恨了呢？就說："為了替你報私仇發動戰爭，將國家利益放在哪？這肯定不行。"

郤克又說："那我就帶着自己的家臣去跟齊國人拼命，不麻煩國家。"晉景公還是不同意。

其實齊國也不是不能打，但現在楚國還在那邊虎視眈眈，一旦跟齊國杠起來，被齊、楚聯手夾擊怎麼辦呢？

郤克氣得發瘋，完全沒有了以往的理智，朝廷裡的事務也丟到一邊，每天就念叨着復仇。

正好齊國派了四個使者來回訪，郤克把四個使者一起抓起來，當場處死。（另一種說法是齊國派了四個使者參加斷道之會，郤克綁架了其中三人，後來可能在晉景公的授意下，故意放鬆了對他們的看守，讓他們逃走了。）

士會看到郤克已經狂暴了，怕這樣鬧下去要出大事，就主動提出自己退休，讓郤克接任上卿 —— 要不要打齊國就交給郤克去做決定吧。晉景公無可奈何，也確實怕六卿之間爭起來，只好同意士會的離任請求，讓郤克當了晉國一把手。這樣，晉齊之戰就無法避免了。

這一年八月，偉大的范武子告別了晉國政壇。他執政的時間不過短短幾年，卻幫助晉國穩定了邲之戰後混亂的局面，撫平了戰爭留下的創傷，並且接連打敗秦國和狄人兩大強敵，解除了西面和北面的隱患。晉國因此度過了危機重重的黑暗歲月。

范武子給世人留下的，是一個繁榮而穩定的晉國。這個國家在蟄伏中積蓄着力量，準備重新奪回他們失去的一切……

第十七章

第二輪晉楚爭霸

《桑中》之喜

晉國的運氣很好。正當他們準備跟齊國攤牌的時候，楚國那邊傳來大消息——楚莊王過世了。

公元前 591 年，偉大的霸主楚莊王病逝，年僅十歲的楚共王繼位，國際形勢發生巨變。

楚國不僅失去了一位深謀遠慮的掌舵人，而且主少國疑，一下子進入了不穩定狀態。

前幾年，莊王的弟弟子重曾經請求把申、呂兩地的農田賜給他。莊王本來要答應的，巫臣卻堅決反對，說申、呂兩地的稅賦和兵源對於抵禦晉國有很大作用，不應該賞賜這兩塊地方給人。莊王因此就作罷了。

巫臣的說法本來是為國家考慮，卻嚴重得罪了子重。

另一方面，當年他騙子反不要娶夏姬，後來自己卻偷偷跟夏姬成婚。這件事也讓子反恨之入骨。

莊王在的時候，子重、子反不敢鬧事。現在共王登基，他們登時躍躍欲試，準備對巫臣發起清算。

巫臣也是人精，馬上就感受到了危險，他必須趕緊逃走。

當時齊魯大地已經是山雨欲來的感覺。齊頃公母子倆拿郤克他們幾個人的身體缺陷取笑，同時得罪了晉、衛、魯三國，所以三國都在準備打擊齊國。而齊、楚早已決定共同遏制晉國，所以就出現了晉、衛、魯對陣齊、楚的局面。

楚莊王過世的那年春天，晉、衛聯軍進攻齊國。戰爭規模雖然不大，但當時莊王可能已經病重，楚國沒法出手幫忙。齊國抵擋不住，很快投降，跟晉、衛簽訂了停戰條約，並且讓公子強去晉國當人質。晉國這才作罷。

魯國一直是首鼠兩端的國家。他們本來是想儘量拉攏楚國共同對付齊國的，但楚國沒答應，所以魯國就站到了晉國一邊。

這樣當然就惹惱了楚國，楚國便策劃當年冬天去打魯國。他們想聯合齊國一起，所以派人先去齊國通風報信，約一個共同行動的時間。

巫臣表現得很積極，自告奮勇地去出使齊國。共王是個小孩，哪裡懂那麼多套路，就派他去了。

不料巫臣出使是假,出逃是真。他出發的時候偷偷帶上了全家老小一起走。

楚國大夫申叔跪剛好在路上遇到巫臣。只見巫臣駕着小車,哼着小曲兒,一副"人逢喜事精神爽"的樣子。申叔跪就說:"這傢伙好奇怪,既像怕被人追上,又像有《桑中》之喜的樣子。這是要帶着情婦私奔嗎?"《桑中》是當時著名的淫詩,"《桑中》之喜"就是說巫臣滿臉都是要去幽會情婦的淫蕩表情。

巫臣果然去找他的情人了。去齊國要路過鄭國,到了鄭國,他就把出使的事情丟到一邊,直奔夏姬的住處。分別已久的情侶終於團圓,互訴衷腸,都是又驚又喜。

鄭國顯然不能保護他們,巫臣想帶着夏姬和全家老小逃到齊國去。正在這時候,傳來了齊國在鞌地被晉、衛、魯聯軍打敗的消息。巫臣說:"我們怎麼能去戰敗的國家呢?"就臨時改變主意,逃到了晉國去。

他找到郤克的侄兒郤至請求庇護。晉國對於楚國叛逃來的將領當然很歡迎,何況還是這種一流的權臣。晉景公大喜過望,立即封巫臣為大夫,給予重用。

巫臣從此跟夏姬在晉國幸福地生活着。

夏姬找到了自己的真愛,從此洗心革面,安安心心地做一個賢妻良母,將近五十高齡的她竟還跟巫臣生了一個女兒,一家子其樂融融。

巫臣能夠成功逃走,主要是因為楚國新君剛立,國內亂糟糟一團,讓他鑽了空子。當然他本人反應神速、決策明智也是一個原因。

楚國的子重、子反他們可就火大了,忍了這麼多年,眼看要報仇的時候,卻讓仇家跑了。兩人把怒火都發洩到巫臣的家族屈氏身上,對屈氏展開大屠殺,甚至連襄老的兒子都沒放過,一起殺了,然後把這幾個家族的財產全部吞為己有,把他們的女人都搶了過來。

這事在楚國造成轟動,激起國家的內部矛盾,間接加速了楚國的衰落。

巫臣聽說了自己家族的慘狀,咬牙泣血,給子重、子反寫了一封信說:"我要讓你們疲於奔命至死!"

他對楚國恨到極點,立誓要報仇。往後餘生,他只剩下唯一的任務,就是消滅楚國……

驅逐東門氏

楚國亂紛紛一團，東邊的魯國也正在亂。

當年東門襄仲強行廢嫡立庶，立魯宣公為君，從此東門氏跟季氏共同執掌魯國國政。

東門襄仲死後，他兒子公孫歸父繼承了他的位子，依舊權傾天下。

這時季氏的掌權人是季文子。他是才幹非常出色的傳奇人物，在他的帶領下，號稱“三桓”的孟氏、叔孫氏、季氏漸漸抬頭，開始威脅到東門氏的地位。

宣公和東門氏看到這種情形難免坐立不安。宣公的位子本來就是搶來的，心裡不踏實，怕又被別人搶了，就跟公孫歸父商量怎麼除掉“三桓”。但只靠他們自己的力量顯然是不夠的，於是決定去晉國借兵。

公元前 591 年，楚莊王過世不久，公孫歸父偷偷去晉國商量借兵的事。哪知道他前腳剛走，留在國內的魯宣公就神秘死亡。

季文子立即翻舊案，在朝堂上聲淚俱下地控訴當初東門襄仲殺先君嫡子的事。當年他實力不夠，只能曲意逢迎，眼看着東門襄仲作亂、殺嫡子、趕走哀姜、壓制“三桓”。他忍了這麼多年，現在終於可以吐露心扉了，要求大家清算東門氏的罪行。

雖然也有人質問他：東門襄仲的罪行關他的後人什麼事？但現在大局已定，誰也改變不了，大家只能聽季文子的安排。

於是他們把東門氏的人全部趕出了魯國，只留下東門襄仲的一個叫東門嬰齊的兒子繼承了家族之位，但強迫他改為仲氏，稱為仲嬰齊。東門氏從此凋零。

公孫歸父聽說國內發生巨變，借兵當然不成了，但他還是大膽回到魯國。因為他認為自己還是魯國的大臣，必須彙報完出使的結果才算完成任務。

可是君王都已經不在了，他向誰彙報呢？他只能在郊外找了個土壇，在旁邊向自己的副手“彙報工作”。完了以後，他以麻繩束髮，按照朝廷上的站位回到自己的“位子”上，放聲大哭。然後他就離開魯國到齊國去了，從此消失在歷史上。

季文子他們扶立宣公的兒子黑肱繼位，是為魯成公。季文子的地位從此無可撼動，魯國的國政也徹底落入了"三桓"的手中。

鞌之戰

魯國人處理完東門氏的問題以後，就開始全力備戰。

這時候兩大集團之間已經勢同水火。齊、楚、晉三大國都想着先下手為強，魯國知道齊國一定會來打他們，而一旦魯國跟齊國的戰爭爆發，晉、楚兩大國一定會捲入，所以備戰的事一刻也不能耽擱。

這兩年周王室跟戎人又鬧崩了。戎人隨時威脅周王室，晉國不得不提防着，準備必要的時候去勤王。

齊頃公跟他母親一樣輕佻，看到這情形，以為晉國忙不過來，可以渾水摸魚，所以他第一個動手。

公元前 589 年，一開春，齊國就派大軍直接殺奔魯國。

魯國在戰爭中俘虜了齊頃公最寵愛的大臣盧蒲，然後不顧齊頃公的苦苦哀求殺了他。齊頃公陷入狂暴狀態，拼死攻打魯國城池。

衛國隨後出動，從側面攻入齊國，但吃了敗仗。

魯、衛兩國眼看抵擋不住，於是一起向晉國求助。

六月，晉國約上曹國一起出兵攻打齊國。郤克領軍八百乘，士燮、欒書輔佐，韓厥監軍，晉國精銳盡出。晉、齊之間的戰爭終於爆發！

這是晉國新一代領導集團在國際上的初次亮相，其出動的軍力超過了當年的城濮之戰，可見晉國對這一仗的重視程度。

除了士燮以外，其餘幾名晉國將領都是參加過邲之戰的，而且在那場戰爭中都有不錯的表現，也對那次慘敗刻骨銘心。

所以他們從一開始就反思了以前的錯誤。大家團結一心，堅決避免無謂的內部紛爭。

大軍剛到衛國境內，就發生了一則事故。

當時郤克手下一員將領違反軍令，按律當斬。韓厥作為軍隊的執法者，毫不容情，立即把這人斬首。郤克想為他求情，急忙趕過去，到了才知道那人已經被處決了。郤克馬上轉換態度，大讚："韓將軍做得好！"並且讓手下把那人的首級拿到軍隊裡示眾。

這樣做是為了保持領導層內部的團結。在當時，保持團結已經成為晉國領導集團的共識，不管有什麼分歧，大家都會密切合作。所以這一代領導層的效率跟邲之戰的時候完全不一樣了。

幾天以後，晉、衛、魯、曹四國聯軍到達莘地，跟齊軍對峙。

雙方按照規矩先展開罵戰。齊頃公表現得很傲慢，郤克也強硬地回覆他說："你們侵犯我們的兄弟國家，寡君已經下了死命令，能進不能退。你等着瞧吧。"

這跟當年士會對楚國的軟弱回覆形成鮮明反差，也代表着晉國新一代將領的強勢作風。

戰爭隨即開打，但晉軍卻表現得不太給力，讓齊國小勝了一場。

原來晉軍主力偷偷轉移到了幾百里外的鞌地。齊軍發現以後，連夜急行軍趕到鞌地進行攔截。第二天凌晨，雙方軍隊在鞌地相遇，這裡才是晉軍選擇的主戰場。

齊頃公年輕氣盛，對手下人說"滅此朝食"，然後帶頭衝鋒。齊國軍隊連早飯都來不及吃，馬也來不及披上鎧甲，只憑着一股匹夫之勇，就衝向了晉軍陣營。

雙方戰鬥得非常激烈，連郤克都受傷了，鮮血一直流淌到鞋子上。他大叫着讓車夫停一停，但同車的兩名手下根本不停下來，只是對他說："我們也受傷了，並沒叫苦！怎麼能為了您的傷壞了君王的大事？"說着快馬加鞭，更加兇猛地衝向敵軍。

後面的晉軍受到鼓舞，紛紛搖旗吶喊，一起往前衝。

晉國長期跟北方的戎狄作戰，又有跟楚國多次大規模戰爭的經驗，軍隊的戰鬥力足以碾壓柔弱的東方國家。而齊國一直跟魯國、莒國小打小鬧地玩，所以根本抵擋不住晉軍的衝鋒。齊國軍隊很快開始潰敗，連氣焰囂張的齊頃公都開始逃命了。

韓厥駕車衝在最前面，緊緊追趕齊頃公的戰車。

戰爭的前一晚，韓厥曾經夢見他父親對他說："不要站在車子的左右兩側。"所以戰鬥的時候他一直站在中間，親自駕馬。

齊頃公那輛車的車夫是邴夏，車右是逢醜父，頃公自己拿着弓箭站左邊。邴夏看到韓厥神威凜凜的樣子，就對頃公大叫："射中間那人，他是真君子！"

齊頃公卻說："知道他是君子還射他，這不合禮儀。"於是便連發兩箭，射倒韓厥左右兩人。但韓厥依然不停，繼續駕車衝過來。

這時晉國的另一個將軍丟了戰車，一個人跑了過來，要搭韓厥的車。韓厥停下來讓他上了車，但知道左右兩邊都危險，所以連着推了他幾下，要他別站左右兩邊，站自己身後去。那人就站到後邊去了。

不料這片刻之間，齊頃公就偷偷地跟逢醜父換了位置和衣服。但是韓厥沒注意到。

兩乘戰車又追了一會，來到一片密林中。齊頃公的馬掛到了樹枝上，掙脫不開，只好三個人一起下來推車。

誰想打仗前一天，逢醜父睡覺的時候被一條蛇爬到身邊，打蛇的時候傷了自己的手臂，所以這時候沒力氣推車了。他們終於被韓厥趕上。

韓厥牽着馬轡走過去，拿出事先準備好的酒杯和玉璧，一手持酒杯，一手托玉璧，恭恭敬敬地跪到"齊頃公"跟前說："寡君親自頒下命令，下臣無法抗拒，只能依命行事，還望諒解。"

這是要活捉齊頃公了嗎？

假冒齊頃公的逢醜父說口渴了，裝模作樣地命令真齊頃公去附近的泉眼裡取水。齊頃公假裝答應，拿着個水壺，走了一段路一溜煙跑掉了。

韓厥也沒注意這個細節，載着假齊頃公回去覆命，獻給了郤克。郤克一看就捂着臉說："大兄弟你抓錯人了。"

韓厥這才發覺上當，冒死衝殺這麼久，最後抓到個假國君過來，他也夠鬱悶的，當場就要殺掉逢醜父。

逢醜父卻冷笑着說："我是代替國君受難的人，殺了我，以後誰還會這樣為了君主而犧牲自己？"

郤克為了表彰他的忠義就赦免了他。

韓厥雖然被騙抓了假國君，但這場戰爭能獲勝確實有他很大功勞，所以他回國以後還是受到了嘉獎。

韓氏本來是曲沃桓叔的後人，是晉國的老牌公卿之一，根正苗紅。可惜後來他們支持晉惠公，站錯了隊，被晉文公打壓，從此衰敗。

韓厥的父親死得早，他從小被趙衰收養。堂堂公室貴胄，竟然淪落為趙氏家臣，也是令人唏噓。

值得慶倖的是趙衰對人不錯，一直把韓厥當趙氏的自家人看待，給了他很多發展機會，也讓他跟趙括幾兄弟一起進入晉國政壇。

韓厥自己也很爭氣。他最早亮相是在公元前 615 年的河曲之戰中擔任三軍司馬，並親自斬殺了趙盾手下擾亂軍紀的車伕，因此受到趙盾表彰。

後來的幾次戰爭中他都擔任執法者的角色。韓厥執法公正嚴明，無人不服，樹立了很高的威信。

這次鞌之戰，他又立下頭功，更加受到賞識，從此仕途平坦，步步高升。

當時誰能想到，一個沒落貴族之後，只憑自己一個人的優異表現，就能開創出一支全新的公卿家族 —— 韓氏。

從韓厥起，浴火重生的韓氏開始進入晉國權力的頂層，跟其餘幾家公卿競爭，並成為笑到最後的勝利者之一。

再說回鞌之戰。齊頃公雖然僥倖逃脫，但齊國軍隊已經潰敗，而且他們也見識到了晉國的強大實力，知道不可以跟晉國對抗，和平談判才是唯一的選擇。

晉軍追擊齊軍，直接殺到齊國境內，到達馬陘。

齊頃公派人帶着大量財寶去跟晉軍談判，並且同意歸還侵佔的魯、衛土地。

但郤克不同意，他提出兩個條件：其一，把齊頃公的母親蕭同叔子送到晉國當人質，以報當初"登臺笑客"之仇；其二，齊國境內的田壟要全部改成東西走向的，方便以後晉國的戰車隨時開過去。

這是齊頃公絕對不可能答應的條件，若答應了他的國君也就不必做了。

所以齊國使者據理力爭，說："蕭夫人是寡君的母親，按照諸侯的對等地位來說，也相當於晉君的母親。晉國怎麼能把諸侯的母親扣為人質呢？這是嚴重的不孝！會讓天下人怎麼說？

"至於田壟的朝向，這是當年周天子親自劃定的，為的是便利天下百姓。你一個諸侯怎麼能修改天子劃定的田地呢？而且是為了方便戰車開過來，不顧老百姓耕種的需要，你們如此貪得無厭，怎麼當盟主？"

一番話說得郤克無言以對。

魯、衛兩國將領也覺得過分了，一起勸說郤克。郤克沒辦法，只好答應了齊國使者的條件。齊國歸還魯、衛的土地，雙方議和，晉、齊結為盟友，晉國就此撤軍。

鞌之戰以後，齊國認識到晉國才是第一強國，所以改變態度，拋棄楚國，從此跟晉國走得越來越近了。

而晉國打掉楚國最大的盟友，相當於砍掉了楚國的臂膀，收穫非常大，走出了霸權復興的第一步。

第二年，齊頃公親自去晉國拜見晉景公，雙方言談甚歡。齊頃公見到韓厥，還開玩笑說："我是逢醜父，只不過換了件衣服。"雙方一笑泯恩仇。

這次會面，齊頃公還親自送了玉圭給晉景公。這是朝見周天子的禮節，據說是在暗示晉景公稱王。晉景公吃了一驚，但沒答應。

其實齊頃公母子都沒有什麼壞心眼，只不過比較孩子氣而已。吃了這次敗仗，齊頃公也開始成熟起來，從此輕徭薄賦，振孤問疾，善待百姓，盡心盡力地治理國家；對外也結好諸侯，不再發動侵略。所以在他執政的後半段，齊國成為了一個和平、富足的國家。這也是鞌之戰帶來的一個意想不到的收穫吧。

不過還有個問題，楚國呢？齊國被打的這段時間，楚國幹什麼去了？

新一代的晉國政壇

楚國還在收拾東西準備出門，等齊國都戰敗了，他們還沒收拾完呢。

莊王死後，他的兩個弟弟子反和子重就輪流掌握國政，因為共王年紀太小，所以楚國的事都由他們兩個說了算。

可惜兩人都是草包惡棍型的人物，成事不足敗事有餘。

鞌之戰的時候，共王已經繼位兩年了，可是楚國內政還是一團糟。子重、子反兩兄弟正事沒幹幾樣，都在忙着殺巫臣家族的人，連無辜的襄老家族都不放過。

晉、齊、魯、衛、曹五國打得沸反盈天，楚國也沒反應，眼睜睜看着齊國這個最大盟友兩次被晉國打敗，最終投入了晉國的懷抱。

當時楚國如果及時出手援助，齊國不會那麼容易敗，晉國也不會那麼容易走出黑暗時代。

結果子重在齊國戰敗以後才出手，僅僅把魯、衛兩個小國教訓了一頓。兩個小國當然是"你來打我我就投降唄"。所以楚國很順利地就"征服"了他們，又例行公事地簽了個和平條約，然後在蜀地會盟十一國諸侯，看起來聲勢倒也十分浩大。

但實際上這次會盟水分很大，包括齊國在內的大多數國家都只派了一個大夫去參加，剩下幾個國家也最多只派個卿士。一群大臣在那裡討論國家關係，這就尷尬了，以至於魯國人都笑他們這次聚會是"匱盟"。

晉國對他們這次會盟很輕蔑："就憑你？"當即讓鞏朔綁了一群齊國戰俘，按照俘虜蠻夷的傳統，去洛邑向周王"獻俘"。這是公然挑釁剛剛成立的十二國聯盟。

周定王也很尷尬，周朝開國五百年來，第一次有一個諸侯抓另一個諸侯的人來獻給他。他只好躲着不見，說："齊國跟我們大家都是親戚，這樣不好吧？"晉國這才作罷。

子重剛剛召集的十二國聯盟對這一幕只能視而不見，沒人替齊國說一句話。

這樣的結果，齊國當然是不滿意的，所以再也不談什麼齊楚聯盟了。從此在齊國眼裡，天下只有晉國一個霸主。

不僅對外不給力，子重、子反相互之間也不合作，各懷鬼胎，互相拆臺。作為國家高層的兩個最重要的當權派，這樣相互爭鬥，對國家的傷害可想而知。

當然，兩人最大的錯誤還是逼反了巫臣，從此給楚國造成無盡的困擾。

而現在一切僅僅是開始，以後很多年的楚國朝廷都會是這兩兄弟的天下。這還遠遠沒完，後面還有子辛、子庚、子南……基本上都是能力不大、脾氣很大的草包惡棍型人物，就是這群人，一步步帶着楚國走上了衰敗的道路。

那麼，為什麼楚國一定要任用這群爛人來主持國政呢？

說來有點出人意料 —— 這事得賴楚莊王。

是他把若敖氏滅了，蒍氏之類的家族也都受到重大打擊。

從那以後，楚國就沒有了強大的公族力量，權力全部集中到君王一家人身上。

當年若敖氏是何等的人才濟濟，子玉、子上、子孔等都是可以獨當一面的強人，更別提子文這個聖賢級別的傳奇人物。

公族被滅以後，沒有了競爭機制，君王家的人都是靠出身混到最高層，當然就沒法再保證人才的品質。

而且權力一旦失去制衡，也很容易產生腐敗，基本上君王家的人說什麼就是什麼，沒人可以反對。這樣怎麼能保證國家利益呢？

所以"禍兮福所倚，福兮禍所伏"，楚莊王消滅若敖氏，消除了國家分裂的隱患，卻也使得國家人才匱乏，無法再支撐霸主地位。

反觀晉國那邊，就正好相反。公族制度有各種嚴重弊端，但帶來一個巨大的好處，就是充分的競爭。

晉國政壇頂層有十來個公族激烈競爭，優勝劣汰。在這種環境裡脫穎而出的都是一等一的強人，基本上文武雙全，要什麼有什麼。像趙盾、郤缺、范武子……這些人物，放到整個國際社會都是頂級人才。

晉國這種制度有一點點像後來的內閣制：上面是手握最高權柄的君王；下面一群幕僚共同參政議政；權臣之間相互牽制，既合作又競爭。

面對權力世襲的楚國，晉國的這種制度表現出了極大的優越性，為晉國打造出一屆又一屆群星璀璨的領導班底。

像鞌之戰這段時期，晉國就湧現出許多才德兼備、智勇雙全的政壇新秀。除了前面提到的郤克、韓厥、荀首以外，還有士燮、欒書、荀庚、荀罃、鞏朔、韓穿等。

士燮是士會（范武子）的兒子，又稱為范文子。

公元前 592 年，士會退下來以後，士燮繼任范氏宗主，進入六正的行列，擔任下軍將 —— 起點相當高。

由於士會打下的極好基礎，士燮的仕途完全是一片坦途。他從進入政壇起就一直處在晉國朝廷的最高層，參與了之後二十年晉國的幾乎所有重大事件。

士會是家教極嚴的父親，所以士燮也繼承了父親的才德，行得端，走得正，讓人不由得不佩服。

在新一代的晉國公卿裡面，士燮是道德上最無可指摘的一位。

在鞌之戰中，他也是主要的將領之一，但他非常低調。據說戰爭勝利班師回朝的時候，他故意走在最後，等別人都回到都城了，他才姍姍來遲。

士會一直在等他回來，見到他的時候就埋怨："你知道我很擔心你，為什麼不早點回來？"

士燮回答："城裡的人們都在迎接勝利的軍隊，走在前面的人會很引人注目，這是主帥才有的殊榮。我沒有什麼功勞，不能搶主帥的風頭。"士會聽了很讚賞。

這只是他在晉國政壇的初次亮相而已，他就已經表現出了老成持重的風格。這種風格伴隨他一生，因此范氏才能在後來六卿家族的慘烈競爭中置身於風暴之外。

除了士燮，荀罃也是冉冉升起的政壇新星。

荀罃又名智罃，是荀首的兒子、荀林父的侄兒。

在邲之戰中，他被楚軍活捉了。他老爹急了，闖進楚軍陣營連殺幾人，又俘虜了楚莊王的兒子公子穀臣，創造了一次敗中求勝的奇蹟。

戰後，晉國想用連尹襄老的屍體和公子穀臣換回智罃，但不知道怎麼的一直沒談成。

直到鞌之戰過後的公元前 588 年，晉楚雙方實力基本平衡了，才再一次談判交換人質的事。這時候智罃已經在楚國住了十年了。

這回談判終於達成，楚國同意放智罃回國。

楚共王召見智罃，接連問他 "你恨我嗎？" "你感激我嗎？"

智罃都回答 "不"。

共王又問："你怎麼報答我？"

智罃回答："我既不受怨，您也不受德，無怨無德，不知所報。"

共王一定要問他的想法。智罃就說："下臣回國以後，如果能有幸得到寡君的諒解，重新讓我帶兵打仗，在戰場上碰到楚國的軍隊，我一定要竭盡全力為國戰鬥，絕無二心，以盡臣子之禮。這就是我能報答大王的方式。"

共王很感慨地說："晉國之人如此忠誠，楚國真的無法與他們相爭了。"

便以重禮招待智罃，然後把他送回了晉國。

後來智罃繼承了他父親的爵位，成為智氏的宗主。他瞭解楚國內部的情況，又具有很高的才能，最終升到了正卿的位置。後來晉國的強大有他很大功勞。

在新一代公卿裡面，若論家底最單薄非欒書莫屬，但他又是最早手握大權的。

欒氏是晉國歷史最久的公卿之一。當年在驪姬之亂中，他們堅決支持重耳，所以在晉文公登基以後受到重用。

趙衰看重欒枝的才能，向晉文公推薦他，使他進入六卿的行列。城濮之戰中，欒枝是主要將領之一。他提出計策，在戰車尾部綁上柴草，拖出漫天塵土，讓楚軍誤以為晉軍敗逃了，把楚軍引誘進了晉軍的埋伏圈，對戰爭獲勝起了很大作用。

但他的兒子欒盾性格木訥，不受趙盾歡迎。他在趙盾當政期間一直被排擠，鬱鬱而終。

所以欒盾的兒子欒書進入政壇的時候，起點並不高，長期遊走在權力的邊緣。欒氏當時也是公卿家族裡面比較弱的一個。

趙盾過世以後，荀林父當政。為了保持各家勢力平衡，荀林父硬是壓住了趙家幾兄弟，在六卿裡面給欒書保留了一個席位。

欒書很快用自己的才能證明荀林父的選擇是對的。

邲之戰中，欒書只是一個不起眼的下軍佐，但他是堅定的主和派，跟士會、郤克他們站在一起，並且發表了一篇洋洋灑灑的議論，旨在說明晉國現在不能跟楚國正面碰撞。後來的形勢發展證明他的判斷完全正確，但邲之戰的慘敗掩蓋了他的光芒。戰爭過後，他仍然是下軍佐，仍然不受人關注。

不過他的表現顯然給郤克留下了良好印象，為後來兩人的親密合作打下了基礎。

當時趙氏內部已經嚴重分化，性格溫和的趙朔親近郤、欒兩家，趙同三兄弟卻囂張跋扈，儼然朝廷裡的一霸。

不曾想年輕的趙朔忽然神秘離世，性格剛硬的郤克對囂張的趙家三兄弟看不順眼，趙、郤兩家關係明顯惡化。

郤克當上首席執政官後，為了壓制趙氏，開始重用他比較欣賞的欒書。

而欒書也抱緊郤氏的大腿，成為他們最親密的盟友。欒書的地位迎來飛速提升。

鞌之戰中，欒書作為主要領導之一，表現優異。這場戰爭的勝利，使得他作為郤氏副手的地位更加穩固了。

這時候他收到了一個大"紅包"。

公元前 587 年，鞌之戰後不久，正在事業巔峰期的郤克英年早逝，死因可能是鞌之戰中受的傷。

當時朝廷裡風頭最盛的是二荀（中行氏和智氏），一度有壓倒郤氏的傾向。郤克臨終前很擔心荀氏從此坐大，所以他一咬牙，堅持要把正卿的職位交給一直忠於自己的欒書。欒書本來不夠格，但正因為他的勢力相對單薄，看起來人畜無害，所以收到的反對聲反而比較小，這次任命最終通過了。

這個長期不慍不火的年輕人從此一步登天，直接邁上了晉國權力的最頂層。

到這時為止，晉國六卿家族分成了四個大的派別：二荀、范氏、趙氏與韓氏聯盟、郤氏與欒氏聯盟。

欒書為了維持朝政穩定，竭盡所能地拉攏另外三個派別的代表人物——荀首、士燮、韓厥。四人共組內閣，構成了晉國權力的最高層。

在欒書的主持下，晉國公卿之間的關係恰好達到平衡點。所以這套班底運轉得非常平穩，晉國朝堂上一度出現各大家族和諧共贏的局面……

不過凡事都是相對的，有"上智"就必然有"下愚"。除了這些才氣逼人的政壇新秀以外，公卿家族也出了一些敗類，表演出一場又一場令人哭笑不得的悲喜劇。

就在新一代領導班底攜手合作其樂融融的時候，平靜了很久的晉國朝廷爆出大新聞：趙氏家族內訌爆發，親兄弟之間正式開打！

下宮之難

我們再重新捋一下趙家幾兄弟的關係。

趙衰跟原配生下嫡長子趙盾，後來又娶了晉文公的女兒趙姬，生下趙同、趙括、趙嬰齊。

趙盾為了報答趙姬對他們母子的照顧，把趙氏宗主的位置傳給了趙括。但在人們心目中，趙盾這一支顯然才是趙氏的主力。

趙盾的長子是趙朔，趙朔娶了晉景公的姐姐趙莊姬，生下兒子趙武。

趙朔是趙家這一輩人裡面才能最出眾的，人緣也好，又有正卿父親和公主老婆的雙重加持，仕途一路順暢，眼看就要成為晉國新一代裡的領軍人物了。

不料世事無常，正值盛年的趙朔意外猝死，丟下了趙莊姬和趙武這對孤兒寡母。當時的趙武還是個小孩，沒有政治勢力。

從此，趙氏的權柄就握在了趙同三兄弟手上。但這三兄弟的人品和政治立場都跟趙朔完全相反，基本上就是三個富二代小霸王。他們橫行無忌，得罪了不少人，特別是得罪了當權的郤氏、欒氏聯盟。

公元前 587 年，晉國政壇上忽然開始流傳一則桃色緋聞：趙朔的遺孀趙莊姬跟小叔子趙嬰齊有私情！

緋聞是真是假很難說，也沒人知道最早是誰傳出來的，但確實夠勁爆，一次性打擊了晉君跟趙氏兩大家族。

趙氏內部炸鍋了，趙同、趙括一起找趙嬰齊算賬，不久以後就把他驅逐到了齊國去。（他本名可能叫趙嬰，因為流落到齊國才被後人稱為趙嬰齊。）

趙嬰齊被驅逐之前為自己辯護說：“有我在，欒氏不敢發難，趙氏能保全。我走後，趙氏必亡。”

趙同、趙括不聽他的，還是把他趕走了。

這一鬧，趙家內部人心惶惶，各人都打着自己的小算盤，憑趙同、趙括兩個草包，根本無法安撫人心。曾經無比強大的趙氏，內部終於出現了裂痕。

趙莊姬在趙家住不下去，只能帶着趙武回到宮裡去住。趙氏跟晉君的聯繫因此被斬斷，晉景公對趙氏的態度也轉變了。

這之後幾年趙莊姬是怎麼生活的，無人知曉。

沉寂了三年之後，趙莊姬突然發難，親自向晉景公控告趙同、趙括謀反。當時欒氏、郤氏、荀氏個個都不是好惹的，趙家兩兄弟憑什麼可以謀反？而且在宮裡的趙莊姬怎麼可能知道這麼隱秘的事？

但面對這樣一個明顯不合理的指控，景公竟然馬上就信了。同時，欒、郤兩家也站出來替趙莊姬作證。一瞬間，所有人的矛頭都對準了趙氏。

公元前583年夏天，欒、郤兩家派出軍隊攻打趙氏的住宅"下宮"。於是，由趙莊姬和景公牽頭，欒、郤兩家操刀，一場針對趙氏的大清洗開始了。史稱"下宮之難"。

趙同、趙括兩家在這場屠殺中被滅族，趙氏受到沉重打擊。

晉景公甚至把趙氏的田產都沒收了，送給祁氏。從趙衰開始幾代人建立的根基被剷除得乾乾淨淨。

後來多虧被趙家收養過的韓厥向景公進言："即使桀、紂那樣的暴君都留下了後人。趙衰、趙盾都是有巨大功勳的國之棟樑，要是連他們都絕後了，豈不是寒了天下人的心？"

景公這才恩准歸還趙家的田地，讓趙武繼承趙家的宗主之位。趙氏的血脈終於在趙武身上得到了延續。

"下宮之難"有很多古怪的地方，是一宗疑點重重的懸案，這宗懸案背後的秘密可能永遠無法揭開了。

我們唯一能確定的是，晉景公和欒、郤兩家都是這場大屠殺的受益者。

趙氏當初曾經弒君，卻沒有受到任何懲罰。後來繼位的君王要說心裡對他們沒有戒備，那是不可能的，只不過礙於情勢不好表現出來。剷除趙氏可以說去掉了君王的一塊心病，當然是景公樂於看到的。

趙家三兄弟對國家沒有任何貢獻，卻手握大權，天天跟欒書等人唱對臺戲，這當然也會引起包括晉景公在內的各方勢力的不滿。以暴力的方式讓他們騰出位置給其他人，把晉國朝政拉回到正確的道路上來，這應該是各方勢力都希望的結局。

對於欒、郤兩家來說，除掉了這個主要的政敵，朝廷裡從此沒人跟自己作對，以後就可以放開手按自己的想法施政了，這當然是一個很理想的結果。

甚至對趙莊姬來說也算一件好事：她的兒子終於取得了趙氏宗主的位置，從此趙家就是她兒子家，再沒人蓋得過她們母子的地位。

所以趙氏的覆滅在當時竟算得上是一件皆大歡喜的事，有太多的既得利益集團希望這件事發生了。最後大家共同打默契球，擠掉了趙家三兄弟這個所有人的眼中釘。

趙氏被滅以後，晉景公縮小軍隊編制。趙氏不用說了，荀、韓兩家都有人被踢出權力高層，郤氏的名額擴大為三人——郤錡、郤犨、郤至，合稱"三郤"。從這以後，"三郤"成了晉國政壇上一個恐怖的組合，橫衝直撞，無人能擋，比當年的趙家三兄弟更加讓人畏懼。景公和欒書悔之晚矣。

對於趙氏的後人來說，"下宮之難"是家族史上最大的災難，而且中間還摻雜了許多說不清道不明的黑暗內幕。這些內幕都是他們不希望後人知道的，必須要想辦法掩蓋。

他們開始編造各種故事來掩蓋歷史的真相。

於是，我們就在史書上看到了這樣一個盪氣迴腸的傳奇故事——趙氏孤兒。

趙氏孤兒

當初晉靈公昏庸無道，寵倖奸臣屠岸賈，多次謀劃暗殺趙盾。最後靈公被趙穿所殺，屠岸賈也受到沉重打擊。

晉景公繼位以後，重新起用屠岸賈。這個奸邪小人對於當年的事一直懷恨於心，密謀報仇。

他瞄準一個機會，鼓動大臣們起來反對趙氏："大家評評理，趙穿弒君，趙盾能不知道嗎？依我說，他才是幕後黑手。現在他們趙家還在朝廷裡呼風喚雨，天理何在？請以弒君之罪誅殺趙氏！"

韓厥等一干大臣站出來反對："當初先君都沒有治趙氏的罪，如今你是要違背先君的意思嗎？妄自誅殺大臣就是作亂。屠岸賈，莫非你想作亂？"

但這些正直的大臣終究不是屠岸賈的對手，更多的人被屠岸賈蠱惑。朝中群情激奮，都想誅殺趙氏。

韓厥偷偷向趙朔報信，要他逃走。趙朔是忠義之人，不肯背叛國家，堅決要留下來。韓厥也無可奈何，只能稱病不出，拒絕跟屠岸賈合作。

不久以後，屠岸賈發難，帶領一群不明真相的大臣攻進趙氏的宮室，大肆屠殺，把趙朔在內的趙氏全族屠殺得乾乾淨淨。

大屠殺之時，趙朔的妻子趙莊姬已經有了身孕。她是景公的姐姐，躲進了宮裡，所以沒有被殺。

趙朔有兩個手下——公孫杵臼和程嬰，都對趙氏忠心耿耿。見到主人家滅門的慘案以後，公孫杵臼問程嬰該怎麼辦。程嬰回答說："如果趙莊姬生的是男孩，則好好奉養他，將來還可以復興趙氏；如果是女孩，則天要絕趙氏，我們只能自殺殉主。"

不久以後，趙莊姬生了一個兒子，起名叫趙武。屠岸賈聽說以後，害怕他將來復仇，就派人到宮裡捉拿這個孩子。

趙莊姬無處躲藏。危難之際，她把這個嬰兒藏到自己的胯下，用裙子蓋住，向天祈禱："如果趙氏合當絕祀，這孩子待會就會哭；如果天不絕趙氏，孩子就不會哭。"

結果屠岸賈的手下來搜查的時候，那小孩真的一聲不吭。他們到處都搜不到人，只好悻悻地離開了。

但是大家都知道，屠岸賈不會就這樣死心的，不找到這孩子他不會甘休。公孫杵臼跟程嬰商量，他問道："撫養孤兒跟死哪個更難？"

程嬰回答："撫養孤兒更難。"

公孫杵臼就說："那就讓我來承擔容易的任務吧，撫養趙氏孤兒的事就交給你了。"

程嬰便和他約定："我把趙氏孤兒帶大以後再來地下與你相會。"

兩人商量好，給程嬰家剛出生的兒子穿上宮裡的服裝，冒充趙武，讓公孫杵臼帶着這個嬰兒躲進山裡。然後程嬰去向屠岸賈"告密"，說趙武被藏進山裡了。

屠岸賈大喜，重賞程嬰，馬上派人跟着程嬰去山裡抓人。

程嬰帶着他們來到公孫杵臼躲藏的地方。公孫杵臼目眥欲裂，大罵程嬰背信棄義出賣主人。程嬰惱羞成怒，喝命武士們一擁而上，殺掉公孫杵臼，把他懷裡的嬰兒當場摔死在地。

屠岸賈一夥以為趙氏孤兒已經被除掉了，得意非常，放鬆了警惕。程嬰終於找到機會偷偷從宮裡帶出趙武，帶到深山裡獨自撫養。

這樣過了十五年，趙武已經長成了勇武的少年，儀表堂堂，文武雙全。他聽程嬰講述了家族的慘痛過去，一心要替家族報仇。

一次，晉景公生了重病，占卜的巫師說，是因為嬴姓的後人受到迫害的緣故。韓厥知道趙氏遺孤的秘密，就趁機向景公進言說："嬴姓的後人絕祀的不就是趙氏嗎？大王滅了趙氏，天下人都很哀慟，所以才有了邪祟入侵，請大王深思。"

景公問："趙氏還有後人嗎？"韓厥便說出了藏匿趙氏孤兒的真相。景公這才恍然大悟。

景公跟韓厥合謀，偷偷把趙武帶進宮中，然後召集將領們來看望景公的病情。大家都來了以後，景公讓趙武驀然現身，向大家說明了這些年的真相，請大家主持公道。

眾人見到這個情形，都只好把責任推到屠岸賈身上，說當年跟隨他是迫不得已，現在全聽景公的安排。

於是在晉景公和韓厥的安排下，程嬰和趙武帶兵打進屠岸賈的宅邸，滅掉屠岸賈家族，報了趙氏被滅的仇。

隨後，景公讓趙武繼承趙氏的宗祀，把當年奪走的田產和封邑都還給了他。趙氏從此復興。

又過了幾年，趙武行冠禮以後，程嬰把眾人召來，說明當年跟公孫杵臼的約定，如今他的任務已經完成，要去地下陪公孫杵臼了。說完他便自殺身亡，成全了自己的忠義之名。

趙氏從此世世代代祭祀程嬰與公孫杵臼，香火不絕。

不過，不管程嬰還是公孫杵臼，又或者屠岸賈，很可能都是不存在的人。歷史早已被改得面目全非，"趙氏孤兒"的真相只能永遠湮沒在歷史塵埃之中了……

唯一能肯定的就是，趙武繼承趙氏宗祀以後，吸取了自己家族過去的教訓，開始低調做人，努力維持跟其他公卿家族的平衡關係。這使得趙氏遠離風暴中心，在後來一波又一波的公卿家族大火併中能夠獨善其身，終於笑到了最後。

而"下宮之難"的大贏家欒氏和郤氏，從此橫行無阻，耀武揚威，反而走上了趙氏的老路。只能說"三十年河東，三十年河西"呀。

當然，"下宮之難"只是趙氏一族的災難，對晉國的國力基本沒有影響。趙氏被其他公卿排擠的這幾年，晉國在晉景公的主導下，一直在穩步恢復國力，逐漸吞噬掉了楚國的優勢。兩大國之間開始進入勢均力敵的狀態。

但這種平衡狀態沒有維持太久。幾年以後，楚國的大麻煩就來了。

楚國的麻煩

鞌之戰過後，晉國重新開始對外擴張，想從楚國手中奪回霸主之位。中原各個小國在清靜了幾年以後，再次陷入被兩大國夾擊的漩渦之中。

漩渦中心仍然是可憐的鄭國。

鄭國是楚國最大最重要的小弟，所以晉國千方百計要打鄭國的主意。

鞌之戰後不久，鄭國跟許國鬧矛盾。鄭國仗勢欺人，連續幾次攻打許國，佔了許國的土地。

這兩個國家都是楚國手下的小弟，所以他們的矛盾算是楚國集團的內訌。這本來不關別人的事，但欒書偏就要管。他藉口替許國打抱不平，派兵攻打鄭國。

楚國當然不幹：我的小弟們打架，你有什麼資格來插手？所以楚國馬上派子反去救鄭國，跟晉軍對峙 —— 多年前的老劇本再次重演。

子反來到鄭國前線，許靈公與鄭悼公趕忙扯住他要評理，都說是對方先惹事。子反聽他們鬧了半天還是決定不了，只能讓他們去楚國找楚共王分辯。

兩人告到共王跟前。由於這兩年晉國一直在拉偏架，明裡暗裡支持許國，許國明顯有倒向晉國的傾向。共王急着要拉攏許國，所以就偏袒許靈公，判鄭悼公敗訴，並把鄭悼公的兒子扣在楚國當人質，命令鄭國回去歸還許國的土地。

這正是欒書想要的結果。鄭悼公回去以後，含冤帶恨，覺得共王對他不公平，就去聯絡晉國，要求歸附。

欒書大喜，馬上跟鄭國簽訂了和平條約。楚國通過邲之戰辛苦搶來的鄭國，就這樣輕易投入了晉國的懷抱。晉楚爭霸的形勢明顯逆轉。

當年冬天，晉景公約了齊、宋、衛、鄭等八個國君在蟲牢結盟，以慶祝鄭國回歸晉國集團，順便公開向楚國示威。這是十幾年來晉國第一次召集天下諸侯會盟，楚國的霸權又被搶回來一大塊。

楚國當然不答應，楚共王立即出手。鄭悼公剛開完九國大會回來，子重的軍隊就殺過來了。

晉國也不甘示弱。欒書親自帶兵救援，跟子重在繞角對峙。眼看晉楚大戰又是一觸即發。

但子重顯然心虛，沒敢真打起來，而是悄悄撤退了。

欒書得理不饒人，再進逼一步，直接打到蔡國門口。前面說過，蔡國是最貼近楚國的中原國家，打蔡國就是在楚國家門口打他家的車夫。楚國不可能再退，於是派出申、息兩縣的人馬去救蔡國。

派這點人馬相當於給晉軍送人頭。晉國的將領們紛紛請戰，要求直接滅掉這支隊伍。欒書卻聽了士燮、韓厥等人的建議，認為楚國接下來派出大軍的話，晉國的軍力未必頂得住，不如先暫時隱藏實力。所以他放過了申、息兩縣的軍隊。

回國的路上，欒書順便打下了楚國的小弟沈國，活捉了沈國國君，算是可以向國內交代了。

楚國人以為晉國怕了，自信心膨脹，第二年就貿然發起反擊，由子重帶兵攻打鄭國。

晉國組成規模宏大的九國聯軍參與救援，展現了他們真實的實力。他們在鄭國城下大敗子重的軍隊，抓住楚國的著名音樂家鄖公鍾儀，把他關進晉國監獄，順便留下了“楚囚”的典故。

欒書再接再厲，又一次攻打蔡國，並終於獲得大勝。然後他乘勝追擊，直接殺進楚國本土。楚國抵擋不住，眼看要全面潰退了，欒書見好就收，抓了他們一個將領就撤走了。

但這是楚國本土幾十年來第一次被攻破，霸主的威名掃地，對他們的信心打擊極大。

鄭國也趁火打劫，衝過去把許國打了一頓，大肆搶劫，出了這幾年的窩囊氣。對此，楚國的反應極其丟人 —— 他們竟然用重金賄賂鄭國，求着鄭國跟他們和談。鄭國勉強答應，雙方私下進行了會盟。

楚國居然求着鄭國要和好，這簡直是亙古未聞的怪事。

公元前 583 年前後，晉國在欒書、士燮、韓厥這一群天才將領的主持下，對楚國打出了一套組合拳，一步步把楚國逼到牆角，打得楚國差點跪地求饒。隨後晉國又三次會盟諸侯，效率之高令人無法想像。其中規模最大的一次馬陵會盟，有十個國家參加，顯示了晉國無與倫比的號召力。

晉國的霸業以出人意料的速度復興了！

這時候離楚莊王過世還不到十年。

在新一代晉國將領大放異彩的同時，老霸主楚國正陷在泥潭裡苦苦掙扎。以子重為首的楚國權貴階層充分顯露了自己的草包本質。他們除了對內搞大屠殺以外，簡直毫無作為，面對晉國咄咄逼人的攻勢，連最起碼的抵抗方案都拿不出來。

若敖氏被滅的惡果終於無可避免地顯露出來了。

而這僅僅是個開始，楚國內部的體制已經讓這個國家無法重新振作，只能一步步滑向深淵。

在這同時，含冤帶恨的巫臣也終於發難，向楚國捅出最致命的一刀 —— 徹底終結楚國霸權！

巫臣向晉景公獻上一條計策：楚國的東南方有個吳國，處在遙遠的蠻荒之地，幾百年來一直渾渾噩噩地混日子，但不要小看這個國家，他們有驚人的潛力。我們可以如此這般，跟他們通力合作，必然讓楚國人疲於奔命！

晉景公一聽 —— 這個主意不錯，當即答應了。

吳國：流落蠻荒的帝王世冑

吳國的出身極其高貴。

相傳商朝末年，周部落的首領古公亶父（周太王）有三個兒子，分別是：太伯、仲雍和季歷。

季歷有個兒子叫昌，也就是後來的周文王。他從小就聰明賢能，很得古公亶父的寵愛。

古公亶父想讓姬昌繼承家族的事業，於是就想傳位給季歷。但依照傳統應該讓長子太伯繼承家業，所以他很為難。

按照周朝史書的記載，周王室祖上個個都是德配天地的賢良之人。太伯也不例外。他不忍心讓父親為難，所以就堅決推掉了家族的繼承權，把位子讓給季歷——所謂"三讓天下"——然後假裝說去採藥，帶着弟弟仲雍逃到了江南的蠻荒之地。

當時江南是百越族的地盤。兄弟兩人逃到這裡以後，按照當地人習俗"斷髮文身"，融入了當地居民，也徹底使自己失去了家族的繼承權。

兄弟二人建立了一個國家，叫"勾吳"。當時大約是公元前 1123 年。那時候的江南，水草豐茂，沼澤遍佈，是一片還未開墾的原始叢林。太伯兄弟把中原地區的先進文化和技術帶到了這裡，帶領手下的民眾艱難地開拓這片荒原。勾吳逐漸吸收了周圍的越人，一點點地成長起來，成為江南地區最先進的國家。

太伯死後傳位給仲雍，後來的吳君都是仲雍的後代。

周武王一統天下以後，派人去江南尋訪太伯兄弟的後人，找到了當時勾吳的首領周章，把他封為諸侯，吳國正式立國。他又把周章的弟弟虞仲封到夏朝故土，這個國家就是"假途滅虢"的虞國。

在之後的幾百年裡，吳國跟中原的溝通很少。中原諸侯們殺得天昏地暗的時候，他們還在蠻夷部落中間優哉遊哉地過自己的日子，似乎已經忘記了自己天子世冑的高貴身份。

平靜的歲月延續了五百多年，一直到公元前 586 年，吳太伯的十九世孫壽夢繼位，吳國的命運開始改變。

壽夢即位以後不久就去洛邑朝觀周簡王，這是吳國國君有史以來第一次朝見周王。壽夢受到周王的熱烈歡迎，賜給了他不少禮物。不過他這次行程最大的收穫應該是見到了沿途國家的風土人情，原來北方有一個如此豐富多彩的遼闊世界……這一切對壽夢的內心產生了很大的震撼。

不知道是不是受到中原各國的啟發，壽夢回去以後就試着發動了一場戰爭，討伐北方的郯國。郯國離魯國很近，已經靠近中原，這說明吳國開始試探性地向中原進軍。

但中原各國都是一副"你誰啊你？"的樣子，沒人理睬吳國。壽夢一時半會也找不到方向，還在迷茫中。

這時從中原的核心位置傳來一個石破天驚的大消息：晉國派巫臣來吳國拉關係了！

作為中原諸侯的領袖，晉國一直是萬眾矚目的明星國家。他們竟然會看上我們這群"鄉下人"？吳國人有些不敢相信。但事實擺在眼前，巫臣不僅來了，而且帶來一份大禮——晉國願意提供大量的軍事援助，並且無償幫助吳國訓練軍隊。

壽夢簡直不敢相信自己的耳朵，開心得幾乎跳了起來，吳國十八代祖宗沒趕上的天降好事被他碰上了！

他熱情地款待巫臣。雙方把酒言歡，很快決定推動兩國的非睦鄰友好合作關係。

晉國隨後就派來三十輛戰車和一批經驗豐富的將領，他們免費給吳國軍隊當教練，手把手地教他們最先進的戰術，把晉、楚兩國這麼多年的戰爭經驗傾囊相授。末了，還留下其中一半戰車送給他們慢慢研究。巫臣還特地把自己的兒子留在吳國當軍官，讓吳國有不懂的地方隨時問，晉國包教包會。

吃飽喝足，打包帶走，還開車送到家，晉國這一系列毫無保留的援助震動了平靜的吳國，吳國的軍事實力瞬間實現了幾個世紀的飛躍！一個無限廣闊的新世界向吳人敞開了大門。

——中原，遍地黃金的中原，錦繡繁華的夢幻之地，古老的傳說裡祖先生活的那個遙遠的地方，正在向他們招手。他們幾乎想也不想就踏上了這段充滿誘惑的征程。

五百年田園詩般的生活就此終結，吳人在這一刻甦醒過來，他們要親自加入中原爭霸戰了！

他們像一個初出茅廬的少年，剛剛學會絕世武功，急不可耐地要找那些不可一世的高手們挑戰。

他們初次睜眼看世界，擁有無限旺盛的精力，中原戰法和蠻族血統的融合，煥發出無與倫比的殺傷力，神擋殺神，佛擋殺佛！

他們見人就打，不分好歹，不管是楚國還是楚國的小弟們，甚至是中原小國，通殺！

公元前 584 年，正當晉國帶領九國聯軍與楚國對峙的時候，吳國發動突襲，連續攻打楚國、巢國、徐國。告急文書雪片般飛到郢都，子重趕忙從鄭國前線撤走，回防東部防線。楚國從此開始兩線作戰。

晉國隨後召開馬陵之會。子重的軍隊剛殺到鄭國，又傳來吳國攻入州來國的消息，子重又趕緊回防……

吳國已經打瘋了，戰火四處蔓延。一年之內，子重、子反七次奔波於東西兩個戰場。巫臣發過的毒誓"令爾等疲於奔命至死"終於從噩夢變成了恐怖的現實。

鄭國前線的楚軍節節敗退。晉軍先打蔡國，然後直接殺進楚國本土。楚國手下的蠻夷部落們也紛紛被吳國打翻在地，子重、子反實在支撐不住了，最後終於出現了楚國求着鄭國簽和平協定的一幕。

公元前 580 年前後，楚國驟然陷入空前的危機。局面眼看要失控了，幾百年來威風八面的楚國終於被迫改變對外政策，開始了跟晉國的漫漫和解之路……

第十八章

對和平的嚮往

華元弭兵

楚國已經狼狽不堪，威風掃地，不得不放下身段，跟幾十年的敵人——晉國尋求和解。

但晉國也遇到了一些麻煩。

公元前 581 年夏天，晉景公意外離世，據說是上廁所的時候掉進糞坑淹死的。老謀深算的一代賢君，竟然攤上個這麼窩囊的死法，真是讓人哭笑不得。

晉景公是一位被低估的君王，他名氣不大，但一生的功績不小。

首先是他令幾大公卿之間達成平衡，終結了趙氏專權的局面，把懸崖邊的晉國又拉了回來。

再有，他知人善任，選拔了一批智勇雙全、威名赫赫的強人統領朝政。受他重用的人，沒有一個是平庸的，更不會有子重、子反那種人渣。這一點確實很難得，僅憑人才這一項，晉國一下甩掉楚國十條街。

還有，他經過連續幾輪戰爭，徹底打掉了赤狄這個心頭大患，為晉國也為華夏文明踢掉了一塊絆腳石。這是他對整個華夏的貢獻。

當然，他最大的功績是頂住了楚莊王這個天才人物一輪又一輪的猛撲。晉國除了邲之戰意外翻船以外，其他時候基本沒讓楚國佔到便宜，就這樣硬生生把楚國的擴張範圍擋在中原南部，使得楚莊王只擁有不完全的霸權。

另外，他任用巫臣這個決定也是相當明智，特別是接受巫臣的建議，扶助吳國去給楚國背後捅刀子。這一招直接決定了晉楚爭霸的結局，四兩撥千斤，實在太妙。

晉景公之後，晉厲公繼位。但他的才能比起他父親差了不少，晉國持續十幾年的復興歷程在他手上漸漸黯淡下來。

剛剛即位的他，對國內暗流洶湧的局勢顯然心懷忐忑，郤氏、欒氏、荀氏、范氏幾大家族聯合執政，表面上一片和諧，暗地裡勾心鬥角。晉厲公需要花很多心思在他們之間維持平衡，避免再出現一家獨大壓倒其餘家族的情況。

而各大公卿家族在聯合絞殺了趙氏以後，也學會了低調為人，先自保，再說其他的，以免走上趙氏的老路。

楚共王那邊更不用說了。他執政這幾年基本上是在夢遊，任憑子重、子反那一群酒囊飯袋成天搗糨糊而已。

所以當時出現了這樣一種狀況：晉、楚兩國都缺少雄心勃勃的霸主型的君王，這一代人好像都不喜歡對外擴張，兩國的擴張腳步幾乎同時停止了下來。

國際上，晉國跟楚國已經斷斷續續打了五十年的戰爭，而春秋亂世已經持續了兩百年。不管是晉、楚兩大國，還是夾在中間一直受氣的鄭、宋等國家，都已經精疲力竭，大家都希望能有一個喘息的機會。

幾十年打下來，晉楚兩國還是回到平分秋色的局面，誰也沒多佔到一點便宜。那麼這幾十年大家在打什麼呢？還有比這更無聊的事嗎？

能不能終結這種毫無意義的戰爭？所有人都在思考這個問題。

最早是晉國人釋放出善意。

前幾年鄭國在戰爭中俘虜了楚國的音樂家鄖公鍾儀，一直關在晉國。有一次晉景公去探監，見到這個“楚囚”戴着南方人的帽子，衣冠整潔，氣度不凡。景公就問這是誰，下人回答是楚國的樂師。

景公若有所思，叫人把他放出來，親自召見他，問起他的情況。鍾儀從容不迫，對答如流。

景公問他能奏樂嗎。他回答：“這是先父的官職，豈能忘卻？”

景公要他演奏一曲。他輕撫琴弦，彈奏了一首楚國的樂曲，淒婉悠揚，訴盡了思鄉之情。

景公又問楚共王是個什麼樣的人。鍾儀回答：“小人無知，不敢妄言。”

景公再三追問。鍾儀只是說：“當初他為太子的時候，由師保侍奉他，每天早上向公子嬰齊（子重）討教，晚上向公子側（子反）討教。”

范文子（士燮）聽說了鍾儀的事，就對晉景公說：“此人是真君子呀。言必稱先人的官職，是為不忘本；演奏家鄉的樂曲，是為不忘舊；稱君王為太子，是為無私；直呼兩位公子的名字，是為尊君。不忘本，仁也；不忘舊，信也；無私，忠也；尊君，敏也。如此德行高尚之人，請大王放他回楚國，以成就晉楚之好。”

這就是春秋，是一個講究仁義禮智信的時代。經過范文子這一通評論，晉景公也覺得鍾儀是忠義之人，就讓他回楚國去，順便讓他帶去晉國人對和平的嚮往。

當然這一大篇話也可能都是藉口，晉國本身就是想放鍾儀回楚國去搭一座和平的橋樑。

這時楚國那邊也正在考慮同晉國和談的事，一收到鍾儀回國的消息，馬上就派公子辰到晉國表示感謝。晉國又派糴伐回訪。雙方開始外交接觸。

到這一步，雙方和好的意圖已經顯露出來了，現在就還缺一個人——最好是跟雙方都有良好關係的人，來打破僵局。

當年楚莊王圍困宋國九個月，終於迫使宋國投降，並且把華元送到了楚國去當人質。

華元是個神奇的人物，似乎每個跟他相處過的人都會很喜歡他。他在楚國當人質期間跟子重頻繁接觸，雙方漸漸成了莫逆之交。（另有一種說法是當初華元沒有去楚國當人質，而是讓公子圍龜代替自己去的。）另外，他跟晉國的一把手欒書私交也特別好。

這些年的晉楚紛爭中，宋國是受害最深的國家之一。特別是楚莊王圍宋的那一次，讓宋人切身嘗到了“離亂人不及太平犬”的慘痛滋味，他們確實很害怕那種地獄般的經歷再來一次，他們太想要和平了。華元當然也懂得這一點，現在他手上有這麼珍貴的人脈資源，為什麼不替自己的國家和人民做一些力所能及的事呢？

他一直在密切關注國際形勢的走向。這兩年，晉楚兩國明顯有了破冰的跡象。他認為時機已經成熟，於是便試探性地跟子重和欒書雙方聯絡，看看有沒有可能促成兩者的一次和談。

結果令人驚喜。華元出來一穿針引線，雙方立即表現出極大的興趣。

這時候晉國雖然已經是厲公的時代，但繼承了景公的對外政策，仍然在向着跟楚國和談的方向走。

事情推進得極其順利。華元來回奔走幾次以後，跟晉楚兩國都談妥了，雙方決定立即舉行會談。

公元前 579 年夏天，晉國由二號人物范文子出面，與楚國公子罷、許偃在宋國的西門會盟。宋國當東道主，晉楚雙方握手言和，準備簽訂和平條約。

之前各諸侯之間雖然也常常簽訂盟約，但基本都是城下之盟，或者說不平等條約，目的是給強者找一個從弱者那裡搶劫的理由。

這次的盟約卻不一樣，這是真正建立在平等基礎上的談判，目的很明確——止戰。

因此這次會盟有一個新說法，叫弭兵。

這一次弭兵，雙方發表了共同聲明，聲明說：晉楚雙方同意不再展開無意義的廝殺，雙方共同維持國際秩序，一起扶危濟困，幫扶弱小的國家；若有第三國對晉楚中的一方發動攻擊，另一方要立即討伐他；兩國以後要保持密切溝通，有什麼分歧都商量解決。

盟誓最後說：「有渝此盟，明神殛之！」

這是春秋歷史上劃時代的一刻，在經過了兩百年毫無意義的戰爭以後，中國人終於自動學會了一項新技能——和平談判。人們開始理智地思考國家之間該如何相處，該如何以和談而不是武力的方式達成雙方的利益均衡。

儘管一切都還在蹣跚學步階段，但中國人終於走出了這一步，而且是領先世界的一步，這一幕足以被載入人類史冊！

會盟過後，他們又把一干小國國君叫到晉國，當面向這些小國宣讀了晉、楚兩國達成的協議，要求所有國家以後都得按照這份協議來辦，勿謂言之不預。

聽說要弭兵了，小國們比兩個大國更開心。同時侍奉兩個大哥雖然要累點，但不用天天打仗了，這是他們多少年來夢寐以求的，所以各國皆大歡喜，都馬上接受了這份協議。

公元前 579 年的夏天，豔陽高照，華夏大地迎來了普天同慶的日子。從國君到公卿，從貴族到平民，人人都在慶祝和平的來臨。

不過在大家集體狂歡的時候，也有些心理陰暗的人在搞些小動作。就在晉楚西門會盟的時候，北方的白狄突然發難，攻入晉國境內。這倒也無所謂，晉國回頭就把他們趕出去了。但大家隨後就發現這次侵略有人在背後指使⋯⋯

《絕秦書》

晉厲公繼位以後有兩個重大挑戰：一個是老對手楚國；另一個是西邊野

心勃勃的秦桓公。

赤狄被滅以後，晉國西北方主要的威脅是白狄。

白狄作為蠻族部落，實力不強但戰鬥力不弱。這些年，秦晉兩方都在拉攏他們做打手。他們時而幫晉國打秦國，時而幫秦國打晉國，基本上是誰給的錢多就跟誰走。

公元前 582 年這一回，白狄就幫助秦國人打了晉國。

晉厲公跟楚國談判的同時，也在關注西北大後方，希望跟秦國也好好談一談。他跟秦桓公約好在令狐會面，準備簽個和平協議，並且自己先到令狐等着。

令狐在黃河東部，在晉國的土地上。秦桓公疑神疑鬼的，不大敢去。他到了黃河邊就停下來，只派大夫史顆渡過黃河去跟晉國會盟。

晉厲公無可奈何，只好派 "三郤" 之一的郤犨到黃河西邊去跟秦桓公會盟。

於是出現了非常離奇的一幕：兩個國君分別跟對方的大夫簽訂盟約。這樣就算兩國結盟了。

晉國朝堂上下對這次所謂的盟約都很不滿意，覺得秦國一點誠意都沒有。當然這也從側面反映出晉厲公才能有限，辦不成大事。

至於秦桓公，他果然不是個胸懷坦蕩的人。盟約的墨蹟未乾，剛回到家裡的秦桓公就撕毀了這份協定，暗地裡挑唆白狄去攻打晉國。

晉國正在宋國西門跟楚國會盟，白狄那邊忽然打過來了。晉國人當然不怕，立即應戰，迅速打敗了白狄，然後才得知秦國人背地裡搞小動作的事。

同一時期，秦桓公也在暗地裡跟楚國接觸，希望挑起楚國一同去打晉國。楚國剛剛跟晉國弭兵，不願再生事端，反而把秦國的做法轉告晉國。

春秋時期的人們對於這種兩面三刀的做法是非常厭惡的，陰謀曝光以後，天下譁然。怒不可遏的晉厲公隨後派出魏相去秦國，宣佈跟他們斷絕外交關係，並且當眾宣讀了《絕秦書》，誤打誤撞地為中國文壇留下千古名篇：

> 昔逮我獻公及穆公相好，戮力同心，申之以盟誓，重之以昏姻。天禍晉國，文公如齊，惠公如秦。無祿，獻公即世，穆公不忘舊德，俾我

惠公用能奉祀於晉。又不能成大勳，而為韓之師。亦悔於厥心，用集我文公，是穆之成也。

文公躬擐甲冑，跋履山川，逾越險阻，征東之諸侯，虞、夏、商、周之胤，而朝諸秦，則亦既報舊德矣。鄭人怒君之疆場，我文公帥諸侯及秦圍鄭。秦大夫不詢於我寡君，擅及鄭盟。諸侯疾之，將致命於秦。文公恐懼，綏靜諸侯。秦師克還無害，則是我有大造於西也。

無祿，文公即世。穆為不弔，蔑死我君，寡我襄公，迭我殽地，奸絕我好，伐我保城，殄滅我費滑，散離我兄弟，撓亂我同盟，傾覆我國家。我襄公未忘君之舊勳，而懼社稷之隕，是以有殽之師。猶願赦罪於穆公，穆公弗聽，而即楚謀我。天誘其衷，成王隕命，穆公是以不克逞志於我。

穆、襄即世，康、靈即位。康公，我之自出，又欲闕翦我公室，傾覆我社稷，帥我蟊賊，以來蕩搖我邊疆。我是以有令狐之役。康猶不悛，入我河曲，伐我涑川，俘我王官，翦我羈馬。我是以有河曲之戰。東道之不通，則是康公絕我好也。

及君之嗣也，我君景公引領西望，曰：“庶撫我乎？”君亦不惠稱盟，利吾有狄難，入我河縣，焚我箕、郜，芟夷我農功，虔劉我邊垂。我是以有輔氏之聚。

君亦悔禍之延，而欲徼福於先君獻、穆，使伯車來，命我景公曰：“吾與女同好棄惡，復修舊德，以追念前勳。”言誓未就，景公即世。我寡君是以有令狐之會。君又不祥，背棄盟誓。白狄及君同州，君之仇讎，而我之昏姻也。君來賜命曰：“吾與女伐狄。”寡君不敢顧昏姻，畏君之威，而受命於吏。君有二心於狄，曰：“晉將伐女。”狄應且憎，是用告我。楚人惡君之二三其德也，亦來告我曰：“秦背令狐之盟，而來求盟於我，昭告昊天上帝、秦三公、楚三王曰：‘余雖與晉出入，余唯利是視。’不穀惡其無成德，是用宣之，以懲不壹。”

諸侯備聞此言，斯是用痛心疾首，暱就寡人。寡人帥以聽命，唯好是求。君若惠顧諸侯，矜哀寡人，而賜之盟，則寡人之願也。其承寧諸侯以退，豈敢徼亂？君若不施大惠，寡人不佞，其不能諸侯退矣。敢盡布之執事，俾執事實圖利之！

《絕秦書》是中國人罵人的開山立派之作，給了後人無限的啟發。

在信中，晉厲公從秦國的祖宗三代開始罵起，義正辭嚴地數落秦國人的種種罪行 —— 我們晉國人一直多麼誠懇地要發展雙方的睦鄰友好關係，你們秦國人又一直多麼無恥地當面一套背後一套，一直在想盡辦法跟我們唱對臺戲。

最後說到：這次你們背叛令狐盟約的事，連白狄和楚國人都看不下去了，覺得你們太不要臉了。各路諸侯全都堅決要求我們打擊你們，拉都拉不住。我們這回也沒辦法了，看刀！

公元前578年，宣讀完《絕秦書》以後，晉厲公帶領齊、宋、鄭、衛等八國諸侯，再加上周簡王派的軍隊，十支軍隊共同討伐秦國。楚國也在一旁拍手叫好。秦國徹底陷入孤立無援的境地。這是晉國外交戰的重大勝利。

這是春秋時期規模最大的戰役之一。晉國精銳盡出，九國聯軍來勢洶洶，秦國根本沒有能力抵擋如此大規模的攻勢。聯軍一路挺進秦國腹地，直打到涇陽附近。雙方在麻隧展開決戰，最後秦軍崩潰，慘敗而逃。九國聯軍渡過涇河，一直追擊到侯麗才撤走，這地方離秦國的首都雍邑已經很近了。

秦國遭遇到幾百年來最慘烈的一場外敵入侵。若不是晉國手下留情，連雍邑都可以給他端了。而這都是秦人咎由自取，國際上沒人同情他們，畢竟這個時代大家都嚮往和平，誰先挑起事端都會激起公憤。

教訓完背信棄義的秦國人以後，晉厲公騰出手來，再次跟楚國討論兩國該如何相處。

兩國雖然已經弭兵，信誓旦旦地宣佈不再發起戰爭了，但人心難測，各人還是有各人的小算盤。

就在晉國狠揍秦國的時候，楚共王也有點按捺不住蠢蠢欲動的心情，想要找點事。

短命的弭兵

楚國從來就是個蠻不講理的國家，這次純粹是被逼到沒辦法了，才坐下來跟你講道理。

弭兵以後，楚國瞬間感到壓力輕了許多，終於能稍微喘一口氣了。緩過氣來以後，楚王就開始動起小心思，看能不能找個機會再試探一下晉國的態度。

從國際上來說，晉楚之間的戰爭雖然已經停息，但各諸侯國這麼多年積累下來的仇恨一點都沒消除。像鄭國和許國之間，世代仇殺已經成了慣例，儘管被晉楚兩個老大強行壓住，他們心裡卻根本不服氣。

公元前 577 年，弭兵之會剛過了兩年，鄭國就按捺不住了，跟許國從口舌之爭漸漸升級，越鬧越大，最後又變成了兩國間的全面戰爭。鄭國打進了許國都城的外城，迫使許國割地求饒。

楚國容不得鄭國這樣鬧事，第二年就發兵去干涉。

楚共王的另一個叔叔子囊本來還有些猶豫，說：「我們不是才跟晉國簽了停戰協定嗎？這麼快就翻臉？」

子反一臉不屑地說：「有利於我們的就開打，管他什麼盟約？」

申叔時他們雖然很看不慣子反這樣不講信義的做法，但大權在他手上，別人沒辦法。

楚國被子反這樣的惡棍裹挾着，僅僅兩年的時間就撕毀了盟約。

子反帶兵一路北上，迅速擊潰鄭國，又順手牽羊，再打擊衛國。楚國這隻猛虎，又一次闖入中原的核心地帶。

但子反忽略了一點，當初弭兵之前，晉國就比他們更佔優勢，現在又解決掉了秦國這個刺頭，已經沒有後顧之憂了，可以把全部精力放到南方來，他憑什麼可以去挑戰晉國？就算要挑戰，也該在秦國被打掉之前呀！

晉國這邊，欒書當即就想出兵干涉。韓厥卻建議他再等等，他認為子反如此囂張的一個人，一定會失去民心，等楚國民心動搖了再出手不遲。

韓厥的判斷一向很靠譜，欒書聽了他的，暫時沒動手，但開始為下一次晉楚戰爭做準備。他召集齊、宋、鄭、衛這幾個中原主力國家在鍾離會盟，並且當着各國的面，把吳國也拉了進來。這是吳國第一次參與中原諸侯會盟。

吳國高調加入晉國的同盟集團，這是向楚國強硬施壓的信號，接下來就看楚國怎麼應對了。

但子反他們不知是沒看懂，還是根本不怕，絲毫沒有退縮的跡象。他們反而更進一步，主動割了一塊地給鄭國，又把許國人遷到楚國的土地上，讓鄭國佔了許國的土地。

通過這樣大幅的退讓，楚國讓鄭國再一次倒向自己，雙方簽了合約。然後鄭國當打手，公然對中原同盟裡的宋國開戰，大敗宋國。

晉國也派衛國當打手，攻入鄭國，一片混戰。

至此，中原各國再度回到之前的混亂局面，所謂的"弭兵"早已被大家拋到九霄雲外去了。

這時終於到了晉、楚兩個大佬攤牌的時候。

按照慣例，雙方仍然不直接交手，而是拿鄭國這個萬年受氣包當引線。

公元前575年夏天，晉國放話出來，說：我們又要打鄭國了。然後由晉厲公親自領軍，欒書、范文子、韓厥、荀偃、郤氏兄弟等傾巢出動，浩浩蕩蕩地殺奔鄭國。同時還派出使者去聯絡齊、魯、衛等國，請求協助。

這個陣容是衝着誰去的，當然大家都清楚，所以楚國也馬上行動起來。楚共王領軍，手下是子反、子重、子革，同樣殺奔鄭國，跟晉軍當面對峙。

晉軍出動之前，范文子曾經高調反對出兵，還洋洋灑灑扯了一大堆理由，其中有幾句很奇怪的話："若無外患，必有內憂，所以建議先把楚國這個外患留着。"

但晉厲公可能沒聽懂他話裡的含義，沒有理會。

六月二十九日，雙方軍隊在鄢陵碰面。當天是月底，也就是所謂的"晦日"，按照傳統說法，這天打仗不吉利，雙方都應該按兵不動。

不成想楚國抓住晉軍放鬆警惕的機會，當天早晨趁着晨霧迷漫的時候突然把軍隊開過來，就在晉軍營地前面佈好陣勢，直接叫陣。

晉國軍營前面有一大片泥濘，又被楚軍逼近到眼前，車馬就沒法出營列陣了。排不好陣勢，一打起來自己肯定先亂，這怎麼成？

欒書召集大家商量，他的意見是："楚軍自己其實也準備不充分，我們只要加高營壘，嚴防死守，他們找不到機會，過幾天就只好自己撤退了。等他們撤退的時候，我們再追擊，必獲全勝。"

這個做法雖然保守，但屬於會用兵的打法，很穩當。

郤至卻支持立即出戰，他說："楚軍有六大不利因素：子反跟子重二將不合；軍士衰老；鄭國雖然列好了陣但陣勢散漫；蠻族部落甚至連陣勢都沒列好；無月光之夜佈陣不吉利；楚、鄭、蠻三支軍馬雜在一起，亂糟糟一團。我看他們三家的軍馬都各懷鬼胎，沒有鬥志，明顯犯了兵家大忌，我們不必怕他們。"

范文子的兒子范宣子（士匄）也上來發表意見："他們堵住營門不就是想阻擋我們出營列陣嗎？我們可以把軍營裡做飯的井灶全部填平，疏散行道，就在軍營裡佈好陣勢，到時候推倒柵欄直接開打。"

討論的結果，厲公最後決定採納范宣子的建議，就在軍營裡列陣，準備迎戰楚軍！

這時，楚共王正在不遠處的巢車上觀察晉軍營地裡的動靜，他身邊跟着晉國叛逃過去的伯州犁。

就在前1年，晉國大臣伯宗向晉厲公建議防備"三郤"作亂，厲公不聽他的，反而聽信"三郤"的話把伯宗殺了。伯宗的兒子伯州犁逃到了楚國，被楚共王任命為太宰。

伯州犁熟悉晉國軍隊內部的情況，所以這次戰爭楚共王一直把他帶在身邊，有事就詢問他。

兩人一直在巢車上觀望，從晉國軍官們開會，到會議結束發兵號令，再到填平井灶，全都看得清清楚楚，伯州犁都詳細解釋給楚共王聽。

晉國這邊，晉厲公也在觀察楚軍的局勢，身邊跟的是鬥越椒的兒子苗賁皇。苗賁皇也把楚軍的情況詳細說給他聽，並且說："楚軍的精銳都在中軍，這是王族組成的軍隊，我們暫且避開他，先攻擊鄭國和蠻族組成的左右兩軍。等左右兩軍潰敗以後，我們再集中力量進攻中軍。"厲公接受了他的建議。

當天清晨，晉軍在軍營裡列好陣勢，發一聲喊，全軍出動，向着營門外的楚軍方陣衝了過去。

"君子之戰"

當時雙方都沒料到，這會是一場意外頻出的戰爭。

首先，這場戰爭其實雙方都不太想打。弭兵雖然失敗了，但厭戰的情緒已經潛移默化地滲入了人心，人們也都漸漸地明白，這樣打來打去的戰爭毫無意義。所以剛一開打雙方就疲態盡顯，戰爭的過程中，大家都在拼着走神，結果故事比戰事更豐富多彩。

晉軍的隊伍剛一開出軍營就出了意外，晉厲公的車子陷入門口的泥濘裡面，怎麼都開不出去。一群人趕緊下來推車，忙了半天才給他推出去了。

然後雙方軍隊陷入混戰，晉軍跟楚軍雜在一起，一片混亂。晉國的郤至接連三次遇到楚共王的戰車，但他不僅沒衝上去砍殺，反而每次都跳下車來，脫掉頭盔，快步走到旁邊讓開道路。

楚共王對他印象深刻，對左右的人說：“那個穿赤黃色皮衣的人是君子呀，這麼講禮節。” 說着遞給手下人一張弓：“你們去看看他是不是受傷了。”

下人拿着弓走到郤至面前，先慰問他的傷情，再把弓送給他。

郤至又一次摘掉頭盔，恭恭敬敬地還禮說：“外臣郤至，聽從寡君之命，披甲上戰場，在此拜受大王的命令。謹向大王報告，外臣沒有受傷，感謝大王的恩賜。甲冑在身，不能行禮，望使者海涵。” 說着接過使者的弓，再三拜謝而別。

楚共王一行繼續衝殺，不料遇到了大麻煩。他們迎面撞上了晉國的魏錡帶領的隊伍，魏錡一箭射過來，正中共王的眼睛。共王大叫一聲倒在車上。

楚國兵馬都慌了，開啟了逃命模式，鄭國兵馬和蠻兵更是跑得飛快。這時候戰爭才剛剛開打沒多久，沒想到就變成逃跑大賽了。

晉國兵士在後面猛追，說：“別急呀，我們剛熱身，怎麼就跑了？”

楚共王頭腦還清醒，叫人拿來兩支箭，遞給身邊的養由基，命令：“兩箭之內射死那人，不得有誤。”

養由基是天下第一神射手，能在百步之外射穿一片樹葉。據說當年鬬越椒叛亂，與養由基約定互射三箭，鬬越椒三箭都沒能射中養由基。輪到養由基的時候，他一箭就射死鬬越椒，從此得到外號“養一箭”。

這次戰爭前一天，楚軍在軍營裡操練，養由基和潘黨比賽箭法。他們把一件鎧甲折疊起來，養由基一箭射過去，連穿七層鎧甲。兩人樂呵呵地拿着這件鎧甲去向共王炫耀，不想卻被共王罵了個狗血淋頭：“這是雕蟲小技，懂嗎？爾等不鑽研兵法，盡學這些屠龍之技，明天上了戰場死都不知道怎麼死。」說完就把養由基的箭全部沒收了，並下令：明天一天不許射箭！

到這時，楚共王吃了大虧，才又想起養由基來了，於是重新發給他兩支箭。

那養由基毫不遲疑，彎弓搭箭，瞄準魏錡就是一箭，正中咽喉。魏錡當場斃命。

養由基托着剩下的一支箭，恭恭敬敬地遞還給楚共王：「臣下覆命。」共王接過箭，含笑示意。周圍人人歎服，個個心驚。從此養由基更是名滿天下，無人能敵。

晉軍還在拼命追趕，剛剛活捉了楚國的公子伐，又把楚共王的車隊趕到了山崖邊上。危急時刻，楚國大力士叔山冉拿着一隻箭袋對養由基說：「雖然大王禁止你今天射箭，但為了國家，你還是得抗命一次。」

養由基點點頭，接過箭袋，嗖嗖連聲，恍如流星趕月，例無虛發。晉軍那邊無數人應聲而倒。

叔山冉大吼一聲衝過去，拎起地下的屍體，接二連三地向晉國戰車拋過去。隨着喀喇喇一片摧枯拉朽之勢，片刻之間，十餘輛晉國戰車被砸破，橫七豎八倒了一地。

晉國人看到這個勢頭，再也不敢追了，只好帶着公子伐回去請功。楚共王一行終於逃脫。

另外一邊，石首駕車，唐苟保護着鄭成公正在狂奔，韓厥在後面緊緊追趕。成公等人慌不擇路，眼看逃不了了。

幾年前韓厥一路追趕齊頃公，最後差點活捉了他，這次難道他又要活捉一位國君？

但韓厥是聰明人，他也知道現在國際形勢跟幾年前不一樣了，所以對車夫說：「我們不可以再羞辱別的國君。」說着便讓車子停下來，放走了鄭成公。

郤至同時也在追趕鄭成公，他也對下人說：「傷害國君是要受罰的。」然後也停了下來。

鄭成公那邊終於緩過氣來，這才想起自己的車上明明白白地插着國君的旗幟，怪不得一直被人追。他趕忙把旗幟收起來，又讓唐苟斷後，讓石首繼續駕車，這才逃脫了。

晉國的放水還在繼續。欒書的兒子欒針遠遠望見楚國將領子重的旗幟，想起自己跟子重有些交情，就對厲公說：“當年子重問臣下晉國人的英勇表現在什麼地方，臣回答‘好整以暇’（就是說既嚴整又從容）。現在兩國交兵，請大王派使者去向子重敬酒，以表現我們的‘整’與‘暇’。”厲公答應了，於是派出使者帶着酒罈和酒器去子重那邊。

使者到子重面前，遞上酒器，恭恭敬敬地說：“欒針要保護寡君，不得空閒，特地讓在下來向將軍敬獻美酒。”

子重接過酒杯，拱手道謝說：“欒針是想展示晉國人的好整以暇呀，也是個聰明人。”說畢他一飲而盡，送走使者，然後繼續開戰。

這是最有“春秋特色”的一場戰爭，可以稱為“君子之戰”。雙方對於勝敗並不太放在心上，反倒很在意自己的風度。尤其是晉國，作為強勢的一方，處處堅持有禮有節，得饒人處且饒人，甚至到了有點迂腐的程度。

我輸了又怎麼樣？我有君子風度，你有嗎？

打仗打出了書生辯論的氣氛，這在人類歷史上也是罕見的一幕吧？

究其原因，除了周禮的餘暉照耀，以及當時的人們普遍講究仁義禮智信以外，更重要的在於：人們確實厭戰了。

兩百多年來，各路諸侯之間的戰爭從來沒停過，所有人都深受其害。尤其是晉、楚兩個大國，更是一直處在風暴中心。他們祖祖輩輩都在戰場上殺敵，每一代人都在戰場上長大，然後又在戰場上死去。妻離子散，家破人亡，他們已經見得太多太多……到現在，他們確實累了，打不動了。

弭兵雖然失敗，但是弭兵的觀念已經在每個人心裡生根發芽，潛移默化地改變着每一個國家。到了這一步，就算君王們要繼續催着國民去替他們打毫無意義的戰爭，也會發現再也催不動了。甚至連君王自己都已經受不了這樣無休止的戰爭，自己都想休戰了。

春秋歷史終於來到了一個所有人都疲憊不堪的時代，戰爭的烈度漸漸降低，和平的曙光逐漸顯現。黑夜雖然漫長，但終有黎明到來的時刻，也許希望就在不遠處等着我們呢？

再回到戰場上，晉、楚、鄭三方優哉遊哉地打了一天，從太陽升起到星星露頭，也沒打出個結果。楚國跟鄭國一直在逃命，晉國一直在放水，到最後大家一起說：“好餓，算了，收工吃飯吧。”

　　收工以後，雙方都在忙着休整，晉國這邊卻動了個心眼。他們估摸着楚國人沒有鬥志了，所以在軍營裡高調宣佈："趕緊修補好戰車，整理好兵器，厲兵秣馬，準備明天的戰爭！"同時故意放鬆看守，讓楚國俘虜偷跑回去。

　　楚國俘虜們回去以後在軍營裡散播：晉國人正在積極備戰，明天還要大戰一場。大家聽了都心驚肉跳，有很多膽小的人當即趁着夜色偷偷逃走了。

　　楚共王很擔心士氣的問題，找子反來商議。沒想到子反喝了手下獻來的酒，醉得跟死豬一樣，下人怎麼搖他都不醒，只好報告給共王。

　　楚共王一聽，心想："算了，我們從上到下都已經頹廢成這個樣子，這仗還怎麼打？"於是下令全軍連夜撤退，逃到瑕地去暫駐。

　　第二天，晉軍佔領楚軍的營地，熱烈慶祝戰爭勝利，然後連着吃了三天楚軍的糧食，酒足飯飽以後才大搖大擺地回國去了。

　　晉厲公隨後派郤至去洛邑向周王報捷，獻上繳獲的戰利品，向國際社會高調宣佈了晉國的勝利。

　　這是一場虎頭蛇尾的戰爭，還沒怎麼打就已經結束了，甚至連齊、魯等國的援軍都還沒來得及開過來，晉國就已經獲勝回國。

　　這場戰爭中雙方一直在比誰更不頹廢，結果楚國主動放棄，晉國勉強獲勝，但這種撿來的勝利並沒有多大價值。戰爭過後，晉楚雙方的勢力跟戰前差不多，誰都沒能更進一步。

　　到了瑕地以後，楚國開始反思這次失敗的教訓。子反作為發動戰爭的始作俑者，以及楚國敗退的主要責任人，當然是脫不了干係的。

　　當年子玉被逼自殺以後，楚國人吸取了教訓，開始盡力迴護自己的將帥，避免再出現自毀長城的悲劇。所以楚共王讓人去安撫子反說："當初子玉是自己帶兵打仗，失敗了自殺還說得過去；現在是我帶着你們打仗，失敗的責任我來擔，不能怪到你頭上。"子反叩頭謝恩，心裡暫時安定了一點。

　　但子重跟子反一直有矛盾，就私底下教訓他說："當年子玉怎麼做你是知道的，現在你也打敗仗了，你說該怎麼辦呢？"

　　子反羞愧得無地自容，回答他說："就算沒有子玉的事在前，現在您要責備我，我也不敢不聽！"隨後便自殺身亡。楚共王聽說以後趕緊派人來制止，但已經太遲了，沒能救到子反。

子重除掉了一個競爭對手，地位更加穩固。作為頭號權臣的他，此後繼續帶着楚國在下坡路上狂奔，一去不回頭。

楚國在這次戰爭以後，國勢更加糜爛，再也沒有能力跟晉國一較長短，徹底退出了霸主地位的爭奪。

但晉國那邊也是矛盾重重。當初范文子言之鑿鑿地說："若無外患，必有內憂。"晉厲公沒聽進去，很快他就要後悔了。

滅"三郤"

鄢陵之戰過後，晉厲公覺得自己竟然親自打敗了強大的楚國，這可是老祖宗晉文公才有過的偉大功勳呀。現在自己也有了這樣的成就，看來自己的才能跟老祖宗比起來也差不遠了。

他的自信心極度膨脹，開始在國內耀武揚威，有些以前不敢幹的事，現在也放開手來幹了。

其中就包括削弱公卿的權力。

趙氏被滅以後，晉國公卿家族保持了短時間的實力均衡，但這種不穩定的平衡根本不可能長期維持下去。

當時郤氏的領袖是郤克的兒子郤錡。滅了趙氏以後，朝廷裡空出來許多位子，他趁機把自己的堂弟郤至拉進了六卿的行列。（當時軍隊高層已經擴容了，實際上不止六卿，具體的數目變過很多次，這裡為了表述方便，還是統稱為六卿。）幾年以後，他們兩人又合力把自家的叔父郤犫也拉進了領導層。這樣，在軍隊最高層的八個職位裡面，他們郤氏霸佔了三個席位，稱為權傾天下也不過分。

而且"三郤"也確實很有才能，跟他們先輩郤缺一樣，做事滴水不漏，讓人挑不出一點錯，所以三人全都政績斐然。更可怕的是，他們吸取了趙氏滅亡的教訓，堅決維持內部團結，一致對外。三人分工明確，郤錡性格強勢，掌管軍隊；郤至智計百出，在朝堂上出謀劃策；郤犫有辯才，擔任駐外使臣，負責外交。

三人聯手，配合得天衣無縫，迅速壟斷了晉國的朝政大權，簡直不給別人留活路。

在"三郤"的擠壓之下，其他公卿家族都惶惶不安，其中最憋屈的就是名義上的一把手欒書。

當初欒書跟郤錡聯合做偽證，陰掉了趙氏。但過了幾年欒書才發現，趙氏被滅獲益最大的是郤氏，欒氏根本沒得到多少利益。他費了那麼多功夫，結果是替別人抬轎，心裡自然很不舒服。

後來的鄢陵之戰中，欒書本來計劃先堅守不出，等齊、魯這幾支盟軍來了再出擊。郤至卻洋洋灑灑地拋出一大篇理論，成功說服晉厲公搶先開打，並且還打贏了。這就顯得欒書這個統帥保守而迂腐，他的臉面往哪兒擱？

再後來，鄢陵之戰過後，性格溫和的范文子逝世了。後面的人們依次替補，郤錡升任中軍佐，成為晉國朝廷的二號人物，在欒書後面緊緊追趕。再加上另外"二郤"的助攻，欒書頓時感受到極大的壓力，他發覺自己的位子快要坐不穩了。

但欒書也不是什麼吃齋念佛的人物，在晉國政壇混了幾十年的他，早就練得刀槍不入了，不可能坐以待斃。他是手握大權的一號人物，有的是手段，行伍出身的他做事雷厲風行，想幹就幹，立即出手。

你們郤氏的人不是從來不犯錯嗎？沒事，我可以給你們造出錯來。

他首先陰了郤至一把。

鄢陵之戰，晉軍活捉了楚國的公子伐，把他關在晉國的監獄裡。欒書暗中找到他，許諾放他回去，但要他向晉厲公告發郤至，就說："這場戰爭是郤至暗地裡把我們君王召來的，他想趁着晉國的同盟軍還沒到的機會發動戰爭，讓晉國被打敗，晉君被殺，然後好奪權。"

晉厲公聽了公子伐的口供，極為震驚，趕忙找欒書來商議。欒書趁機說："我覺得有這個可能。你看，打仗的時候他幾次放走楚共王，甚至接受楚國使者的禮物，一點都不擔心中楚國人的奸計，我早就在懷疑他了。"

那麼郤至做掉晉厲公以後想讓誰當國君呢？公子伐說："他在悄悄地跟孫周聯繫，想把孫周接回來即位。"

孫周是晉襄公的重孫，晉厲公的堂侄。當初晉靈公繼位以後，他最小的弟弟桓叔捷為了避免被迫害，就搬到了周王那裡去住，到孫周這裡已經是第三代了。

作為幾十年不來往的遠房親戚，按理說孫周跟晉國君位應該是八竿子打不着的關係，但這樣反而更容易讓人相信，畢竟誰會編這麼離譜的謊言呢？

說謊的一個技巧就是，故意留一些顯而易見的漏洞，這樣才更能迷惑人。

晉厲公被這個驚天大陰謀震撼得無以復加，趕緊問欒書該怎麼辦。

欒書說："別急，我們先考驗一下他。我們派他去洛邑向周王獻捷，在隨從裡面安插幾個眼線，看看他會不會找機會跟孫周聯絡。"

厲公覺得這個方法很不錯，當即就派郤至去洛邑。

但他萬萬想不到，真正在跟孫周聯絡的正是欒書自己。郤至前腳剛走，欒書這邊就派人暗中送信給孫周，誇獎郤至是國之棟樑，要他主動約見郤至，拉一下關係。不明就裡的孫周馬上答應了。

現在坑已經挖好，就等郤至往裡跳了。

向周王獻捷對大臣而言是很難得的機會，這種時候大臣往往都能受到周王的褒獎，很容易就能成為國際上的政治明星。所以郤至接到任務以後也很開心，一路樂呵呵地去了洛邑，在周簡王面前大肆誇耀自己的功績。

很快，郤至就收到了孫周的邀請。孫周是晉厲公的親戚，他既然來請，當然沒有理由不去。郤至很爽快地就去赴約了。

宴席上，賓主把酒言歡，隨便聊了聊當前的國際局勢，也沒什麼見不得人的。但這一切都被晉厲公的眼線看在眼裡，一五一十地報告給了國內的厲公。

這下不由得晉厲公不信了。

密謀殺害君王，迎立新君，這是任何君王絕對不可能忍受的事情。何況晉厲公對於晉國公卿權力過大的情況早就看不慣了，從鄢陵回來以後，他就在策劃削奪公卿們的權力。現在有了郤氏這樣一個現成的靶子，那就先拿他們開刀吧。

郤氏枝繁葉茂，要除掉他們可不容易，需要先扶植一批絕對可靠的人。什麼樣的人絕對可靠？當然就是郤氏的仇家們。

郤氏最大的仇家是胥氏。

當年郤芮站錯了隊，站到晉惠公那邊。文公登基以後，他甚至還想放火燒死文公，後來事情敗露。因此在文公一朝，他們家族受到嚴厲打壓，他兒子郤缺也被貶為平民，到鄉下種地為生。

　　直到後來胥臣在郊外遇到農田裡的郤缺，見他言談舉止極有風度，跟文公說了，才又重新把他提拔上來。這是郤氏復興的起點，因此胥氏對他們家族是有大恩的。

　　不料郤缺掌權以後恩將仇報。不知道什麼原因，他對於胥氏的領軍人物胥克嚴重看不順眼，一直打壓他，最後甚至說他精神有問題，罷了他的官。

　　這下可好，胥氏不僅丟了權力，而且滿世界都知道他們家族有精神病。這對於胥氏家族是嚴重的傷害，他們跟郤氏的仇也因此結下了。

　　這些年，胥家的人一直默默無聞，但他們心裡對郤氏的仇恨一點也沒有減少，只是在等待一個復仇的機會。

　　所以晉厲公飛速提拔胥克的兒子胥童，使得他以火箭般的速度躥升，一躍成為晉國朝廷裡炙手可熱的新興勢力。

　　另外還有個長魚矯，也跟郤氏有仇。他曾經跟郤犨爭奪田產，郤犨把他抓起來，和他的父親、妻子一起綁在車轅上示眾。

　　還有夷陽五，郤錡也奪過他們家的田產。

　　所以晉厲公一口氣把這些人全都提拔起來，分給他們軍權，讓他們做好滅郤氏的準備。

　　當時已經山雨欲來，厲公即將對郤氏揮舞屠刀。最早嗅到這種危險氣息的是他身邊的親信們，這些人狗眼看人低，所以對郤氏的態度也變了。

　　有一天厲公帶着滿朝文武去打獵。他先打完了，帶着妃子們去飲酒作樂，留下一群大臣在後面繼續玩。

　　大臣們紛紛展示才藝。郤至也獵殺了一頭野豬，想拿去獻給厲公，不料剛走到厲公的門外，就被宦官孟張把野豬搶了過去。一個小小的宦官竟敢搶大臣的禮物，郤至怒不可遏，一箭射過去，當場殺了這個狗奴才。

　　裡面的厲公聽說了這件事，暴跳如雷，發誓要立即動手除掉郤氏。

　　郤氏家族也知道危險正在臨近。郤錡召集大家商量，建議不如拼個魚死網破，直接造反。

　　郤至卻反對，他說："人生天地間，要有信、智、勇三種品德。信不叛君，智不害民，勇不作亂。如果我們反叛，則同時犯了叛君、害民、作亂三種罪行。這樣的罪行，我不能犯。我們的一切都是君王給的，還是聽天由命吧。"

這是春秋，是一個講究君子風度的時代，這位楚共王眼中的"君子"，就為了心中的信念放棄了家族逃生的機會。

當年十二月，胥童和夷羊五一切準備就緒，集合了甲士八百人準備攻打郤氏。

長魚矯卻說："且慢！就憑這點蝦兵蟹將你們就想滅郤氏？不如聽我安排，咱們玩陰的。"

他讓晉厲公找來另一個大臣清沸騩，兩人商量好，共同演一齣戲。

當時郤犨和郤至都是負責獄訟的官員，在公堂接收訴狀。長魚矯和清沸騩等到"三郤"都在那裡議事的時候，裝作打架的人，把衣服扯得稀爛，用雞血抹到臉上，各自藏着武器，邊打邊走來到公堂。

兩人說要"三郤"替他們斷案。"三郤"不知是計，就放他們進去了。兩人趁"三郤"聽他們申訴的時候，突然發難，抽出長戈將三人當場刺死，然後把屍體帶回去向晉厲公覆命。

"三郤"的屍體被放到朝堂上示眾，死狀極其慘烈，文武百官人人側目。

胥童這邊的甲兵早已經準備就緒。他一聽說長魚矯那邊得手，立即出動，對郤氏家族展開大屠殺，趕盡殺絕，一個不留。這個擁有百年歷史、歷盡滄桑的大家族就這樣消失在了歷史塵埃裡。

胥童和長魚矯還不甘休。他們又趁大家在朝堂上圍觀的機會，帶領甲士包圍了文武百官，不由分說，直接把欒書和中行偃抓起來，然後向晉厲公申請把他們也殺了，說："這兩人不除，以後還會有後患。"

厲公嚇得夠嗆，這是要一天之內把晉國六卿一網打盡嗎？這樣下去局勢會不會徹底失控？以後誰還壓得住胥童？他心裡沒底，只好掩面流淚說："一天之內已經有三位卿士橫屍在朝堂上，我實在不忍心再增加了。"於是命令他們把欒書和中行偃放回去。

胥童他們沒辦法，只好釋放了欒書他們兩個。厲公派人向兩人道歉，說只是抓錯人了，希望兩位愛卿不要在意。兩人千恩萬謝地拜別，退了下去。

晉厲公隨後封胥童為卿，讓他頂替郤氏的職位。胥童蟄伏三十年，終於替家族報了仇，真是志得意滿，美好的前程已經在他面前鋪開，坐上正卿之位看來只是時間問題了。

只有長魚矯鬼精靈，推掉了厲公的封賞，然後偷偷逃到狄人那裡去躲起來，深藏身與名。

事實證明胥童原來的做法是對的，他們沒有抓錯人。欒書確實是個很陰險的貨色，滅"三郤"只是他的第一步，他的最終目標其實就是晉厲公。

厲公要削公卿的權力，得罪最深的不是"三郤"，恰恰是一直不形於色的欒書。真正希望做掉厲公的，也不是"三郤"，而是告黑狀的欒書。

厲公是個志大才疏的人。削弱公卿這個大方向雖然沒錯，但需要執行者有極其高明的政治手腕，否則只要走得稍微偏一點，就會踩爆地雷，炸死自己 —— 當初晉靈公要奪趙盾的權力就是這樣。

現在晉厲公自以為文韜武略堪比霸主晉文公，所以要自己親手來拆掉這顆地雷。但在欒書面前，他還嫩得很呢。

欒書的手段比他想像的凌厲得多，根本不給他機會。

一個月之後，晉厲公去匠麗氏家裡遊玩。欒書和中行偃突然發難，帶兵包圍了匠麗氏的宅院，當場殺掉胥童，然後把厲公監禁起來。這時六卿沒人能動得了欒書一根毫毛，整個朝廷都是他說了算。厲公目瞪口呆，這才發現失去了權力制衡的欒書有多可怕。

欒書和中行偃暫時還不敢殺厲公，他們想拉更多人下水，共同承擔"弒君"的罪名。

他們找到范文子的兒子范宣子，勸他加入造反的行列。范宣子畏畏縮縮的，不肯表態。他們又找到韓厥。韓厥一口回絕："我受過趙氏的恩惠，當初他們滅趙氏，來請我發兵相助，我頂住壓力堅決沒答應。現在你們要弒君，還想我幫你們？沒門！"

兩人只好商量怎麼下得了臺：唯一的辦法就是趕緊扶立一個聽話的新君，只要新君不治我們的罪，就沒人能把我們怎麼樣。要不就找那個傻傻的孫周算了，那小子才十三歲，屁都不懂，在晉國又無親無故的，他上臺最好控制。

於是兩人商量好，派人去洛邑把孫周接回來，扶立他為新君。

但當時他們怎麼也想不到，接回來的是一位不世出的奇才。春秋時代最後一位霸主登臺了！

第十九章

天縱奇才晉悼公

意外來臨的機會

　　孫周雖然是晉國公族的後人，但他們一家子離開晉國已經四十多年了，跟晉國政壇的關係已經很遙遠。年少時的他，根本想不到有再回晉國的一天，更不可能有當國君的打算，只是安安靜靜地當一個隱居的貴族罷了。

　　孫周從小跟着周王手下的單襄公學習。他聰明好學，才識過人，得到單襄公很高的評價。

　　他也密切關注着國際局勢和晉國國內的政治生態。那時候他的理想，可能是在周王手下當一個得力的謀士吧。

　　如果不是公元前 574 年晉國那一連串的政治動亂，孫周可能會成為周王手下又一個著名卿士，在洛邑的宮殿裡為周王出謀劃策，以便讓周王室在殺機重重的國際環境中艱難生存下去。

　　但一切都被那一連串動亂改變了。

　　晉厲公被監禁以後，荀罃、士魴到洛邑拜會孫周，請求他回到晉國當國君。對於這樣一件天上掉下來的喜事，孫周並沒有表現出什麼開心的樣子，而是疑慮重重。

　　這一回去實在是太兇險了。先不說能不能成功登基，就算真的成功登上了君位，按照以往的經驗看，這樣的君王必然是弱勢的，一定會受到權臣們的挾制，最後能得善終都不錯了，哪裡能期望有什麼政績。

　　而且他在晉國沒有任何根基，基本上舉目無親，他單獨一個有什麼本錢去管理那些枝繁葉茂的百年大家族？何況，那些大家族本來就是看到他勢單力孤才選的他吧？

　　那些大家族既然可以選擇血緣關係很遠的他，當然也可以選別人。他們會不會一不高興就把他踢掉，再換成別的公子？

　　前方實在充滿着太多未知的危險。

　　所以這對他來說確實是個很艱難的選擇。

　　但年少氣盛的他，經過短暫的思想鬥爭以後，還是決定迎難而上，去會一會晉國那群殺人不眨眼的政壇大佬們——輸了大不了就是死嘛，有什麼好怕？人生在世終歸是要死的，何不冒險幹一番事業？

　　他接過了那些大佬們拋來的橄欖枝抑或是毒箭，踏上了回國的路程。

　　既然下一任國君是孫周，那就不怕他替晉厲公報仇，畢竟兩人基本沒有交情。所以，聽到孫周答應回國的消息以後，晉國那邊，欒書立即命令手下把厲公殺了，然後用一輛破車載着厲公的屍體，隨便葬到了東門外，準備開始迎接新時代。

　　孫周到達晉國以後，大臣們全部匍匐在地，恭順地迎接這位新主人。他們心裡卻都在冷笑："不就是個會吟詩作賦的少年公子嘛！回頭我們親自教他社會的黑暗。"

　　孫周命大家快快請起，不必拘禮，然後淡淡地說："孤王本來沒有期待會來當國君，現在能來純粹是天意。不過按我的想法，國君就是要發號施令的，諸位既然把我請來坐了這個位置，我就是你們的主人，以後就得聽我的命令。諸位現在反悔還來得及，你們說呢？"

　　人們心裡都有些驚訝：這是一個十三歲的少年說出來的話？這個新主人看起來不好對付呀。尤其是欒書，已經在暗暗地後悔。但現在反悔當然來不及了，只能接受眼前的事實。

　　百官齊聲回答："下臣們齊心擁戴公子，豈敢不聽命？"

　　孫周就在當地與晉國官員們盟誓，正式接受了他們的擁戴，然後才進入絳城。

　　公元前 573 年二月，孫周登基為晉君，是為晉悼公。

天縱奇才

　　舉行完祭拜太廟等儀式後，晉悼公開始行使君王的職責，有條不紊地發號施令。

　　他首先追查之前作亂的那些奸臣們，把亂國的責任全部歸到夷羊五、清沸魋這些小嘍囉身上，把這夥小丑貶斥出朝廷。然後他對大家宣佈，厲公朝末期的奸佞們已經被清理乾淨了，新時代正式開始！

　　悼公隨後對晉國朝廷進行大換血，一口氣提拔了一堆新人 —— 魏相、士魴、魏頡、趙武為卿士，荀家、荀會、欒黶、韓無忌為公族大夫。這裡面包括了魏、趙、韓、范、欒、智、中行七個大家族的新一代領軍人物。六卿家族的年輕一代閃亮登場，開始逐步從老一輩手上接過權力。

職位安排上，悼公非常注意公卿家族的勢力平衡。之前欒氏太囂張了，他現在就着重提拔韓、趙、魏幾個弱一些的家族。

他對韓厥非常看重，給了他很多發展機會，甚至在不久以後就把他提拔為正卿。韓厥這人人品端正，做事又特別靠譜，是個能幹實事的人。他在悼公手下得到重用，不僅為晉國帶來諸多好處，也使得韓氏的地位穩步提升。

悼公還把已經成年的趙武拉進幕僚的行列。從此以後，趙氏在趙武手上得到復興，成為制衡其他家族的一支重要力量。

另外，他特別在意提拔魏氏的人。之前鄢陵之戰，魏錡射中了楚共王的眼睛，直接造成了楚國的敗逃，但魏錡在這場戰爭中不幸犧牲，所以提拔魏氏有獎勵烈士家屬的意思，同時又分了其他幾個老牌公卿的權勢。魏氏從魏犨開始就一直被打壓，一直不慍不火地處在二線的位置。而自悼公起，他們漸漸開始坐大，成為後來的大家族之一。

韓、趙、魏三家都是受到過沉重打擊、經歷過慘痛的低谷才復興的家族，他們吸取了之前的教訓，做事低調沉穩，多幹實事，少搞幫派鬥爭。所以他們當政以後，晉國六卿之間的關係比以前單純了很多，大部分時間以良性競爭為主。

至於陰險的欒書，悼公對他的態度就比較曖昧。一方面，他是扶立自己登基的頭號功臣；另一方面，他有弒君的罪行，得不到大家的擁護，悼公也防着他。最後可能雙方達成了某種協定，欒書自動退出政壇，把位子交給韓厥。作為交換條件，悼公提拔他的兒子欒黶入三軍，並且赦免了他們家族的弒君罪行。

另一個弒君的罪魁中行偃也沒有受到懲罰，但他長期被壓制，一直得不到擢升，直到十三年之後才坐上了正卿的位置。

應該說在對待弒君二人組的態度上，悼公採取的是低調務實的策略：既不得罪人，又儘量避免被人說閒話。

除開這幾家以外，悼公還提拔了六卿以外的很多有才幹的人，不動聲色地分了六卿的權力。

為了制衡六卿，悼公還引入了公族勢力。之前在獻公時代，晉國的公族們被殺了個精光，後來晉國一直缺少公族勢力，這是六卿能夠橫行霸道的一個主要原因。所以悼公重新開始培育祁氏、羊舌氏為首的公族勢力，把他們都遷到絳城，鼓勵他們立軍功，準備逐漸把他們培養成為六卿之外的一股新興政治勢力。

悼公的特點就是"精明"，既不好哄，又不好騙。他凡事都有自己的想法，任免官員全憑自己的判斷，而且他的判斷極其精準。他提拔的人，基本上後來都被證明相當合格，沒有一個是平庸的。

還有，他把平衡術玩得相當溜。每次進行三軍人事調整，他都會把幾大家族的人交錯安插在一起，讓他們互相牽制。他似乎對這些家族們私底下的關係瞭若指掌，總是安插得恰到好處，每個家族都發現自己被競爭對手包圍了，翻不起大風浪。

他特別愛起用新人，儘量讓人脈關係差一些的新人踩在老油條上面，這些新人又都是老油條們的後代，誰也沒有理由反對他們。而且每次他都能迫使老油條們表態主動"讓賢"，這樣表面上一團和諧，又讓他們有苦說不出。所以在他執政期間，沒有出現欒書那種隻手遮天的強勢人物。

這一系列熟練手法令晉國朝臣們歎服不已。老牌公卿們還沒來得及反應過來，就已經被悼公收拾得服服帖帖的，沒人再敢有非分之想。大家都埋頭於自己的事務之中，晉國就這樣迅速地走出了厲公末期的混亂局面，走向了全面的興盛。

當然，晉悼公絕不僅僅是一個善於玩弄權術的陰謀家，他的治國才能表現在方方面面。

剛剛登基的時候，他就施行新政，大規模地改革晉國的制度，從經濟、軍事到社會、法制，全方位革新。這些改革給晉國社會帶來全新的風氣，使得晉國很快出現了全面振興的跡象，在經濟和社會方面遠遠超越了其他國家，以至於別的國家一窩蜂地抄襲這些政策。

另外，他特別在意照顧社會中下層的民眾，盡力保護農民、窮人、孤寡老人等弱勢群體的利益。他的政策給百姓帶來了真真切切的實惠，是真正的"仁政"。其中包含的懲治貪腐、減稅減負、減輕刑罰、藏富於民這些政策，理念非常超前，即使在今天看來都有很大的借鑒意義。

甚至對其他國家，他也展示了自己的仁義。他縮減了諸侯們對晉國進貢的數量，對於負擔太重的諸侯給予"減負"。小國諸侯來朝覲，他也親自到郊外迎接。這些溫和的舉動在國際上贏得了許多好感，小國們都誠心歸附到晉國的旗幟下來。

而且悼公非常勤政。從登基以後，他一刻也沒有休息過，要麼在為國政操勞，要麼就在諸侯中間縱橫捭闔。八年之內，他九合諸侯，這個頻率遠遠超過之前歷代君王。如此勤懇的君王，加上一群賣力的下屬，晉國政府的效率當然就很高了。

晉悼公就是這樣一個接近於完美的帝王 —— 有權謀、有膽略、有才幹、有仁德，面面俱到，作為一個君王所需要的一切素質他都具備。

至於一個才十三歲、沒有任何政治經驗的少年，是怎麼擁有如此全面的治國才幹的？誰教會他這些？這是一個謎，可能永遠無法揭開了。

我們看到的事實是：這個少年似乎從一開始就擁有五十年以上的從政經驗，而且很突兀地就出現在了晉國歷史上，仿佛是上天賜給晉國的一份禮物，讓他給兩百年的紛亂局面畫一個休止符。

現在是時候了，晉國的內政得到整肅以後，悼公已經做好準備，對國際上那些“邪魔外道”的全面打擊即將開始！

最後一輪中原爭奪戰

鄢陵之戰過後，楚國的實力已經明顯弱於晉國，但他們一時半會還存在僥倖心理，還在試圖再把局勢扳回來。

晉國內亂的這一年，子重他們以為機會來了。他們糾集了鄭國一起去侵略宋國，佔領宋國的彭城，然後把宋國叛逃過來的魚石等五個將領安置到那裡，作為楔入中原的一枚釘子，正好卡在晉、吳相通的道路上。

楚軍隨後撤走，看看晉國跟宋國會怎麼反應。

宋國的內部爭鬥本質上是戴族跟桓族在爭權。華元是戴族的領袖，而魚石等五個大夫是桓族的首領，他們五人內鬥失敗才逃到楚國。結果楚國現在又把他們送回來了，讓宋國人繼續鬥。

華元果然帶領宋軍去打彭城。楚國給彭城很多援助，讓他們始終保持在打又打不下來、不打又不甘心的狀態。華元白白消耗了很多兵力，焦頭爛額，無計可施。當年冬天，眼看有一點進展了，結果子重帶兵再一次援助彭城。華元只好向晉國求救。

晉悼公沒有太多猶豫，親自帶兵援宋。

楚國反而有點措手不及。他們沒想到這個小孩兒這麼有膽略，剛上臺就敢發動大戰，本來想欺負晉國新君剛立、國內不穩，先佔個有利地勢的，結果失算了。楚國其實還根本沒做好跟晉國對決的準備，子重在靡角跟晉軍短暫對峙以後就撤退了。

晉悼公出動的同時，也派人向齊、魯、衛等八個盟國請求出兵協助。這也成為他慣用的手法，後來歷次戰爭都會召集盟友們協助。

第二年年初，九國兵馬集齊，開始攻打彭城。子重遠遠地看着卻不敢來救。小小的彭城根本抵擋不住，很快豎起白旗，開門讓九國聯軍進城。

悼公把彭城還給了宋國，然後把魚石等五大夫遷到晉國的瓠丘去居住，免得再跟華元鬧。

這次戰爭晉國出手果斷，盡顯大佬風範。從此以後宋國完全拜倒在晉國腳下，連續幾十年都是晉國的鐵杆盟友。

下一個就輪到鄭國了。晉軍沒有回國，略微休整以後，直接從彭城開去打鄭國。晉國休息的這段時間順便威脅了一把齊國，因為齊國竟敢不派人來參加彭城之戰。齊靈公收到晉國的警告，當即慫了，只好議和，把太子光送到晉國去作人質。

當年五月，晉軍侵入鄭國，勢如破竹，一路打到新鄭城外。

鄭國軍民死守新鄭。晉悼公也不跟他們死磕，只在城外擄掠一把就走，開到鄶城跟各路諸侯會合。隨後晉軍分出一部分兵力，由韓厥帶領，向南直接殺奔楚國本土。

晉軍打到楚國的焦、夷兩邑，耀武揚威一番，然後迅速退出，向東攻打陳國。

這是十年來楚國本土第二次被晉國侵略，不過傷害不嚴重，因為晉悼公的策略是快進快出，以騷擾為主。

從這時候起，晉楚之間的戰爭就進入了新階段，不再有大規模的戰略決戰，而是一系列短兵相接的遊擊戰。這是晉悼公愛用的模式，以最小的代價達到目的，同時也為了回應國際社會普遍的反戰情緒。

不過這時候的鄭國很難對付。

當年楚共王為了救鄭國，發起鄢陵之戰，結果被射瞎了一隻眼睛。鄭成公一直記着這個恩情，所以不管晉國怎麼威逼利誘，他都堅持不背叛楚國。

鄭成公在世的時候，鄭國一直咬緊牙關硬挺。他臨終的時候留下遺訓，要求繼承人依然忠於楚國，所以繼任的鄭僖公還是挺直腰杆死扛，加上鄭國出了個著名的賢臣子罕，上下同心，晉國一時半會居然沒法把他們拿下來。

晉悼公也覺得鄭國挺傷腦筋，召集諸侯們商議。這時候魯國的孟獻子出了個主意：在虎牢築城逼迫鄭國。

虎牢本來是鄭國城邑，最近才被晉國侵佔。這裡離新鄭只有數十里，在這裡修築軍事堡壘，相當於把刀架到鄭國脖子上，不由得他們不慌。

鄭僖公本來還想繼續跟晉軍拖下去，拖到他們自動撤退為止。一看他們都在虎牢築城準備長期駐紮下來了，頓時絕望，只好投降，跟晉國簽訂了盟約。

收服鄭國是晉國對外的重大勝利。晉悼公隨後在雞澤會盟天下諸侯，慶祝鄭國投入自己手下。

這時候陳國那邊也傳來好消息。楚國的令尹子辛是個貪得無厭的小人，上臺以後肆意勒索手下的一眾小國。陳成公被逼得受不了，主動派人到雞澤大會上要求歸附。這是天上掉下來的意外之喜，晉悼公當即表示歡迎陳國投靠，從此把陳國也納入了自己的盟國行列。

這時候楚國已經丟失了所有的重要盟友。雖然實力不濟，但楚共王也不得不出手了。他派何忌帶領大軍攻打陳國，想迫使他們重新投靠楚國。

所以雞澤大會以後，晉悼公馬上派兵去援助陳國，順便進攻許國。

但不管是楚共王還是晉悼公，都低估了爭奪陳國的難度。陳國在楚國旁邊，遠離晉國，跟晉國中間還隔着一個搖擺不定的鄭國，再加上陳國傳統上又一直是楚國的鐵杆盟友，晉國要援助他們非常吃力。

所以當時的情況就是：楚國佔據地理優勢，而且拼了老命要保住陳國；晉國實力比較強，又有天下諸侯的幫助。雙方在陳國正好達到勢力均衡，你來我往，誰也贏不了誰。這下就麻煩了。

在隨後的幾年中，楚國一直在拼命攻打陳國。而陳國心不在焉地抵抗，等着晉國來救。晉國不得不一遍又一遍召集天下諸侯幫助防守陳國，同時還要對付隨時來找碴的齊靈公和西邊摩拳擦掌準備撈一把的秦國。這種壓力即使以晉悼公的超強才能，加上六卿家族的豪華班底，都漸漸感到扛不住了。

拉鋸戰一直持續了四年之久，直到公元前 566 年，晉悼公在鄬地會盟諸侯，準備再次救援陳國。這時陳國正被楚國圍攻，陳哀公偷跑出去參加了會盟。

陳國人早已經迫切地想要結束這一連串無休止的戰爭了。慶虎、慶寅想要投降楚國，就趁着陳哀公不在國內的機會，騙陳哀公的弟弟公子黃去楚國軍營，同時私底下聯絡楚國的主帥子囊，讓他扣留公子黃，子囊照着做了。

慶虎、慶寅立即派人火急火燎地去鄬地報告陳哀公：“公子黃被楚國人抓了。現在國內人心惶惶，你再不回來只怕國內要生亂。”陳哀公一聽，這事必須緊急回去處理，於是背棄了晉國的盟會，偷偷跑回陳國去。到陳國以後，眾人一起脅迫他，沒辦法，他只好跟楚國簽訂了盟約。

至此，四年的圍陳之戰結束，晉楚雙方都付出巨大代價，陳國還是回到了楚國懷抱 —— 兜兜轉轉一圈，大家都白忙了。

這是晉悼公執政生涯中最大的失算之一，但不影響全局，晉楚相爭的主戰場還是在鄭國。

英雄的傳說

雞澤會盟之後，鄭國雖然表面上已經歸附晉國，但內部卻出現嚴重分歧：鄭僖公站在晉國這邊，以公子騑為首的一群大臣卻想投靠楚國，雙方各不相讓。

公元前 566 年的鄬地會盟，鄭僖公本來也要去參加的。他都已經出發了，公子騑一看攔不住，就搶先下黑手，買通僖公的廚師，在食物裡下毒。僖公中毒以後緊急返回鄭國，結果還沒到鄭國就死了。鄬地會盟因此就缺了鄭、陳兩國。

公子騑隨後扶立鄭簡公登基，並對外宣稱鄭僖公死於瘧疾，想把這宗弒君案遮蓋過去。但這種話能騙得了誰呢？國際社會基本上都知道真相，只是不好明說而已。

鄭國的公子們心裡都不服，暗地裡謀劃推翻公子騑。不料公子騑又一次搶在前面，發動政變，一口氣殺了為首的四名公子。剩下的公子們都逃出了鄭國，鄭國的親晉派受到沉重打擊。

這以後幾年，鄭國果然又回到了以前的狀態，重新在晉楚中間搖擺，晉國來打就投降晉國，楚國來打就投降楚國。甚至出現了這樣的情景：晉國或者楚國跟鄭國簽訂了盟約，然後撤走兵馬，結果剛一出鄭國就聽說鄭國又投到敵人那邊去了，只好又回頭去打。

結果晉楚雙方都一直在鄭國的土地上空耗國力。

這是晉文公以來歷任晉君一直頭疼的問題，悼公也為鄭國這種情況傷腦筋。最後是荀罃獻上了一條關鍵的計策——

荀罃說：“解決鄭國問題的關鍵還是在於楚國，所以我們用這種方法拖垮楚國：我們把諸侯聯軍分成三份，每次只出動其中的一支軍隊去打鄭國，另外的在家休息。下次再換另外一支。三支軍隊輪流出動。”這種方法稱為“三駕疲楚”。

“三駕疲楚”的關鍵在於：鄭國離晉國近，離楚國則遠很多。晉軍可以採取侵擾戰術，快速來去，只要見到楚軍就退走，見不到楚軍就大肆擄掠。而楚軍每次來一趟消耗都很大，來了還不敢追擊晉軍。因為虎牢關就在不遠處，諸侯聯軍正在那邊虎視眈眈地等着。

這種“敵進我退，敵退我擾”的騷擾戰術是後世很多戰法的鼻祖。

這種戰術開始實行以後，鄭國的噩夢就來了。諸侯聯軍每天每時每刻都可能突然出現在他們城外。而楚國為了救鄭國，三天兩頭來回奔波，疲於奔命，他們僅剩的國力就這樣被一點點地消耗掉。日積月累，雙方的實力對比終於發生了不可逆轉的變化。

晉國同時用兩個大招削弱楚國的實力，除了“三駕疲楚”以外，還有一個是“聯吳制楚”。

這些年，晉國一直在跟吳國保持密切合作，儘量把吳國拉到中原同盟裡來。但吳國跟中原之間路途遙遠，他們想參加晉國主持的會盟，卻有心無力，常常來不了。

所以晉悼公也花了很大力氣去打通吳國跟中原的通道，其中最有名的是偪陽之戰。

偪陽是吳國和宋國中間的一個小國，相當於一座城邦。他們一直以來都保持中立，不跟任何人結盟。

但偪陽恰好卡在吳國通往中原的道路上，地理位置非常重要。晉國想把他們控制到手裡，就藉口他們親附楚國，於是糾集起十三國兵力共同去打他們。

為什麼打這麼小的一個國家竟然需要十三國兵力呢？因為晉悼公是個精打細算的人，讓一堆僕從國跟着參戰，可以讓他們分攤戰爭費用，把經濟壓力轉移到他們頭上。這是他的慣用伎倆，正是因為用了這招，所以在整個悼公時代晉國可以不停地對外發動戰爭，同時國內經濟還欣欣向榮。

公元前 563 年四月，十三國兵馬在相地集會，然後以雷霆萬鈞之勢撲向偪陽城，預計會迅速碾碎他們。

不料這個小小的城郭居然硬得很。偪陽長期保持中立，一切都靠自己，所以特別注意軍事防禦，通過一代又一代人的持續加固，他們把自己的城池建得固若金湯。十三國聯軍一時半會竟打不下，只好開始了長期的圍城戰。

這場戰爭並不算重大，但魯國在其中的表現卻相當亮眼，湧現出許多名動天下的英雄人物。其中最著名的是：秦堇父、叔梁紇、狄虒彌。

有一次秦堇父從後方拉着一車物資到陣地上。城上的守軍看到了，就打開城門，出來搶劫。秦堇父他們一群人看到這個漏洞，便一擁而入，衝入城內瘋狂砍殺。

沒想到這是偪陽人的計謀，他們等敵人衝進來一半以後突然把城門放下，想來個關門打狗。

先衝進去的人趕緊往回撤，卻來不及了。眼看着閘門即將落地，危急時刻，力大無比的叔梁紇咆哮着猛衝上去，硬生生用肩膀把閘口扛住，使得城裡的人們很驚險地撤了出來。偪陽的守軍們都被這一幕驚得目瞪口呆，到手的獵物就這樣逃走了。

叔梁紇是“至聖先師”孔子的父親，所以孔子也是高大威猛的壯漢。

還有一次，攻城正激烈的時候，城樓上的守軍放了一條布下來。秦堇父馬上抓着布往上爬，剛要到頂的時候，守軍把布割斷了，秦堇父重重地摔到城牆下。還好當時的城牆是有坡度的，所以秦堇父基本上是沿着城牆滾下去的，雖然摔得眼冒金星，還不至於斃命。

他起來拍拍身上的土，見上面又放下來一條布，他又順着攀援上去，又被摔一次。這樣連續三次以後，城上的守軍被他的勇氣折服，終於不再引逗他了。後來聯軍統帥讓秦堇父拿着三條斷掉的布，在軍營裡四處誇耀，以表彰他的英勇。

還有狄虒彌，他是天下聞名的大力士。有一次他拆掉一個車輪，在上面蒙上一件鎧甲當作盾牌，手執着這隻碩大無比的超級盾牌衝進敵軍陣營，橫衝直撞，無人能擋……

這是春秋，是勇士和傳奇英雄的時代，是人人有血性、家家有義士的時代。這些氣吞萬里如虎的勇士們，以他們無與倫比的神勇表現，為這個時代塗上了最亮麗的一抹色彩！

偪陽城在堅持了二十九天以後，終於扛不住多國聯軍的重擊，城破國亡。偪陽國君被貶為庶人，所有貴族被遷到晉國的霍城居住。

但這場戰爭中雙方的英勇表現卻足以永遠載入史冊。

晉悼公打下偪陽以後把這個地方送給了宋國。中原小國們這些年跟着他南征北戰，付出了巨大的犧牲，需要安撫。而宋國是受損比較重的國家，所以先照顧他們。

吳國到中原的通道從此也打通了。此後吳國跟晉國的聯繫更加緊密，兩國可以通過更加無間的配合來絞殺楚國。

而另一邊，在連續兩年的“疲楚”之戰後，鄭、楚兩國已經被消磨得焦頭爛額，終於迎來了鄭國爭奪戰的大結局。

晉國的頂峰

公元前 562 年七月，中原十二國諸侯在亳地會盟，共同對天起誓，向“司慎司盟、名山名川、群神群祀、先王先公、七姓十二國之祖”保證：各國將共同遵守國際條約，共同維護國際秩序，共同輔助周王室。當然，還有一句沒有明說的話：在晉國領導下，打擊共同的敵人。

九月，諸侯聯軍再一次圍困鄭國，直接駐紮到新鄭的東門，刀槍林立，鎧甲鮮明，黑壓壓的軍隊覆滿鄭國的大地。鄭國人也記不清，這已經是一百多年以來，新鄭的東門第幾次見到敵人的刀鋒了。

諸侯聯軍也不開打，只是靜靜地望着城內，等鄭簡公給一個答覆：降還是不降？

這時候秦楚聯軍正在攻打宋國。鄭國一直等不到楚國來援助，鄭簡公派人向楚共王發出最後一條求救信息，說如果你們再不來，我為了保住江山社稷只能投降中原聯盟了。

楚共王倒是想救他，但楚國真的已經沒有力氣了，只能沉默。

鄭國人徹底絕望了，升起白旗。九月二十六日，鄭國開門迎接趙武入城受降；十月九日，子展出城代表鄭簡公跟晉悼公盟誓；十二月一日，晉悼公在蕭魚召開諸侯大會，慶祝鄭國歸附。鄭國終於徹底拜倒在晉悼公腳下。

蕭魚會上，晉悼公宣佈釋放鄭國戰俘，正式解除對鄭國的圍困，並且禁止軍士劫掠鄭國。魯襄公馬上拍馬屁說："我們懂了。小國犯了錯，大國要負責教育他們；等小國改邪歸正了，大國就會寬恕他們。"

魯國這些年一直賊頭賊腦的，"政治敏感度"非常高。晉悼公登基以後，他們第一個去朝賀，順便拉關係，然後就一直鞍前馬後地追隨悼公。這些年，他們看到悼公四處征伐，斬獲良多，所以馬屁也拍得一次比一次響。

這實際上也代表了中原小國們普遍的態度。在晉國這位超級大佬跟前，當然越聽話好處越多。

就連齊國這個準一流大國也都不敢造次。早些時候齊靈公還三心二意的，想看看能不能找個空挑戰一下晉悼公，但後來他發現根本沒機會，也就服服帖帖地聽晉國的話了。

鄭簡公隨後向晉悼公獻上鄭國的貢品，包括兵甲、武器、戰車、樂器、女樂等，應有盡有。悼公照單全收。

蕭魚之會是一座里程碑。在這次會上，中原所有重要國家都拜了晉國這個老大，晉國在中原擁有了無可爭議的霸主地位。因此，這次會盟算是晉悼公稱霸的正式儀式。

但這次會盟也出現了不和諧的聲音：正當列國諸侯們在鄭國土地上觥籌交錯的時候，秦國突襲晉國本土。晉軍認為小蝦小蟹翻不起大浪，沒在意，結果就在櫟地被秦軍打敗，算是丟了一點面子。

不過秦國會為他們的冒進付出代價，過兩年晉國就會給他打回去。現在晉悼公的注意力並不在秦國那邊，他有下一步計劃。

悼公是一個心機特別深的人。從登上國君寶座那一刻起，他就有自己的一套嚴密的計劃，從調整晉國的六卿次序開始，步步為營，穩紮穩打，一直到現在，完成了對天下各國最徹底的控制。晉國六卿都已經被他牢牢地攥在手裡；北方的戎狄跟晉國開啟了長期的友好關係；齊、魯、鄭、宋全體歸服，中原已經是晉國的中原；秦、楚兩國被逼到遙遠的角落裡做困獸之鬥——天下已經沒有人可以制衡他了。

這個二十多歲的年輕人，用十年時間就登上了天下霸主的位置。但這並不是終點，而僅僅是一個起點，他的下一步計劃即將展開——

代周而立，君臨天下！

晉悼公早就在為這一步做準備了。他從小生活在洛邑，對於遲暮之年的周王室那些虛頭巴腦的哄人招數看得清清楚楚，周王室在他眼裡沒有任何威儀可言。

從他登基起，他就在有意地打壓周王室的權威：他從不朝覲周王，更不會屁顛屁顛地去向周王求什麼封賞。他一直拿着雞毛當令箭，以拱衛周室的名義號令群雄。他頻繁地召集諸侯會盟，帶領他們東征西討，目的就是要他們習慣自己這個新主人，而不是遙遠的洛邑宮殿裡那個混飯吃的周王。

現在他的目的已經漸漸地達成了，諸侯們都奉他為天下之主。

於是他更進一步，在公元前 565 年的邢丘之盟上，晉悼公發佈新規定：從此以後諸侯們都要像朝貢周王室那樣朝貢晉國，定時定量獻上貢賦。這是邁向跟周王平起平坐的第一步。

諸侯們都沒有反對，默默地接受了。

偪陽之戰過後，宋平公感謝晉悼公對他們國家的照顧，設宴款待悼公。宴會上，宋平公忽然命堂上的歌舞都撤下。大家肅立待命，準備演奏《桑林》。

在座眾人全體震動。《桑林》是當年殷天子專用的音樂，宋國是商朝後裔，用這樣的音樂招待晉悼公，這是在暗示奉他為天子！

荀罃當即替晉悼公推辭，表示不敢當。中行偃、范宣子卻狡猾地說："魯國國君都可以用《禘樂》招待嘉賓，魯奉周禮，宋奉殷禮，宋國當然也可以用《桑林》招待客人。"

這是明明白白的瞎說。按照規定，《禘樂》是祭祀儀式上用的，根本不能用來招待賓客。

不過宋平公很滿意他們的說法，傳下命令，《桑林》正式開演。

當宏大的表演隊伍舉着華麗的旌幟進場的時候，晉悼公還是猶豫了。他考慮再三，退到幕後，避開了這場演出。

但這很可能只是故作姿態。他的目的已經達到，他就是要諸侯們屁顛屁顛地來"求"他稱王，然後再義正詞嚴地推辭掉。這只是固定的套路而已。

到了不久的將來，他會很"勉為其難"地接受諸侯們的擁戴，戴上那頂尊貴的王冠。從那以後，天下再不會有什麼周天子，而只會有他 —— 晉天子！

晉國即將統一天下！

第二十章　平凡時代

亂世紛擾

可能上天並不希望中國在這個時候統一。就在晉悼公一步步邁向自己的宏大目標的時候，一場疾病突然將他擊倒，他從此再也沒能恢復過來。那時候他才二十八歲。

公元前 558 年冬天，正處在政治生涯上升階段的晉悼公意外離世。歷史的車輪急劇轉向。

國際社會轟然震動，所有人都在觀望晉國的局勢。悼公的繼任者是年少的晉平公。他也是合格的君王，但顯然並不具備自己父親那樣驚世駭俗的才幹和氣魄。

晉國的霸權還可以保持，但無法更進一步。風起雲湧的英雄時代結束了，所有的那些劍與火的故事都變成了舊時代的記憶，塵封在祖先斑駁的木匣子裡。

人們迎來了一個平凡的時代。

塵世紛擾，眾生蒙昧，這是一個星光黯淡的時代。沒有霸主，沒有豪傑，所有的人都資質平平，在一輪又一輪自作聰明的虛與委蛇裡消耗着乏味的人生。

這個時代的主角是這些人 ——

楚康王：楚共王之子，勵精圖治的中興之主，在對吳國的戰爭中取得了比較出色的戰績，打破了晉吳聯手遏制楚國的局面，暫時終止了楚國國力的下滑趨勢。

吳王諸樊：吳王壽夢之子，繼承父親的事業，繼續向楚國的方向擴張，卻被楚康王打敗，吳國西擴之路遭遇重大挫折。

齊靈公：一個輕浮的小人，背信棄義，發動各種力量來挑戰晉國的霸權，但隨後就被打得很慘。

秦景公：秦桓公之子，一個被遺忘的國度裡被遺忘的國君，偶爾招惹一下晉國刷刷存在感。

晉平公：才能平平的君王，早期靠着父親留下的豪華班底繼續指揮中原群雄，後來昏庸無能，引發了晉國嚴重的內部矛盾。

平陰之戰

晉悼公的中原同盟裡，最不穩的就是東方國家。其中的邾、莒兩國在悼公末期就開始挑戰盟約，多次發兵侵略魯國。當時悼公已經病了，沒有討伐他們。

晉平公即位以後，第一件事就是收拾這兩個刺頭。在溴梁之會上，平公把邾、莒兩個國君抓起來，送回晉國去面壁思過。

齊國的大夫高厚也在會上。他一看勢頭不好，盟會也不參加了，趕忙逃回齊國。

齊國也是最早叛盟的國家之一。齊靈公是個輕佻的小人，晉悼公在世的時候他就時常躍躍欲試地想搞點事情，但看到悼公領袖群倫的赫赫聲威，他終究沒敢亂動。

現在晉悼公不在了，"山中無老虎，猴子稱霸王"。他也想嘗嘗作霸主的滋味，所以馬上撕毀跟晉國的盟約，發兵攻打魯國。在隨後的三年裡，齊國五次侵略魯國。魯國疲於應對，只好向晉國求救。齊靈公同時還攻打衛、曹等中原小國，又跟楚國暗通款曲，明目張膽地背叛了中原同盟。

楚國那邊也正在找機會。楚康王剛剛繼位，這個年輕小夥勵精圖治，想把國家從共王末期的泥潭裡面拉出來。比起他爹，他的作風要堅決果斷得多。他繼位以後馬上打退吳國的挑釁，給了吳人當頭一棒。晉吳聯盟第一次受到挑戰。

晉國人也知道楚國是中原聯盟的最大威脅。公元前 557 年，剛剛登基的晉平公做的第一件事就是派中行偃、欒黶帶着一部分軍隊去打楚國，跟楚軍在湛阪相遇。

這時候晉悼公時代的餘暉還在，晉軍勢不可擋，瞬間擊潰楚軍。然後晉軍一路追擊，再一次打入楚國本土，直打到方城山之外。楚國的核心地帶百年以來第一次被人侵略，代表楚國的力量衰落到了極點。好在晉國本身侵略意願也不強，見好就收，留下楚康王慢慢收拾殘局，帶領楚國一點點修復戰爭創傷。

接下來輪到齊靈公那個小丑了。公元前 555 年，晉平公行使霸主職權，組成十二國聯軍討伐齊國。齊靈公帶兵迎戰，雙方在平陰對峙。

齊靈公一開始沒當回事，咋咋呼呼地下令挖一條一里長的塹壕，讓眾人加強防禦，以為這樣就可以高枕無憂了。

國際聯軍一面在正面戰場假裝攻城，一直跟齊軍耗着，一面偷偷派出兩路兵馬到魯國和莒國，從他們那邊翻過沂蒙山，直奔齊國首都臨淄。

平陰這邊對峙了一段時間以後，范宣子忽然派人告訴齊國大夫析歸父："我私下通知你一個好消息，我們的大軍已經快到臨淄了！"

析歸父趕緊去報告齊靈公。靈公一聽猶如晴天霹靂，驚慌失措，趕忙帶人去山上查看敵人的情況。

國際聯軍早就佈置妥當。他們把山坳裡所有能站人的地方全部開闢出來，把戰車平均分佈到這些地方。車上左邊站着真人，右邊擺着假人，隊伍前面高舉旗幟，戰車後面拖着樹枝，一跑起來，漫山遍野都是塵土。

齊靈公被嚇壞了，說聯軍勢力這麼大，我們怎麼拼得過，還是趕緊回去救臨淄吧。於是當天夜裡就帶着齊軍偷偷撤退了。

其實繞道去攻打臨淄的軍隊規模很小，不過做個樣子罷了，根本不指望真能打下來。齊靈公純粹是被嚇倒了。他如果堅持防守才是正確的，而這樣一撤退，頓時引發連鎖反應，齊軍的信心瞬間崩潰。

國際聯軍一發覺齊軍撤退，立即追擊。齊軍慌不擇路地逃竄，兵敗如山倒。國際聯軍如同潮水一般湧入齊國，一路攻城掠地，橫掃齊國本土。齊國本土第一次遭遇全面入侵！

當年十二月，聯軍打到臨淄城下，瘋狂燒殺搶掠，然後焚燒四面城門，從各個方向殺進臨淄城內，勢不可擋！

這時臨淄外城已經被燒光，齊國僅剩的兵馬都困在內城，做困獸之鬥。齊靈公感覺快要亡國了，手忙腳亂地準備車馬，想逃到郵棠去。齊國太子牙和大夫郭榮死命拉住他說："社稷之主一旦逃走國家就徹底完了。現在敵人四處橫行，這是在搶掠物資，說明他們就快要撤走了。大王千萬不要驚慌。"

齊靈公不肯聽，堅持要逃，最後是太子牙拔劍砍斷了馬韁才把他攔了下來。

太子他們的說法是對的，國際聯軍確實沒想常駐齊國，因為他們還是很忌憚楚國的威脅。這時楚國那邊已經行動起來，對鄭國動手了，鄭國已經派人來告急。

楚康王看到中原聯軍在忙着打齊國，果斷行動。他派兵跟鄭國的子孔裡應外合，準備消滅鄭國的親晉派。但是楚國軍隊遇上大雨，推進得並不順利。

晉國高層也算準了楚國短期內拿不下鄭國，所以並不驚慌，聯軍繼續在齊國土地上左衝右突。最後諸侯們一起在祝柯開會慶祝，把齊靈公的跟屁蟲邾悼公抓了起來（前兩年抓到晉國去的是邾宣公），又強迫邾國割地給魯國，作為對這幾年侵略魯國的賠償。

最近幾十年，魯國一直是晉國手下的頭號馬屁精，現在終於有了回報。魯襄公感激不已，在魯國的蒲圃招待晉國的將領們，給予他們豐厚的賞賜。賓主把酒言歡，各國將領們狂飲一通，最後才載着滿滿的戰利品各自回國，只留給齊國人一片破碎的山河。

這是春秋時期齊國被打得最慘的一次，齊靈公終於為自己的輕佻無知付出慘重的代價。他是個昏庸無能的變態君王，有這樣的下場也是應該的。

變態君王齊靈公

齊靈公家族做人做事都很奇葩。他母親聲孟子淫亂之名傳遍天下。

魯國大將叔孫得臣的兒子叫叔孫僑如，他在魯國的時候就跟魯成公的母親有私情，因此被政治對手季孫行父趕到了齊國去。哪知到齊國以後他又跟聲孟子搞在一起。

叔孫僑如的女兒嫁給了齊靈公，所以他跟聲孟子是兒女親家。這兩位親家一見鍾情，郎情妾意，沒事就黏在一起，也不管別人的看法。

聲孟子處處優待這個情人，給予他很高的官位。但齊國人顯然接受不了這種不倫之戀，都在背後戳他們的脊樑骨。叔孫僑如最後實在無法忍受千夫所指的生活，只好私自逃到衛國去了。

聲孟子耐不住寂寞，很快又勾搭上大夫慶克。慶克是齊桓公之後，論輩分是聲孟子的叔父。他為了跟聲孟子私通，常常扮成女人，乘坐輦車混進宮裡。時間久了大家都知道了宮裡有男人出入的醜事。

朝廷裡的大臣鮑牽和國佐商量這件事。國佐是上卿，管理文武百官，他就去把慶克找來狠狠訓斥了一頓。慶克從此老老實實地待在家裡，再也不敢去宮裡廝混了。

聲孟子知道了這件事後，懷恨在心。正好齊靈公出國去參加諸侯會盟，高無咎、鮑牽在國內主持內政，聲孟子就在齊靈公回來的時候派人對他說："高無咎、鮑牽在策劃謀反，想趕走你，迎立公子角繼位，國佐也是他們一夥的。"

齊靈公不辨是非，當即暴跳如雷，砍掉了鮑牽的雙腿。高無咎逃到了莒國，他的兒子在齊國國內發動叛亂，據守盧地對抗政府。

齊靈公隨後派慶克領兵去圍攻盧地。不料螳螂捕蟬黃雀在後，國佐這時正在參與諸侯聯軍圍攻鄭國的戰爭。他聽說齊國發生內亂，馬上帶兵返回，趕到盧地，直接打敗政府軍，殺死慶克，然後加入叛軍的隊伍，一起對抗齊國政府。

齊靈公沒辦法，只好服軟，跟國佐講和。雙方談好了條件，國佐才回到朝廷裡繼續當他的上卿。

但這其實是齊靈公的緩兵之計，他隨後就派刺客殺死國佐父子，趕走了國氏的人，又立慶克的兩個兒子為官 —— 真是一條路走到黑。

一直到二十年以後，齊靈公病死了，高、鮑兩個家族趁機發動政變，殺死聲孟子，齊國這一連串鬧劇才終於落下了帷幕。

齊靈公不僅在聲孟子這件事上表現得昏庸殘暴，他自己的生活作風也是臭名遠播。

他有個特別的癖好，喜歡看女人扮成男人。

他經常讓自己的後宮佳麗們女扮男裝供自己娛樂。沒想到這種風氣很快流傳到外面，齊國的婦女們都開始模仿，一時之間，大街小巷全是穿男裝的女人。

後來齊靈公自己都看不下去了，下令嚴禁這種行為。他派了許多人去街上查看，只要有女扮男裝的就攔下來，當場扯斷她們的衣帶，撕碎她們的衣服。

禁令實行以後，齊國街上到處是衣裳被扯碎的婦人。哪想到這樣還是沒效果，大家依然我行我素，不肯改過來。

著名的大臣晏嬰（晏子）去拜見齊靈公，對他說："大王自己在宮裡帶頭這樣玩，卻禁止外面的人，這就好比掛羊頭賣狗肉，怎麼能讓大家信服呢？依我說，大王只要自己不帶這個頭，老百姓就會自動改過來。"

齊靈公聽了他的，下令宮內停止女扮男裝的遊戲。過了沒多久，齊國街上的人們紛紛恢復正常，沒人這樣穿了。

齊靈公的昏庸是全方位的，在立儲這種頭等大事上他也犯傻。

靈公的原配夫人是魯國來的顏姬。顏姬沒有生兒子，她的陪嫁婢女生下公子光，被立為太子。後來靈公又寵倖宋國來的仲姬、戎姬姐妹倆，仲姬生了公子牙，交給戎姬撫養。齊靈公經不起這姐妹倆的枕邊風，就想廢掉公子光，立公子牙。

這時候公子光已經成年了，有自己的政治勢力，廢他的話一定會引起這股勢力的激烈反抗。這種局面在歷史上已經發生過很多次了，被證明是一定會出亂子的做法。

但齊靈公不管，誰勸都不聽，堅持廢長立幼。他把公子光貶到位於邊陲地區的即墨，立公子牙為太子。

大臣們普遍同情公子光。公元前 554 年，平陰之戰剛結束不久，齊靈公病重，朝中權臣崔杼趁機偷偷地把公子光接回來。公子光把大臣們召集到朝堂上，聲稱自己才是合法的太子，並且當眾砍死戎姬，把屍體擺在那邊讓大家參觀。

病床上的齊靈公聽說這件事，氣得吐血數升，不久以後就暴斃身亡了。公子光登基，是為齊莊公。齊莊公隨後殺了公子牙和支持公子牙的高厚等人，崔杼坐上了朝廷裡一把手的位子。

齊靈公昏庸了一輩子，幾乎沒有幹一件正經事，把齊國搞得烏煙瘴氣，甚至差點亡國。難怪孔子評價說："靈公污，晏子事之以整齊。"一個"污"字準確地概括了他的一生。

齊莊公登基以後也沒幹多少好事，不過他很幸運地等到了一次搞亂晉國的機會。

公元前 551 年，齊莊公登基三年之後，國際社會又傳來一則大新聞——晉國六卿之間再次爆發內訌。

這次的主角是欒書的孫子欒盈。

欒范兩家的矛盾

"三郤"被滅以後，晉國剩下的大家族還有：韓、趙、魏、范、欒、智、中行。在晉悼公時代，這七家之間至少表面上還是和諧的，還能齊心協力地為國出力。

不過到了悼公末年的時候，六卿之間的矛盾漸漸浮出水面，其中最主要的就是范、欒兩家的矛盾。

這兩家的關係說來話長，其實他們還是親戚。當時欒氏的宗主是欒黶，范氏的宗主是范宣子。范宣子把自己的女兒叔祁嫁給欒黶，生下了欒盈。

欒黶純粹是靠着他父親的權勢上位的。他本人是個咋咋呼呼的渾球，沒什麼本事，只有一身臭脾氣。他進入政壇以後，憑着自己的這身臭脾氣，把所有能得罪的人全部得罪了一遍。

而且大家其實心裡都記得欒書的弒君罪行，只是嘴上不好說而已。所以在人們看來，欒氏家族是有原罪的，大家對他們喜歡不起來。

但晉悼公卻一直縱容欒黶，或許他認為這種把惡字寫在臉上的人才最好管理。又或者他認為有這種傻大個在前面當靶子，大家都朝着他開火，背後的君王反而可以騰出手來做很多事。

總之，在悼公的手下，欒黶一直耀武揚威卻一直被原諒。

但在悼公末年的"遷延之役"中，欒氏跟范氏真正結下了深仇大恨。

公元前 562 年，秦國趁着中原聯盟圍攻鄭國、晉國內部空虛的機會，在櫟地打敗晉軍。

公元前 559 年夏天，晉悼公召集十三國諸侯去找秦國報仇。悼公在國內等待，讓中行偃帶領諸侯們去征戰。

但這時候晉悼公的控制力似乎已經下降了。這一次行軍，各國諸侯們都不太齊心，到了涇河以後就有點鬧彆扭。聯軍勉強渡河以後，又被秦國在上游下毒，毒倒一大片人。一時間大家都沒了鬥志，都有了撤軍的念頭。

軍隊到達棫林以後，中行偃鼓勵大家拿出鬥志來，準備繼續進軍，這時候欒黶的臭脾氣卻發作了。在頭一年的軍隊高層調整中，中行偃坐上火箭，直接被提拔到正卿的位置，而在下軍將的位置坐了十幾年的欒黶仍然原地不動。對此事他一直憋着一股氣，這次正好發作出來。

他直接跟中行偃唱對臺戲："你發佈的是什麼命令啊？沒聽過。老子不奉陪了，告辭！"說着竟然帶領自己的下軍往回撤走了。

下軍一走，其他人更沒了鬥志，附屬於下軍的新三軍隨後也跟着撤走了。中行偃剛剛當上正卿，轄制不住眾人。看着大家一個個地往回跑，他實在沒辦法，只好下了全軍撤退的命令。十三國聯軍都跟在欒黶後面撤出了秦國。

這場復仇之戰因此半途而廢。秦國人很開心地把這次戰爭稱為"遷延之役"，嘲笑晉國人自己打了退堂鼓。

但事情到這裡並沒有結束。欒黶的弟弟欒針跟他哥的態度剛好相反，他覺得國家養兵千日用兵一時，我們就用這麼窩囊的方式報效國家嗎？於是跟范宣子的兒子范鞅商量好，兩個毛頭小夥帶着兵馬一起往前衝，跟秦軍大戰一場。他們這點人當然打不過秦國大軍，大敗虧輸。欒針勇敢戰死，范鞅自己逃了回來。

這下欒黶又不幹了。范宣子是這次戰爭的副統帥，他找到岳父范宣子鬧："你怎麼管理軍隊的？你兒子忽悠我弟弟一起去送死，結果他倒好好地回來了，就把我弟弟給害死在那邊，你們這是故意的嗎？得給我一個說法。"

欒黶本來就是暴脾氣，這一鬧起來，劈裡啪啦，頓時響炸天。范宣子焦頭爛額，只好讓范鞅先逃到秦國去，避一避風頭，等欒黶氣消了再說。

不料秦景公雞賊得很，馬上又把范鞅給送了回來，順便還託人轉告晉悼公："這小夥不錯啊，以後大有前途，您一定要好好重用他。"

欒黶氣得三尸神暴跳，恨不得把范鞅給撕成八塊。欒、范兩家就這樣從親戚變成了大仇家。

欒氏的覆滅

轉眼過了六年，已經是晉平公的時代。這時候欒黶已經死了好幾年了，他兒子欒盈當上了欒氏的宗主。

欒盈跟他爹完全不一樣，對人和藹可親，一心一意地埋頭為國家做事，很快成為晉國的政壇新星，前途一片光明。

但他卻有個很不讓人省心的老媽。他的母親欒祁（本叫叔祁，嫁到欒氏以後才被稱為欒祁）守不住寡，偷偷地跟家裡的僕人州賓私通。老寡婦久旱逢甘霖，對情人愛不釋手、百依百順，甚至把家裡的財產都轉移給了他。

這種事在那個年代可是非常大的醜聞。欒盈知道了以後，又羞又氣，下令嚴把門戶，禁絕閒雜人等出入。

欒祁從此沒法跟情人來往了，為此甚至恨上了自己的兒子。她就去找父親范宣子商量。

范宣子正擔心欒盈的勢頭壓倒范氏，現在聽到女兒的哭訴，舊恨又添新仇。父女二人就商量好，由欒祁出面誣告欒盈意圖謀反，范鞅從旁作證，范宣子很 "震驚" 地把這個消息報告給了晉平公。

欒氏的主家婆親自控訴，誰能反駁？晉平公立即相信了她的話，然後由范宣子操刀，針對欒氏及其同黨的大清洗開始了。

范宣子先派欒盈去著地築城。等欒盈一離開京城，范宣子馬上召集兵馬全城抓人，該關就關，該殺就殺。欒盈的人緣特別好，所以這一抓就牽連出來十幾個家族，都是朝廷裡的重臣。晉國朝堂上一時間哭喊聲震天，無數人從此家破人亡，作為晉國中堅力量的士大夫階層遭到沉重打擊。

這是晉平公時代的一個重大轉折點。悼公時代積攢下來的強大國力受到嚴重削弱，六卿之間親密合作的和諧氛圍也蕩然無存，晉國走下霸主的神壇，從此泯然眾矣。

這次動亂跟 "下宮之亂" 一樣疑點重重，很多疑問永遠也無法解開了。我們只知道，范氏是這場政治動亂最大的受益者，不管怎麼算，這場血案都只能賴到他們頭上。

處於風暴中心的欒祁竟然誣告自己的兒子，這雖然意外，但仔細思考也想得通。畢竟她是范氏的人，當初范氏把她嫁給欒氏說不定動機就不單純，甚至有人懷疑她曾經謀殺親夫 —— 欒黶沒準就是被她給害死的，這種可能性也不是完全沒有。

欒盈在外地聽說了絳城發生的變故，如同五雷轟頂，趕忙逃到楚國去避難。晉國隨後連續幾次召開諸侯大會，要求諸侯們不得收留欒盈。楚國當然不理他們。

　　欒盈手下的將士們也紛紛逃走，著名的勇士州綽和邢蒯都逃到了齊國。他們不久前還在平陰之戰中跟齊國作戰，齊莊公不計前嫌，把他們都收到自己手下，編入"勇爵"的隊伍——這是一個由超級猛士組成的小團隊。

　　在楚國的欒盈聽說這個情況，也從楚國逃到齊國去投靠齊莊公。齊國人被晉國壓制了這麼多年，終於等到了一個報復晉國的機會，當然不會放過。莊公當即把晉國的警告拋到一邊，以高規格接待欒盈，把他留在齊國居住，相當於公開打了晉平公的臉。

　　當時大家以為齊莊公只是想噁心一下晉國，出口氣就算了，哪知道莊公的計劃遠遠不止於此。

　　第二年，晉平公要把公主嫁給吳王諸樊。齊莊公表現得很熱情，派出宗室之女給晉國公主當媵妾，讓析歸父把她送去晉國。析歸父去的時候，偷偷把欒盈他們一群人載在車裡，一起帶進了晉國。

　　這才是齊莊公的惡毒計劃。他要欒盈他們在晉國國內鬧起來，自己再發兵從外部攻打晉國，裡應外合，給晉國來一次狠狠的教訓。

　　欒盈的采邑在曲沃，他們進入晉國以後就偷偷潛入曲沃，找到當地的大夫胥午，勸他加入造反的隊伍。胥午不同意，但表示可以幫助他們，就把欒盈等人藏在自己家裡。

　　胥午請欒盈以前的手下將領們參加宴席。在宴席上，酒至半酣，胥午裝作若有所思地說："唉，要是欒懷子在這裡的話多好！"

　　大家聽了都傷心流淚，紛紛感歎當初欒盈對自己的恩情。

　　胥午又試探說："要是欒懷子現在突然回來了，你們會繼續忠於他嗎？"眾人全都堅決表示，一定會繼續跟從少主人，絕無二心。

　　胥午一拍手掌，欒盈從幕後走出來。人們個個都不敢相信自己的眼睛，又驚又喜，趕緊下拜。

　　欒盈說："你們剛才的話我都聽到了，謝謝大家現在還對我忠心不二。既然這樣，今後就聽我的安排。"

　　欒盈在曲沃召集舊部，整頓兵馬，密謀反叛。當年四月，他帶領自己的人馬殺回絳城。

　　但欒氏多年以前到處得罪人的惡果這時候顯露出來了。

　　趙氏被欒書屠殺過，跟欒氏有大仇，肯定是他們的敵人；韓趙一家，韓氏當然也不親近欒氏；"遷延之役"中，欒黶跟中行氏結下仇；智氏跟中行氏本來就是一家，現在智盈年紀還小，更是處處聽中行氏的。

只有魏絳一直在下軍，是欒盈的上級，現在魏絳的兒子魏舒還算比較同情欒盈。

所以欒盈的盟友只剩下魏氏一家。這次欒盈能夠順利進入絳城，也是魏舒有意放水的結果。

欒盈入絳城的時候，范宣子正和平公的寵臣樂王鮒在一起。他聽到欒盈來的消息嚇了一跳，但樂王鮒卻勸他別慌，給他出主意：馬上進宮，控制平公，同時爭取其他幾個卿族的支持。

范宣子進宮的路上怕被欒盈的線人注意到，需要偽裝一下。正好杞孝公死了，晉國太后（晉悼公的夫人，杞孝公的姐姐）那段時間正在宮裡辦喪事，范宣子就穿着喪服，扮成弔唁的命婦，混在一群女人中間進到了宮裡。

范宣子向晉平公說明情況，取得了平公的支持，然後帶着平公去別的宮殿裡面躲避。同時發令，絳城進入全面戒備狀態。

另外一邊，范鞅親自趕到魏舒家。魏舒的車馬都已經準備好了，兵丁們排好陣勢，整裝待發，準備跟欒盈裡應外合殺進宮裡。

范鞅假裝不明就裡，大喊："欒盈殺回來了，現在大臣們都在宮裡議事，請魏獻子跟我一起入宮面見君王。"說着他一下跳上魏舒的馬車，坐到魏舒身邊，一手撫劍，一手執馬韁，下令："入宮！"就這樣把魏舒劫持到了宮裡。

范宣子當面向魏舒行禮，許諾以後把曲沃送給他，魏舒只好答應配合。欒盈唯一的盟友就這樣被控制住了。

這時候欒盈的兵馬已經出動，在絳城內發起猛攻。他們一路橫掃，很快打到宮室附近。宮內侍衛拼死抵抗，雙方戰鬥很激烈。

欒氏的先鋒叫督戎，勇猛無比，無人能擋。宮裡有個叫斐豹的奴隸，他站出來對范宣子說："只要燒掉我的丹書，我就替你去擋住督戎。"

當時奴隸們的名字都會被用紅字刻在一支竹簡上，稱為"丹書"，燒掉丹書就意味着廢除他的奴隸身份。范宣子當場指太陽為誓，保證一定給斐豹自由。

斐豹於是一個人衝出宮去，故意把督戎引來。他跳過一堵牆，埋伏在牆後殺死了督戎。

外面喊殺聲震天，欒氏的軍隊已經翻進宮門了，宮裡的人都躲到一座高臺後面。范宣子對范鞅下了死命令："務必守住國君的宮殿，否則你就死在這裡！"

范鞅急紅了眼，帶着手下軍士跟敵人拼了。雙方你來我往，展開激烈的爭奪戰，血濺宮廷。

范鞅的戰車遇到了欒氏的將領欒樂，兩人是老相識。欒樂不由分說一箭就射過來，范鞅對他大吼："你要敢射中我，我到了天上都要控告你。"這招果然有效，欒樂立即分心，一箭射偏。他再要射，車子卻撞到樹上翻倒了。欒樂滾到地上，被圍上來的敵人砍成了肉泥。

打了一會以後，欒氏損兵折將越來越嚴重，另一名大將欒魴也受了重傷。他們沒有後援的部隊，傷亡人數多了以後就撐不住了。這時其他幾個家族的援軍也已經趕到宮裡來支援，晉平公這邊頓時聲勢大壯。欒盈一看勢頭不好，只好下令撤軍，全體撤退到曲沃去據城防守。

他們之所以還留在晉國，是在等齊莊公那邊的消息，因為齊國說好的要發兵呼應他們。

沒想到齊莊公這人特別不靠譜，一直在拖延，拖到了秋天才發兵。齊軍首先攻打衛國，佔領了朝歌，然後兵分兩路，分別從晉隘道和太行山口侵入晉國。

這時候晉國軍隊都在圍攻曲沃，齊軍進入晉國以後左衝右突，如入無人之境，一直殺到絳城附近的少水。他們還是怕晉軍抽出兵力來包抄自己後路，所以在少水用晉軍的屍骨築了一座京觀，以表示對於平陰之戰的報復，然後就趕忙撤出了晉國。在撤退的路上，晉軍果然追了上來，殺得齊軍大敗而逃。

這次戰爭齊軍根本沒碰到晉軍的主力，只能算取得象徵性的勝利而已，但對晉國這個老霸主的羞辱還是夠了。

齊莊公一撤走，可就苦了曲沃的欒氏。他們在晉國全國軍隊的圍攻下苦苦支撐了半年，不僅沒等到援軍，反而聽到了齊國人被趕跑的消息。曲沃城的信心瞬間崩潰，就這樣被政府軍打下了。

政府軍攻破曲沃以後，對罪魁禍首欒氏展開大屠殺 —— 又一個百年大家族灰飛煙滅，消失在歷史的長河裡。只有欒魴逃到宋國，勉強為欒氏保留了一絲血脈。

當初他們把趙氏和郤氏殺得只剩一個孤兒，現在自己也被殺得只剩一個人；他們家的人弒君，最後全家又被君王屠殺；他們支持趙莊姬誣告趙氏，最後也被自家媳婦誣告⋯⋯ 種種巧合，只能說天道好輪回吧。

至於乘人之危挑起別國內亂的齊莊公，他的報應也馬上就來了。

天網恢恢，連環仇殺案

齊莊公發兵攻打晉國之前曾經跟崔杼商量，崔杼非常積極地攛掇他發動戰爭。莊公怎麼也不會想到崔杼背地裡醞釀的險惡用心。

齊莊公是靠崔杼扶立上臺的，因此兩人的關係一度很親密，隨時都有來往。莊公也就見到了崔杼的妻子棠姜。

棠姜是東郭氏的女兒，本名東郭姜，後來嫁給棠公才被稱為棠姜。棠公死後她改嫁給了崔杼。

她是個妖豔而放浪的女人。莊公跟她見面的次數多了以後，一來二去的兩人就勾搭上了，從此莊公三天兩頭地就往崔家跑。兩人根本不避嫌，鬧得盡人皆知。莊公甚至還把崔杼的帽子賞賜給別人，就差直接告訴崔杼"我給你戴綠帽子"了。

崔杼當然咽不下這口氣，起了殺心。正好莊公想趁着欒氏的內亂去打晉國，崔杼靈機一動，就大肆攛掇他去，想讓他跟晉國結下仇，然後再把他殺了去向晉國請功。

所以齊莊公在跟欒盈裡應外合坑晉國的時候，崔杼也在準備跟晉國裡應外合坑莊公。

可惜崔杼一直沒找到下手的機會，也一直沒能跟晉國聯絡上，所以這個計劃也就只好半途而廢了。

他只好繼續等機會。兩年以後，他終於感到時機成熟了，決定再次下手。當時莒國國君到齊國訪問，莊公親自接待他，崔杼裝病不去。莊公還以為他是真病了，第二天就親自去崔府看望他 —— 當然主要目的還是看望棠姜。

崔杼早就佈置好了，只等着齊莊公來上鈎。他知道莊公手下有個叫賈舉的宦官，曾經犯了錯被莊公打過一頓，一直懷恨在心，所以就悄悄聯繫上賈舉。兩個人商量好，準備一起幹掉莊公。

這天，莊公來到崔府，跟往常一樣，又跟棠姜眉來眼去的。棠姜假裝順從，把他帶進後院的臥室，然後跟崔杼一起從旁邊的小門溜出去，把莊公一個人鎖在了裡面。

崔杼把府裡的門全部關上，叫賈舉在前面把風，攔住莊公的隨從們。莊公在裡面等了半天沒見到棠姜出來，都還沒察覺到不對勁，還拍着柱子唱歌，想把棠姜引來。

哪知道隨着一聲大喊"捉賊呀"，四周猛然竄出來一大群披甲武士，衝進屋裡不由分說就要抓人。

莊公嚇壞了，慌忙逃竄到一個高臺上，說："我是你們的國君，你們也敢抓？"武士們回答："我們只是奉主人的命令捉拿淫賊，其他一概不知。"說着就衝上去。

莊公只好翻牆逃走，不想被追兵一箭射下來。眾人圍過來當場把他砍死在牆角下。

崔杼隨後帶領士兵打開大門衝出去，先殺了等在外面的莊公手下們，然後在臨淄城內展開大屠殺。親莊公的所有大臣，除了著名的賢臣晏子外，都被殺了個乾乾淨淨。

齊國還有個手握大權的人物，叫慶封，他也是這次弒君案的幕後策劃者之一。他爹就是大名鼎鼎的姦夫慶克。他們家族搞亂國家是有傳統的。

弒君以後，崔杼跟慶封一起把莊公的弟弟杵臼扶上君位，是為齊景公。然後崔杼和慶封分別擔任右相和左相，共同把持朝政。

因為兩人曾經共同犯罪，所以崔杼非常信任慶封，把他當成鐵哥們，夢想着就這樣跟他和諧共處下去。但他肯定沒聽說過一句話：惡人自有惡人磨。慶封的心腸比他更壞。

弒君案兩年以後，崔杼家裡鬧起了矛盾。

崔杼的原配給他生了兩個兒子——崔成和崔強，而棠姜又生了崔明。崔杼雖然寵愛棠姜生的兒子，但崔成是嫡長子，按規定要繼承家業，一時半會也沒有理由廢掉他。

棠姜有個弟弟叫東郭偃,她跟前夫有個兒子叫棠無咎,這兩人都在崔杼手下擔任家臣。他們跟棠姜串通好,都在想着怎麼擠走崔成、崔強兩兄弟。

公元前 546 年的一天,崔成因為得了某種慢性病,被東郭偃他們廢除了繼承人的資格,改立崔明為繼承人。崔成就向父親申請把老家崔邑送給他養老,崔杼同意了。但東郭偃和棠無咎不同意,他們說:"崔邑是我們崔氏的宗邑,只有宗主才能佔有。"他們口裡的"宗主"當然就是崔明。

崔成和崔強看到父親也囁囁嚅嚅地不肯表態,只好去向慶封這個"和藹"的"叔叔"求助,說:"叔叔您看,我們爹老糊塗了,連自己的兒子都不顧,只會聽東郭偃的讒言。"

慶封說:"你們先下去,我考慮一下。"然後去後面找到盧蒲嫳商量。

盧蒲嫳是什麼人?他的哥哥盧蒲癸是莊公手下的寵臣。前兩年崔杼弑君的時候盧蒲癸逃到了晉國,盧蒲嫳還留在國內,蓄謀替莊公報仇。

他心機很深,知道要替莊公報仇憑自己一個人肯定做不到,只能先打入敵人內部,從內部搞破壞。所以他就投靠到慶封手下,憑藉過人的才幹取得了慶封的信任,然後找機會挑撥慶封跟崔杼的關係。

盧蒲嫳聽慶封說到崔家的事,心裡竊喜,對慶封說:"崔氏家裡出亂子,您操什麼心?崔氏越亂,對您越有好處,您仔細想想!"

慶封也是個貪得無厭的小人,想到崔氏衰落了自己才能單獨掌權,也希望崔家亂起來。於是他就去對崔成兩兄弟拍着胸脯保證:"放心,有我在,你們儘管找他們鬧,打不過有我來幫忙。"

有慶封這個大佬撐腰,崔成兩兄弟的膽氣頓時壯了起來。不久以後他們就主動發難,在崔氏的朝會上發起突襲,殺了東郭偃和棠無咎。雙方的人展開大戰,崔氏內亂爆發!

崔杼被突如其來的變故震驚了,一個人逃出來。外面的僕人們早都各自逃命去了,連一個駕車的人都找不到。他只好找個養馬的下人來駕車,匆匆忙忙地逃到慶封家去避難。

崔杼向慶封求救。慶封又是一臉正氣地拍着胸脯保證:"有我在,不用怕,誰在迫害您老?我去替您打他們!"說完就派盧蒲嫳帶兵去攻打崔成兩兄弟。崔氏的院牆很堅固,裡面的人頑強防守,一時半會還打不下來。慶封又在臨淄城內發起總動員，動用所有的力量一起攻打崔氏，終於攻破了崔氏的堡壘。

盧蒲嫳殺了崔成、崔強兄弟，並不停手，接着就對崔氏全族展開大屠殺，一舉消滅了這個大家族，搶走了他們所有的財產。棠姜也在家裡絕望自盡。

盧蒲嫳大勝而回，找到崔杼說："叛亂已經被消滅了，現在送您老回家。"讓人駕車把崔杼載回家去。

崔家已經是一片廢墟，只留下遍地死屍。崔杼悲痛欲絕，終於知道自己中了慶封的套路。他一輩子算計別人，到老了卻被人算計，原來上天果然有報應。他只好在絕望中上吊了。

慶封從此成為無可爭議的一號權臣，牢牢把持了齊國朝政。

可他絕對想不到，這一連串的報應還沒有結束，很快就輪到他身上了。

盧蒲嫳為莊公復仇的計劃還沒有完成，他的下一個目標是慶封。

崔氏被滅以後，慶封對盧蒲嫳更加寵信，兩家來往也更加密切。他又恰好看到盧蒲嫳的妻子年輕貌美，也學起了齊莊公，給盧蒲嫳戴起了綠帽子。盧蒲嫳正好借這個機會曲意逢迎，每天把慶封哄得美滋滋的。

最後，慶封乾脆把慶氏內部的事務交給自己的兒子慶舍，自己帶着老婆搬到盧蒲嫳家裡去住，日夜尋歡作樂。

慶封長期不出門，最後文武百官們甚至都擠到盧蒲嫳家裡來向慶封彙報工作。盧蒲嫳家的會客廳儼然成了齊國朝廷。

盧蒲嫳看時機差不多了，就向慶封推薦自己的哥哥盧蒲癸，說他是條好漢。慶封聽了他的，把盧蒲癸從晉國召回來。盧蒲癸生得高大威猛，很適合當侍衛，慶封就把他留下來保護自己的兒子慶舍。慶舍也很喜歡盧蒲癸，還把自己的女兒嫁給他。

盧蒲嫳隨後又推薦王何。王何也是齊莊公的寵臣之一，現在逃亡在莒國。慶封也把他召回來當慶舍的貼身保鏢，讓他跟盧蒲癸一前一後地跟在慶舍身邊。

到這時，莊公手下的三個死黨都潛伏到了慶封父子身邊，磨刀霍霍地對準了他們，他們卻毫無察覺。

盧蒲嫳同時也處心積慮地挑撥慶封跟朝廷裡高、欒兩家的關係。當時齊國有規定，朝廷裡辦公的卿大夫，由官方供應午餐，每人每次有兩隻雞。盧蒲嫳一夥跟廚房裡的人串通好，私自把雞換成鴨子。上菜的人覺得這樣還不夠，乾脆把鴨肉也偷了，只拿湯汁去上給卿大夫們。從此朝廷官員們就只能吃這種清湯寡水的"工作餐"了。

欒氏的子雅、高氏的子尾兩人火冒三丈，去找慶封投訴。慶封問盧蒲嫳怎麼回事。盧蒲嫳輕蔑地說："理他們做什麼，他們在我眼裡就是一群禽獸而已，我可以隨便睡在他們的皮毛上。"慶封就沒理他們。

盧蒲嫳替慶封把人都得罪光了，卻又偷偷地跟這些滿肚子怨氣的官員們聯絡，跟他們商量好裡應外合攻打慶氏。

公元前545年秋天，齊景公和慶舍帶領朝廷百官在太廟裡舉行秋祭。王何與盧蒲癸拿着兵器在慶舍身邊作護衛，慶氏的甲士環繞太廟，防備很嚴密。

祭祀完以後，大家一起去"魚里"喝酒看戲。人們發現慶氏的馬很容易受驚，慶舍就下令讓甲士們把鎧甲都脫下來，把馬拴到樹上，一起進來看戲。

盧蒲嫳一夥早已經跟欒、高、陳、鮑四家聯繫好了，四家的人馬等慶氏的士兵們一進去，馬上偷偷圍上來，偷了他們的鎧甲穿在身上，然後在外面發出信號。裡面的王何與盧蒲癸聽到信號，一起行動，當場把慶舍砍翻在地。

現場大亂，齊景公趕忙逃回宮裡，慶氏的士兵跟四個家族和盧蒲嫳的人打成一團。盧蒲嫳他們是早就準備好的，慶氏的士兵哪裡打得過，被殺得七零八落，四散而逃。

幾大家族的人發一聲喊，一起衝進慶氏家裡，把慶氏家裡的人殺了個精光，終於替齊莊公報了仇。

當時慶封正在萊地打獵。他聽說城裡發生變故，趕忙帶兵殺回臨淄，一路殺進城內，攻打齊景公的宮室，但一直打不下來。

慶封無可奈何，只好退走，帶着慶氏剩下的人逃到魯國。齊國又派出使者去詰問魯襄公，襄公不敢留他，慶封只好又逃到了吳國。吳王餘祭還挺賞識他，把他封在朱方，讓他作為封疆大吏鎮守邊疆，又賜給他大量財物。慶封在吳國重新過上了位高權重的生活。

但命運還是沒有放過他。七年過後，公元前 538 年，楚靈王帶領諸侯聯軍討伐吳國，打下了朱方。靈王是個殺人不眨眼的大魔王，把慶封家族一勺燴，全部殺光了。慶氏家族從此滅門。

盧蒲嫳後來也難逃報復。子雅、子尾一直記得他說的“睡在他們的皮毛上”的話，把他放逐到齊國北部邊疆，到了公元前 539 年又把他驅逐到了燕國。

至此，從齊靈公被氣死到慶封被滅門，前後綿延十六年的連環仇殺案終於畫上了句號。其中所有心術不正的人都遭到了報復，天網恢恢，沒有漏掉任何一個惡人。

兄弟讓位

慶封逃到吳國是不得已的舉動。吳國顯然不是一個適合避難的地方，這些年他們非常不安寧，跟楚國的戰爭一直沒間斷過，而且敗多勝少。

當年壽夢主動向楚國發起挑戰，一度打得楚國焦頭爛額，被迫跟晉國弭兵。但弭兵過後楚國就很快緩過氣來，加大了對吳國的壓力。而且他們也漸漸適應了吳國的戰法，吳楚之間的實力對比開始發生改變，楚國在兩國交鋒中漸漸佔據上風。

壽夢一生夢想參與中原的爭霸大戰，還私自僭越稱王。天下從此有了周王、楚王和吳王。但他終其一生被楚國擋在東南角，連中原的邊都沒沾到，只能把逐鹿中原的夢想留給兒子們去實現了。

他有四個兒子：諸樊、餘祭、夷昧、季札。其中小兒子季札最有才能，也最得寵愛。壽夢本來想把王位傳給他，他卻堅決推辭。

當時的吳國還是半個“蠻夷”，保留了上古時代的一些淳樸風俗，比如兄終弟及。所以壽夢就把四個兒子召集到一起，大家談好，先把王位傳給諸樊，然後諸樊再傳給弟弟餘祭，四兄弟挨個傳下去，最後傳到季札手中。四個兒子都答應了。

公元前 561 年九月，諸樊繼位為吳王。

他繼位的第二年，楚國也發生了權力更替，楚康王登基。諸樊覺得機會來了，在楚國國喪期間發起突襲。

這是明擺着欺負楚國新君剛立。楚康王毫不含糊，立即應戰，派神射手養由基在庸浦打敗吳軍。

這是兩位新君的第一次正面交手，楚康王給了諸樊當頭一棒。

在後來的交鋒中，楚康王處處壓吳王一頭。尤其是在公元前548年爭奪舒鳩國的戰爭中，他更是讓吳國人嘗盡了苦頭。

舒鳩國是群舒九國之一，處在吳國和楚國中間的位置。楚穆王和楚莊王時期，楚國曾花費很大力氣進攻群舒，消滅了其中的舒蓼等國，剩下的幾個小國也都成了楚國的跟班小弟。

吳國崛起以後，群舒開始在吳楚中間左搖右擺，類似鄭國在晉楚中間搖擺的情況。吳國也盡力拉攏他們一起對抗楚國。

楚共王時期又消滅了舒庸國。到楚康王時期，群舒只剩下一個舒鳩國了。

公元前549年，舒鳩國背叛楚國，投靠吳國。所以第二年楚康王就發兵去討伐他們。

吳王諸樊親自帶兵來救援，雙方對峙七天七夜。不想楚軍先派出少量兵力引誘吳軍。吳國人登山眺望，看到楚軍後面沒有大部隊，就放心大膽地追上去，結果被引進埋伏圈，被合圍上來的楚軍主力殺得大敗而逃。楚軍順勢包圍並消滅了舒鳩國，將其設置為楚國的一個縣。

這場戰爭使得吳國的戰略緩衝地帶被楚國佔領，對吳楚之間的戰略形勢造成了很大影響。吳王諸樊急了，當年年底就發兵去攻打楚國手下的巢國，想扳回一城。

這一次他又中計了。巢國人大開城門放吳軍入城，讓人躲在城牆下的角落裡放冷箭，一箭射死了諸樊。吳軍又一次大敗。

吳國這幾次戰敗都是因為缺少軍事人才，將領們不瞭解兵法，只靠蠻力往前衝。可想而知，如果不解決人才匱乏的問題，吳國在跟楚國的對決中就永遠佔不到上風。

諸樊在跟楚康王的競爭中全面失敗，說明當初他父親想傳位給小兒子確實是有些道理的。

諸樊死後，按照當初的約定，王位傳給了餘祭。

　　餘祭最著名的事蹟是收留齊國逃來的慶封。但這顯然是個思路清奇的決定，把在別國弒君、被眾人聯合攻擊的罪臣收留下來，還給他高官厚祿，這跟撿別人的破抹布做自家窗簾是一個道理。結果他被人鄙視不說，還招來楚國的打擊。僅從這一件事就可以看出餘祭是個很不靠譜的君王。

　　果然，他在位僅僅四年就被一個越國俘虜殺死了，沒有為國家做任何有用的事。

　　隨後輪到夷昧繼位。夷昧最初也不肯登基，想把王位讓給季札。季札堅決推辭，夷昧只好勉強即位。他當政十幾年，無功無過，吳國基本上太平無事。他臨終的時候又一次要把王位傳給季札，季札還是堅決推辭。

　　為什麼人人都如此看重季札呢？因為季札確實有才能，當時他就已經名滿天下，是整個春秋時期著名的賢者。

　　季札的封地在延陵，因此又被稱為延陵季子。他負責當時吳國的外交事務，出使過徐、魯、鄭、衛、晉等很多國家。

　　他身上有一種神奇的主角光環，跟之前的晉文公類似，不管他到哪個國家，都會迅速贏得當地人們的歡迎。不管是齊國的晏子，還是鄭國的子產，又或者晉國的韓、趙、魏三家宗主，都跟他成了私交甚篤的好友。

　　他在魯國評論周朝的音樂，發表了一番很精闢的見解，被傳為美談。

　　他在齊國建議晏子趕緊交出權力，使得晏子躲過了後來欒高之亂的大屠殺。

　　在鄭國，他跟子產討論國政，準確地預言鄭國將有禍患，以後子產會掌握鄭國大權。

　　在衛國，他的一番言論讓孫文子趕緊停止尋歡作樂。

　　在晉國，他很明確地說：將來晉國會屬於韓、趙、魏三家。

　　而最著名的還是他墳前掛劍的故事。

　　據說他出使晉國的時候經過徐國，徐國國君設宴招待他，兩人談得很投機。席上，徐君很羨慕地看着他佩戴的寶劍。季札知道他喜歡自己的這把劍，但自己要佩着它去出使晉國，不能送人，所以就什麼都沒說。

　　等他完成出使任務，回來經過徐國的時候，卻聽到了徐君已經過世的消息。季札很傷心，帶着隨從去徐君的墳上祭奠，臨走的時候把佩劍解下來掛到樹上，說這是送給徐君的禮物。

下人很不解地問："人都已經死了，難道還要把劍送給他嗎？"

季札回答："我的心裡早已經承諾要送給他了，即使他死了，也不能違背我的承諾。"

在講究信義的春秋時代，季札這樣的人完美地符合人們心中對"義士"的想像，成為國際明星也就可以理解了。

但季札又是個極度清高的人，絕不肯讓仕宦經濟之學污染自己賢者的美名，所以儘管他的三個哥哥一而再再而三地讓位給他，他都堅決不肯接受。特別是在夷昧死後，按照約定確實該讓季札繼位了，他還是不同意。最後他實在被大家煩得受不了，只好逃到鄉下去種田。

吳國人無可奈何，只好讓夷昧的兒子僚繼位，是為吳王僚。

季札固執地堅持自己的立場，留得賢名千古傳。不過這樣卻讓吳國一直缺少有才幹的領導者，在幾十年的時間裡始終無法翻過楚國這座大山。直到後來楚國人自己給他們牽線搭橋，才改變了一切。

第二次弭兵

再說楚國那邊，楚康王雖然多次打敗吳國，穩定了東南方的局勢，但僅僅是穩定而已，這個炸彈始終在那。他無法消滅晉、吳中的任何一方，所以楚國始終不能從兩線作戰中脫身。

為了擺脫這種窘境，楚國只能再次撿起"弭兵"這塊老招牌。

而晉國那邊，從欒盈之亂以後就一直沒緩過氣來，六卿之間同仇敵愾的氣氛早就不存在了。晉平公也縮回了他的宮廷裡，沉溺在聲色犬馬之中，根本沒有任何人想再向外擴張。晉國整個國家開始了全面的戰略收縮。

執政的趙武也堅持和平外交政策，他先後在公元前 548 年和公元前 547 年跟齊國、秦國簽訂了和平協議。晉國對整個國際社會掛起了免戰牌。

至於中原小國們，原本就是晉國這個老大哥在帶着他們四處征戰，現在老大哥都不想動了，他們當然更沒了鬥志。而且這些年交給晉國的稅賦非常沉重，各國早就怨聲載道，都在抱怨晉國剝削他們。中原聯盟離心離德，實際上已經瓦解。

這個時代確實沒人想再提"爭霸"這種老掉牙的概念了。

最先察覺到這個趨勢的還是宋國人。宋國恰好又出了一個合適的中間人 —— 他們的執政官向戌。向戌一直在協調國際關係，他跟晉國的正卿趙武、楚國的令尹子木私交都非常好。這一點跟當年的華元類似。

所以向戌奔走在各國之間，先後詢問了趙武和子木的態度，又問了齊、秦等國的想法。大家的態度都很一致：爭霸有什麼意思？打來打去有什麼意思？活着難道不好嗎？人生如此短暫，何不及時行樂？

沒有霸主，沒有豪傑，沒有氣吞山河的豪情與君臨天下的夢想，平凡的年代裡，芸芸眾生只求平安、平靜地活着。

休戰是人心所向，不可阻擋。

所以向戌很快就跟各方都談妥了。大家約定，當年夏天，各國再次到宋國去舉行弭兵儀式。

公元前 546 年七月，晉國由趙武（趙文子）、叔向（羊舌肸）、荀盈（智悼子）出面，楚國由子木（屈建）和子晳（公子黑肱）主導，天下各國的國君和卿大夫們會聚於宋國商丘蒙門之外，共同商量弭兵事宜。

這次弭兵得到所有國家一致支持。大家的積極性都很高，共有十四國與會，除了秦國以外，所有中等以上的國家都參與了，可見弭兵代表了國際社會普遍的民意。

為了表示和平的誠意，大家同意各國帶來的軍隊都只用籬笆隔開，不挖壕溝，而晉楚兩國軍隊駐紮在兩端，遠遠隔開。

但晉楚兩國世代為敵，沒有那麼容易轉變過來。會上，子木下令楚國士兵都在外衣下面穿上鎧甲。晉國人看到了，也惴惴不安的，怕楚國人翻臉不認人。

到了歃血的時候，兩國又為誰先誰後爭得不可開交。晉國人堅持說，我們是天下盟主，肯定應該第一個歃血。楚國人堅決不讓。最後還是晉國退一步，讓楚國人先歃血，但在盟書上要把晉國寫在第一位。春秋時代最重要的和平儀式就這樣在吵吵鬧鬧中艱難完成。

第二次弭兵之會前後持續了大約半個月，晉楚雙方邊吵邊談，宋國在中間打圓場，其他國家負責圍觀和拉架，終於在六月中旬達成了協定。

協定的基本內容就是晉楚兩國平分霸權，不再爭奪霸主之位。除了齊、秦兩個大國以外,其他所有國家共同尊奉晉、楚兩個霸主,貢賦也平均交給兩個霸主。

這是一次真正"雙贏"的會議,所有參與者都得到了自己想要的結果。各國民眾的厭戰情緒彙聚在一起,形成一股排山倒海的合力,迫使統治者放棄了戰爭。

會後,晉楚雙方都派出使者去對方的國家面見君王,正式確認盟約的有效性。兩國之間開始通好,百年恩怨一朝化解。晉楚爭霸從此成為歷史,中原大地迎來了一段長期的和平。

但從另一個角度看,弭兵其實是雙方不得已的結果,背後隱含了這樣一個冷酷的事實 —— 晉楚雙方的國力都在急劇衰退,統治者已經無力挽回,一個更加頹喪的時代正在到來。

楚王好細腰

第二次弭兵是楚康王一生最大的成就。他當政十幾年，雖然沒有稱霸天下的壯舉，但阻止了楚國國力的下滑趨勢，壓制了吳國的擴張，還硬從晉國手上搶來半個霸主的名號。作為君王，他還是很值得稱道的。

可惜天不假年，正當康王穩住了北方的局勢，轉頭要全力打擊吳國的時候，正當盛年的他卻意外離世。他的兒子公子員繼位，史稱楚郟敖。

楚郟敖年輕，根基淺，登基以後只好依賴他的幾個叔叔幫忙鞏固政權。

康王總共有五兄弟，分別是：公子昭（也就是楚康王自己）、公子圍、公子比（子干）、公子黑肱（子晢）、公子棄疾。

跟吳國諸兄弟讓位的情況相反，楚康王這四個弟弟都是心狠手辣的貨色。他們在康王當政的時代趁機培養了自己的勢力，康王過世以後，他們暗地裡便都起了篡奪王位的心思。

為什麼會這樣？這還要從他們的父親楚共王的時候說起。

當初他們五兄弟都是庶出，地位差不多。父親楚共王對於傳位給哪個兒子很傷腦筋。

共王想了很久都決定不下來，最後想出一個辦法。他讓祭師捧着一塊玉璧，走遍楚國的名山大川，向神靈祈禱。等祭師回到郢都後，共王命人把這塊玉璧藏到祖廟裡的地板下面。

然後他讓五個兒子依次進去拜祭祖先，自己在一旁偷偷觀察，看誰會跪到玉璧的位置上。

老大公子昭跪拜的位置在玉璧旁邊，老二公子圍手肘壓到了玉璧上面，老三和老四都離玉璧很遠，老么公子棄疾當時還很小，由奶媽抱着進去，兩次都正好拜在玉璧的位置上。

所以共王就認為老天想讓公子棄疾繼承王位。

可是人算不如天算，共王過世的時候公子棄疾年紀太小，他只好先傳位給公子昭。

據說，從那以後，楚國朝野一直在流傳玉璧的傳說。公子圍和公子棄疾都暗暗地覺得自己是有天命之人，應該登上王位。

楚郟敖上臺以後明顯感到這幾個叔叔很不好對付。他壓制不住他們，不得不把二叔公子圍任命為令尹，讓他掌管軍隊，並把另外兩個叔叔子干和子晳也任命為高官。

不管他是主動的還是被迫的，軍權一旦交出去就再也收不回來了，楚郟敖從此完全淪為被動狀態。

公子圍根本不跟他多廢話。第二年，公子圍在出使鄭國的路上，忽然聽說國內的楚郟敖生病了。他毫不猶豫，馬上趕回國內，聲稱要探望侄兒，徑直闖入王宮。

在宮裡，公子圍屏退左右，用髮冠上的帶子把楚郟敖當場勒死，又殺了楚郟敖的兩個兒子，然後對外發佈國君暴病身亡的消息。

這時候公子員當國君才三年，被殺以後連謚號都沒有。按照楚國的傳統，沒有謚號的君王都只能稱為“敖”，他又葬在郟地，所以才有了“楚郟敖”這樣一個怪異的稱號。

子干和子晳一看勢頭不好，趕緊逃到國外去躲避。留在國內的伯州犂也被殺死。楚國國內再也沒有能跟公子圍叫板的勢力了。

公元前 541 年，公子圍自立為王，是為楚靈王。

按理說靠弒君篡位上臺的人，往往都是比較有才幹的，楚靈王卻是個例外。

他上臺以後，憑藉自己堅持不懈地努力，很快把“暴君”的名聲散播到了整個國際社會，成功坐上了春秋三百年第一號暴君的寶座。

在他還活着的時候，國際社會就流傳着他的種種殘暴的傳說，其中最著名的是“楚王好細腰”的故事。

傳說楚靈王特別喜歡看到男人身材纖細的樣子。

朝廷裡的官員們為了迎合他，人人節食，家家減肥。他們每天只吃一頓飯，上朝之前先屏住呼吸，把衣帶勒緊，等穿好朝服以後才扶着牆慢慢地站起來。等到上朝的時候，一排排男人擺着小蠻腰魚貫而入，真是蔚為壯觀。

當然沒人願意一直這樣虐待自己，但是沒辦法啊，大王喜歡這樣。大家都拼命地迎合他，你不跟風，就會被排擠。這樣過了幾年以後，朝廷裡人人都是面黃肌瘦的樣子。

這件事最初可能只是靈王要官員們保持身材，不要大腹便便一副貪官的模樣。誰曾想越傳越走樣，才有了上面那種誇張的描寫。

後來故事又漸漸傳成了靈王喜歡細腰的美女，後宮佳麗們都爭相減肥，個個體態輕盈、婀娜多姿。最後甚至有好事者編成歌謠："楚王好細腰，宮中多餓死。"所以後人又把他居住的章華宮叫作"細腰宮"。

章華宮是楚靈王時期傾盡全國之力建成的豪華宮殿。宮裡的主體建築是一座高達十丈的樓臺，稱為章華臺。傳說上臺的過程中要休息三次才能到達頂端，因此又叫"三休臺"。

這座奢華的建築成了昏君追求享樂的象徵，引發後世人無盡的想像。無數文人墨客爭相吟詠，為我們貢獻了許多經典篇章。

所以楚靈王對於中國文化倒是有不小的"貢獻"。

除了在國內窮奢極欲、搜刮民脂民膏以外，靈王的殘暴更多表現在對外政策上。

他是個黑旋風李逵似的糙漢子，把梁山好漢的做派帶到了國際上，一言不合就動武，掄起斧頭就砍人。小國諸侯們全都被他這種狂暴作風嚇得膽戰心驚，生怕一不小心就惹翻了這個混世魔王。

但他又有一種粗人特有的"道德觀"，只要聽到有不合理的事馬上拍桌子瞪眼睛："誰他媽在搗亂，給老子站出來！"他覺得自己是天下霸主，不管誰犯了事，他都要站出來管一管，這一切在他眼裡都是"替天行道"。

他的"成名作"是千里捉拿慶封。

當初慶封帶着弒君之罪逃到了吳國，被吳王收留。楚靈王聽了以後就不開心了，心說："朗朗乾坤，竟然容得此等宵小倡狂，還有天理嗎？還有王法嗎？"為了消滅這貨，他專門發動諸侯聯軍去攻打吳國，把慶封活捉到楚國遊街示眾。

靈王對人們說："大家都不要學慶封，這傢伙是亂臣賊子，我今天就殺他給你們看看。"

慶封冷笑着說："大家也不要學楚共王的兒子公子圍，他殺了自己的姪兒，篡了位，還強迫大家支持他。"

靈王惱羞成怒，下令馬上處死慶封。這一幕卻在楚國成為笑談。接下來他瞄準的是陳、蔡兩國。

陳哀公的太子名叫師，還有個寵妾生的兒子叫留。哀公讓自己的弟弟司徒招照顧公子留，可能是想讓他當公子留的老師。

司徒招既然站在了公子留這邊，當然就希望以後公子留能繼承君位，好讓自己掌握大權。

公元前534年，哀公生病，司徒招擅自做主，殺了太子師，把公子留扶為太子。哀公聽了這事，幾乎精神崩潰，想要除掉司徒招。司徒招索性就先下手，派兵包圍哀公，逼他自縊身亡，把公子留扶上了君位，然後去向楚靈王報告情況。

楚靈王一聽：這還了得？看來我"替天行道"的機會又來了。他當場便殺了那個陳國使者，然後派公子棄疾去攻打陳國。楚國很快獲勝。靈王把公子留趕到了鄭國去，然後一不做二不休，乾脆就勢滅掉陳國，並把公子棄疾封為"陳公"，讓公子棄疾管理原來陳國的領土和百姓。

滅陳以後，楚靈王又想起蔡國的舊賬還沒算清楚，索性一起算。

當時蔡國當政的是蔡靈侯，他也是弒父上位的。想當年，他的父親蔡景侯是個禽獸不如的老淫棍，學以前衛宣公的做法，霸佔自己的兒媳。還是太子的蔡靈侯實在不能忍，殺了自己的父親，自立為君。

公元前531年，楚靈王假裝邀請蔡靈侯赴宴，把他誘騙到楚國的申地，並在宴席上埋伏帶甲勇士。靈王用酒把蔡靈侯灌醉以後，勇士們一擁而上，把蔡靈侯以及手下隨從們七十多人全部殺了。

楚靈王隨後派出公子棄疾圍攻蔡國，並於當年年底滅掉蔡國，吞併了他們的土地。然後靈王把公子棄疾封為"蔡公"，讓他去管理蔡國人。

所以公子棄疾同時成了"陳公"和"蔡公"，掌管兩國的土地和人口。

陳蔡兩國君王都有弒父的罪行，討伐他們本來是大快人心的事情。但楚靈王憑着自己的梁山好漢作風，硬把行俠仗義變成了仗勢欺人。

現在早已不是跑馬圈地的時代，第二次弭兵都已經過去十多年了，和平共處的理念已經深入人心，這種平白無故吞併其他國家的做法，在國際上引起了很惡劣的反響。何況陳、蔡都是老資格的中原諸侯，是中原聯盟的主要成員之一。兩個老哥們活生生地被人滅了，諸侯們怎麼能接受呢？

從此以後，"暴君"的標籤就被深深地印在了楚靈王身上，怎麼洗也洗不脫了……

暴君的結局

楚靈王上臺不到十年，已經把國內國外所有能得罪的人全部得罪了一遍。所有人都怨聲載道，都在盼着他趕緊倒臺。但他自己一點都沒覺察到，還沉浸在"天下霸主"的幻想中，揚揚自得。

好在他的競爭對手跟他一樣爛泥扶不上牆。這些年晉國那邊也爛透了，晉平公跟楚靈王一樣好色昏庸。他聽說楚靈王建了章臺宮，不甘示弱，馬上建了一座虒祁宮跟他比拼 —— 同樣窮奢極侈，同樣耗盡民脂民膏。

這還不算什麼，晉平公最大的錯誤是提拔韓起當正卿。韓起是個私心極重的人，他絲毫不關心國家利益，只是想盡辦法壯大自己的家族。在他手下，韓氏迅速膨脹，公室的力量逐步被削弱，又開始露出六卿壓倒國君的苗頭。

公元前 530 年前後，晉、楚這兩個百年對手已經從"爭霸"進入了"比爛"的時代，爭先恐後地比拼誰更昏庸殘暴、誰會先撐不住。這真是天下百姓的悲哀。

結果還是楚國先崩潰。

暴君的精力總是無比旺盛的。剛剛消滅了蔡國以後，楚靈王嫌太寂寞，又準備要搞事了。

公元前 530 年十一月，靈王發動大軍進攻徐國。前方的軍隊包圍了徐國的城池，他自己帶兵駐紮到乾溪，作為後援。這樣一駐紮就是幾個月。

當時已經是隆冬，大雪紛飛，軍士們在雪地裡凍得直哆嗦。靈王卻絲毫不考慮他們的感受，沒有任何要撤退的意思。

他自己穿着華貴的羽衣，戴着皮帽，腳蹬豹皮靴，站在中軍帳裡觀賞外面的雪景，讚不絕口。士兵們看見這情形，都憋了一肚子的怨氣。

一直到第二年春天，軍士們受凍挨餓一整個冬天，早已經忍耐到極限了，眼看兵變一觸即發。

後方朝廷裡的人們立即發現這是不可錯過的機會，其中有許多人早都對楚靈王心懷不滿，正好趁機發難。

當初楚康王在位的時候，令尹子南手下有個大臣叫觀起。他俸祿不高，但家裡豪富，馬車都有數十輛，露富露得太明顯。這種情況引起了康王的注意。康王開始"反腐"行動,讓人調查子南他們一夥貪污腐敗的情況,最後查到了一堆違法亂紀行為。康王大怒,當場把子南殺死在朝堂上,又把觀起車裂以後拿屍體去示眾。這是康王時期著名的大案之一。

觀起死後,他兒子觀從流亡到了蔡國,在蔡國貴族朝吳手下當差。後來蔡國被滅,公子棄疾去管理蔡國遺民,他們也就成了公子棄疾手下的大臣。

觀從這些年一直在找機會替自己的家族報仇。他見到楚國即將發生變亂,就挑撥朝吳說:"先生請抓住機會,如果現在不恢復蔡國,以後就再也沒有機會了。"

怎麼才能恢復蔡國?只能挑動公子棄疾造反,把他扶上楚王的位子,再求他讓蔡國復國。

但只憑公子棄疾自己的力量恐怕不夠,還得找他兩個哥哥來幫忙。

於是觀從他們兩人商量好,偽造公子棄疾的手書,送到晉國和鄭國,召子干、子皙兩人到蔡地來密謀舉事。(這裡的"蔡地"指的原來蔡國的土地,現在由公子棄疾統治。)

子干、子皙都是靈王的弟弟,本來就在覬覦王位,所以兩人一收到書信,沒怎麼懷疑,就來到了蔡國。

朝吳和觀從先到郊外迎接子干、子皙,向他們說明了書信是偽造的,求他們跟自己一起去勸說公子棄疾造反。兩人軟磨硬泡,使出各種招數才勸得子干他們同意了。

這夥人一起進入城裡去找公子棄疾。這時候公子棄疾還蒙在鼓裡,正在家裡吃飯,忽然看到他們一群人進來了,嚇得大驚失色,說:"你們怎麼回國了?"當場就要逃走。

觀從他們拉住公子棄疾,向他說明了造反的計劃。事已至此,公子棄疾就算要不答應也脫不了干係,於是他只好同意。

然後,由公子棄疾帶領,子干、子皙、觀從一起去號召蔡國人和陳國人起來造反。兩國民眾都積極回應,再加上楚國在地方上的駐軍、蓮氏等家族的軍隊,很快集結起一支龐大的部隊。他們直接殺到楚國,殺奔郢都。

以上是史書上的記載。按照這段記載,似乎一切都是觀從在煽風點火,公子棄疾他們三兄弟都是被騙來入夥的,這顯然不合理。

按照後來的事實來看,這次政變的真正發起者應該是公子棄疾三兄弟。

他們利用靈王長期離開權力中心的機會，以"復國"為誘餌，鼓動陳、蔡兩國民眾跟自己一起去推翻靈王。

由於當時楚軍主力都在國外，郢都空虛，公子棄疾的隊伍一路勢如破竹，迅速攻破郢都。他們殺了靈王的幾個兒子，直接斷了靈王的後路。

三兄弟商量好，由老三子干登基為楚王，子皙和公子棄疾輔佐他。然後三人傳令到乾溪那邊，招降靈王手下的軍隊，號稱："先回來的官復原職，後回來的割鼻受刑。"

靈王這幾年已經把國內外所有人都得罪光了，這次行軍又把大家折磨得夠嗆，現在一聽說有了新的楚王，誰還想跟着他？所以大家都趕着開小差，紛紛跑回郢都去投靠新王，拉都拉不住。乾溪的軍隊瞬間潰散。

靈王這時候才發覺自己竟然如此不受人歡迎，但已經晚了。他眾叛親離，到最後幾萬大軍跑得只剩他一個人。他孤魂野鬼似的在楚國鄉間流浪，連吃的都找不到，快要餓死了。

楚國人人都恨靈王，連鄉下百姓都不肯收留他。他遊蕩了很多天，終於遇到以前宮裡的一個侍從，便求這人賞口飯吃。這人只是冷冷地說："現在是新王的天下。新王下令，誰要敢收留您老，誅滅三族！"

靈王又請求枕在他腿上睡覺。沒想到他睡着以後，那人把腿抽出來，用一塊石頭代替，然後偷偷跑掉了。靈王醒來以後，餓得連站起來的力氣都沒有了。

還好當地有一個叫申亥的人，他父親以前是楚國的地方官員，犯了幾次錯，都被靈王赦免了。所以申亥想報恩，就找到靈王，把他帶到自己家裡住下，好酒好飯地養着，還讓兩個女兒給他侍寢。

靈王又累又困，哭了一夜，最後自縊死在了申亥家裡。申亥殺掉兩個女兒為他殉葬，然後安葬了靈王。

楚靈王當政不過十二年，知名度卻高得很：他以血淋淋的實踐向人們展示了一個沒有任何頭腦的粗人掌握了大權會有什麼後果。不過從另外一個角度看，他也給後人留下了無數的笑料和傳說，例如"細腰宮"、"晏子使楚"、"淮南為橘，淮北為枳"等，也算是對中國文化做出了不少"貢獻"呢。

再說郢都那邊，子干雖然已經自立為楚初王，但三兄弟都各懷鬼胎。

子干和子皙都是流亡多年剛剛回國的，支持者很少。而公子棄疾這些年一直掌握大權，又有陳蔡兩地的民眾支持，勢力比他們大得多。子干和子皙根本沒法壓住他。所以兩人一直惴惴不安，不知道該怎麼辦。

當時郢都的人們並不瞭解乾溪那邊的詳細情況，人人都疑神疑鬼，生怕哪天楚靈王又帶着乾溪的軍隊殺回來了，城裡一時間謠言蜂起。甚至在半夜都常常有人大叫：“靈王回來啦！”嚇得全城百姓不得安寧。

公子棄疾就利用人心不穩的機會，故意散佈各種謠言，製造混亂，使得子干的位子一直穩定不下來。

五月的一天晚上，公子棄疾讓長江上的船夫們在江邊奔相走告：“靈王已經打回來了，馬上進入郢都。”然後派鬬成然到宮裡告訴子干和子皙：“靈王的軍隊馬上殺入城裡。公子棄疾已經叛變，即將跟他一起入城，兩位只怕大難臨頭了。”

子干和子皙嚇得不知所措。觀從勸他們跟公子棄疾火拼，他們卻沒那個膽量，只好自殺身亡。

公子棄疾隨後入城，登上王位，號為楚平王。直到這時，一連串震驚世人的軍事政變才終於落下了帷幕。

平王把子干隨便葬到訾地。子干成了又一個沒有諡號的國君，史稱楚訾敖。

平王也很想趕緊找到靈王來平息大家的恐懼，但派出去的人到處搜尋都找不到靈王的下落，只在鄉下撿到靈王丟掉的衣冠。最後只好在當地隨便找了一具無名屍首，穿上靈王的衣冠，找了個地方高調舉行葬禮，然後對老百姓宣稱靈王已經下葬了。郢都城內的人心才漸漸安定下來。

之後幾年，楚國官方一直在偷偷尋找靈王的下落。

直到三年以後，申亥出來自首，大家才真正找到了靈王的屍首，然後將靈王以王禮下葬。平王這才真正心安了。

平王是靠着陳蔡兩地民眾的支持才成功發動叛亂的。他登基以後也信守諾言，恢復了陳、蔡兩國，把陳哀公和蔡靈侯的後人找來繼承君位，又歸還了鄭國被侵佔的土地，一時間廣受讚譽。

對於國內的人，他也普施恩惠：他減輕刑罰，修明政務，為了讓民眾休養生息，連續幾年不發動戰爭。靈王時期被攪亂的國政重新回到了正常軌道上，國內外的人心漸漸歸附，平王的位子也就坐穩了。

另一方面，關於他們五兄弟找玉璧的傳說可能就是這時候放出來的。五兄弟只有公子棄疾拜到了正確的位置上，所以他才是天命所歸，現在王位落到他手上完全是順應天意。老百姓也就更加信賴他了。

對於觀從，平王也釋放出善意。之前觀從曾經勸子干他們殺掉平王，但平王沒有記他的仇，反而把他召來重用，朝廷裡的官職任憑他挑。聰明絕頂的觀從挑了個巫師類的官職，從此遠離了政治漩渦，而且有"神明"保佑，平王以後想反悔找他的麻煩都不行了。

通過這一系列的措施，平王迅速籠絡了人心，看起來楚國再次擁有了一位賢明的君主。

但楚平王的心腸實際上比他幾個哥哥更壞，他只是比較聰明，會偽裝而已。他的偽裝短時間內可以騙到人，時間久了，難免就露出馬腳，暴露出面具之後猙獰的面孔。

荒淫的楚平王

楚靈王是被國內政變推翻的。有這樣一個活生生的例子，所以楚平王從一開始就特別注意防備那些手握大權的重臣。

平王上臺以後，首先誅殺鬬成然。

之前推翻子干的過程中，鬬成然立了頭功，從而被任命為令尹。他是鬬氏的領袖，鬬氏本來就是權勢很大的家族，這下更加有了飛速上升的苗頭。

平王不給他們機會，上任的第二年就動手。

平王藉口鬬成然跟養氏的人勾結，就殺了鬬成然，給他定的罪名是"貪得無厭"。隨後平王又誅滅了養氏全族。雖然鬬成然的兒子被立為鬬氏的族長，勉強把家族維持下去，但鬬氏經過這次打擊也就一蹶不振了。

接下來輪到朝吳。

平王登基以後，朝吳還留在蔡國，於是平王就派費無極去對他說："您這把年紀了，還當個這麼小的官，真夠窩囊啊，怎麼不另想辦法呢？"又對朝吳的上級官員說："大王最信任朝吳，所以才讓他來鎮守蔡國。你們幾位的才能比不上他，地位卻比他高，我看你們是坐不長久的。"

這樣連續挑撥幾下，朝吳在蔡國朝廷裡再也待不下去，只好逃到鄭國去了。蔡國也從此失去了造反的能力。

從這時起，平王就表現出了他疑心重、愛耍小聰明、愛玩權力鬥爭的一面，只要他認為對自己有威脅的人，都會毫不留情地下手除掉。

這種做派，如果把握得好，對維持國家穩定是有益的，但要是做得過分了，則很容易失控，引發嚴重的政治迫害。

在平王上臺幾年以後，這把火終於燒到了太子身上。

事情還得從平王登基的第二年說起，當時太子建剛滿十五歲，到了婚娶的年齡。

按照史書上的說法，後來的一切禍患都是由一個叫費無極的奸臣引起的。

太子建有兩個老師，太傅是伍奢，少傅是費無極。沒想到就為了這一點點權力都引發了無數的明爭暗鬥，最後費無極鬥不過伍奢，伍奢贏得了太子的信任。

失寵的費無極開始想辦法挽救自己的地位，他索性直接拋開太子，去巴結楚平王本人。

正好平王派費無極去秦國替太子建娶妻。秦女叫孟嬴，是秦哀公的妹妹，姿容絕豔。費無極一見到她就動起了歪腦筋。他把孟嬴接到楚國以後，偷偷告訴平王，孟嬴如何如何美貌。平王把孟嬴召來一看，見她果然壓倒六宮粉黛，當即起了淫心。費無極趁機攛掇平王自己把孟嬴娶進宮。

這是一記狠招，既能贏得平王的好感，又徹底離間了他們父子關係。

平王慾火難耐，竟然真的採納了他的意見，偷偷把孟嬴納為自己的姬妾，然後用孟嬴的婢女冒充孟嬴去嫁給太子建。

等到孟嬴和太子建發現真相以後，一切都晚了。兩人只能無可奈何地接受了平王強加給他們的婚姻。

平王是個疑心極重的人。他幹出這種喪盡天良的事情以後，首先想到的是如何防止太子建報復，所以他找個藉口把太子建安排到偏遠的城父去戍邊，目的是把太子建調離權力中心。

但即使這樣平王還是不放心。他自己發動政變篡了親哥哥的位，所以在他眼裡，越是親近的人越不能信。

費無極察覺到這一點，所以又挑撥平王說："太子建這幾年一直心懷不滿。他在邊疆地區，手握重兵，外結諸侯，萬一日後作亂，誰能挾制？"

平王很配合地馬上"相信"了費無極，於是把伍奢從太子身邊召回郢都，要他招供太子謀反的事。伍奢堅決否認，但平王根本不理會，下令把他打入大獄，聽候發落。

然後平王又召來城父的官員司馬奮揚，密令他誅殺太子建。司馬奮揚假裝答應，卻讓人先趕到城父去向太子建報信。等司馬奮揚到達的時候，太子建已經逃到宋國去了。

司馬奮揚讓城父的人把自己捆了送到郢都。平王怒不可遏地質問他："命令從我的嘴裡出來，直接到你的耳朵裡，你說是誰告訴太子的？"

司馬奮揚回答："是我洩漏的風聲。大王有兩條命令：之前命我去輔佐太子，大王親口說'事建如事君'；現在又命令我去殺太子。下臣不才，無法同時執行這兩條命令，只好堅持前面一條。所以我只知保太子，不知如何害太子。"

平王無言以對，只好把他放回了城父，認為回頭殺掉伍奢就夠了。

但費無極還不肯干休，繼續進讒言："伍奢有兩個兒子，伍尚和伍員。他們目前在棠邑當官，都很有才幹。如果不除掉他們，日後必定為患。"

平王問伍奢，伍奢說："我瞭解他們兩個。伍尚宅心仁厚，聽說我有事一定會來；伍員性情剛戾，一定不會來的。"

平王不信，命令伍尚和伍員立即來郢都："來了就釋放你們父親。不來的話，哼哼……"

伍尚兩兄弟接到命令，都知道這次去郢都兇多吉少。伍員認為去了白送死沒有意義。伍尚卻說："我回去，你出逃。聽說父親可以免罪我們都不去，這就是不孝；父親被殺卻不能報仇，這就是無謀。你比我有才華，我負責盡孝，你負責以後替我和父親報仇。"說完他便跟着使者去了郢都。

外邊還有人等着伍員。伍員拿着弓箭出去，彎弓搭箭，對準那些人說："你們還在等我？"那群人嚇得趕緊落荒而逃。

伍員回到家裡，簡單收拾了一下，踏上了生死未卜的逃亡路。

從此以後，楚國沒了年少輕狂的官二代伍員，天下有了威名赫赫的戰神伍子胥。

伍子胥的逃亡路

郢都這邊，楚平王和費無極看到當真只有伍尚來了，失望之極。他們只好先把這父子兩人殺掉，同時命人捉拿叛臣伍子胥。

太子建在宋國，所以伍子胥也逃到宋國去追隨他。

但他們的運氣不好，正好趕上宋國內亂。宋元公跟華氏互相扣押對方的人，國內鬧得沸反盈天。太子建等人只好又逃到鄭國去。

鄭定公熱情地接待了他們，又派太子建去出使晉國。這時候太子建卻做了一件非常離譜的事情。

晉頃公接待太子建的時候，悄悄對他說："既然你如此受鄭國人信任，希望你回去跟晉國裡應外合滅掉鄭國，以後我把鄭國封給你作為報答。"

太子建居然答應了這個請求。他回到鄭國以後開始謀劃作亂，結果卻被一個手下人告發了。暴怒的鄭定公當即殺了太子建和跟他一起作亂的人們，只有伍子胥帶着太子建的兒子公子勝逃了出來。

不過這段記載明顯很不合理，可信度不高。我們唯一能確定的就是：太子建到鄭國以後不久就被殺掉了。這有可能是因為鄭定公受到了來自楚國的壓力，也有可能存在別的原因。

伍子胥失去了自己可以輔佐的主人，也失去了太子建的人脈關係，中原各國都對他關閉了大門。現在他已經徹底孤立，只能自己尋求出路了。

他唯一能去的地方只剩下吳國。吳國是楚國的死對頭，只有他們會接收楚國的叛臣。

但是要去吳國必須經過楚國。伍子胥無可奈何，只得重新潛入楚國，然後向吳國的方向奔逃。

他帶着年幼的公子勝徒步逃跑。這一路極其兇險，楚平王已經佈下天羅地網在抓他們。他們只能晝伏夜出，深一腳淺一腳地走在荒僻的鄉間道路上。

這是歷史上最著名的逃亡之一，民間傳說和戲曲對此描寫得活靈活現——

傳說路上最險的是過昭關。昭關是吳楚兩國交界的地方，過了這道關卡就安全了。

但楚國政府早就派人在昭關嚴密把守，繪影圖形，專等着他們送上門來。怎麼才能過得去呢？

伍子胥投靠到扁鵲的弟子東皋公家裡，等了好多天，怎麼都想不到過昭關的辦法。到第七天夜裡，他幾乎絕望了，翻來覆去，一夜之間滿頭青絲都變成了白髮。第二天東皋公看到他的樣子，卻哈哈笑着說，你現在可以過昭關了。

東皋公有個好友皇甫訥，長相跟伍子胥差不多。他把皇甫訥找來，商量好了一個辦法。

這天早上，皇甫訥穿上伍子胥的衣服，先去昭關。到了關前，他馬上被守關的士兵抓住盤問。皇甫訥堅持說他們抓錯人了，雙方糾纏不清。頭髮鬍子全白的伍子胥就趁這個機會混出了昭關。

伍子胥帶着公子勝繼續向前。他們怕後邊的追兵再趕上來，一路飛奔，不一會來到一條江邊。江上風高浪闊，一眼望不到頭。正在苦於無法渡江的時候，只見蘆葦叢中緩緩駛出一條小船，船上是一名年老的艄公。

伍子胥急忙呼救。只聽老艄公高聲唱道：“日月昭昭乎浸已馳，與子期乎蘆之漪。”伍子胥便去蘆葦叢中等着。

過了一會，艄公果然把船開過來了，又唱道：“日已夕兮，予心憂悲；月已馳兮，何不渡為？事浸急兮，當奈何？”伍子胥攀上渡船，艄公也沒多問，就載他們過了河。

到了對岸，終於暫時安全了，伍子胥松了一口氣，解下自己的佩劍，轉身遞給老艄公說：“漁丈人，多謝您渡我過河。這柄七星劍是先王所賜，價值百金，權作酬勞。”

老艄公卻淡淡地說：“楚王下令，有捉拿到你的，賞賜錢糧五萬石，封上大夫。我要是貪圖錢財，何必渡你過河？”

原來他早都認出了伍子胥，故意不說破而已。

隨後他又找來一份米飯給他們吃。伍子胥他們吃飽了飯，與老艄公約定：“富貴莫相忘。以後如果再見，我稱你為‘漁丈人’，你稱我為‘蘆中人’。”告別了艄公，伍子胥帶着公子勝進入了吳國地界。

由於路途勞頓過度，伍子胥很快就病倒了。他們身上沒有盤纏，只能沿街乞討，不久以後來到溧陽。

有一天，他路過瀨水邊，見到一名女子在浣紗，旁邊放着一個食盒，裡面還有飯，便請求這個女子賞賜一餐。女子見他氣度不凡，就同意了。

伍子胥飽餐一頓，然後向女子告辭："姑娘把這些餐盒收好，別讓人發現了。如果有人問起，千萬別說出我的行蹤。"

這女子說："妾身三十未嫁，陪着老母親，從未與男子接觸。如今送飯於你，本來已屬失節，你還不放心，你先走吧。"

伍子胥剛走出兩步，聽到後面有聲音，一回頭，才發現那名女子已經抱着一塊石頭投水自盡了。

他極度懊悔，當即咬破手指，在石頭上題字曰："爾浣紗，我行乞；我腹飽，爾身溺。十年之後，千金報德！"然後用土把這塊石頭蓋上，記住了埋石的地方，再次踏上了征程。

又走了幾百里，終於來到吳國的首都梅里。伍子胥無處投靠，只能披髮跣足，扮成乞丐，在鬧市吹簫乞討。

吳國有個公子光，是吳王諸樊的兒子，吳王僚的堂兄。有一天公子光從街上過，看到伍子胥相貌奇偉，不同於普通人，命人一查探，才知道他是楚國逃來的大臣，當即召他進府，收到自己手下當差。

士為知己者死

當初諸樊他們四兄弟有約在先，諸樊先即位，然後把王位依次傳給三個弟弟。到了夷昧過世以後，季札卻無論如何都不肯繼位，甚至逃到鄉下去躲避，所以人們只好擁立夷昧的兒子僚登基。

但按照兄終弟及的順序，接下來不是應該把王位傳給諸樊的兒子嗎？怎麼會給了夷昧的兒子？所以公子光覺得自己被坑了，一直有奪權的想法。他暗地裡招賢納士，默默地為將來做準備。

另一方面，吳國這麼多年來一直缺少將才，特別是缺少瞭解楚國的軍事和政治制度的人才。伍子胥恰好就是他們最需要的那種人，公子光當然毫不猶豫地就把他收到了麾下。

所以拋開民間傳說裡那些誇張的情節，伍子胥到吳國以後應該是立即受到了重用，"鬧市吹簫"之類的故事不過是後世文人的附會罷了。

公子光招攬到伍子胥以後，又把他推薦給吳王僚。吳王僚也很賞識他，常常讓他幫忙出謀劃策。

當時吳國跟楚國仍然不斷地爆發戰爭，公子光作為大將，多次帶兵去攻打楚國，戰功卓著。

公元前519年，公子光再次帶兵討伐楚國，大敗楚軍，把太子建的母親接到了吳國。

這時他們的意圖已經很明顯，就是要利用楚平王殺太子的"罪名"，以替太子討公道的名義去打擊楚國。這樣伍子胥和公子勝當然就是非常珍貴的兩張王牌。

伍子胥心裡很清楚這個情況。他也正好要利用吳國實現自己報仇的目的，所以他很積極地配合吳王僚的伐楚計劃，簡直太積極了一點。

公元前518年，兩國又因為一件小事大打出手。

當時楚國邊境的鍾離和吳國的卑梁挨在一起，兩個地方的人都養蠶。有一次，兩邊的女子為了爭桑葉吵起來。隨後雙方的家人都來幫忙，互相攻殺，再後來演變成兩個村落的械鬥。最後兩邊的官府也加入爭鬥，楚國那邊直接派人滅了吳國的城邑，驚動了兩國政府。

真是舊恨添新仇。吳王僚震怒，派公子光又一次攻打楚國。公子光很快打下了鍾離、居巢兩地，勝利班師。

伍子胥卻對吳王僚說："這次班師太早了，其實我們還可以獲得更大的勝利。請派公子光再去攻打楚國。"

公子光聽到以後很不高興，對吳王僚說："別信那個伍子胥，他哪裡安的好心？他自己想利用我們報仇，天天攛掇我們去替他打仗。"吳王僚聽了以後就漸漸地疏遠了伍子胥。

伍子胥卻馬上明白了公子光的心思：他想幹掉吳王僚，怕自己在旁邊礙手礙腳。如果自己繼續傍着吳王僚，公子光一着急，還會出更狠的手段。

既然吳國的這趟水很深，自己惹不起，索性就採取兩不得罪的做法。伍子胥便推薦了一個叫專諸的勇士給公子光，自己帶着公子勝去吳國鄉下種田去了。

他在等待吳國宮廷鬥爭的結果，誰贏就投靠誰。

專諸是堂邑鄉間的一個猛士。據說伍子胥剛到吳國的時候，看到街上有人打架。其中一人高大威猛，聲如洪鐘，發起火來，有"萬人之氣"。這個大漢就是專諸。

正當大家都以為一場大戰即將上演的時候，人群外面傳來一個女子的呼叫聲，專諸聽到以後，頓時偃旗息鼓，乖乖地跟着她回家去了。伍子胥聽旁邊的人說，這是專諸的老婆，專門來叫他回去的。專諸這人雖然威猛，卻"懼內"，服老婆管。

伍子胥很奇怪，找到專諸問："你這樣的人怎麼會怕老婆呢？"專諸回答："能屈於一個女人之下者，必能伸於萬人之上。"

伍子胥對他的說法很讚賞，當即表示願意與他結交。兩人便成了很好的朋友。

當然，這是伍子胥放長線釣大魚的做法。他收買專諸這樣的人，不是為了給自己用，而是為了獻給公子光那樣的統治者。專諸正是公子光他們需要的人。

專諸被引薦給公子光以後，果然馬上受到重用。公子光十分欣賞他，給了他豐厚的賞賜。專諸也表示願效犬馬之勞，以報答公子光的知遇之恩。

這真是一個"士為知己者死"的美好故事。

但這樣的故事背後卻是冷酷的現實 —— 公子光和專諸之間的關係本質上是一種交易，是在花錢"買命"！

那時候社會最底層的百姓一輩子辛苦勞碌，卻依然食不果腹、衣不遮體，還有繁重的徭役、兵役、稅賦和各級官府的層層盤剝，以及隨時會到來的天災人禍……這樣的生活，說穿了，就是幾十年的苦役，從生下來就服役，只有到死才能解脫。

他們本質上就是"賤民"，或者說，國家豢養的奴隸。

更可怕的是，他們是永遠沒有翻身機會的。這種賤民身份會遺傳下去，他們的子子孫孫都會一直過着這種生不如死的痛苦生活。

這時候，如果有一個衣冠楚楚的"上等人"來到他面前，說："我讓你的家族擺脫賤民身份，代價是你要替我去死！"他會怎麼回答呢？一定會毫不猶豫地答應下來。

既然活着毫無樂趣，何不用自己的性命為妻兒老小、為自己的後代和整個家族換來一份錦繡前程？

這就是"士為知己者死"的真實含義。

其實哪來的"知己"？你一個沒挨過一頓餓的王孫公子，能"知"我什麼？我需要你"知"嗎？——無非就是利益交換而已。

公子光他們這些統治者，對於這種以錢換命的交易是非常歡迎的，並把這種交易叫作"養士"。專諸這類人就是"士"，是統治者們竭力宣揚的一種英雄。統治者們需要這樣的"英雄"，去替他們做很多擺不上檯面的事情。

伍子胥很清楚這一點。他看到專諸那樣勇猛，又那樣愛自己的妻子，馬上明白這是一個頂級的刺客——因為專諸為了自己的家庭可以犧牲一切。所以伍子胥才費盡心機結交他，然後把他推薦給公子光。

公子光招納到專諸以後，大喜過望。他要的人已經備齊了，現在開始策劃行刺吳王僚的行動。

他讓專諸去學廚藝。專諸用三個月學會了太湖烤魚的做法，然後以廚師的身份被安插到公子光家的廚房裡，等待機會。

當時吳國跟楚國的戰爭還在繼續。

公元前 516 年，楚平王去世，他跟孟嬴生的兒子公子軫繼位，是為楚昭王。這時候昭王才七歲，主少國疑，楚國進入了一段虛弱的時期。

吳國馬上趁這個機會進攻楚國。吳王僚派自己的兩個弟弟公子掩余和公子燭庸帶兵，包圍了楚國的六邑、潛邑兩地，同時派季札到晉國尋求協助。

楚國隨後反擊，派軍隊抄了吳軍的後路，把他們堵在楚國國內。

這時候吳國的大軍都在外面，國內空虛。留在國內的公子光馬上看到了機會，當然，也不排除吳國軍隊被楚軍攔截就是他運作的結果。

有一天，公子光找藉口請吳王僚去他家赴宴。吳王僚答應了，第二天就去了公子光家裡。

公子光已經在暗房埋伏好甲士。但吳王僚防範也很嚴，從他的王宮到公子光的府邸，道路兩旁全部站滿了士兵。甚至一直到公子光家的臺階上，再往裡到宴席上，到處都有侍衛。吳王僚自己也穿着厚厚的鎧甲，可謂全副武裝。

公子光表現得跟平常一樣，有說有笑地陪吳王僚飲酒取樂。酒至半酣，公子光假裝腳上的舊傷復發了，到後面去包紮，趁機進入地下室躲避。

　　據說公子光曾得到著名鑄劍師歐冶子的三把名劍，其中有一把魚腸劍，劍身短小，可以藏在魚腹中。

　　他讓專諸預先做好一道炙魚，把魚腸劍藏在這條魚體內，然後端到堂上進獻給吳王僚。

　　專諸端着這條魚，經過吳王僚的手下嚴密的搜身，確保身上沒帶武器，然後在衛兵監視下脫掉原來的衣服，換上指定的乾淨衣服。兩旁有帶甲護衛用刀劍逼住他，他一路膝行向前，終於來到了吳王僚面前。

　　他把碟子高舉過頭，穩穩地放到桌上，隨即手腕一翻，閃電般從魚腹中抽出魚腸劍，徑直刺向吳王僚。劍勢如虹，寒光耀目。

　　兩旁的衛兵立即發動，兩柄利刃同時刺進專諸胸口。但專諸演練這一劍已經有數年之久了，這樣就想擋住他？魚腸劍去勢絲毫不減，瞬間刺穿數層鎧甲。只聽見一聲慘呼，吳王僚的胸口已經被穿透，一道血箭激射而出，吳王僚與專諸同時重重地倒在了地上。

　　大堂上轟然雷動，吳王僚的士兵們全都衝上來，瞬間把專諸剁成肉泥。與此同時，四周的暗門也紛紛打開，公子光的甲士們蜂擁而入，跟吳王僚的手下們廝殺在一起。

　　消息傳出來，所有人都瘋了。石階上、丹墀下、花園裡，一直到大街上，雙方的軍士們狂吼着瘋狂廝打。一時間刀光閃耀，全城大亂。

　　公子光為這一刻已經準備很久了，城裡到處都是他佈下的暗哨。那些人一聽說這邊得手，立即全體出動，在梅里城中發起暴動，潮水般衝向各個府邸，把支持吳王僚的軍馬殺了個片甲不留，迅速控制了國家機構。

　　公元前 515 年四月，公子光成功發動軍事政變，推翻了吳王僚，登基成為新一任吳王，號為闔閭。吳國的全盛時期就此到來了！

第二十二章

不可思議的吳國

孫武演兵

闔閭登基以後，遍賞功臣，召回伍子胥，把專諸的兒子專毅封為上卿。之前楚國伯氏受到迫害，他們的後人伯嚭逃到吳國，現在也受到闔閭的重用。

儘管新時代已經來臨，不可逆轉，但表面功夫還是要做一下的 —— 正在晉國訪問的季札聽說國內發生變亂，急忙趕回吳國。闔閭拉住他，哭訴自己如何不得已被迫殺了吳王僚，言辭懇切地要把王位讓給這位賢良的叔叔。季札當然不接受，到吳王僚墓前哭了一場就離開了。

闔閭處心積慮地奪得王位，但他的野心卻遠遠不止於此。事實證明，他是真正胸懷天下的一代雄主，他不僅有野心，更有眼光、有膽略、有氣吞萬里如虎的恢宏志向。

他命伍子胥建造新首都。伍子胥"相土嘗水，象天法地"，走遍了吳國的國土，終於在太湖東北岸找到一塊風水寶地，然後在這裡修築了大小兩座新城，稱為"闔閭大城"與"闔閭小城"。其中"闔閭大城"又名姑蘇城，中國歷史上一座重要的文化名城就此誕生！

闔閭又讓伍子胥興修水利工程，在太湖和姑蘇之間挖掘了一條歷史上最古老的運河 —— 胥江，從此吳國水師可以直達楚國。胥江成為偷襲楚國的一條捷徑，和平時期又可以用於漕運，還能防治水患，極大地促進了經濟發展。另外伍子胥還挖掘了胥浦，從姑蘇通到海上。

伍子胥是文韜武略天下無雙的蓋世奇才。他一旦登臺拜相，便如虯龍入海，瞬間爆發，燦爛的光華照亮了整個時代，成為春秋後期無可爭議的超級巨星。他與闔閭君臣二人同心協力，相得益彰，以驚人的速度把吳國推向了歷史的最高峰……

經過幾年的勵精圖治，吳國上下脫胎換骨，政通人和，民富國強，初步擁有了挺進中原的實力。但要跟楚國競爭，吳國還需要加強軍隊的戰鬥力。

吳國這麼多年來都吃虧在缺少有才幹的軍事首腦，也缺乏先進的戰爭理念。伍子胥看清了這一點，所以向闔閭舉薦了齊國貴族孫武，讓他來教吳人戰爭技術。

伍子胥的眼光非常刁，當時的人們都想不到，他推薦的是千古第一的軍事理論家、戰爭藝術的開山祖師、中國的兵聖！

孫武本是陳國國君的後人。當初陳厲公之後本來應該輪到他兒子公子完繼位，但後來厲公被自己的姪兒篡奪了君位，公子完淪落為大夫。陳宣公的時候，公子完跟當時的太子關係很好，受到宣公的猜忌，因此被迫逃到齊國，被齊桓公任命為工正，並且改稱為田氏。這就是齊國田氏的來歷。

當時齊桓公哪裡知道，他的國家最終會亡在這個不起眼的家族手上。此是後話。

田完的五世孫田書因為討伐莒國的功勞，被齊景公賜為孫氏，改名孫書。孫書生孫馮，孫馮生孫武。

後來孫武為了躲避齊國內亂而逃到吳國，在吳國鄉下隱居，潛心鑽研兵法，寫出了《孫子兵法》十三篇。伍子胥向闔閭推薦他以後，他就帶着這十三篇兵法去面見吳王。

闔閭看了他寫的這些軍事理論，又跟他談了一會兒，讚歎不已，當即決定任命他為吳軍的統帥。

據說闔閭要孫武當面展示他帶兵的能力，為了考驗他，特意問：“任何人你都能訓練得好嗎？”孫武一口答應下來：“沒問題。只要是人，都能訓練成鋼鐵雄師。”闔閭就從自己後宮裡面找了一群千嬌百媚的妃子來，讓孫武教她們行軍列陣。

參訓的佳麗共一百八十名，分為兩隊，各由闔閭的一位寵姬來擔任隊長。

孫武讓她們每人拿着一支戟，在演武場上排好陣形，然後告訴她們：“知道自己的前胸和後背還有左右手的方位嗎？我說‘向前’，你們就往自己胸口的方向走；我說‘向後’，你們就朝後背的方向走；我說左右，你們就朝左右手的方向走。聽明白了嗎？”

眾多美嬌娥七嘴八舌地回答：“臣妾知道了。”

孫武讓人在旁邊立上斧鉞等刑具，再三向她們申明了軍中條款，然後命軍士擂鼓，讓美嬌娥們按照自己的命令前後左右行走。

這群鶯鶯燕燕哪裡見過這等場面，以為是在鬧着玩，號令一響，全都笑得花枝亂顫的，東南西北都分不清了，哪裡還能按命令列走？這個說“姐姐踩了我衣服了”，那個喊“哎呀我的簪子呢”……演武場上一時間群芳鬥豔，亂成了一團。

孫武板着臉說：「紀律不明，號令不清，這是將領的失誤。重來！」於是把軍中的規定又說了一遍，再讓軍士擂鼓，繼續指揮眾佳麗。

佳麗們還是聽不進去，笑得更厲害了，尤其是兩名隊長，簡直笑得直不起腰。

孫武冷冷地說：「如果號令沒有說清楚，那是將領的錯誤。現在已經反覆說明了，還是不能執行，那就是下邊的士兵的錯誤了。」說完，他臉一沉，喝令左右：「將兩名隊長押下去，軍法處置！」

下邊的衛兵應了一聲，徑直走到隊列裡抓人。他們揪住兩名隊長，當即綁了，押到一邊就要斬首。

臺上觀摩的闔閭一看這情形就慌了，趕忙派人下去求情：「寡人離了這兩位愛姬，飯也吃不下，覺也睡不好。還請將軍看在寡人面上，念她們是初犯，饒了她們。」

孫武讓人回覆：「臣已經受命為將，將在軍，君命有所不受。」喝令：「斬！」剎那間人頭落地。

孫武讓士兵端着兩顆血淋淋的人頭在佇列中挨個展示。眾佳麗個個面無人色，不敢發一語。

然後孫武再讓第二名的佳麗上來替補為隊長，再發命令，讓她們按命令行走。這一回，眾佳麗軍容整肅，行走起來沒有絲毫差錯，儼然已經是一支訓練有素的軍隊了。

孫武再去向吳王覆命，闔閭只好悻悻地嘉獎了他。於是吳國朝野上下都知道了他的威名，再也沒人懷疑孫武領兵的能力了。

至此，吳國已經擁有了天下頂級的將、相，軍事實力躍升為天下第一，兵鋒所至，從此無人能擋。

"疲楚"之戰

當初闔閭發動軍事政變奪了王位，正在楚國征戰的公子掩余和公子燭庸聽到消息，就帶領殘兵敗將分別逃到了徐國和鍾吾國。

闔閭即位三年以後，向徐國和鍾吾國發出通緝令，要他們引渡兩個叛臣。但兩國支支吾吾地拖延時間，兩個公子趁機又逃到楚國。楚昭王高調迎接，並把舒地封給他們，讓他們在那邊居住。

闔閭大怒，派伍子胥、伯嚭領兵攻打徐國和鍾吾國。吳軍一路所向披靡，很快滅掉這兩個國家，活捉了鍾吾國的國君。徐國國君自斷其髮，出城跪迎吳王。吳王闔閭赦免了他，放他回去，派人監視着。後來徐國國君也逃到了楚國，被安置到城父。

前幾年吳國已經消滅了巢國和鍾離國，加上現在的徐國和鍾吾國，楚國在淮河中下游的勢力已經被清除得差不多了。吳國一步步地向西推進，逐漸威脅到了楚國的核心地帶，雙方的戰略形勢正在發生不可逆轉的改變。

徐國被滅亡之前，其實楚國曾準備派兵去救援他們，但他們崩潰得太快，沒有趕上。這時候的吳國已經脫胎換骨，不是誰想打就能打的，楚國在接戰之前也得掂量掂量。

闔閭得意地對伍子胥說：“當年你建議攻打楚國，說時機已經成熟，我其實贊同你的觀點，但我怕吳王僚派我去前線。如果派別人去，我又怕他們得了伐楚之功，所以才阻攔你。現在一切都在我掌控之下，我們可以去打楚國了。”

伍子胥建議，先不要發起決戰，先學當年晉悼公“三駕疲楚”的戰法——用三支軍隊輪流襲擾楚國，使他們疲於奔命，等消耗盡了他們的實力再發起總決戰。

“三駕疲楚”需要在自己的實力強於對方的時候才管用，現在吳國已經有了這個條件，所以闔閭當即接受伍子胥的建議，開始了“疲楚”之戰。

可憐的楚國，從晉悼公的陰影下解脫出來五十年之後，又迎來了一個更加難纏的對手。他們又開始被三支軍隊輪番轟炸。從此以後，楚國軍隊面對吳軍無休止的騷擾，焦頭爛額，再也沒有一天清閒日子。

不久以後，闔閭再度派伍子胥和伯嚭去攻打楚國，打下了舒邑，殺了公子掩餘和公子燭庸。這兩人都是吳王僚的弟弟，殺掉他們算除掉了一個隱患。

闔閭信心滿滿，問伍子胥他們：“我們現在可以攻入郢都了嗎？”孫武勸阻說：“士兵出征已久，疲憊不堪，建議先回去休息，以後再攻打郢都。”

闔閭聽了他的建議就班師了。

孫武考慮得很長遠，現在要發動大戰確實還早了一點。吳國背後還有一個越國，兩國是世仇。一旦吳國要跟楚國展開大規模戰爭，越國肯定會在背後捅刀子，所以得先搞定越國再說。

從楚國戰場回來以後不久，吳國就發起了對越國的戰爭。

越國：古老的大禹後人

越國身處化外之地，比吳國更偏遠，經濟文化更加落後，一直被看作蠻夷之邦。但其實越人的身世非常高貴，他們是華夏大地上最古老的民族之一。嚴格說來，中原各國都得尊他們一聲老大哥。

在周朝建立前九百年的時候，夏朝的君王是少康，他有個庶子叫無余，被分封到會稽，國號"禹越"。

會稽是夏朝的先祖大禹的陵墓所在地，無余的後人從此世代在這裡守護禹王陵。他們文身斷髮，跟周圍的百越族融合到一起，共同開墾這片蠻荒之地。這就是越國的來歷。

因此越國是正宗的大禹後人，是極為正統的華夏世冑。

此後一千多年裡，越人跟中原都沒有多少交集，一直在蠻荒地帶默默無聞地生活着，直到春秋末期。這時候越國的君王是允常，他也學起吳國，自立為王，號稱越王。

有可能是因為吳國的強盛帶動了江南跟中原的交流，越國也從中受益，從千年的沉睡中甦醒過來了。在越王允常的時代，越國學習中原國家四處爭霸的行為，開始對外擴張，開疆拓土。越國的國力漸漸強盛起來。

吳越兩國同步強盛，自然就起了衝突。小小的東南一隅，容不下兩個大國，不管哪一方要擴張，都只能向對方要領土。

吳國因為受中原文化浸染更深，又有晉國這個大佬幫扶着，所以國力遠遠超過越國。幾十年的時間裡，吳國一直壓着越國打。

當初吳王餘祭（闔閭的二叔）就曾經侵犯越國，抓獲了大量越國俘虜。他們可不像中原諸侯那麼文明，他們抓到俘虜要麼直接打殘，斷手斷腳，要麼就發配作奴隸。最後餘祭本人也遭到報復，被一個越國奴隸刺死在了船上。

在那些年裡，吳國一直把越國當作家奴，肆意踐踏，甚至在各種細節上都刻意強調自己跟越國的宗主關係。

姑蘇城的西北門叫"閶門"，又名"破楚門"，這是針對楚國的。而南門叫"蛇門"，門框上雕着一條蛇，頭朝城內的方向，表示越國臣服於吳國 —— 因為吳人認為越國在巳地，屬蛇。

更加火上澆油的是，楚國這些年一直受晉、吳兩頭夾擊，所以也以彼之道還施彼身，聯絡越國夾擊吳國。早在公元前537年，楚靈王就曾經聯合越國發起對吳國的圍剿。

但這些戰爭規模都不大。真正大規模的衝突，還是從闔閭時代開始的。

公元前510年，闔閭為了準備對楚國的大決戰，先清掃大後方，對越國發起大規模打擊。

兵聖孫武親自領軍，越人哪裡是對手？吳軍一路橫掃，打到檇李，最後搶劫了豐厚的戰利品，滿載而歸。

對越人來說，這是一次毫無理由的突然襲擊。他們這麼多年來戰戰兢兢地伺候吳國，貢品稅賦一樣不少，怎麼莫名其妙地就被打了？他們極其憤怒，嚴厲斥責吳國。然而他們的國力就那樣，能把吳國怎麼樣呢？

闔閭自以為這樣就把越人打怕了，後方從此可以高枕無憂，所以正式開始準備對楚國的決戰。但他沒有想到，吳軍給越人留下的，除了恐懼，更多的是仇恨。

吳越之間的長期戰爭就此拉開帷幕。

吳國的戰爭準備

清理完後方的敵人以後，闔閭傾盡全力準備對楚國的戰爭。

再說楚國那邊。他們這些年都在忙着內鬥，對漸漸逼近的危險完全沒有察覺。

自從楚昭王上臺以後，令尹的職位一直由子常擔任。他比楚國之前那些草包官二代更加惡劣，不僅才幹平平，人品更是卑劣。

公元前 515 年，楚國爆發 "郤宛之難"。這次動亂的起因，史書上說是因為費無極的挑撥離間。

當時的左尹是伯州犁（晉國大臣伯宗的兒子，伯宗被殺以後逃到楚國，後來被楚靈王所殺）的兒子郤宛，為人正直。他因跟費無極和右領鄢將師政見不合，兩人就合夥黑他。

費無極找到子常說："郤宛要請您去他家赴宴。" 又對郤宛說："令尹要來你家裡喝酒。"

郤宛說："我家窮，沒有好東西招待令尹，怎麼辦？"

費無極說："令尹喜歡兵器盔甲，你拿一些出來放外面，令尹來肯定喜歡，你就趁機送給他。"

郤宛就聽信費無極的話，在舉辦宴席的那天，拿了五套兵器和皮甲放到門外。

費無極轉身就告訴子常："不得了！郤宛可能要對您動手，兵器都準備好了！"

子常派人去郤宛家門口一查探，見果然擺着兵器皮甲，頓時大怒，就找來鄢將師商量。鄢將師拍着胸脯保證："我去替您收拾他。"於是帶着兵馬闖到郤宛家裡，大開殺戒，滅了郤氏滿門，又一把火燒了他們府邸。

子常他們隨後展開大清洗，把親近郤氏的勢力全部清除掉。包括陽匄（上一任令尹）和晉陳的家族在內，全都被消滅了個乾淨。只有伯氏的後人伯嚭倖免於難，逃到了吳國。

這次政治迫害對楚國的傷害非常大，朝廷上下普遍有意見。子常也感覺做得過火了，所以不久以後又 "幡然悔悟"，"發覺" 自己被費無極他們騙了，於是又殺了費無極和鄢將師，滅了他們兩個家族。

至此，楚國朝廷上再也沒有人能威脅到子常的地位了。但他這樣不顧國家利益，隨意屠殺朝廷裡的政治精英，對國家的傷害是無法彌補的。

另一邊，吳國君臣同心，政治清明，正在磨刀霍霍地準備對楚國動手。

公元前 508 年，吳國為了試探楚國的國力，引誘他們主動開戰。

當時靠近吳國的地方，有楚國手下兩個小弟 —— 桐國和舒鳩國，他們都是已經被楚國征服的國家，處於半獨立狀態。

這一年，桐國背叛了楚國，楚昭王正想着收拾他們，舒鳩國的使者卻找上門來，請求昭王出兵去打吳國。昭王正記着前年吳國攻打楚國的事，本來就想報仇，當即就答應了。於是他讓令尹子常帶兵去攻打吳國。

但舒鳩國其實是跟吳國串通好的，是吳國讓他們主動去勾引楚國開戰。舒鳩國帶着子常的軍隊，開到吳、楚、桐三方交界的豫章，卻發現吳人早都備好了船隻，正磨刀霍霍地說要去攻打桐國。"這是怎麼回事？吳人要替我們收拾桐國嗎？"子常一下沒反應過來，只好停下來觀察情況。

這下他就上當了，中了吳國的調虎離山之計。楚國大軍在豫章跟吳軍大眼瞪小眼的時候，吳國真正的主力卻已經開到了北方的巢邑（原來的巢國，被楚國吞併以後成為巢邑）。巢邑那邊根本沒有防備，瞬間被吳國打下來，守城的公子繁也被吳國活捉了過去。

豫章這邊還在對峙，吳國突然發難，把開向桐國的軍隊調轉船頭衝向楚軍。楚軍被殺得丟盔卸甲，大敗而逃。

這是楚國歷史上最後一次主動進攻吳國，卻上了大當，同時在兩個戰場上被吳國打敗。

通過這次小試牛刀，孫武他們基本摸清了楚國的底細，認定進攻楚國的時機已經成熟了！

這時候蔡國那邊又送來一份大禮。

三年前，蔡昭侯和唐成公去朝覲楚昭王。蔡昭侯帶了兩塊玉佩和兩件皮裘，他把其中的一佩一裘獻給昭王，自己穿另一件皮裘，戴另一塊玉佩。參加宴會的時候，兩個國君的服飾交相輝映。

子常看到了，心想："你送給楚王就不送給我？擺明是瞧不上我。"於是就勒索蔡昭侯，要他把身上的一佩一裘獻給自己。蔡昭侯不同意，子常就到昭王那邊進讒言，最終把蔡昭侯扣留在楚國三年之久。

唐成公有兩匹良馬，獻了一匹給楚昭王。子常也想要另一匹，唐成公不同意，於是也被扣留在楚國三年。

蔡國那邊還一頭霧水，不知道國君是為什麼被扣留下來的。唐國人可能是聽到了內幕消息，知道了真實的原因，就派人到楚國替換唐成公的馬伕。這人到了楚國以後，灌醉了原來的馬伕，把馬偷去獻給子常，子常這才下令把唐成公放回去了。

　　蔡國人這才恍然大悟，趕忙派人去楚國找蔡昭侯商量，建議他把玉佩和皮裘送給子常。蔡昭侯可能還不太想答應，子常就當眾惡狠狠地對蔡國使者說：「你們主子被扣在這邊，就是因為你們這些下人太摳門，不肯送禮。如果明天禮物還送不上來，我就要他死！」

　　蔡國使者趕緊找到蔡昭侯，千說萬說，讓他把玉佩和皮裘進獻給子常。這樣他才得到赦免，被釋放了出來。

　　蔡昭侯屈辱之極，在回國的路上，他拿起一塊玉璧丟入漢水中，對天發誓說：「有生之年絕不再渡漢水往南（去朝覲楚國），有大河為證！」

　　回國以後，他立即到晉國面見晉定公和范獻子（也叫范鞅，曾經因為他引發了欒氏跟范氏的矛盾，最終導致欒氏被滅族），控訴楚國欺凌小國，請求晉國伸張正義，並且把兒子送到晉國去作人質，跟他們簽訂盟約，從此徹底背叛了楚國。

　　蔡國是楚國資格最老的小弟，他們的背叛，使楚國失去了一個重要的幫手，地緣政治大大惡化。

　　公元前 506 年春天，蔡國發起號召，由晉國主持，中原十八國在召陵會盟，共同聲討楚國的罪行。

　　這是春秋歷史上最大規模的會盟，連楚國的幾個死忠小弟——蔡、陳、頓、胡四國都來參加了。

　　本來這是晉國徹底擊敗楚國的絕佳機會，然而此時的晉國，已經墮落到跟楚國一樣腐敗。在會盟期間，六卿家族的中行寅也學子常，私下向蔡昭侯索賄，蔡昭侯也拒絕了。中行寅就向執政的范獻子進讒言說：「我們自己都有一堆問題，去打楚國也沒什麼把握，不如算了。」范獻子權衡利弊，認為不值得為蔡國得罪中行氏，便放棄了攻打楚國的計劃。

　　這次會盟期間還出了一則插曲。

　　鄭國有一支羽旄，是拴在旌旗上的裝飾品，製作得非常精巧。范獻子聽說了，就找他們借來賞賜給下人，讓下人把這個羽旄裝到旗幟上進入會場。

　　范獻子這樣做本來沒太多想法，各國看到以後卻都不高興了，心說：「人家的好東西借給你，你拿來給下人做裝飾品，這是公然把鄭國當成下人嗎？在你眼裡我們這些國家都是下等國家嗎？」

　　晉國由此失掉了諸侯們的尊重。

再說蔡國的事。蔡昭侯在晉國這邊碰了釘子，心裡極度失望。堂堂的諸侯盟主竟然也跟楚國一樣勒索小國，天下還有公道可言嗎？所以召陵之會過後他就開始後悔投靠晉國了。

這時候晉國那邊又發來命令，讓蔡國去打沈國，因為沈國公然不參加召陵會盟。蔡國只好照着做，去把沈國滅了。

沈國是楚的小弟之一，打沈國可能是晉國要蔡國交投名狀。從此以後蔡國就公開得罪了楚國，再也回不去了。

楚昭王聽說沈國被滅，勃然大怒，立即發兵包圍蔡國。

按理說，蔡國是因為遵守晉國的命令才招來禍患，晉國沒有理由不救他們。但這時候晉國這個老大哥卻很不給力，居然沒有任何來救援的意思。蔡昭侯走投無路，只好把目光轉向東南一隅，望向那個生機勃勃、一直想來中原爭霸的吳國。

蔡昭侯把自己的另一個兒子送到吳國當人質，從此背叛晉國，認了吳國這個新老大。

這個可憐的中原小國，就這樣硬被晉楚兩國的腐敗官僚逼走，投入到吳國的懷抱中。

對於吳王闔閭來說，蔡國的投靠是天上掉下來的意外之喜。蔡國在楚國北面，正好跟吳國夾擊楚國，而且蔡國一旦捲入戰爭，中原各兄弟國也不會坐視不管，都會被拖下水站到吳國這邊來。所以他立即跟蔡國結盟，商量一起攻打楚國的事。

吳國因此在跟楚國的衝突中擁有了國際支援，對楚國開戰的所有條件都具備了，春秋後期最大規模的戰爭即將開打！

滅楚！滅楚！

公元前 506 年冬天，吳、蔡、唐三國聯軍殺向楚國，拉開了吳楚總決戰的帷幕。

幾十年來，吳楚之間大規模的戰爭已經有十多次，吳國步步緊逼，逐漸佔據上風，現在是時候做一個了結了。吳王闔閭對這次決戰極為重視，調起全國兵馬三萬人，由闔閭親自領軍，孫武為軍師，伍子胥、伯嚭輔助，闔閭的弟弟夫概為先鋒，以舉國之力撲向楚國。

他們的目標只有一個 —— 滅楚！

當然，這次行動一開始是保密的，可以算是一場閃電戰。

吳國沒有先打楚國，而是溯淮河而上，去救援被楚軍圍困的蔡國。進入蔡國境內以後，吳、蔡、唐三國軍隊會師，乘船沿淮河往西，殺向蔡國首都新蔡。

剛剛走了一段，孫武突然下令：放棄救蔡。全體軍隊棄舟登岸，折而向南，從陸上急行軍，直奔楚國本土。

原來救蔡國只是幌子，吳軍真正的目的是從蔡國境內繞過大別山，目標是楚國本身。

這幾年吳國一直不停地派出小股軍隊騷擾楚國，戰場主要在大別山以東，從來不會跨過大別山。這一次，吳軍假裝救援蔡國，卻拐了一個大彎，從楚國意想不到的方位攻入楚國。

楚國高層完全被騙了。他們根本沒摸透吳軍的意圖，注意力都放在蔡國那邊，沒有加強本土防衛。他們更沒想到吳國會放棄自己擅長的水師，而從陸地上進攻。楚國沿着淮河佈置的防禦陣線全部報廢。

楚國國內雖然兵力眾多，遠遠超過吳國的兵力，但這時候分散在各處，還沒有動員起來。等他們發現吳軍進入境內的時候，已經晚了。

吳軍迅速推進，接連攻克大隧、直轅、冥厄三座關隘，一舉攻入楚國心臟地帶，很快就推進到了漢水東岸 —— 對岸就是郢都！

楚國猛然發現敵人已經兵臨城下。昭王趕忙派出令尹子常、左司馬沈尹戌、大夫史皇，帶領首都附近的軍隊緊急開到漢水西岸攔截吳軍。兩國軍隊隔着漢水對峙。

沈尹戌認為楚國兵力還分散在各處，容易被各個擊破，很難阻擋吳軍強渡漢水，因此向子常提出一個方案：子常繼續在漢水西側攔截吳軍，他自己北上到達方城，帶領當地守軍繞到吳軍的背後，搗毀他們留在淮河上的戰船，切斷吳軍的退路，然後從吳軍背後殺過來，跟子常兩面夾擊吳軍。

這一招很高明，準確擊中了吳軍的軟肋，子常同意了。可是在沈尹戌走後，子常手下的武城黑和史皇卻勸他：如果等沈尹戌回來夾擊吳軍，沈尹戌會立頭功，功勞在您之上。不如您先在漢水發起進攻，搶立頭功。

子常本來就是心術不正的人，聽到他們這樣說馬上點頭稱是，於是在沈尹戌的軍隊還沒有回來的時候就搶先對吳軍發起了進攻。

這正是吳軍最希望看到的情況，他們千里奔襲深入敵境，最怕的是敵人堅守不出。現在楚軍主動出擊，正是求之不得的好事。當然也有可能是吳國方面用了某些方法引誘敵人出擊，子常上了他們的當。

吳軍看到楚軍殺到漢水東岸以後，主動後撤，收縮戰線。子常以為他們心虛，所以一路追下去，於是又一次上當。

吳軍勞師遠征，戰線拉得太長，本來處於不利境地。但這樣一連後撤幾百里，局面就顛倒過來，成了楚軍勞師遠征，吳軍據險堅守，楚軍戰線反而太長了。

吳軍一直退到大別山和小別山之間才停下來，這裡是他們早就選好的戰場，對地理形勢已經分析得很清楚。他們費盡心機把楚軍主力引誘到這裡來，就是要在這裡打殲滅戰。

這時候吳國已經連續進行了六年的“疲楚”戰爭，楚國軍隊早已被拖得筋疲力盡。這時他們又遇上了史上最強軍師陣容，一經交戰，馬上發現吳軍如同神兵天將，銳不可當。幾天之內，吳軍三戰三捷，打得楚軍找不着北。

子常這時才發覺中了吳人的圈套，想撤回去。關鍵時刻，史皇阻攔他說：“平時你急着爭權，國難當頭的時候你就逃跑，還能跑哪去？不如死戰到底，大王說不定還能免掉你引發戰爭的罪過。”這話是對的，他們如果現在撤退，會輸得更慘。

子常無法可想，只好硬着頭皮上。兩軍在柏舉列陣，準備決戰。

夫概對闔閭說：“子常不仁不義，楚國沒有幾個人願意替他賣命。我們應該主動出擊，定能一舉擊潰楚軍。”闔閭不同意。

夫概回營以後對手下們說：“我們做的事情只要是正確的，哪怕君王反對也應該去做。如果我們為國死戰，必定能打敗楚國。”於是帶着手下五千軍馬私自出擊，衝向楚軍陣營。

這樣反而收到了“出其不意，攻其不備”的效果。楚軍完全沒料到吳軍這麼快就打過來了，措手不及，一觸即潰。闔閭看到這個情形，也馬上調集大軍趕到前線增援。楚軍兵敗如山倒，一路潰退。史皇被殺，子常也只好逃到鄭國去了。

吳軍追擊楚軍到清發河。又是夫概提出，先放他們渡河，等渡到一半再進攻。於是吳軍在楚軍渡河到一半的時候發起衝鋒。楚軍自相踐踏，又大敗。

楚軍逃到雍澨，埋鍋造飯。夫概等他們飯快好的時候發起襲擊，又打敗楚軍。這時飯剛剛做好，吳軍吃飽了以後繼續追擊。

楚軍就這樣一路敗一路逃，潰不成軍，迅速被趕回郢都的方向。

這時候沈尹戍聽說子常的部隊被打敗了，緊急從方城趕回來，從側面衝擊夫概的部隊。夫概猝不及防，眼看就支持不住了，多虧孫武的大軍來到，反包圍了沈尹戍。

沈尹戍在吳軍主力包圍之下，左衝右突，奮力衝殺，卻怎麼都衝不出去，最後只得自殺身亡，讓部下把自己的首級帶回郢都交給楚昭王。

至此，柏舉戰役十天之後，楚軍主力的領導層已經全體被滅。楚國士兵群龍無首，被吳軍追趕得四散奔逃，崩潰之勢無法挽回，只剩一些殘兵敗卒奔回郢都報信。

郢都城裡的人聽說了前線的情況，如五雷轟頂，全城大亂，人們紛紛拖家帶口地逃命。楚昭王不顧大臣們的反對，帶着全家老小逃出郢都，往睢水的方向逃去了。

昭王逃走的消息造成了楚國軍民信心的徹底崩潰，整個國家都放棄了抵抗。吳軍在江漢平原上一路橫掃，如入無人之境。

昭王逃走的第二天，闔閭帶領吳軍進入郢都，直入楚王宮，正式宣告楚國被滅，天下震恐。

楚國立國五百年來，首都第一次被人攻破。春秋三百年以來，第一次有大國被滅，而且是頭號超級大國！

這是春秋歷史上最耀眼的一刻！闔閭帶領下的吳國創造了一個不可思議的奇蹟：他們用三萬兵馬、一個月時間，打敗了擁有二十萬兵馬的第一大國。誰能想到，從齊桓公到晉悼公，中原聯盟一百多年來做不成的事，竟讓他們做成了！這一瞬間，整個周朝的天下都匍匐在他們腳前。這個時代屬於他們，屬於闔閭、孫武、伍子胥這一代勵精圖治的吳國人！

仇恨的力量

伍子胥復仇的時刻終於來了。

他是一個性格極其剛硬的人，從父兄被冤殺起，他的人生目標就只剩下一個 —— 報仇。他歷盡艱難，終於在吳國站穩腳跟，又用盡所有的才智，把吳國推上歷史的巔峰。所有這一切，背後的推動力量都是深深的仇恨。

這麼多年，他無時無刻不在想着殺入郢都，手刃仇敵。當他在吳國聽說楚平王病故時情緒崩潰大哭。別人問他："平王不是你的殺父仇人嗎？為什麼你要為他而哭？"他回答："我不是為他而哭，我哭的是不能親手殺死他。"

平王雖然死了，但他的國家還在，伍子胥只能把所有的仇恨轉移到自己曾經的祖國身上。現在這個罪惡的國度終於被他狠狠地踩在了腳下，他終於有機會肆意發洩自己的仇恨了。

吳軍攻入郢都以後，在全城燒殺搶掠。他們焚毀楚國國庫，搗毀楚國宗廟，又進入楚王宮，按照尊卑順序挨個"臨幸"楚國統治者的妻子女兒們，從昭王的王后開始，到子常等人的妻妾，都不能倖免，甚至還有人企圖姦污昭王的母親…… 這是伍子胥的復仇，也是吳國人在報復兩國幾十年來結下的深仇大恨。

昭王僥倖逃脫，伍子胥沒能找他報仇，憤恨不已。他向闔閭申請去掘平王的墳墓，終於在郢都郊外找到平王墓，掘出平王的屍首，親手打了三百鞭，打得骨肉盡爛。伍子胥一腳踏在平王身上，伸手挖出平王的眼睛，大罵："你不是聽信讒言殺害我父兄嗎？現在怎樣？"

這是遲來的正義，平王一輩子要小聰明，隨意殺害大臣，現在終於得到報應，永遠把自己的名字跟"鞭屍"掛在了一起。

伍子胥的冤仇到這時才算報了個乾淨徹底。

他不忘仇恨，但他同樣是一個記恩的人。

傳說在吳國打敗楚國以後，伍子胥又帶兵逼近鄭國，聲討他們當年殺害太子建的罪行。鄭定公眼見大難臨頭，慌忙在國內貼出告示："有能退吳兵的，寡人與他共享天下。"

不久以後，一個漁夫來求見，說有退兵之策。他不需要任何兵馬，只要拿着一支船樂到吳軍陣營前唱首歌就行。

伍子胥殺過來那天，漁夫一手持着船樂，走到吳國大軍之前，一手敲擊船樂唱道："蘆中人！蘆中人！腰間寶劍七星文。不記渡江時，麥飯鮑魚羹？"

伍子胥心裡一道閃電劃過，煙波浩渺，蘆花深處，一葉扁舟緩緩從記憶中駛來。找到這名漁夫一詢問，原來他就是當年的"漁丈人"的兒子。聽了他的請求，伍子胥當即下令撤軍。鄭國得救了！

又有人傳說，從楚國退走的時候，伍子胥特地來到當年遇見浣紗女的河邊。他派人到周圍的村莊裡尋訪，可是這麼多年過去了，物是人非，哪裡找得到那個浣紗女的家人？他只好按照自己曾經的承諾，拿出千金，投入浣紗女投河的地方，以此報答她的一飯之恩。

"自古感恩並積恨，千年萬載不生塵。"古人說得果然沒錯。

但復仇帶來的不僅是快意，也有新的仇恨。當伍子胥在楚國大地上野蠻發洩着自己的仇恨的時候，楚國百姓卻在烈火中飽受煎熬。

楚昭王的朝廷腐敗無能，帶給人民無盡的痛苦。但吳國人打過來以後，楚國百姓發現這些人比貪官污吏更加可怕，他們要消滅的是自己的民族。楚國人的民族意識瞬間被喚醒了，他們開始行動起來，全體參與到救亡圖存的行動中。

郢都城破之時，楚國人把一群大象的尾巴點着，驅趕着衝向吳國軍隊。吳軍被衝散，因此昭王才得以逃脫。昭王逃走以後，子期跟在他身邊保護。昭王的哥哥子西留在郢都附近，打着昭王的旗號，四處收集楚國的殘兵敗卒，組織抵抗力量，為以後復國做準備。

楚昭王一行人逃到雲夢澤，筋疲力盡，只好席地而睡。不想半夜有強盜來襲擊，差點砍到昭王。危急時刻，昭王的手下撲到他身上，替他挨了一刀。昭王等人只好爬起來又一次逃命。

他們逃到鄖地，平王當初造的孽再度發作。鄖公鬥辛的父親鬥成然以前是被平王殺害的，鬥辛的弟弟鬥懷一見到昭王，頓時紅了眼，偷偷向鬥辛建議殺掉昭王替父報仇："平王當初殺了我們的父親，現在我們殺掉他兒子不是應該的嗎？"

關鍵時刻，多虧鬥辛以國家利益為重，放下個人恩怨，阻止了他弟弟報仇的行為。昭王又撿回來一條命。

但他們也不敢繼續留在郢地了，於是在鬬辛的護送下逃到隨國。隨國是最忠於楚國的小國之一，慷慨地收留了他們。

闔閭那邊還在四處通緝楚昭王。他們聽說昭王逃到了隨國，便派軍隊直接殺進隨國，向隨國要人。

吳國的使臣說："周朝的子孫凡是被封在漢水流域的，都已經被楚國吞併了。現在是上天降罪於楚，你們要是忠於周朝，就應該把昭王交出來。"

昭王的哥哥子期長得跟昭王差不多，他本來要求大家把他假冒為昭王獻給吳國，隨國不同意。他們以占卜不吉利為藉口回絕了吳國的要求，對吳國使者說："我們是楚國旁邊的小國，楚國並沒有吞併我們，而且還世代跟我們結盟。現在我們怎麼能因為楚國有難就拋棄他們？而且你們正在楚國的土地上凌虐民眾，如果你們對楚國民眾溫和一些，我們倒考慮交出昭王。"

吳國使者被說得無言以對，只好退出了隨國。

這時候，楚國的土地上，已經處處有烽火，家家有刀兵。無數民眾前赴後繼地趕來隨國保護國君，留在國內的人們也自發組織起來加入保家衛國的隊伍，一場人民戰爭正在轟轟烈烈地進行着。孤軍深入的吳軍正被仇恨包圍，面臨着越來越大的維穩壓力。

其中，一個最閃亮的民族英雄出現了。

楚國人覺醒

申包胥，一個普通的楚國大夫。他本來是伍子胥的朋友，伍子胥逃離楚國的時候曾跟他見面。伍子胥說："我要滅亡楚國。" 申包胥說："子能覆之，我能興之。"

後來吳軍攻入郢都，伍子胥掘墓鞭屍。申包胥正逃亡在山裡避難，聽說以後，就派人對伍子胥說："你這樣報仇不是太過火了嗎？古人云：'人眾者勝天，天定亦能破人。' 你本來是平王的臣子，現在連死了的平王都不放過，如此違背天道。你雖然強大，也不要以為自己會永遠保持不敗。"

伍子胥只是回覆他："我就是要倒行逆施。"

申包胥對伍子胥徹底絕望了，為了阻止吳人的暴行，他隻身一人到秦國去請求援軍。

秦哀公是楚昭王的舅舅，但在利益面前，親戚關係算什麼呢？他不想蹚這渾水，一口拒絕了申包胥的請求。

申包胥不肯離開，站在秦國朝廷裡號啕大哭，七天七夜不停（古人愛隨便說一個數字，七只是表示“多”的意思），終於感動了秦哀公。

哀公說：“楚國有臣若是，不應當亡國。”於是為申包胥寫下《無衣》，激發秦人的同仇敵愾之情。秦人的正義感被喚醒，他們終於行動起來了！

> 豈曰無衣？與子同袍。王於興師，修我戈矛，與子同仇！
> 豈曰無衣？與子同澤。王於興師，修我矛戟，與子偕作！
> 豈曰無衣？與子同裳。王於興師，修我甲兵，與子偕行！

秦哀公派出子蒲、子虎帶着五百乘戰車去救援楚國。

這是秦國第一次與吳國交戰，雙方互相都不熟悉。子蒲先讓楚國殘部跟吳軍交戰，自己在後方觀察吳軍的戰法，然後才讓秦軍出戰。夫概率領的吳軍被殺得措手不及，當即敗下陣來。

五百乘戰車相當於三萬七千多人，僅秦軍的數量就已經超過了吳軍。楚國戰場的力量對比頓時逆轉。楚國的子期、子西也同步發起反擊。之前楚國兵力分散在各處城邑，沒有集結起來，才讓吳軍鑽了空子。現在一旦集結起來，人數便遠遠超過吳軍。秦楚兩大國合力，再加上楚國民眾的積極支持，匯合成一股排山倒海的巨大力量，天下無人能擋！

反觀吳軍那邊，自從攻下郢都以後他們就忙着四處劫掠，軍隊作風早已被腐蝕得千瘡百孔。又因為長期遠離本土，士卒疲敝，補給也跟不上，縱然擁有天下第一的戰力也無濟於事了。

這時候越國又在吳國背後插上一刀，他們趁着吳軍主力長期在外的機會攻入吳國境內。雖說以他們的實力還傷不了吳國，但這對吳軍心理上的威懾是很大的，直接導致前線吳軍軍心渙散，就連吳國高層也都開始三心二意的。

多方壓力之下，吳國領導層內部矛盾終於爆發。

闔閭的弟弟夫概在這次伐楚戰爭中立下頭功，進入郢都以後就開始飄飄然。他到處欺男霸女，敗壞軍紀，甚至為了爭奪一座楚國大臣的府邸，跟闔閭的兒子吵了起來。

如此混賬的統帥，其軍隊自然沒有鬥志，因此在沂地被秦楚聯軍殺得大敗而逃。夫概本身已經對闔閭不滿，又怕兵敗受罰，現在見到吳國國內空虛有機可乘，竟做了一個非常冒險的決定——直接逃回吳國，準備在國內自立為王。

還好闔閭發現得早，立即點起軍馬去追趕夫概。夫概大敗，逃到了楚國人那邊。

但這樣一來，闔閭再也沒心思繼續留在楚國了，只好帶領全軍撤出了楚國國土。

於是，在佔領郢都十個月之後，吳軍被迫撤離，楚國終於得以復國！

不過從另一個角度看，吳軍在這樣危機重重的情況下還能全身而退，沒吃什麼大虧，說明孫武、伍子胥的軍事才能確實相當驚人。

楚昭王隨後大賞功臣。子期、子西、鬭辛這些危急時刻力挽狂瀾的英雄都受到了褒獎。至於企圖行刺昭王的鬭懷，昭王說：“大德滅小怨。”於是原諒了他的罪行，同樣賞賜了他。

還有藍尹亹。當初昭王逃亡的時候，他不管昭王，只顧用船把自己的老婆孩子先載過河去。現在昭王想治他的罪，子西勸諫說：“子常就是因為記着舊怨才失敗的，大王為什麼要學他？”昭王因此也原諒了藍尹亹，讓他官復原職。

而最重要的英雄申包胥堅決推掉所有賞賜，帶着全家老小躲進山裡隱居去了，只在史書上留下“哭秦庭”的壯舉，名垂千古。

經過這次慘烈的滅國之禍，楚國統治者痛定思痛，從此擯棄原來的腐敗作風，君臣一心，勤修國政，使國家逐漸走上了正道。

不過這次災難對楚國的打擊也是實實在在的，楚國從此跌下超級大國的神壇，永遠退出了中原霸權的爭奪戰。為了避開吳國的威脅，楚國甚至放棄了郢都，遷都到都城——可見他們對吳國的畏懼之深。

吳軍雖然被迫退出楚國，但不能否認，他們確實是這場戰爭的最大贏家。經此一役，天下各國都對吳國的超強戰力印象深刻，吳國成為所有人公認的超級強國，站到了國際舞臺的中央。

但吳國的跟班小弟蔡國和唐國就慘了。吳軍一撤走以後，兩個小弟失去了大哥的保護，只能任由秦、楚兩個大佬欺負。

兩個大國直接滅掉唐國，又威脅蔡國。從此以後，蔡國一直在滅國的恐懼中戰戰兢兢地生活着。

直到十二年後的公元前 493 年，蔡昭侯偷偷把吳國軍隊引入國內，然後由吳軍威逼蔡國文武百官，強行把蔡國遷都到靠近吳國的地方，永久接受吳國保護，蔡國這才勉強安頓下來。

但蔡國人對蔡昭侯搞這些鬼鬼祟祟的名堂很憤怒，兩年以後就派刺客殺死了他。

蔡昭侯和唐成公最終都沒能得善終。這是夾在大國中間的小國無法逃避的命運，無可奈何。

除此之外，柏舉之戰還引發了另外一件事。這件事在當時沒什麼人關注，卻對中國文化產生了重大影響，讓後人感到無限遺憾。

王子朝之亂

天下各國紛紛攘攘的時候，小小的周王室也沒消停，每一代的王子們都為了權力爭得你死我活。整個春秋時代，周王室內部總共發生了五次大規模動亂，其中時間最久、破壞力最大的是第五次 —— 王子朝之亂。

王子朝是周景王的庶長子。按照“有嫡立嫡，無嫡立長”的傳統，周景王立嫡長子王子壽為太子。

不料王子壽年紀輕輕就病死了，景王只好立另一個嫡子王子猛為太子。（這裡存疑。有另一種說法認為王子猛沒有被立為太子，身份並不合法。另外，王子朝在給諸侯們的申明裡說到，王子猛也是庶子，而且年紀比王子朝小，所以繼位的順序應該在王子朝之後。）

但景王後來又反悔了。他很喜歡王子朝，想改立王子朝為太子。

君王的家事就是國事。麻煩的地方在於，朝中各派勢力分別有自己支持的王子，所以立誰為繼承人，背後是各派勢力的鬥爭。其中，勢力最強的單、劉兩家都支持王子猛，而召、毛、伊、南宮四個家族支持王子朝。

當時單、劉兩家權焰熏天，一度有架空周王的架勢，所以景王支持王子朝也不排除有打擊這兩個家族的考慮。

王子朝的師父是賓孟，景王私下跟他溝通過，說了自己的想法。兩人策劃在打獵的時候暗殺單穆公和劉獻公，再把王子朝名正言順地扶上太子位。

公元前 520 年四月，就在景王他們準備動手的時候，戲劇性的一幕出現了。景王突然心臟病發作身亡。三天之後劉獻公也暴病身亡。劉獻公沒有嫡子，單穆公扶助一直親近自己的劉氏庶子伯蚠繼承了爵位，是為劉文公。單穆公隨後又拿賓孟開刀，派人殺死了賓孟。

於是在短短幾天之內，幾個主要當事人只剩下單穆公了，一切都只能他說了算。王子朝的勢力說景王生前是支持他們的，可是有什麼證據呢？只能眼睜睜地看着單穆公把王子猛扶上王位，是為周悼王。

單穆公積極運作，把周王室的王子們都召集到他家裡，要他們集體宣誓支持悼王，意圖強行把局面定下來。

但王子朝那邊可是半個朝廷的勢力啊，也不是好惹的。他們覺得自己純粹是被黑了。這些人也很清楚，等局勢穩定以後單穆公肯定要挨個收拾他們，所以事到如今已經沒有退路了，只能發起政變，暴力奪權！

當年六月，在安葬了景王以後，尹文公、甘平公、召莊公三家派出家丁，以南宮極為帥，靈王、景王的後人們紛紛助陣，向單、劉兩家的勢力開戰。

周王室因此大亂。兩派勢力互相攻打，天翻地覆。

單、劉兩家的軍隊本來更強，但單穆公刺殺顧命大臣的做法太霸道，不得人心，所以他們反而打不過王子朝的雜牌軍，很快敗下陣來。王子朝他們成功控制了王宮，劫持了悼王，派人追殺單穆公。

這時候晉國強勢干預，派智文子帶着晉軍支援單、劉兩家。兩家又打回洛邑，趕跑了王子朝，重新扶立悼王登上王位。

從雙方的戰況來看，周王室內部大多數人可能是支持王子朝的，但晉國要干預，他們也沒辦法。說到底，周王室內部的事務不由他們自己說了算，而是晉國這種強勢諸侯說了算。

但過了不到一個月，悼王又離奇死亡，有說法稱是被王子朝一方所殺。單、劉兩家扶立他的弟弟王子匄繼位，是為周敬王。

　　晉國幫人只幫一半，不久以後就撤出了洛邑。這時候王子朝還在外面虎視眈眈的，他們也沒管。

　　所以晉軍撤走以後，王子朝馬上又殺回洛邑，把敬王趕了出去，然後乾脆就自立為王。這時候，敬王住在洛邑東邊郊外，被稱為東王，王子朝被稱為西王。周王朝再次出現"二王並立"的奇特景觀。甚至連首都都分成了兩個：東邊新修的被稱為"成周"，西邊的老城被稱為"王城"，總稱為"洛邑"。

　　此後雙方一直在洛邑打來打去的，也沒人管他們。就這樣一直亂了三年，敬王漸漸支持不住了，眼看王子朝又將獲勝。晉國看不下去了，召集天下諸侯在黃父開會商議這件事。這次會議徹底明確了一點：王子朝是叛亂分子，周王室的正統繼承人是周敬王。

　　公元前516年，王子朝手下的召莊公和南宮極相繼病死。敬王趁機在城內散佈謠言，說這兩人是被雷劈死的，因為王子朝觸怒了上天。謠言的效果立竿見影，洛邑城內頓時人心惶惶。敬王便趁這個時機再次向晉國求助。

　　晉國派出智文子、趙簡子帶兵殺入洛邑，直接打掉了王子朝集團，重新把敬王迎回王城。洛邑的叛亂基本平息。

　　但事情並沒有這樣結束。周王室的疆土跟晉楚兩國都接壤，王子朝兵敗的時候帶着自己的支持者、周王室的專家學者等人逃到了楚國。楚國一向跟晉國作對，就收留了他們這群人。

　　爭吵還在繼續。王子朝發表了一篇洋洋灑灑的檄文給諸侯們，竭力為自己辯解，說單、劉兩家違背先王的命令，廢長立幼。但晉國不支持他，說這些又有什麼用呢？

　　他們愛怎麼吵是他們的事，老百姓並不關心這堆爛事，反正周王也只是個擺設，誰當還不是一樣。但有一件事卻非常嚴重──王子朝逃出洛邑的時候帶走了周王朝圖書館裡的官方典籍，可能還有大量青銅禮器、珍貴文物等。

　　按照古書上的說法：夏朝滅亡的時候，他們的史官帶着圖書典籍投靠了商朝；商朝滅亡的時候，他們的史官又帶着圖書典籍投靠了周朝。所以周朝國家圖書館裡面應該保存着夏、商、周三代的文獻資料，包括官方檔案、誥命檔、地理圖志、奏章報表等重要文獻。

　　王子朝帶着這些文獻逃到楚國以後，這些無價之寶的下落就此成謎，沒人再看到過它們，楚國史料裡面也沒有記錄。

　　甚至王子朝具體逃到了哪裡都是謎案。據說他剛逃到召南的時候就傳來了楚平王過世的消息，所以他只好滯留在半路，後來就一直沒去郢都。

　　這樣又過了十年，吳王闔閭大規模入侵楚國，郢都被攻破，楚國大地上一片混亂。周敬王趁這個機會派人刺殺了王子朝，隨後王子朝的支持者們又在洛邑發起叛亂 —— 又是晉國出手，幫忙平定了叛亂。一直到公元前 503 年，晉國護送敬王回到洛邑，歷時十九年之久的王子朝之亂才徹底平定。

　　這時候周王室才有機會去收拾殘局。但那些無比珍貴的圖書典籍卻在戰火中永久失蹤了，周王室怎麼都找不到它們，後世的人們也沒有任何發現。

　　於是從西周往上的華夏文明史變成了一片空白，幾千年的記憶被清除了，有完整文字記錄的中華歷史只能從春秋開始算起。這是無可彌補的巨大遺憾。

　　傳說，周王室的"圖書館長"李聃看到統治者們無休止的征戰和大量文獻被毀的一幕，對那個社會失望至極，心灰意冷，於是騎着一頭青牛，獨自一人離開洛邑，向着函谷關的方向去了。由此造就了中國文化史上最經典的場面之一……

出關化胡

李耳，又名李聃，被後人稱為老子。

他是周王室國家圖書館的管理人員，學問之淵博可以說是天下第一，在當時就已經擁有非常高的名望。

但跟後來的諸子百家不一樣，他並沒有高調招收徒弟，也沒有去各國君主那裡推銷他的學說。實際上，他本人根本就沒有創立什麼學派。

我們今天能知道老子的學說，還得多虧一個叫"尹喜"的普通士兵。

在周王室發生動亂、國家圖書館被毀了以後，老子心灰意冷，獨自騎着青牛走到函谷關。守關的小吏尹喜見到他就說："您是要去隱居了？請為我們留下一本著作吧。"

於是老子當即寫了一本五千字的書給他，隨後向西走出函谷關，從此不知所蹤。

這本書就是彪炳千秋的巨著《道德經》——

> 道可道，非常道；名可名，非常名。
>
> 無名，天地之始；有名，萬物之母。
>
> ⋯⋯

老子輕描淡寫地留下的這些文字，卻可以讓後世之人用無限的精力去研究、去發掘其中的無上奧妙，而且永無止境。這樣的智慧，已經超出了人類的範疇，所以後人尊他為神仙也確實有一定道理。

《道德經》的內容極其深奧，真正是"玄之又玄"，妙不可言，不可能在有限的篇幅中說得清楚。如果往最簡單去說，可以把它看作一本哲學著作，講的是老子對於我們這個世界的理解。

在老子眼裡，世間一切的驅動力都來自"道"。至於這個"道"是什麼？不可說，不能說，也說不清楚，只能自己去領悟。

"道"無所不在，永遠默默地推動着我們這個世界的運行，而我們這些愚蠢的芸芸眾生，只能被它裹挾着，身不由己地過着渾渾噩噩的日子。

我們無法改變這一切，事實上，我們無法改變任何事，我們甚至不應該嘗試去改變任何事，我們的一切行為都是錯的。我們唯一能做的，就是靜靜就像小河中的一片秋葉，靜靜地躺着，任憑水流把自己載着，漂到哪裡是哪裡，隨遇而安。

為了達到這樣一種“無為”的境界，我們需要摒棄自己的一切物質需求和精神需求，頭腦空空的，什麼也不想，什麼都不爭，無慾無求。

我們只需要每天吃飽了飯，曬着太陽，鼓腹而歌，沒心沒肺地活着。這樣對自己、對社會都是最好的狀態。

而從統治者的角度來說，就要儘量讓老百姓達到這樣一種狀態。只有天下百姓都變得無慾無求了，社會才能和諧繁榮。

而且統治者自己也要無為而治，不要發動戰爭，不要爭權奪利，放手讓國家自然運行。

進一步說，甚至根本就不該存在統治者，也不該存在國家機器。最好的狀態就是只剩下幾個小村落、寥寥幾戶人家，大家都靜靜地過着自己的田園生活，“雞犬之聲相聞，民至老死不相往來”。

這可以看作老子對那個烽火連天的戰亂時代給出的解決方案。

春秋三百年，劍與火席捲了華夏大地，幾乎沒有一天不發生戰爭和殺戮。統治者們瘋狂地追求權勢，為了爭權奪利，他們驅趕着各國人民互相攻殺，他們彼此之間也是大打出手，用盡陰謀詭計，弒君、屠民、滅國……醜態百出。無盡的災難吞噬了數不清的生命，毀掉了不計其數的家庭。

這是一個人人自危的時代，每個人都在痛苦和恐懼中苦苦掙扎。

我們為什麼會如此痛苦？每個人都在思考。

老子認為這一切的源頭都是因為人們有慾望、有追求。人們為了實現自己的慾望，就會用盡各種手段去害人，特別是統治者，更是如此。

所以唯一的解決辦法就是讓所有人都失去慾望，讓人們拋棄國家和各種組織，回到與世無爭的上古社會。

這就是他給世人的回答。

他把這份答案交給了尹喜，讓他代為轉告世人，希望世人可以迷途知返。但問題在於，他並沒有告訴人們怎麼才能實現這個理想。

讓統治者放棄爭鬥並且善待人民？這怎麼可能？

讓社會倒退到原始狀態，大家都結繩記事？更不可行！

所以老子的學說儘管蘊含了無限智慧，卻基本沒法應用到現實中來。歷朝歷代的統治者儘管都很尊崇老子，但也確實沒辦法拿他這一套學說去治理國家。

而且他的學說實在太過於深奧了，基本上沒有人能完全理解，特別是當老百姓中文盲還佔大多數時，你去給他們解釋“道可道，非常道”？你讓他們去思考世界的本質？他們只能按照自己能理解的方式去運用《道德經》。

到最後，老子留給後人的最大遺產反而是各種天馬行空的神話傳說。“一氣化三清”的太上老君形象，已經深深地刻在了中國人的記憶裡，成為中國文化的重要組成部分，也算是豐富了中國人的精神世界吧。

真正要創立改造世界的偉大學說，還得靠另一位偉人 —— 至聖先師孔夫子。

聖人降世

孔子是春秋初期宋國大夫孔父嘉的後人。孔父嘉在宋國的內亂中被太宰華督所殺，他們家族也因此衰落。後來為了躲避政敵的迫害，他們只好逃到魯國。

孔父嘉的後人叔梁紇是魯國著名的勇士，在偪陽之戰中他一人扛起一道城門，解救了諸侯聯軍，立下不世奇功。

叔梁紇六十六歲的時候，膝下有九個女兒，卻只有一個殘疾的兒子。於是他納顏徵在為妾，並在公元前 551 年（晉國欒盈被迫害那一年）生下孔子。

由於叔梁紇的遺傳，孔子也生得高大威猛，據說他成年以後身高九尺六寸，在當時算得上巨人了。

孔子三歲的時候，叔梁紇病逝，他的正妻施氏把孔子母子趕出了家門。顏氏只好帶着孔子搬到曲阜，過着清貧的生活。孔子的童年就這樣在貧苦中度過。

好在那時候社會地位是遺傳的，孔子生在貴族家庭，天生就是貴族，政壇的大門一開始就向他敞開着。

儒家宣導"修身、齊家、治國、平天下"，而孔子本人是這個目標最早的實踐者。

從年少的時候起，孔子就立志要從政，想通過推行自己的政策改造社會。當時的魯國由"三桓"中的季氏掌權，孔子在季氏手下做了幾年小官，從二十歲那年管倉庫開始，到後來管理牧場，又擔任司空，主管建築工程。但他始終沒有受到重用。

這期間，孔子一直在孜孜不倦地求學，特別是學習周禮。他的學問很快遠近聞名。同時他也開始辦學，招收徒弟，漸漸擁有了自己的學派。

但季氏的統治者並不覺得孔子對自己有什麼用處，在他們眼裡，孔子只是一個埋頭鑽研古書的專家學者而已。

這一時期最重要的事件是孔子與老子的會面。公元前 520 年前後，孔子為了增進自己的學問，帶着南宮敬叔專程趕到洛邑去向老子請教周禮。

但老子卻說："您問的這些人和事，都已經化作雲煙了。（問這些有什麼用？）我對您的建議是，要修身養性，隱藏自己的鋒芒，內有盛德而外表若愚。（不要去追求什麼，只要自己的修為足夠，一切自然達成。）"

老子給出的顯然不是孔子想要的答案，他也給不了孔子想要的答案，老子那些"無慾無求"的理論絕對不是孔子所追求的東西。但他淵博的學問、無上的智慧，還是帶給孔子很多啟發。

過後孔子對人說："鳥，我知道牠能飛，可以用箭去射；魚，我知道牠能游，可以用絲線去釣；至於龍，牠能乘風雲而上九天，我就沒辦法了。老子就是龍啊。"

在老子的"虛懷若谷"面前，孔子的一切才學都像打在棉花上，無處用力。但孔子對老子的評價也極其高明，似褒又似貶，令人回味無窮。

公元前 522 年，齊景公與晏子到魯國訪問。"三十而立"的孔子受到召見，跟景公討論治國之策。孔子的博學多才給景公留下了深刻印象。

這次會見也讓孔子看到了改變命運的機會，難道終於有統治者懂得欣賞他了嗎？

當時魯國國內已經山雨欲來，魯昭公跟"三桓"鬥得很兇。公元前 517 年，季平子跟昭公因為鬥雞爆發大規模衝突。"三桓"的勢力聯合攻打昭公，昭公戰敗，被迫逃到齊國。這一事件史稱"鬥雞之變"。

統治者如此不靠譜，簡直是"君不君，臣不臣"。在這樣一種環境下，孔子自然沒法推行他的"仁政"。無可奈何之下，他只能放棄在魯國發展事業的機會，而把目光投向了國外。

他來到齊國，受到齊景公的器重。景公向他請教治理國家的辦法，孔子的回答是："君君，臣臣，父父，子子。"也就是要定好上下尊卑的關係。

景公對孔子的回答非常滿意，準備長期留他在齊國幫忙參與國政，甚至還想把尼溪的土地封給他，也就是讓他永久地在齊國做官，但被晏子攔了下來。晏子的眼光很毒，他顯然看出了孔子不適合從政，孔子的那些理論對當時的齊國也沒什麼用處。

晏子向齊景公詳細分析了孔子這種儒生對國家的危害。景公的態度因此轉變，開始冷遇孔子。

也是在這段時期，留下了"子在齊聞《韶》，三月不知肉味"的典故。

孔子並不是心機很深的人，政治這種骯髒的勾當他玩不轉。齊國那些老牌公卿看到他得到國君賞識，甚至有可能會把他的治國理念在齊國推行開來，這些人就不幹了，背地裡謀劃刺殺孔子。

孔子聽到消息以後去找齊景公。景公並沒有替他說話，只是淡淡地說："我老了，沒法任用你了。"孔子知道自己在齊國已經沒法立足，只能回到魯國。

這是他的政治生涯遭遇的第一個重大挫折。

這之後的很多年，孔子都在魯國的家中鑽研學術，他編撰和整理了《詩》、《書》、《禮》、《樂》、《易》、《春秋》，為後世留下了國寶級的經典巨著。他廣收門徒，按照"有教無類"的標準為社會培養了許多人才。同時，他的思想也進一步成熟，通過講經論道，把自己的學說廣泛地傳播開去。孔子成為了那個時代最耀眼的明星級學者。

然而他的觀念仍然是"學而優則仕"。有一身的才學，如果不能從政，不能把自己的施政理念應用到現實中去，對他而言就仍然是失敗的。

直到公元前504年，孔子的仇家陽虎給他送來了一份大禮。

魯國執政官

陽虎又叫陽貨，是季氏的家臣，跟孔子的仇怨由來已久。

那還是孔子十七歲的時候，他母親剛去世，還在服孝期間。有一天，陽虎上門來弔唁，隨後神秘兮兮地問他："今天季氏正在宴請國內的青年才俊們，你聽說沒有？"

孔子以為是在邀請他，很高興地說："沒聽說呀，要請我的話我肯定去。"

結果陽虎說："呵呵，請誰也不會請你。"

這就是後世儒家一直念叨的陽虎辱孔子事件。陽虎惡意滿滿地羞辱孔子，從此跟孔子結下了仇。

不過陽虎的政治才能其實遠遠超過孔子。

當時"三桓"家族架空了魯國國君，成了魯國事實上的統治者。但陽虎更狠，他直接架空了"三桓"。

他在季氏手下混了幾十年，通過各種或明或暗的手段做掉了所有競爭對手，成為季氏手下的第一號人物。

公元前505年，季平子逝世，他兒子季桓子繼位。季桓子還是個小孩子，陽虎便開始對這個新主人下手。

他帶兵攻打季氏的另一個家臣仲梁懷，並且囚禁了季桓子，逼迫季桓子把季氏的權力交給自己。季桓子不同意，陽虎當即殺了他的堂兄弟，季桓子只好服軟。陽虎就這樣順利奪得季氏的大權。

剛好這時孟氏和叔孫氏的掌權人也都很年輕，做不了主，於是"三桓"的權力就都被陽虎竊取過去了。

魯國國政也就因此從"三桓"再往下掉，落到了陽虎手上。

陽虎竊取了國政，老牌貴族們當然不會支持他，他只好扶立新人來增強自己的勢力，於是德高望重的孔子就進入了他的視線。

他又去找孔子，但孔子本着"道不同不相為謀"的原則，不肯見。他就派人送給孔子一頭乳豬，心想你總得來拜謝我吧？

孔子也有意思，專門挑陽虎不在家的那天去拜謝他，不料在半路上碰到陽虎。

陽虎就對孔子說："有才華卻不去為國出力，這樣算‘仁’嗎？"

孔子說："不算。"

陽虎再問："喜歡參政卻總是失去時機，這樣算‘智’嗎？"

孔子說："不算。"

於是陽虎說："時光易逝，歲月不待人。"

孔子終於說不過他了，回答道："好吧，我聽你的，出來做官吧。"

公元前 504 年前後，孔子第二次登上魯國政壇，被任命為小司空，幾年後又升任大司寇，掌管魯國的司法和刑獄。在五十知天命的年紀，聖人終於有了一次難得的機會，可以實踐自己改造社會的偉大構想了。

剛剛獲得任命的孔子非常興奮，興高采烈地對子路說："如果他們任用我，我會在東方再建立一個周朝！"

孔子掌握權柄以後，鐵面無私，公正嚴明。他上任不過七天就誅殺了"亂政者"少正卯，並且把少正卯曝屍三日，以儆效尤。

據說，孔子當政三個月以後，魯國政治清明、社會穩定，連賣豬肉的商人都不敢弄虛作假了。男女在街上行走都保持距離，城中路不拾遺，夜不閉戶，國外到魯國來的商旅不必賄賂官員就能得到很好的照顧。

拋開史書上美化的成分，孔子在魯國的政績應該也還是不錯的。

至於陽虎，後來跟"三桓"爆發了正面衝突，他那一派戰敗，被趕出了晉國，從此成為孔子眼中的"亂臣賊子"，一直被嚴厲撻伐。

孔子出仕這幾年是他的人生巔峰。他也極為珍惜這段時光，盡力實踐着自己的政治理想。這段時期最著名的事件是夾谷之會。

前幾年十八國召陵之盟，諸侯們都看到了晉國的腐敗和不思進取，從此對晉國離心離德。齊景公看到這個機會，認為齊國可以從晉國手上接過霸主的衣缽，所以開始蠢蠢欲動，這幾年都在忙着準備"稱霸"的事。他的首要目標是壓服魯國，迫使魯國當自己的小弟。

公元前 500 年，齊國召集魯國在夾谷會盟。

按照規定，雙方各自要安排一位儐相，負責組織會議。齊國那邊安排的是大名鼎鼎的晏子，魯國安排的是孔子。

儐相應該由本國的頂級權臣來擔任。按照孔子的地位，本來不夠格，但季桓子出人意料地把他安排到這個位置上，說明有意着重培養他。這對孔子而言是表現自己的極好機會。

　　齊國人聽說魯國派出的是孔子，認為他是個文弱書生，肯定好欺負，就想玩一些花樣。齊國之前已經消滅了萊國，俘虜了很多萊夷，於是讓萊夷帶着兵刃一起去參加盟會，準備趁機劫持魯定公，逼魯國就範。至於為什麼不用齊國自己的士兵劫持魯定公？因為齊國士兵帶着兵刃太惹眼了，魯國會有防備。

　　會盟之前，孔子已經預料到這次一定危險重重，所以特地囑咐魯定公帶上足夠的兵馬，並讓左右司馬（掌管刑律的官員）同行，以防萬一。

　　會盟那天，雙方表面上都客客氣氣的。按照約好的流程，齊景公和魯定公雙雙登上高臺，互相見禮，寒暄客套一番，然後互相敬酒，交換禮物。

　　這時臺下突然闖過來一群衣衫襤褸的萊夷，大吵大鬧，鼓噪着要衝上臺去。齊國人假裝控制不住局勢，眼看這群萊夷就要衝到魯定公跟前了。

　　這時，臺下的孔子大踏步奔上高臺，親自指揮魯國士兵保護魯定公，並且大聲呵斥齊國人："裔不謀夏，夷不亂華。我們華夏國君聚會，豈能讓夷狄來擾亂！這應該不是齊君安排的吧？"

　　齊景公沒想到孔子會拿萊夷的身份說事。引入夷狄來擾亂華夏，這是中原各諸侯國絕對不能容忍的罪行。他不敢冒天下之大不韙，只好悻悻地命令齊國衛士趕緊把這些蠻夷趕走。會盟這才繼續進行了下去。

　　齊國人還不死心，過了一會又弄出個幺蛾子。在會盟的表演環節，他們讓一群侏儒小丑登臺，亂七八糟地唱一些流行歌曲。根據野史，他們甚至還唱了《敝笱》——這首歌講的是文姜跟齊襄公兄妹亂倫的事。文姜是魯定公的祖先，這是公然羞辱魯國。

　　孔子站上臺階中央，怒喝道："匹夫戲弄諸侯者，按律當誅！請右司馬執法！"

　　魯國司馬當即帶人衝上高臺，抓住為首的幾個優人，將他們拖下去當場斬首。齊國人看到這情形，都說不出話來。孔子的說法沒錯，按照周禮，這些人確實該斬首，齊國人總不能公開對抗周禮吧？

　　孔子就這樣成功維護了魯國的國家尊嚴。

　　夾谷會盟過後，齊國按照約定退還了前幾年侵佔的魯國土地。魯國因此獲得了很大收益，孔子的政績也受到魯國人的一致讚賞。

但要成為一個成功的政治家，只有政績是遠遠不夠的。在政壇混，做人比做事更加重要，不犯錯比立功更加重要。孔子隨後就踩了一個大雷，直接斷送了自己的政治生涯。

墮三都

陽虎被趕走以後，"三桓"再度執政。而且他們沒有了對手，完全把持了魯國國政。魯定公知道，不除"三桓"，魯國國君的位置肯定會被搶走，所以他把除"三桓"當作當前最急迫的任務。

孔子對這一切當然很清楚。一直講究"君君，臣臣"的他，對這種以下犯上謀朝篡位的事情深惡痛絕。

按照周禮的規定，士大夫的城邑，城牆高度不能超過十八尺，超過就是僭越。這是為了削弱士大夫的防衛能力，防止他們造反。

當時"三桓"權焰熏天，三個家族的城牆高度全部超過了規定。（"三桓"的城邑是：季氏的費邑、孟氏的郕邑、叔孫氏的郈邑。）

孔子跟魯定公就以此為藉口，要推掉他們的城牆超過標準的部分，以此來削弱他們的軍事實力，也打壓他們的氣焰。這次事件史稱"墮三都"。

出人意料的是，"三桓"的首領 —— 季桓子這些人 —— 一開始是支持墮三都的。

因為他們自己也面臨被手下家臣奪權的危險，這些家臣們經常倚仗高大的城邑發動叛亂。季桓子他們認為，這時候打壓"三桓"，受打擊最大的其實是這些桀驁不馴的家臣們，所以他們自己反而挺樂意。

墮三都行動就這樣轟轟烈烈地展開了。

孔子先搗毀了叔孫氏的郈邑城牆，然後準備搗毀費邑，但他低估了那些家臣的兇狠程度。費邑的首領公山不狃和叔孫輒（這兩人曾跟陽虎一起反叛"三桓"，連季桓子都怕他們）準備拼個魚死網破，直接派兵殺入曲阜捉拿魯定公。嚇得魯定公躲到季氏家裡，這才逃過一劫。

關鍵時刻，孔子在曲阜鎮定自若地指揮軍隊抵抗叛軍，經過一番激烈的戰鬥，叛軍被打退了。公山不狃和叔孫輒逃到了齊國。

魯軍隨後再度挺進費邑，搗毀其城垣。這是"三都"中的第二座。

接下來輪到郈邑。郈邑的首領斂處父據險而守，對抗政府軍。魯定公親自帶兵包圍郈邑，但打了很久都沒打下來。

這時候齊景公派軍隊殺到了齊魯邊界上，並放出話來：只要郈邑被搗毀，齊國軍隊立馬打進魯國。

而季桓子一眾的態度也變了。他們支持墮三都是為了打擊家臣勢力，現在目的已經達到了，再整下去就要整到"三桓"自己了，所以也開始明確反對墮三都。

內憂外患之下，魯定公和孔子只好放棄了搗毀郈邑的計劃。墮三都因此功敗垂成。

魯國失去了最後一次打壓"三桓"的機會，孔子的政治生涯也遭遇到不可挽回的失敗。

墮三都過早暴露了孔子打壓"三桓"的堅定決心，他因此成為"三桓"的眼中釘，沒有可能繼續留在魯國政壇上了。

不久以後，齊國送了一大批女樂給魯國，這顯然沒安好心。季桓子果然沉迷在女色中不能自拔，從此荒廢朝政，當然他也就更加不再需要孔子這樣的人了。

魯國國政不僅被"三桓"竊走，甚至連"三桓"自己都腐敗墮落了。這樣的國家還有什麼希望？孔子心灰意冷。

又過了沒多久，魯國舉行郊祭，按規定要給每個大夫派送祭肉，卻沒有送給孔子，這相當於給孔子的解聘文書。孔子看到這情形，只能默默地離開了魯國。

"道不行，乘桴浮於海。"

既然這個國家不給我施政的機會，那就離開這裡吧。遠方那些國家，或許有可以理解我的明君存在？

公元前 497 年，孔子離開了他一直深愛着的魯國，帶領顏回、子路這些弟子，踏上了周遊列國的旅程。

周遊列國

一行人首先來到魯國旁邊的衛國。

衛靈公一開始很仰慕孔子，按照孔子在魯國的收入給他俸祿，但並沒有任用他。孔子在衛國住了十個月，發覺靈公派人在暗暗地監視他，只好離開了衛國。

他們在去陳國的路上，途徑匡城的時候，又一次被老冤家陽虎給坑了。當時，他們一到匡城，就被憤怒的當地人給包圍起來，喊打喊殺的，說要報仇。孔子覺得很奇怪，一打聽才知道，原來是因為幾年前陽虎帶兵經過這邊。陽虎的軍隊紀律很差，在當地橫行無忌，所以當地人都特別恨陽虎。偏偏孔子跟陽虎長得很像，當地人也搞不清那麼多，只說："上次欺壓我們的那個傢伙又來了！"衝上來就要群毆。

這次被困非常危險，但孔子從頭到尾都很樂觀。他對弟子們說："周文王死後，周朝的文化不就是被我們這些人繼承了嗎？如果上天想要消滅周朝的文化，我們根本就不會有機會繼承它。如果上天還想讓這些文化傳承下去，那麼周圍這些人能把我們怎麼樣呢？"

這番話基本上跟後人說的"天生我材必有用"一個意思，顯示了孔子的樂觀豁達之處。

他們拼命向當地人解釋。這時顏回從衛國趕來，說衛靈公請大家回去，才讓當地人確認了他們不是陽虎一黨。他們被圍困了五天以後終於脫困，回到衛國。

不過孔子也認定陽虎是他命裡的剋星了，一輩子都特別恨陽虎。

這次到衛國發生了著名的"子見南子"事件。

南子是衛靈公夫人，是個妖豔的女人，名聲很不好。國際上一直在流傳她的各種緋聞。

這樣一個女人偏偏也對孔子很仰慕。她聽說孔子來了，就派人去邀請孔子見面。

孔子在人家國家，當然不能拒絕邀請，便去見了南子。

南子盛裝打扮，在一座佈置得很豪華的帳篷中接見孔子，兩人隔着簾子互相跪拜行禮。據說南子身上的佩飾撞擊的叮噹聲遠近可聞，令人浮想聯翩。

　　兩人大概拉了一下家常，互相客套幾句，孔子就回去了。

　　孔子身正不怕影子斜，但子路可不幹了。子路是個直性子，覺得老師你大老遠地跑來外國，不去跟那些士大夫們談論治國安邦之策，卻專程去見一個妖豔少婦，莫非老師你也有自己的小九九？

　　孔子急得跳腳，賭咒發誓地說：“予所否者，天厭之！天厭之！”子路他們才相信了他的“清白”。

　　這是孔子唯一一次跟“女色”掛鉤的事件，因此被後人所津津樂道。衛靈公夫婦其實對孔子都不錯，但他們跟孔子終究不是一路人。

　　孔子在衛國待了沒多久，衛靈公出行，跟南子同乘一輛車，讓孔子坐後面的車跟着，浩浩蕩蕩地開出宮門。孔子就說：“吾未見好德如好色者也。”衛靈公近女色而遠賢才，在孔子看來顯然不是有德之君，失望的孔子只好再一次離開了衛國。

　　他繼續尋找可以實現自己理想的地方。

　　但天下之大，卻沒有一片安寧祥和的土地。大國在忙着明爭暗鬥，小國在大國的夾縫間艱難求生，哪個國家可以接受他們的治國理念呢？

　　一行人來到宋國，宋國司馬桓魋想要殺害孔子，他們只好趕緊逃走。

　　到鄭國時，孔子跟弟子們走散了。弟子們到處找他，子貢聽到當地人說：“東門外有個老頭站在那邊，長得倒有點類似上古的聖賢，不過神色好像喪家之犬。”

　　弟子們趕緊去東門，果然找到了孔子，跟他說起當地人的話。孔子笑着說：“外表像誰倒是小事，不過說我像喪家之犬，描述得很準確啊。”

　　他們到陳國時，晉國跟楚國在爭奪陳國的所有權，雙方輪流來打陳國。後來兩國消停了，吳國又來打陳國，連續攻佔了陳國的很多土地。孔子在陳國住了三年，見到一直戰亂不斷，只好離開了。

　　在回衛國的路上，他們到達蒲邑，又被衛國的叛軍攔截。多虧孔子的弟子公良孺帶着自己的私人部隊拼死戰鬥，打敗了敵人，他們才得以脫險。

　　叛軍對孔子說：“你們保證以後不去衛國，我們才放你們走。”孔子就當場對天發誓，跟他們做了保證。

　　結果剛離開蒲邑，孔子就帶着弟子們直奔衛國。

子貢問孔子：“我們不是跟他們訂了盟約嗎？”

孔子回答：“被人脅迫訂下的盟約，神明是不認可的（所以可以違背）。”

這是孔子的變通之道，他並不是一個冥頑不靈的書呆子。

所有的國君裡面，只有衛靈公對孔子態度最好，所以孔子一生多次去衛國。但衛靈公年紀已經大了，對振興國家沒有興趣，對於孔子，他僅僅保持尊敬，卻不肯任用。孔子歎息說：“有人任用我的話，幾個月就可以見成效，三年就可以大治。”但衛國終究沒有給他機會。

他們又離開衛國，想去晉國找趙簡子。走到黃河邊的時候，卻傳來趙簡子殺竇鳴犢和舜華的消息。這兩人都是晉國的賢臣，趙簡子當初本來是靠着他們才爬上來的，如今卻翻臉不認人。

孔子聽到這消息非常失望，對着黃河歎息道：“美哉水，洋洋乎！丘之不濟此，命也夫！”他知道，趙簡子這種人是不可能善待賢者的，中原第一大國並沒有讓他施展抱負的土壤。他只能感慨時運不濟，默默地返回了東方。

後來孔子一行又去蔡國，在那邊住了三年。

吳國攻打陳國，楚國派兵去救，軍隊駐紮在陳國附近。這時候楚昭王正在勵精圖治，準備把國家從吳國的破壞中恢復過來，聽說孔子正住在陳蔡兩國之間，就派人去聘用他。

孔子終於等到了賞識他的人，而且是天下第一大國的君王！他立即表示願意接受楚國的聘用，就要啟程去楚國。

陳、蔡兩國的大臣們偷偷商量：“孔子才德兼備，但他待在我們兩個國家好幾年了，都沒被我們任用，現在楚國卻要任用他。要是他在楚國幹出一番事業，豈不是證明我們這些人一直在打壓人才？”

於是這些人組織起一群閒雜人員，包圍了孔子他們，阻止他們去楚國。這是孔子一生最大的危難。他們被圍困在一座小村落中，七天沒有糧食。有些人為了節省體力，甚至白天晚上都躺着，最後很多弟子都餓倒了。顏回、子路、子貢只能到處去找吃的，偶爾找到一點糧食，都趕緊拿去孝敬孔子。

這時發生了“顏回偷食”事件。

有一天，顏回找到了一點糧食，趕忙拿到灶上去煮飯。飯快要煮熟的時候，孔子無意中看到顏回偷偷從鍋裡抓了一些來吃。

孔子裝作沒看見，等顏回把飯端上來的時候，孔子故意說："我剛剛夢見了先人，正好這個飯很乾淨，我們先拿來祭祀了祖先再吃吧。"

按照規定，有人吃過的飯是不能用於祭祀的。顏回趕緊阻止："這飯不能祭祀！我剛剛看到有灰塵落到裡面，把弄髒的那些飯抓了出來，扔了又可惜，我就自己吃掉了。"

孔子這才知道自己誤會顏回了，於是感歎："所信者目也，而目猶不可信；所恃者心也，而心猶不足恃。弟子記之，知人固不易矣。"哪怕親眼所見都不一定能相信，所以要"知人"真的很不容易啊。

被圍困的這些天，不管多麼艱難，孔子都一直保持樂觀態度，跟大家有說有笑的，又是講學，又是彈琴唱歌。

子路不高興，問孔子："君子也有困窘的時候嗎？"孔子回答："君子固窮，小人窮斯濫矣。"君子即使在困厄的環境中，也能安貧樂道。

後來多虧子貢突圍出去，找到楚國軍隊，楚國派兵過來，才把他們救了出來。

楚昭王親自出來迎接孔子，想任用他輔佐自己，並要封給他七百里的封邑。

昭王的哥哥子西卻不樂意，私下勸諫楚昭王："大王想想，當初周文王僅僅擁有百里的封邑，最終卻奪得了商朝的天下。現在孔丘施行三皇五帝的治國方略，手下又有子貢、顏回、子路、宰予這些超一流人才輔佐，您要是給他七百里的封地，以後楚國還限制得住他嗎？"

這番話正好擊中要害，昭王當即撤回了封賞孔子的命令。

儘管如此，楚昭王還是想任用孔子。但孔子確實沒有時運，就在即將入主楚國政壇的時候，當年秋天，昭王病逝。

孔子失去了一生最重要的，也是最後一次改造天下的機會。

年邁的他站在楚國的荒原上，舉目四顧，天地雖大，卻沒有一片可以讓他施展抱負的土壤。這時一個叫接輿的狂人從遠處走過，高聲唱道："鳳兮鳳兮，何德之衰！往者不可諫，來者猶可追！已而已而，今之從政者殆而！"

孔子走過去想跟他談談，那人卻早已飄然遠去，消失在了蒼茫的地平線上。

"發憤忘食，樂以忘憂，不知老之將至。" 奮鬥了一生的孔子終於也累了，雖有騰雲之志，怎奈垂垂老矣。

這時候遙遠的祖國在向他招手，魯國的季康子準備迎孔子回國了。

萬世師表

孔子離去後的魯國，繼續陷落在權力爭奪的泥潭中不能自拔，國事日益衰頹。

晚年的季桓子終於也後悔了，他感歎道："當初這個國家本來已經有振興的機會，只因我沒有任用孔子，才錯過了這些機會。"

他囑咐自己的兒子季康子：執政以後一定要把孔子召回來。不久以後季桓子便溘然離世。

季康子繼位以後本來想召回孔子，但下人勸告他："當初先君任用孔子，卻沒能善始善終，留下了國際笑話。現在我們任用孔子如果還是不能善終，那就又一次讓人看笑話了。

"我們不如召孔子的弟子冉求回來，冉求一定會想辦法讓他老師回來執政。到時候是他們求着我們，就算出問題，也不是我們的笑話。"

季康子接受了他的建議，派人徵召冉求回國。

孔子他們聽說這個消息都很興奮。他們本來就有回國的打算，現在讓冉求回去試一試水挺好的，當即欣然同意。

送別冉求的時候，子貢私下跟他說："老師早就想回國了，你回去如果受到重用，一定要讓人把老師召回去。"

冉求回國以後立即受到季氏的重用。幾年以後，有一次他帶兵抵抗齊國侵略，大敗齊軍，季康子問他："你的軍事才能是天生的呢還是學來的？"冉求回答："是從老師孔子那裡學來的。"季康子便讓人去衛國接孔子回國。

當時衛國人也在籠絡孔子。孔子說："鳥可以擇樹，樹卻不可以擇鳥。"便推掉了他們的請求。正好魯國派來的使者帶着禮物來迎接他，他便告別衛國人，踏上了回國的旅程。

公元前 484 年，周遊列國十四年之後，孔子終於帶着弟子們又回到了祖國。

這時他的妻子亓官氏已經去世，不久以後他的兒子孔鯉也先他而去。孔子一生為自己的理想奔波勞碌，幾乎沒有享受過天倫之樂。

此時的他已經是一個將近七十歲的老人了。雖然他名滿天下，受到所有人的尊敬，包括魯哀公和季康子都對他禮遇有加，卻仍然沒人想採用他的治國方略。

年邁的他只能在家中鑽研學術，繼續整理六經。

孔子的時代，禮崩樂壞，西周的文化已經遺失了很多，《詩》、《書》都已經殘缺不全，孔子着手恢復它們。

他根據夏、商、周三代的禮儀，把上古以來的文獻整理編訂成《尚書》、《禮記》。

西周流傳下來的《詩》有三千多篇，孔子刪去重複冗餘的，保留符合禮儀教化的篇目，整理成三百零五篇的《詩經》。

他整理周朝的禮樂資料，編纂出《樂經》，初步恢復了周朝的禮樂制度。他鑽研《周易》，反覆研讀，直至“韋編三絕”，對《周易》做了很多註解。

他用《詩》、《書》、《禮》、《樂》作教材教育弟子，教他們禮、樂、射、御、書、數這六藝。他收了三千門徒，出眾的有七十二人，其中許多人都成了那個時代的傑出人士。

他根據魯國的官方史料，編纂而成的《春秋》，成為那個時代最權威的史學巨著。

傳說公元前 481 年的春天，叔孫氏去西方打獵，捕獲一頭異獸，大家都不認識。孔子來看了說：“這是麒麟呀。”

麒麟應當在天下大治的盛世出現，現在“河不出圖，洛不出書”，怎麼會有麒麟呢？孔子覺得這是不祥之兆，歎息道：“吾道窮矣！”從此擱筆，不再著書，一生的事業也就此完結。

就在“絕筆於獲麟”那一年，顏回過世了。

顏回是孔子最看重的弟子，孔子一心想讓他繼承自己的事業，不想他卻比自己先走，以後還能讓誰來繼續推廣自己的學說呢？孔子極為傷心，大哭說：“噫！天喪予！天喪予！”

第二年，衛國蒯聵弒君篡位，子路在動亂中被蒯聵所殺，據說被剁成了肉泥。這是對孔子的又一次重大打擊。

“吾道不行矣，吾何以自見於後世哉？”孔子知道自己的學說不可能得到各國君王們重視了，他畢生孜孜不倦的努力，沒有換來任何自己想要的成果。至於後人，他們能理解自己的學說嗎？他不知道，也沒有機會去探究了。

公元前479年四月，子貢來看望孔子。孔子拄着拐杖站在門口，問子貢為什麼來得這麼遲。孔子哀傷地唱着：“太山壞乎！樑柱摧乎！哲人萎乎！”又告訴子貢，他昨晚夢見自己坐在兩根楹柱之間受人祭奠。

按照夏朝的傳統，人死之後會停在東階，而周朝人是在西階，商朝人則是在兩根楹柱之間。孔子是殷商後裔，因此知道自己不久於人世了。

公元前479年四月十一日，孔子帶着滿腹的遺憾離開了這個世界，終年七十三歲。其弟子們哀慟不已，紛紛祭奠。子貢為孔子守墓六年，是別人守墓時間的兩倍。

雖然天下人都對孔子懷着無比的崇敬，但卻沒有一個國家肯施行他的治國方略。終其一生，他始終鬱鬱不得志。

但這不是孔子的錯，是那個時代錯了，那個時代配不上他那些震古鑠今的偉大學說。

孔子的學說的核心是“仁”，他倡導“仁、義、禮”，希望統治者們能施行仁政，一切以國家利益為重，善待百姓，不再為個人私慾置民眾於水火。

他也希望社會上的每一個人講究仁義，人人謙恭守禮、風度翩翩，一舉一動都合乎禮節。

他制訂出一整套詳盡的規則來讓大家遵守，包括了周禮所要求的那些繁瑣的禮儀，認為這樣才能使國家恢復到禮樂盛行的治世。

他對人們提出全方位的道德要求，包括事君以忠、待人以誠、對父母家人的孝悌等。

甚至連日常的衣食住行，他都給出了自己的建議，例如“食不厭精，膾不厭細”；“魚餒而肉敗，不食”；“席不正，不坐”等。

　　他倡導的是一種人人皆為君子的和諧社會，一下把人們的道德標準拔到了不可思議的高度，遠遠超越了那個時代。

　　這樣的道德標準，可以讓整個人類社會受益，千年萬載永不過時。但在那個兵荒馬亂的年代，這一切顯然是不現實的。

　　那個年代人人自危，從君王到平民，每個人都在巨大的生存壓力下苦苦掙扎，生活朝不保夕，意外隨時可能降臨。在這樣的一種環境之下，人們唯一關心的是怎樣生存下去。

　　為了生存，就要被迫做許多心狠手辣的事情，講究“仁義”，就會被別人消滅。所以人們互相戕害，陰謀詭計層出不窮。這是在那個黑暗的世界裡所有人無可奈何的選擇。

　　“倉廩實而知禮節，衣食足而知榮辱”。連基本的生存都不能保證的情況下，怎麼讓人去講究“仁義禮智信，溫良恭儉讓”？

　　所以孔子的學說在那個時代受到冷落是必然的。人們尊敬他，卻無法按照他說的去做。

　　一直到四百年後的西漢，天下大治，人們才第一次有機會重新審視這些偉大的學說，發現其中震爍天下的光芒。

　　從那以後，孔子也逐漸被推上神壇，成為無可爭議的聖人。

　　“萬世師表”、“天之木鐸”、“天縱之聖”、“至聖先師”……各種無比輝煌的冠冕戴到了他頭上。這是他當初怎麼也想像不到的情景吧？

　　當然，儒家也不是完美無瑕的，它也有很多缺點。

　　例如，這個學說很堅決地提倡長幼尊卑的關係。而這實際上是把人劃分成了三六九等：你在哪個等級，就得永遠待在那裡，否則就是以下犯上，是僭越，是圖謀不軌。老百姓說的“官大一級壓死人”就是這個意思。而且一個人的子子孫孫都停留在原等級，永世不得翻身。

　　又比如，儒家所有的理論都是在儘量維護社會穩定。這本身沒錯，在物質條件得到保證的情況下，這樣的理論的確可以使國家保持長久的強盛。但如果把這套學說毫無變通地推行下去，就會得到一個超級穩定而無法變革的社會。社會的每一分子都在規定好的軌道上運行，不得逾越，新思想和新理念都會在這種環境裡被扼殺，那麼我們怎麼進步呢？

　　這就會把整個民族帶入死胡同，沉浸在“天朝上國”的幻夢裡不能自拔。

但這其實不是儒家的錯，就好比有人拼命吃糖而導致發胖，錯的是這個人本身而不是糖。

儒家學說是我們的文化裡最閃耀的明珠之一，孔夫子也是我們所有人共同的老師，值得被永遠尊崇。

第二十四章 中原爭霸最終章

吳越恩仇記

當初吳國攻入郢都的時候，越王允常趁機在後方偷襲，進攻吳國本土。這件事成為吳國被迫撤軍的原因之一。闔閭肆無忌憚地欺凌越人，終於遭到了報應。

吳國當然不肯甘休，在打敗楚國、迫使其遷都以後，他們再次把矛頭對準越國，準備報仇。

公元前 496 年，越王允常過世，他的兒子勾踐繼位。吳國不顧"禮不伐喪"的規定，由闔閭親自領軍攻打越國，發起了第二次橋李之戰。

吳軍的實力遠遠超過越軍，越軍派出敢死隊幾次衝鋒，都沒能衝破吳軍的防線。越人被逼急了，使出一個前所未有的撒手鐧──他們派一群戴罪的士兵出場，排成三排，走到吳軍前面，大呼小叫，然後集體自刎。

吳國士兵被這個場面嚇傻了，一時間不知所措。越軍趁機發起衝鋒，一舉衝散了吳國的陣形。

在混戰中，吳王闔閭被人斬掉了腳趾頭。吳軍群龍無首，登時大亂，被越人殺得七零八落，大敗而逃。

越國人靠這種慘烈的方式奇蹟般地打敗了強大的吳軍。

闔閭不久以後就死在了敗逃的路上。這次意外失敗使得巔峰期的吳國遭遇到重大挫折，也讓吳越之間結下了血海深仇，兩國從此不可能再共存於世。

闔閭的兒子夫差繼位，繼續勵精圖治，大力發展吳國的軍事實力，準備報仇。傳說他讓下人站在王宮的天井裡，每次他從那邊經過，下人就對他喊道："夫差，忘了越王殺你父親的大仇了嗎？"他則含淚肅立答道："絕不敢忘！"

如此連續兩年，夫差終於做好了戰爭準備，決定再次對越國開戰。

但剛繼位的勾踐同樣年輕氣盛。他聽說吳國將要來攻打的消息，不顧范蠡等人"兵者乃兇器"的勸告，決定先發制人，搶先對吳國開戰。

夫差立即點起全國兵馬應戰，兵力甚至超過十幾年前闔閭攻打楚國時的規模。

兩個年輕的君王在夫椒山正面碰撞。吳國已經做了兩年的準備，兵精糧足，儘管已經沒有兵聖孫武的指揮（史書上沒有記載孫武的結局，他從柏舉之戰以後就消失了），仍然打得越軍丟盔卸甲，狼狽逃竄。最終，三萬越軍只剩下五千人勉強逃出。

吳軍趁亂掩殺，一路打到會稽。越軍被包圍在會稽山上，眼看即將全軍覆沒。

勾踐為自己的輕率舉動後悔不已，但已經太遲了，這時候越國實際上已經滅國。范蠡勸諫勾踐："事到如今，我們只能盡最大努力乞求他們原諒。如果還不行，那大王您只能親自去吳國為奴了。"

勾踐無可奈何，派出文種帶上重禮去見夫差，請求投降。

吳越都有蠻夷習氣，對戰敗的一方極其刻薄。文種跪在地上邊磕頭邊前行，戰戰兢兢地懇求："亡臣勾踐派遣陪臣文種跪告執事大人，勾踐請求入吳國為奴，妻子做大王侍妾。"

夫差本來想答應，身邊的伍子胥勸諫道："現在上天把越國賜給了吳國，請大王務必全殲敵軍，不可留禍患。"夫差因此拒絕了越國的投降請求。

文種回去報告了情況，勾踐目眥欲裂，咬牙含恨說道："如此一來只能拼個魚死網破了。孤王這就殺掉妻妾，焚盡寶物，親自去與吳人決一死戰。"

文種堅決阻攔道："萬萬使不得。臣聽說吳國太宰伯嚭生性貪婪，我們可以賄賂他，讓他去說服吳王。"

勾踐聽了他的，派人帶着大量財寶去賄賂伯嚭。伯嚭果然見錢眼開，去向夫差進讒言，大肆吹噓接受越國投降的種種好處。伍子胥仍然堅決反對。但夫差糊塗油蒙了心，竟然聽信伯嚭的話，同意越國的和談請求，撤走了軍隊。

吳越兩國明明已經是不共戴天的世仇，二者只能存留一個，夫差卻自動放棄了永久除掉這個仇家的機會，這是給自己掘了一個大坑。可惜當時只有伍子胥看到了這一點。而伍子胥在夫差眼裡已經是一個囉囉唆唆的怪老頭，他反覆念叨的那些話，對夫差只起到反效果。

只能說，夫差自己作死，誰也攔不住吧。

公元前492年夏天，勾踐帶着妻子和范蠡，從會稽出發，到吳國去當奴隸。

送行的隊伍阻塞了道路，從會稽一直延伸到固陵。這是越國歷史上最悽慘的一幕，人人悲泣，個個無言。勾踐把國事託付給留下的大臣們，與大家把酒告別，在一片愁雲慘霧中踏上了生死未卜的旅程。

越國還有復國的機會嗎？上天會怎樣安排？誰也不知道。"盡人事，聽天命"，這是他們唯一的選擇。

越王的奴隸生涯

勾踐來到吳國，匍匐在夫差腳下，自稱"東海賤臣"，願為吳王做牛做馬、肝腦塗地。

夫差把勾踐夫婦發配去作養馬的奴僕。他們帶着范蠡，住在王宮旁邊的一間石屋裡。

由於是亡國之君，勾踐的地位比一般的奴僕更加低賤，做事也更加小心謹慎。有一次夫差登上高臺遊覽，遠遠地望見勾踐夫婦在養馬。只見兩人都穿着奴隸的衣服，勾踐割草，夫人遞水、除糞、灑掃，忙累了就跟范蠡坐在馬糞旁邊休息。雖然在這種情況下，三人仍然彬彬有禮，完全遵守夫妻、君臣的禮節。

看到這一幕，連夫差都有點不忍心，當時就想赦免他們，但被伍子胥勸住了。

夫差也挺看重范蠡，曾經當着勾踐的面勸范蠡歸順吳國。但范蠡堅決推辭，不惜留在勾踐身邊繼續當奴隸。一旁的勾踐則伏地痛哭流涕，捨不得范蠡走。夫差由此越發從心底尊敬這對君臣。

在夫差看來，越國君臣的賢良簡直超出了他的想像，漸漸地動了惻隱之心。

但作為君王，這樣的同情心是絕對不應該有的。伍子胥很明白這一點，所以不停地勸諫夫差，希望他殺掉越王君臣，永絕後患。伍子胥性格剛硬，說話比較直，因此多次衝撞夫差。夫差對他的不滿也越來越深，逐漸感到無法忍受了。

而伯嚭這種小人則什麼事都順着領導。他看出了夫差對勾踐君臣的同情心，所以就故意逢迎，說勾踐君臣的好話，又大讚夫差如何賢德，"以聖人之心，哀窮孤之士"。夫差聽了以後十分受用。

勾踐君臣沒日沒夜地幹苦力活，任勞任怨，沒有一句怨言。這樣的生活持續了三年，他們終於等到一個機會，放了一個大招。

當時夫差生病了，三個月都沒好，范蠡算了一卦，說他的病不久之後就能好，然後給勾踐獻上一條計策。

勾踐去求見夫差，說自己可以通過嘗病人的大便瞭解病情。說完，他親自從糞桶取了夫差的大便來嘗了一口，然後跪拜說："大王的病不妨事，不久以後自會痊癒。"夫差被他的"忠心"震撼到了，對他徹底失去了戒備之心。

後來到了勾踐預測的日子，夫差的病果然痊癒了。他非常感動，發佈命令：立即赦免勾踐君臣的罪行，釋放他們回國，並且封賞百里的土地讓他們居住。

勾踐君臣為奴三年之後，終於等到了獲釋的機會。這是他們受盡苦難換來的結果，皇天不負有心人，越國的國運自此逆轉！

伍子胥把一切都看在眼裡，他自己也曾忍辱負重最終翻盤，勾踐的這些把戲瞞不過他的眼睛。他面見夫差，怒不可遏，強行要求夫差收回成命。但吳王對這個倔強的怪老頭早已忍無可忍，他那些嘮叨，夫差一句都不想聽，只想讓他趕快閉嘴。

對夫差來說，越國已經被徹底打服，就算讓他們復國，越國也只是自己的小弟而已，不必擔心。他的目光，早已瞄準了北方。他要向北挺進，稱霸中原，真正實現祖先的夢想。

驅逐范氏、中行氏

這種想法其實有一定道理，吳國當時確實迎來了稱霸中原的機會。

這時的晉國，內部暗流湧動，六卿之間已經撕破臉，公然開打。國際形勢也對晉國嚴重不利。齊景公聯合一眾小國，組成反晉同盟，聯手遏制晉國。

造成這種局面的原因，還要從當初韓宣子執政說起。

趙氏孤兒趙武死後，韓宣子繼任為正卿。但他是個心術不正的小人，只忙着保護自己的家族利益，對國家利益漠不關心。在他執政的二十多年裡，韓氏迅速壯大，國家卻基本處於空轉狀態，只能說勉強維持霸業。

韓宣子執政末期，公元前 514 年，晉國爆發祁楊之難。晉頃公跟六卿家族聯手滅掉祁氏和羊舌氏，瓜分了這兩個家族的田產。晉國公族勢力因此徹底凋零，六卿完全把持了政權。

韓宣子之後，魏獻子執政。

這時候六卿家族已經漸漸分成了兩派：韓、趙、魏、智成一派，而范氏跟中行氏結盟。在瓜分祁氏、羊舌氏兩家田產的時候，魏獻子就公然打壓范氏、中行氏兩家，之後雙方更是明爭暗鬥不斷。

公元前 509 年，魏獻子在打獵回來的路上暴病身亡。范獻子奪得了政權，馬上就找藉口打壓魏氏，甚至公然削減魏獻子的葬禮規格，強行以大夫的規格下葬他。

范獻子目光短淺，貪得無厭，他執政短短四年間就把晉國搞得烏煙瘴氣。其間最重大的事件是十八國諸侯會盟的召陵之會。這次會議本來是晉國打擊楚國的絕佳機會，但中行寅向蔡昭侯索要賄賂不成，懷恨在心，跟范獻子合謀拋棄了蔡國，也失掉了天下諸侯的擁護。

齊景公看到了機會，把晉國原來的小弟們拉攏過來，共同挑戰晉國的霸權，使晉國的國際地位遭受重大打擊。

晉國國內，兩大派別之間的矛盾衝突也越來越激烈，終於在范獻子過世之後徹底爆發出來。

公元前 497 年，晉國兩大勢力發生大規模衝突。

那時候執政的是智文子，他的副手是趙簡子。這兩人曾經親自帶兵幹掉王子朝集團，都是一等一的狠人。

當時邯鄲的大夫是趙穿的後人趙午 —— 他們家族好像總是晉國動亂的根源 —— 論輩分，他算是趙簡子的遠房叔叔（另一種說法認為兩人平輩）。

三年前，趙簡子曾經攻打衛國。衛國只好進貢了五百戶人家給晉國，趙簡子把他們安置在邯鄲。現在趙簡子想把這些人遷到自己管轄的晉陽去，用來壯大自己的勢力，於是就向趙午提出這個要求。

但邯鄲那邊的人卻覺得衛國是把這些人獻給他們的，現在把人交給趙簡子，肯定會得罪衛國。於是他們想出一個損招：先發兵去攻打齊國，齊國肯定會來報仇，然後他們就假裝害怕，被迫把這五百家遷到晉陽去避難，這樣就不會得罪衛國了。

但不知什麼原因，趙簡子沒明白邯鄲那邊的意思，看到他們遲遲不肯遷移五百戶人家，以為他們抗命不從，於是大怒，當即把趙午叫到晉陽關了起來。

趙午手下人去探望他，又因為不肯解佩劍跟趙簡子的人吵了起來。趙簡子更加暴跳如雷，派人直接撂給邯鄲人一句話：“我這邊把趙午殺了，你們再立一個族長，隨便誰都行。”

隨着趙午人頭落地，邯鄲方面徹底怒了。大家都是趙氏的人，你趙簡子竟然囂張到這種程度，是可忍孰不可忍。於是趙午的家族立即發起叛亂，據守邯鄲，跟趙簡子對抗。

趙午是中行寅的外甥，而中行寅又是范昭子的女婿。范氏和中行氏聽說了邯鄲那邊的情況，都表示同情，公開派兵支持他們。而韓、魏、智三家則支持趙簡子，並且晉定公也站在趙簡子這邊。雙方積累多年的矛盾終於爆發！

趙簡子跟邯鄲趙氏的矛盾最終演變成了六卿兩大派別的內戰，雙方都全副武裝上陣。最終趙簡子一方因為有國君的支持，打敗了范氏和中行氏，後者被迫逃到了朝歌。

韓、趙、魏、智四家的軍隊立即包圍朝歌，震動國際社會。齊、魯、衛聯合起來救朝歌，隨後，鄭國、周王室和狄人也加入，共同支持范氏、中行氏兩家。晉國的內部矛盾終於演變成了國際聯軍跟晉國的大戰。

雙方圍繞朝歌展開激烈的攻防戰，打了六年之久。一直到公元前490年，朝歌終於失守。中行寅和范昭子被迫逃往齊國，范氏和中行氏在晉國國內的勢力也遭到徹底的清洗，兩大家族就此退出了歷史舞臺。

現在的晉國只屬於韓、趙、魏、智四大家族，國內再沒有人可以對抗他們了。晉定公將為自己的錯誤決策付出慘重的代價！

臥薪嘗膽

再說吳國那邊，夫差認為越國已經被降服了，就把目光對準了北方。不遠處的齊國這幾年正囂張得很，一度想跟晉國爭中原老大的位子。中原兩大國的對抗刺激了夫差爭霸的慾望，他在躍躍欲試地等待機會。

公元前 490 年，齊景公病故。由於景公沒有嫡子，田氏趁機作亂，派兵打敗了景公的託孤重臣，殺掉剛剛登基的齊晏孺子，擁立齊悼公即位。齊國國政從此被田氏所掌控。

夫差看到齊國內亂爆發，國力衰落，果斷派兵北上爭霸。他先攻打陳國（致使孔子看到陳國戰亂不斷，只好離開），然後又打魯國。魯國只好臣服，跟吳國簽訂了盟約，從此淪為吳國的附庸。

吳國的注意力在北方，這就給了越國一個非常難得的機會。

從吳國回來以後，勾踐就開始緊鑼密鼓地恢復越國的實力，為以後報仇做準備。

他不是打掉牙齒和血吞的人，他也曾是年輕氣盛的君王，愛衝動、有闖勁。當初聽說夫差要來打他，他立即點起全國軍馬搶先去打夫差。其實他的暴虐程度遠遠超過夫差。

只不過那場失敗把一切都改變了。這個雄心勃勃的年輕人挨了重重一擊，被迫把所有的戾氣都收斂起來，裝作低眉順眼的樣子，去給那個他恨極了的仇人當奴隸。

他所有的輕狂、所有的傲慢、所有的暴戾都被緊緊地壓在心臟的最中央，被壓成了一種他自己都不敢去觸碰的奇異物質。從那時起，他對包括自己在內的所有人都特別狠。是的，他不需要其他的任何感情，只需要一樣——狠。

民間傳說，他在宮內給自己準備了一堆厚厚的柴草，每天枕着兵器睡在上面。他喜歡那種冰冷堅硬的感覺，那種讓人顫抖的涼意，那種包裹住全身的、無法擺脫的刺痛，都會讓他不由自主地興奮起來。

他的臥室裡面還掛了一枚苦膽，抬頭就能看見，他每天都忍不住要去舔幾口。他喜歡那種苦澀的感覺，那種從舌尖滲入心底的涼涼的苦澀，讓他感到莫名的刺激。多麼美妙啊！他深深地愛上了這種感覺。

勾踐很幸運地擁有范蠡和文種兩個忠心耿耿的賢臣。這兩人都是不世出的奇才，放眼天下也罕有匹敵。在勾踐的帶領下，兩人合夥發起了一場波瀾壯闊的興國強軍運動。

據說，文種向勾踐獻上七條消滅吳國的計策，勾踐只執行了其中三條就滅亡了吳國。這當然有誇張的成分，但也可以看出，勾踐君臣把滅吳作為基本國策在執行，可謂殫精竭慮。

對越國來說，他們首要的任務是繼續麻痹夫差，為針對吳國的戰爭爭取準備時間。

所以他們對吳國繼續保持卑躬屈膝的姿態，不停地進獻各種禮物。

夫差要修宮殿，勾踐立即派三千名木工進山伐木，將名貴木材貢獻給吳國。夫差用這些木材修築樓臺，花了五年才建成，耗費大量財力，民眾怨聲載道。

聽說夫差喜歡穿葛布做的衣服，勾踐便命令全國男女進山採葛，女工日夜勞作，織成十萬匹葛布獻給夫差。

當然，夫差也喜歡美色，所以勾踐讓人遍訪全國山野，在苧蘿山中找到絕世美女西施和鄭旦，教會她們各種禮儀，然後進獻給夫差。西施有沉魚落雁之貌，很快得到夫差的專寵，成為越國最大的間諜。

勾踐小心謹慎地侍奉夫差，甚至連新建國都的時候，都故意在城牆的西北方向留一個口子，以表示不敢防範吳國。

夫差被這些精心策劃的手段迷惑了，完全忽視了越國國力的增長。

在國內，勾踐竭盡全力發展經濟，籠絡人心。

他與夫人親自跟百姓一起勞作，沒有一天休息。他的生活極端簡樸，"食不加肉，衣不重彩"，而民眾的稅賦卻很輕。他親自過問民眾的疾苦，有人生病或者家中有喪事的，他都會去慰問。通過這種種的努力加"作秀"，他在國內和國際都樹立了"賢君"的名聲，越國的民心被完全凝聚起來了。

勾踐君臣通過這一系列政策，使越國從戰爭創傷中漸漸恢復過來，社會生機勃勃，一派繁榮景象。

當夫差在四處征戰尋找"霸主"快感的時候，越人卻在低頭默默地勞作。當初伍子胥預言的"十年生聚，十年教訓"的情形正在一步步地變為現實。

但即使這樣,越國要扳倒吳國仍然差很遠。勾踐國怕引起吳國的警惕,這幾年全力發展經濟,軍備上並沒有太大的投入。

勾踐振興越國七年之後,曾想試着挑戰吳國。大臣逢同阻止說:"千萬不可!我們的軍力跟吳國仍然差很遠。現在吳國正在爭奪中原霸權,跟齊、楚、晉等大國都有矛盾,我們應該先跟這些大國拉攏關係,讓他們先跟吳國打起來,這樣我們才有機可乘。"

勾踐聽了他的,便有意結好齊、晉等大國,耐心等待吳國跟他們的衝突爆發。

王圖霸業夢一場

公元前 485 年,吳、魯、邾、郯四國聯軍攻打齊國,軍隊駐紮在郮地。這是一場小規模戰爭,可能是為了試探齊國的實力。

結果還沒開打,齊國那邊就傳來大消息 —— 齊悼公被弒,齊國主和派來向聯軍求和。

夫差一聽這消息頓時激動了。按照國際不成文的規定,如果有大臣以下犯上弒君篡位,國際上的霸主可以興兵討伐。現在夫差自認為是 "霸主",齊國弒君不就是給他一個討伐的藉口嗎?

夫差在軍隊營門外大哭三天,表示對於齊國這種大逆不道的行為非常憤怒,將會興兵為齊悼公討回公道。

第二年,夫差做好了全面戰爭的準備。正好這時齊國為去年被打的事,正在打魯國出氣,夫差便以救援魯國為藉口,點起全國兵馬,浩浩蕩蕩地殺向齊國。齊國也派出舉國兵力應戰。

這是春秋時代規模最大的戰爭之一,雙方投入的兵力都超過了十萬。雙方在艾陵相遇,吳軍的超強戰力再度發揮作用,齊軍慘遭殲滅,全軍覆沒,所有輜重都被吳軍俘獲,高、國兩大家族的首領都淪為吳國的俘虜。

這一仗令中原各國心驚膽寒。吳國在滅楚之後再度展現出天下無敵的軍事實力,天下霸主捨我其誰?

但這次勝利也使得夫差的自信心膨脹到無以復加，他開始挺近中原的核心地帶，正式開啟跟晉國爭霸的序幕。小小的越國已完全不在他的關注範圍內了。

偏偏伍子胥那個"老匹夫"非常不識時務，不管什麼時候都念叨着越國才是最大威脅，每次夫差要去打齊國，他都出來阻攔。這不是明擺着妨礙吳國稱霸的計劃嗎？夫差越想越氣。

艾陵之戰過後，夫差把伍子胥找來，得意地問他："你不是勸我不要打齊國嗎？現在怎麼說？"

伍子胥保持一貫的剛硬性格，昂着頭說："您現在高興恐怕還太早。"

這本來還是在勸夫差防範越國，但在夫差聽來卻蠻不是味兒。吳王不禁勃然大怒，嚴厲斥責伍子胥。伍子胥氣得想自殺，被人攔了下來。

這時候正好越國使者到了，說越國今年饑荒嚴重，求吳國借一些糧食渡過難關。

越國使者說得楚楚可憐，夫差毫不猶豫地答應了他們。不過這其實是文種的計策之一，借此來試探吳國對越國有沒有防範。

伍子胥又出來阻攔，說越人不安好心，不能借給他們。

夫差暴怒，覺得伍子胥已經泯滅了基本的良知，而且不顧國君"仁義"的形象。這樣的人留着有什麼用？於是他便動了殺心。

伯嚭也一直在夫差面前詆毀伍子胥。他看到這個情景，便向夫差建議，派伍子胥去齊國遞交國書。齊國跟吳國已經是世仇，伍子胥去了一定沒有好果子吃。

夫差聽了他的建議，就派伍子胥去齊國。伍子胥知道自己的家族在吳國肯定不能長久了，於是趁出使的機會，把自己的兒子伍封帶到齊國，託付給了鮑氏。伍封成為後來的王孫氏的先祖。

這是明目張膽的通敵賣國行為，伍子胥不可能不知道這樣做的後果。但他不是唯唯諾諾的迂腐書生，而是個殺伐決斷的人。他忠君，但也要替自己考慮。既然君王不可輔佐，自己就先割斷情義吧。

夫差知道這件事以後再也不能原諒他了，賜給伍子胥一柄屬鏤劍，命其自盡。

公元前 484 年，吳國最後的頂樑柱伍子胥自盡而亡。他臨終留下遺言：

"把我的眼珠挖出來,放到東門之上,我要親眼看着越人入吳都。"

吳國對越國的最後一道防線自此瓦解。

勾踐聽說以後大喜過望,命令全國整頓軍備,等待機會隨時開戰。

公元前482年,夫差憑藉對齊國的勝利,號令群雄,與晉定公以及中原小國的國君們在黃池相會。

這次會盟本質上是晉、吳雙方希望通過談判的方式確定霸主之位。

這次會盟是吳國歷史的巔峰。夫差挾打敗齊國的餘威,又帶着大批隨從,威風凜凜,對霸主之位一副志在必得的樣子。其實在他看來,這次會盟就是希望"不戰而屈人之兵",通過軍事威懾迫使晉國低頭。只要晉國服軟,晉、齊、楚三強便都臣服在了吳國腳下,他這個"霸主"的名頭就坐實了。

所以他帶上軍隊主力,全副武裝,沿水路北上到達黃池,只把老弱殘兵留在國內。小小的黃池一時間刀槍林立,旌幟蔽天,儼然成了吳國的演武場。

到這時為止,夫差爭霸中原的操作基本都是對的,效果也都相當令人滿意,他只留下了一個漏洞。

勾踐等待了十年的機會終於來到了!他讓范蠡帶兵到淮河,攔住可能從北方回來的吳軍主力;自己帶着早已準備好的五千精銳,以閃電般的速度衝入完全沒有設防的吳國,隨後在泓水消滅了吳國僅剩的一點老弱殘兵。

吳國人再也沒有任何兵力可以抵抗他們。吳國所有的關卡都形同虛設,所有的大門都是敞開的,姑蘇城瞬間便被鋪天蓋地的越軍所淹沒,甚至沒能發出一聲喊叫。天下第一強國的都城便這樣淪陷了。

他們直接攻入吳王宮,殺死吳國太子,隨後燒殺劫掠,肆意發洩這麼多年積累的仇恨。

雖然精心準備了十年,可越國真實的實力還是比吳國差得遠,區區五千人都不夠吳軍塞牙縫。這一次偷襲得手是春秋歷史上最大的意外,連勾踐自己都覺得出奇的順利,竟然一招就戳中了吳國的死穴。

黃池那邊的會盟還在繼續,晉、吳兩國正在為歃血的時候誰先誰後的問題爭得不可開交。聽到後方傳來的戰報,夫差心裡如墜冰窟,感到整個世界都沉淪了。

但戲還得繼續演下去，要是讓與會的諸侯們知道了姑蘇陷落的消息，不僅"霸主"之位爭不到，晉定公一翻臉，他夫差能不能全身而退都成問題。

所以夫差殺死所有信使，壓下了後方源源不斷的告急文書，繼續裝模作樣地跟晉國爭論。最後"很不情願"地讓晉定公先歃血，自己勉強佔了一個老二的位置。

冗長而乏味的黃池會盟終於結束了。夫差甚至來不及假裝熱情地跟大家告別，便帶領軍隊急匆匆趕回了吳國。

等待他們的是一片已經陷落的國土，長途奔襲的吳軍也無法再打一場規模浩大的攻城戰。夫差只好咽下苦水，低聲下氣地向勾踐求和。

勾踐知道，以自己的實力真打起來還是會吃虧，所以立即答應了夫差的求和，撤走了軍隊。

但吳國本土已經殘破不堪，經濟實力大幅削弱，防禦工事也嚴重受損，軍心渙散，對越國的軍事優勢已經不存在了。

勾踐知道滅吳時機還不成熟，繼續等待機會。

四年之後，吳國遭遇饑荒，越國再度發難，傾盡全國軍力，與吳軍在笠澤隔江對峙。

吳國前幾年在齊魯戰場上已經消耗了很多精銳之師，去年又剛剛被楚國打過，兵力還沒恢復。國際上，齊、楚、晉、越四大國都是他們的死對頭。面對氣勢磅礴的越國大軍，他們已經是有心無力。

勾踐把軍隊分為左、中、右三軍，讓左、右兩軍偷偷潛伏在笠澤江的上游和下游，趁着夜色朦朧，擂鼓大喊着渡江，把吳軍的主力吸引了過去。然後越軍的主力在中路渡江，一舉攻入吳軍大本營，獲得大勝。

吳軍慘敗以後，退守姑蘇城，大片國土被越國佔領。吳越兩國的實力對比已經徹底逆轉。

勾踐又讓軍隊休息了三年。公元前 475 年，越國第三次發起對吳國的戰略總攻。

吳軍困守姑蘇城。越軍圍而不攻，連續圍城三年，吳國八次派人求和都被勾踐拒絕，最後越軍甚至在姑蘇城郊外築起新城，擺出長期住下來的架勢。姑蘇城內的守軍終於崩潰。

越軍長驅直入，一路橫掃。最後，吳國只剩下夫差和一些親信隨從被包圍在了山上。

二十年前的一幕重演了，不過雙方的位置倒了過來，現在輪到夫差求勾踐了。

吳國使者一路跪行到勾踐面前，獻上求降書。勾踐聽了范蠡的勸諫，拒絕了吳國使者的懇求，只讓吳國使者回去告訴夫差：“孤王可以饒他一命，以後把他安置在甬東，給他百戶人家。”

在勾踐這種人手下當俘虜會有怎樣的命運？實在不敢想像。夫差只能回覆道：“我老了，不能侍奉你！”隨後自縊身亡。立國七百年的吳國就此滅國。

自盡前，夫差囑託手下人，把他的臉蒙上，因為他在地下沒臉去見伍子胥。

但現在後悔有什麼用呢？他帶領吳國建立了偉大的功業，一度離天下霸主只有一步之遙。但僅僅在對待越國的態度上犯了錯，就導致了身死國滅的下場，而這一切的關鍵都在於沒有聽信伍子胥的勸告。

這時候齊、楚、晉等幾大國都被內部問題搞得焦頭爛額。國際上沒有真正的強國，因此勾踐的越國迅速取代了吳國的位置。

消滅吳國後，勾踐立即帶兵北上，到徐州會盟天下諸侯。會上，他被各諸侯尊為霸主，並且受到周天子冊封。勵精圖治二十年之後，勾踐終於把越國帶上了頂峰，成為眾人景仰的天下第一強國。

但越國終究是新崛起的蠻夷之邦，經濟落後，人才匱乏。勾踐本人疑心病又特別重，滅吳之後不久就賜死文種，范蠡在這之前也已經逃走（也有可能是被勾踐殺的）。越國再也找不出可以維持霸業的人才了。

八年以後，勾踐病逝，越國的霸業如同曇花一現，轉眼凋零。

從巫臣傳授吳國人中原戰法起，吳、越兩個蠻夷之地的小國就被中原大國們推到了歷史的前臺來。吳、越分別接過晉、楚兩個強國的衣鉢，代替他們作戰。

最後，經過了一百年大大小小的戰爭以後，兩個曾經的小國又同歸於沉寂，只留下一百年的痛苦和榮耀讓後人評說。

不知道他們是否後悔？當初巫臣帶給他們的，到底是先進的技術，還是一劑甜蜜的毒藥？如果早知道會有這樣的結果，他們是否根本不會接受巫臣的幫助，而繼續過着田園詩般的生活呢？

吳越爭霸大戲落幕的同時，中原核心大國晉國正在上演另一出大戲。這齣戲將會徹底扭轉國際局勢，甚至改變今後幾百年華夏的命運。

三家分晉，戰國來臨

范氏和中行氏被趕走以後，晉國四卿之間似乎又恢復了和諧共處的局面。公元前 476 年，趙簡子病逝，智氏的宗主智伯瑤接任正卿的職位，智氏迎來難得的發展機遇。

智伯瑤是個比較有責任心的執政官，他掌權以後，一心恢復晉國的國際地位。為此，他不斷地對外用兵，先後攻打齊國、鄭國，又出各種計策想滅掉衛國。這一連串的行動，使得晉國在國際上有了重新振作的跡象。

但晉國最大的問題還是四卿之間互相掣肘，分散了國力。其實晉國這些年來的正卿們才能都是相當突出的。特別是趙簡子，完全有霸主風範。但他們都被卿族之間的扯皮所拖累，無法盡情實施自己的戰略，這才讓晉國越來越沉淪。

隨着執政的時間越來越長，智伯瑤越發認識到這個問題的嚴重性。他想盡辦法要解決這個大麻煩，所以需要把其他三家團結起來，共同行動。

當時韓、趙、魏三家的宗主是：韓康子、趙襄子、魏桓子。其中才幹最突出的是趙襄子。

趙襄子本名趙無恤，是趙簡子的小妾所生。按理他是沒資格繼承趙氏宗主之位的。

據說他從小就聰慧過人，遠遠超過其他兄弟們。看相的人看了趙家兄弟以後，就說只有趙無恤才是真正的大將之才。

父親趙簡子想考驗他們，就發給每個兒子一塊竹簡，上面刻着一些訓誡的話，要他們認真背誦，並說三年以後要考。三年之後，趙簡子把他們找來考察。結果其他人都背不出竹簡上的話，有的甚至連竹簡都丟失了，只有趙無恤能把上面的文字原原本本地背出來，因此受到了父親的嘉獎。

後來趙簡子又考驗他們，對他們說："我在常山上藏了一處寶藏，你們都去找，看誰先找到。"常山在晉國和代國之間。幾個兒子一起去山上轉了很久，翻遍了每一個角落，可是大家都沒找到所謂的寶藏，只好一起空着手回去。

趙簡子問他們找的情況。別人都唯唯諾諾地說不清楚，只有趙無恤靈機一動，說："我找到寶藏了——憑藉常山之險，可以滅代國。"趙簡子頓時對他刮目相看。

最後，趙簡子終於放棄了嫡子伯魯，而把趙氏宗主之位傳給了趙無恤，也就是趙襄子。

後來趙襄子果然用毒計滅了代國，把代國領土全部吞併為趙氏的地盤。趙襄子的姐姐是代王的夫人，代國被滅以後，她用簪子自刺身亡。無情滅代，可見趙襄子之狠毒。

如此詭計多端又心狠手辣的人物，註定是不會屈居人下的。年輕氣盛的趙襄子處處跟智伯瑤不對路，各種小摩擦不斷。

當初打鄭國的時候，兩人就曾經吵起來。

當時晉軍打到了鄭國城下，智伯瑤是統帥，命令趙襄子帶着他自己的兵馬攻城。趙襄子為了保存實力，當即抗命不從。智伯瑤大怒，罵他："你相貌醜陋又膽小自私，趙氏怎麼選了你這種人當宗主？"趙襄子回答："我懂得隱忍，這樣對趙氏沒什麼害處吧？"

這次攻打鄭國最終因為將佐不和沒能獲勝。這種情況正是智伯瑤要竭力避免的，所以對於趙襄子這個刺頭，他心裡非常厭惡。

後來又一次攻打鄭國，大軍駐紮到前線，智伯瑤舉辦宴會，拉着大家飲酒取樂。智伯瑤醉醺醺地向大家勸酒，眾人都不敢不喝。偏偏趙襄子一個人不順從，不肯喝。智伯瑤無名火起，趁着酒勁，抓起杯子就砸到趙襄子臉上，砸得他鮮血直流。趙氏的軍士們當即拔刀相向，想宰了智伯瑤。趙襄子攔住他們說："國君之所以任用我，是因為我能忍辱負重。"這件事情才算過去了。

趙襄子跟智伯瑤的矛盾日積月累。雙方心裡都有氣，不肯合作也是正常的。

公元前455年，智伯瑤忽然向韓、趙、魏三家提出："現在國家萎靡不振，主要原因是國君的力量日益被削弱。為了重新振興晉國，我提議，我們每家都交出一百里土地和人口給國家。我自己帶頭，先捐了。"

智伯瑤這個提議的動機很難說，有可能真是為了晉國的利益，也有可能是為了打擊韓、趙、魏三家。但不管怎麼說，這個提議肯定是受到晉出公歡迎的。

韓、魏兩家各懷鬼胎，都指望別人去應對智氏，自己作旁觀者。所以雖然他們很不情願，但都把土地交出來了。

輪到趙氏的時候，趙襄子一口回絕："讓我交土地？沒門！"

智伯瑤徹底暴怒，他這些年來提出的所有政策都被趙襄子抵制，是可忍孰不可忍。於是他親自掛帥，拉上智、韓、魏三家兵力，共同圍攻趙氏。晉國內戰再度爆發！

趙襄子見到事態嚴重，趙氏一家肯定抵不住三家的進攻，只好退到晉陽據守。

晉陽城是當年趙簡子替兒子選好的大本營，異常堅固，三家連續圍城兩年都沒能打下來。城內糧食早已吃完，民眾"懸釜而炊，易子而食"，但依然堅決支持趙氏，同仇敵愾地抵抗敵人的進攻。

智伯瑤在城外巡視，發現晉陽地勢低窪，旁邊就是洶湧的汾水，於是想出了掘開河堤，用洪水漫灌晉陽的毒招。

他派出士兵去挖掘溝渠，把河水導向晉陽。當時正值雨季，洪水排山倒海地衝向晉陽城，整座城市瞬間變成澤國，民眾都只能到房頂上躲避。城內防禦工事徹底崩潰，晉陽終於要被攻破了！

智伯瑤看着滔滔的洪水，得意非常，對身邊的韓康子和魏桓子說："你們看，晉陽就快完了。原來洪水也能消滅一個國家啊！哈哈哈！"

不料這句話卻提醒了韓康子和魏桓子，他們的安邑和平陽旁邊也有大河，不是也很容易被洪水攻克嗎？智伯瑤掌握了這一招，要滅他們是不是也很輕鬆呢？

韓、魏兩家本來就是見風轉舵的人物，並沒有真心跟着智伯瑤。這一下，他們心裡便一直犯嘀咕。

晉陽城內，趙氏已經到了生死存亡的關頭，無路可退。趙襄子派張孟談深夜潛出城去，找韓、魏兩家談判，希望他們兩家回心轉意，跟自己共同攻打智氏——雖然希望渺茫，但也只有拼了。

趙氏萬萬沒想到，韓康子和魏桓子一聽說他的計劃，當即就同意了。三家決定，共同消滅智氏。一次改變歷史的背叛就此出現！

韓、魏兩家的士兵趁着夜色摸上河堤，殺了智氏的士兵，然後連夜挖掘溝渠，把河水引向了智氏軍營。

夜色朦朧，隨着一聲沉悶的巨響，滔天巨浪以雷霆萬鈞之勢沖向智氏大軍，睡夢中的智氏士兵們頓時被沖得七零八落。

喊殺聲震耳欲聾，韓、魏兩家的軍隊駕着小船從四面八方殺了出來，城內趙氏的軍隊也出來接應。三家合力，鋪天蓋地地殺向智氏。

智氏完全沒想到盟友會如此突然地倒戈，被殺得措手不及。士兵們被洪水沖走一大半，剩下的被三家的軍隊聯手追砍，就算有再大的能耐也無力回天了。

智氏的軍隊經此一役全軍覆沒。這是一場恐怖的大屠殺，慘烈無比。晉國最大的家族 —— 智氏就此被滅族。智伯瑤的頭骨甚至被做成酒器，智氏的土地也被三家瓜分。而趙氏則浴火重生，從此與韓、魏共同主宰了晉國的命運。

絳城的晉出公聽說了這場驚天變亂，狂怒不已。他終於發現了一個可怖的事實 —— 公卿家族之間的每一次兼併，都在把晉國推向深淵。晉國之前的歷代國君雖然可能早就發現了這個事實，但他們不敢說也沒有機會說出來。而現在，晉國的沉淪已經無法逆轉了！

絕望中的晉出公發起最後一擊。他向齊、魯兩國借兵，去討伐三家公卿。羽翼已豐的韓、趙、魏三家，直接派兵應戰。出公大敗，被趕出晉國，最終死在了齊國。

三家擁立晉哀公做傀儡君王。從此以後，晉國名存實亡，韓、趙、魏開始了長達半個世紀的"三家分晉"行動。

飄揚着詩書禮樂、文質彬彬的春秋時代就這樣結束了。各國諸侯在心驚膽戰中迎來了下一個時代 —— 一個前所未有的，充斥着血腥與殺戮的，被刀劍和戰火包圍的戰國時代！

附錄　大事年表（公元前 775 年 — 公元前 452 年）

■ 東周的建立

- 公元前 775 年，周幽王廢申后與太子宜臼，立褒姒為后。

- 公元前 771 年，申國聯合犬戎攻打周王，西周亡國。

- 公元前 770 年，周平王遷都洛邑，秦國列侯。

- 公元前 750 年，晉文侯殺周攜王，結束二王並立局面。

■ 鄭莊公小霸

- 公元前 745 年，晉昭侯即位，封成師為曲沃桓叔，曲沃小宗準備陰謀奪權。

- 公元前 743 年，鄭莊公即位，鄭國進入全盛時期。

- 公元前 722 年，魯隱公元年，《春秋》開始之年。

- 公元前 722 年，共叔段叛亂，鄭莊公打敗共叔段，掘地見母。

- 公元前 720 年，「周鄭交質」，鄭莊公挑戰周天子權威。

- 公元前 720 年，宋殤公即位，開始跟鄭國爭奪霸權。

- 公元前 719 年，州吁弒衛桓公，石碏大義滅親；宋、衛合力攻打鄭國，開啟雙方一系列衝突。

- 公元前 715 年，齊、宋、衛三國在瓦屋會盟，短暫休兵。

- 公元前 714 年，鄭莊公假命伐宋，挑起第二輪宋鄭衝突，全面打壓宋國。

- 公元前 712 年，魯隱公被弒。

- 公元前 710 年，華督弒宋殤公，宋鄭衝突結束，鄭國獲勝。

- 公元前 707 年，繻葛之戰，鄭國將領祝聸射中周桓王肩膀，周王室威信掃地。

■齊國崛起

- 公元前 706 年，鄭國幫助齊國打擊北戎；太子忽拒絕齊國的婚約，鄭國在國際上開始被孤立。

- 公元前 704 年，熊通自立為楚武王。

- 公元前 702 年，齊僖公帶領各小國攻打魯國，開始主導國際事務；宋國復興。

- 公元前 701 年，鄭莊公去世，四公子爭位；宋國干涉鄭國內政，鄭國霸權終結。

- 約公元前 701 年，衛太子伋和公子壽同時被殺。

- 公元前 698 年，齊、宋、衛、陳、蔡五國伐鄭，鄭國大敗，徹底衰落。

- 公元前 697 年，鄭厲公被祭足趕走，鄭昭公復位。

- 公元前 696 年，衛國左、右二公子趕走衛惠公，立公子黔牟。

- 公元前 695 年，高渠彌弒鄭昭公，迎公子亹即位。

- 公元前 694 年，齊襄公與文姜通奸，事情敗露，害死魯桓公；首止會盟，齊襄公殺鄭公子亹與高渠彌，公子嬰回鄭國即位；周王室爆發王子克之亂。

- 公元前 692 年，文姜住到禚地，繼續跟齊襄公私通。

- 公元前 688 年，齊襄公幫助衛惠公奪回衛國君位。

- 公元前 686 年，公孫無知弒齊襄公，自立為君。

- 公元前 685 年，齊國雍廩殺公孫無知，公子小白回國即位，齊國踏上稱霸之路。

■齊桓公稱霸

- 公元前 684 年，齊、魯長勺之戰，曹劌的戰術幫助魯國獲勝；乘丘之戰，魯國打敗齊、宋聯軍；楚國打敗蔡國，活捉蔡哀侯。

- 公元前 681 年，北杏會盟，齊桓公第一次會盟諸侯；齊、魯在柯地會談，曹沫劫盟。

- 公元前 680 年，傅瑕弒鄭子嬰，迎回鄭厲公；楚文王消滅息國，強納息夫人。

- 公元前 679 年，鄄地會盟，齊桓公霸主地位確立。

- 公元前 745 年 — 公元前 678 年，曲沃小宗弒殺五任君王，成功奪權，史稱「曲沃代翼」。

- 公元前 678 年，楚國進攻鄭國，首次把觸角伸入中原核心地帶。

- 公元前 675 年，周王室爆發王子頹之亂，鄭厲公接納周惠王。

- 公元前 673 年，鄭國和虢國幫助周惠王打回洛邑，消滅亂黨。

- 公元前 672 年，陳國公子完逃到齊國，被齊桓公收留，改名田完，是田氏先祖。

- 公元前 669 年，魯莊公娶哀姜。

- 公元前 663 年，山戎進攻燕國，齊桓公伐戎，贏得燕國感激。

- 公元前 662 年，魯莊公去世，公子般繼位，慶父和哀姜陰謀弒公子般，立魯閔公。

- 公元前 660 年，赤狄攻打衛國和邢國，兩國被滅，衛懿公被殺害並分屍；慶父弒魯閔公，魯國人暴動，慶父逃到莒國，被引渡回魯國，路上自殺身亡，「三桓」從此日漸強盛。

- 公元前 659 年，齊桓公救援衛國和邢國；哀姜被引渡回齊國，路上被殺。

- 公元前 658 年，齊桓公幫助衛國復國。

- 公元前 657 年，蔡姬划船得罪齊桓公。

- 公元前 656 年，中原聯盟進攻蔡國，隨後打入楚國本土，跟楚國訂立召陵之盟後撤軍；晉國驪姬陰謀逼死太子。

- 公元前 655 年，楚國背叛盟約，繼續向北擴張；首止之會上鄭國逃盟，隨後鄭國、許國倒向楚國；晉獻公討伐重耳和夷吾，重耳第一次流亡。

- 公元前 658 年和公元前 655 年，晉獻公假途滅虢，佔領崤函通道，封住秦國東進的道路；百里奚為奴。

- 公元前 651 年，葵丘會盟，周天子褒獎齊桓公，會盟各國頒佈國際公約，齊桓公霸權達到頂峰；晉獻公去世，里克殺驪姬母子，迎晉惠公即位。

- 公元前 650 年，晉惠公背信棄義，跟秦國關係惡化。

- 公元前 649 年，王子帶叛亂，引入戎人進攻周王室，秦、晉聯手救援周王室。

- 公元前 647 年，晉國發生饑荒，秦國援助。

- 公元前 646 年，秦國發生饑荒，晉國拒絕援助並且攻打秦國，兩國關係徹底破裂。

- 公元前 645 年，韓原之戰，秦軍活捉晉惠公；楚國進攻徐國，中原聯盟救援徐國失敗；齊桓公寵幸奸臣，霸權衰落。

■宋襄公偽霸

- 約公元前 643 年，晉惠公派人暗殺重耳，重耳第二次流亡，到齊國，被齊桓公收留。

- 公元前 643 年，齊桓公去世，六公子爭位，齊國大亂。

- 公元前 642 年，宋襄公扶立齊孝公。

- 公元前 641 年，宋襄公在曹南會盟諸侯，試圖稱霸。

- 公元前 639 年，宋襄公在盂地會盟諸侯，被楚成王劫持。

- 公元前 638 年，泓水之戰，宋襄公堅持等楚軍渡河之後再戰，結果大敗。

■晉文公稱霸

- 公元前 637 年，晉惠公去世，晉懷公繼位；齊姜等人密謀送走重耳，重耳第三次流亡，到秦國，受到秦穆公款待。

- 公元前 636 年，秦國送重耳回國奪位；重耳登基，是為晉文公；晉文公封賞群臣，介子推不言祿；王子帶再度叛亂。

- 公元前 635 年，晉文公幫助周王室平定王子帶之亂。

- 公元前 633 年，楚國攻打宋國，宋成公向晉國求救。

- 公元前 632 年，晉國攻打曹、衛，挑起跟楚國的衝突，在城濮大敗楚軍；晉文公召開踐土會盟，霸權確立。

- 公元前 630 年，秦、晉聯合攻打鄭國，秦穆公叛盟，秦晉關係破裂；元咺告狀，晉文公斷案。

- 公元前 628 年，晉文公去世，晉襄公繼位；秦國派大軍奔襲鄭國。

■秦晉交兵

- 公元前 627 年，弦高挽救鄭國；秦軍回師，在崤山遭遇晉軍伏擊，全軍覆沒；晉國打退白狄的入侵；晉、楚軍隊在泜水邊對峙。

- 公元前 626 年，楚穆王弒父。

- 公元前 625 年，秦國復仇，在彭衙被晉軍打敗。

- 公元前 624 年，秦軍攻入晉國本土，沒有遇到抵抗，秦穆公親祭崤山。

- 公元前 623 年，楚國滅江國；晉國報復秦國；秦國攻破綿諸國，活捉綿諸王，從此稱霸西戎。

- 公元前 621 年，秦穆公去世，一百七十七人殉葬，秦國「三良」被殺；夷之蒐，晉國重組六卿，趙盾開始執政。

- 公元前 620 年，趙盾出爾反爾攻擊秦軍，扶立晉靈公。

- 公元前 619 年，秦康公報復晉國，開啟秦晉之間的一系列戰爭。

- 公元前 618 年，先克遇刺，趙氏借機打擊老牌貴族，楚國再度入侵中原。

- 公元前 615 年，河曲之戰；士會回晉國，秦晉休戰。

■楚莊王稱霸

- 公元前 613 年，楚莊王登基；公子燮和鬬克劫持楚莊王。

- 公元前 612 年，晉國攻破蔡國，逼近楚國。

- 公元前 611 年，公子鮑弒宋昭公；楚國滅庸國，楚莊王開啟霸業。

- 公元前 609 年，齊懿公被弒，齊惠公即位；東門襄仲把持魯國朝政，弑公子惡。

- 公元前 608 年，鄭國倒向楚國，晉國帶領中原聯盟攻打鄭國，此後很多年，晉、楚輪流攻打鄭國，鄭國成為晉、楚爭霸的關鍵點。

- 公元前 607 年，晉靈公跟趙盾矛盾爆發，趙盾弑君。

- 公元前 606 年，楚莊王「問鼎中原」。

- 公元前 605 年，楚國鬥越椒叛亂，被鎮壓，若敖氏覆滅。

- 公元前 601 年，趙盾去世，新一代六卿掌權。

- 公元前 598 年，楚莊王討伐夏徵舒，滅陳國，擄夏姬。

- 公元前 597 年，楚國攻打鄭國，晉國救援，引發邲之戰，晉國慘敗，楚莊王正式確立霸權。

- 公元前 595 年，楚莊王挑起跟宋國的戰爭，包圍宋都睢陽九個月。

- 公元前 594 年，秦桓公入侵晉國，晉將魏顆生擒杜回。

- 公元前 592 年，郤克出使齊國，被蕭夫人嘲笑。

- 公元前 591 年，楚莊王去世，楚共王繼位；魯國季文子掌權，趕走東門氏。

■晉、楚平分霸權

- 公元前 589 年，鞌之戰，晉國打敗齊國，差點活捉齊頃公；晉國新一代六卿上位，霸業復興；巫臣帶夏姬逃到晉國。

- 公元前 587 年，晉國流傳趙莊姬跟趙嬰齊的緋聞，趙嬰齊被趙氏趕出晉國。

- 公元前 586 年，蟲牢之盟，鄭國重新倒向晉國；晉國攻打蔡國、沈國，楚國的優勢被削弱；之後幾年，晉國連續召開盟會。

- 公元前 584 年，巫臣聯絡吳國，傳授軍事技術，吳國開始崛起，連續攻打楚國的附庸國。

- 公元前 583 年，下宮之難爆發，晉國趙氏被滅族；「趙氏孤兒」的故事。

- 公元前 581 年，晉景公去世，晉厲公繼位，開始嘗試跟楚國和解。

- 公元前 579 年，華元弭兵，兩大軍事集團和解；秦桓公挑唆白狄偷襲晉國。

- 公元前 578 年，晉國宣讀《絕秦書》，數落秦國的罪行，然後聯合十國軍隊討伐秦國，秦軍慘敗。

- 公元前 577 年，鄭國和許國爆發衝突。

- 公元前 576 年，楚國介入鄭許衝突，背叛弭兵協定。

- 公元前 575 年，晉國攻打鄭國，跟楚軍對峙，鄢陵之戰爆發，楚軍戰敗後撤走。

- 公元前 574 年，晉厲公聯合欒氏、胥氏等公卿滅郤氏。

- 公元前 573 年，欒書、中行偃弒晉厲公，扶立晉悼公；楚軍強佔宋國的彭城。

■晉國霸權復興

- 公元前 573 年起，晉悼公改組六卿，大力提拔韓、趙、魏三家，收服中原小國，全面壓制楚國。

- 公元前 572 年，晉悼公組織九國兵馬援助宋國，攻下彭城，然後攻打鄭國。

- 公元前 570 年，鄭國投降，晉悼公在雞澤大會諸侯，霸權確立。

- 公元前 566 年，楚國經過四年圍城攻下陳國，晉國受挫；晉國開始實行「三駕疲楚」的戰略。

- 公元前 563 年，十三國兵馬圍攻偪陽，打通吳國跟中原的通道；宋平公演奏《桑林》，暗示晉悼公取代周天子。

- 公元前 562 年，十二國諸侯在亳地會盟，然後圍困鄭國，迫使鄭國徹底倒向晉國；晉悼公召開蕭魚之會，晉國霸權達到頂峰。

- 公元前 561 年，諸樊繼位為吳王。

- 公元前 560 年，楚軍在庸浦打敗吳軍。

- 公元前 559 年，齊國背叛跟晉國的盟約，開始多次攻打魯國；晉國組織聯軍攻打秦國失敗，史稱「遷延之役」，范氏與欒氏結仇。

- 公元前 558 年，晉悼公去世。

■中原衰落，吳越崛起

- 公元前 557 年，晉軍在湛阪打敗楚軍，攻至方城。

- 公元前 555 年，晉平公帶領十二國聯軍討伐齊國，在平陰大勝，血洗臨淄，橫掃齊境。

- 公元前 554 年，齊靈公被氣死，齊莊公登基，崔杼掌權。

- 公元前 551 年，晉國范氏驅逐欒氏，齊莊公陰謀挑起晉國內亂。

- 公元前 548 年，崔杼弒齊莊公，崔杼跟慶封聯合掌權；楚康王滅舒鳩國；諸樊攻打巢國，在戰鬥中身亡；吳國受楚國壓制。

- 公元前 546 年，崔氏爆發內亂，被慶封趁機滅族；向戌弭兵，中原迎來長期和平。

- 公元前 545 年，盧蒲嫳挑動眾人誅殺慶封家族，慶封逃亡吳國，被吳王餘祭收留；田、鮑、高、欒四家掌控齊國朝廷。

- 公元前 541 年，公子圍弒楚郟敖，自立為王，是為楚靈王。

- 公元前 538 年，楚靈王打下吳國朱方，滅慶封滿門。

- 公元前 534 年，陳國司徒招弒君，楚靈王派兵干涉，滅陳國。

- 公元前 532 年，齊國田、鮑兩家滅高、欒兩家，田桓子開始上位。

- 公元前 531 年，楚靈王誘騙蔡靈侯赴宴，殺蔡靈侯，滅蔡國。

- 公元前 530 年，楚靈王攻打徐國，整個冬天駐紮在乾溪。

- 公元前 529 年，乾溪的軍隊嘩變，楚靈王被國民拋棄後自盡身亡；楚國三兄弟爭位，公子棄疾勝出，是為楚平王。

- 公元前 527 年，吳王夷昧去世，吳王僚繼位；楚平王強娶孟嬴，疏遠太子建。

- 公元前 522 年，楚國費無忌誣告太子建與伍奢密謀造反，伍奢被殺，太子建和伍子胥先後逃亡，太子建在鄭國被殺，伍子胥逃到吳國，受公子光重用。

- 公元前 520 年，周景王去世，周王室爆發王子朝之亂，周敬王與王子朝並立。

- 約公元前 520 年，孔子向老子問禮。

- 公元前 519 年，公子光攻打楚國，大勝，奪取州來。

- 公元前 518 年，公子光再討伐楚國，奪取居巢和鍾離兩城。
- 公元前 516 年，楚平王去世，楚昭王繼位；晉國護送周敬王回洛邑，王子朝帶著周朝典籍逃往楚國。

■吳越爭霸

- 公元前 515 年，公子光派專諸刺死王僚，成功上位，是為吳王闔閭；楚國爆發「郤宛之難」，伯嚭逃到吳國。
- 公元前 514 年，晉頃公跟六卿家族聯手滅祁氏和羊舌氏，六卿把持朝政。
- 公元前 512 年，伍子胥推薦孫武；吳國攻下楚國的舒邑後撤軍。
- 公元前 510 年，吳國侵略越國，開啟吳越衝突序幕。
- 公元前 509 年，楚國子常扣留蔡昭侯和唐成公三年之久。
- 公元前 508 年，吳國讓舒鳩國引誘楚國開戰，然後打敗楚國。
- 公元前 506 年，由蔡國發起，中原十八國在召陵會盟，聲討楚國的罪行；吳、蔡、唐三國聯軍攻打楚國，在柏舉取得決定性勝利，攻入郢都，楚國亡國，伍子胥掘墓鞭屍；申包胥哭秦庭，秦哀公派兵救楚。
- 公元前 505 年，秦、楚聯軍打敗吳軍，越國偷襲吳國本土，吳軍撤出楚國；周敬王刺殺王子朝，周朝典籍丟失。
- 公元前 504 年，王子朝黨徒作亂；孔子在魯國執政。
- 公元前 503 年，晉國護送周敬王回到洛邑，王子朝之亂平定。
- 公元前 498 年，孔子隳三都，得罪魯國當權者。
- 公元前 497 年，孔子帶弟子周遊列國；晉國趙氏發生內鬥，引起六卿兩大派別的內戰。
- 公元前 496 年，越國勾踐繼位，吳王闔閭攻打越國，戰敗身死。
- 公元前 494 年，夫差攻打越國，包圍會稽山；越國賄賂伯嚭，吳軍撤走。
- 公元前 492 年，勾踐夫婦被迫到吳國為奴。

- 公元前 490 年，范氏、中行氏戰敗，逃出晉國；田僖子擁立齊悼公，控制齊國國政。

- 公元前 489 年，勾踐夫婦被釋放回國；勾踐臥薪嘗膽。

- 公元前 485 年，田成子扶立齊簡公。

- 公元前 484 年，艾陵之戰，吳國打敗齊國，威震中原；伍子胥被逼自盡；季康子派人接孔子回魯國，孔子晚年鑽研學術。

- 公元前 482 年，黃池會盟，吳王夫差與晉定公爭奪中原霸主之位；越國偷襲吳國本土得手。

- 公元前 481 年，田成子弒齊簡公，立齊平公，田氏成為齊國實際上的統治者；魯國叔孫氏打獵獲麟，孔子歎「吾道窮矣」。

- 公元前 479 年，孔子過世。

- 公元前 478 年，越國再次攻打吳國，乘夜渡江，大獲全勝。

- 公元前 476 年，智伯瑤擔任晉國正卿，跟趙襄子不和。

- 公元前 475 年，越國第三次大規模進攻吳國，包圍姑蘇城。

- 公元前 473 年，吳國戰敗亡國，吳王夫差自盡；越國稱霸。

- 公元前 465 年，勾踐去世，越國衰落。

- 公元前 455 年，智伯瑤要求魏、趙、韓三家割地，趙氏不從，智、魏、韓三家圍困晉陽。

- 公元前 453 年，晉陽城破前夕，魏、韓倒戈，魏、趙、韓三家共滅智氏。公元前 452 年，魏、趙、韓趕走晉出公，立晉哀公為傀儡，準備瓜分晉國。